Wirtschafts- und Steuerrecht

Band 24

Lilly Dürmeier

Die Lizenzschranke aus verfassungs- und unionsrechtlicher Sicht

Zu den Grenzen nationaler Abwehrgesetzgebung gegen unerwünschte Steuergestaltungen und schädlichen Steuerwettbewerb

Nomos

HLB

Onlineversion
Nomos eLibrary

Die Deutsche Nationalbibliothek verzeichnet diese Publikation in der Deutschen Nationalbibliografie; detaillierte bibliografische Daten sind im Internet über http://dnb.d-nb.de abrufbar.

Zugl.: Regensburg, Univ., Diss., 2021

u.d.T.: „Die Lizenzschranke (§ 4j EStG) aus verfassungs- und unionsrechtlicher Sicht"

ISBN 978-3-8487-8714-2 (Print)
ISBN 978-3-7489-3105-8 (ePDF)

1. Auflage 2022

Vorwort

Diese Arbeit wurde im Sommersemester 2021 von der Fakultät für Rechtswissenschaften der Universität Regensburg als Dissertation angenommen. Sie entstand größtenteils während meiner Zeit als wissenschaftliche Mitarbeiterin am Lehrstuhl von Prof. Dr. Rolf Eckhoff und berücksichtigt die Rechtsprechung und Literatur bis November 2021.

Meinem Doktorvater Prof. Dr. Rolf Eckhoff danke ich für die Betreuung des Promotionsvorhabens und die Begutachtung dieser Arbeit. Weiterhin bedanke ich mich bei Prof. Dr. Alexander Graser für die Erstellung des Zweitgutachtens.

Mein besonderer Dank gilt meinen Eltern und meinem Bruder, die mich nicht nur während diesem Dissertationsvorhaben immerzu unterstützt haben. Ihnen ist diese Arbeit gewidmet. Nicht zuletzt bedanke ich mich bei meinem Lebensgefährten Juri König, der mir während der Anfertigung dieser Arbeit stets unterstützend und motivierend zur Seite stand.

München, Dezember 2021 *Lilly Dürmeier*

Inhaltsverzeichnis

Einführung in die zu erörternde Problematik

Das deutsche Einkommensteuerrecht ist seit dem Jahr 2017 um eine Regelung reicher: die sog. Lizenzschranke (§ 4j EStG). Das Echo war geteilt. Während die einen lobend hervorhoben, dass es durch die Lizenzschranke nun „ein Steuerschlupfloch weniger“[1] gebe, sahen andere hierin lediglich einen „Notanker“[2] oder einen „Papiertiger“[3]. In der Literatur wurde das Vorgehen teils als eine „deutsche Art, Protektionismus zu betreiben“[4] kritisiert, während andere in der Lizenzschranke den Einstieg Deutschlands „in eine Weltsteuerpolizei“[5] sahen. Andere wiederum bemängelten, dass der Steuerpflichtige – konkret: der Lizenznehmer – durch die Neuregelung in „steuerpolitische Geiselhaft“[6] gerate.

Die damaligen Regierungsfraktionen wollten die Neuregelung als Maßnahme gegen die Praxis großer Konzerne verstanden wissen, deren deutsche Tochtergesellschaften für die Nutzung von Lizenzen Zahlungen ins Ausland leisten müssten, wo diese Lizenzeinnahmen wiederum nur gering oder gar nicht versteuert werden.[7] Betroffen sein sollen von der Lizenzschranke in erster Linie große amerikanische Unternehmen.[8] Die Einführung der Lizenzschranke ist damit nicht zuletzt das Ergebnis der bekannt gewordenen Steuergestaltungstricks multinationaler Unternehmen, insbes. im Zusammenhang mit Lizenzierungen.[9]

Daneben ist die Lizenzschranke aber auch als Maßnahme gegen schädlichen Steuerwettbewerb zu sehen. Denn ihr liegt die Annahme zugrunde, dass zahlreiche Staaten durch spezielle steuerliche Vergünstigungen für Einkünfte aus Rechteüberlassungen in einen als schädlich zu bewerten-

---

1 So der Titel eines Artikels in der Süddeutschen Zeitung vom 25.01.2017.

2 Fraktion Bündnis90/Die Grünen, vgl. Deutscher Bundestag, Parlamentsnachrichten, Finanzen/Ausschuss – 26.04.2017 (hib 271/2017).

3 Linksfraktion, vgl. Deutscher Bundestag, Parlamentsnachrichten, Finanzen/Ausschuss – 26.04.2017 (hib 271/2017).

4 *Jochimsen/Zinowsky/Schraud*, IStR 2017, 593 (593).

5 *Geberth*, DB 2017, Heft 6, M5.

6 *Lüdicke*, DB 2017, 1482 (1482); *Titgemeyer*, DStZ 2017, 745 (750).

7 Vgl. Deutscher Bundestag, Parlamentsnachrichten, Finanzen/Ausschuss – 26.04.2017 (hib 271/2017).

8 Vgl. Deutscher Bundestag, Parlamentsnachrichten, Finanzen/Ausschuss – 26.04.2017 (hib 271/2017).

9 Vgl. hierzu schon *Eiler/Schmitz*, ISR 2013, 68 (68).

den Steuerwettbewerb getreten sind.[10] Gerade diese steuerlichen Vergünstigungsregelungen wiederum ermöglichen es multinationalen Konzernen ihre Gesamtsteuerbelastung durch entsprechende Lizenzgestaltungen zu minimieren.[11]

Diese Praktiken im Zusammenhang mit Lizenzeinkünften waren auch Gegenstand des BEPS-Projekts der OECD/G20-Staaten. Mit „BEPS" wird das Phänomen beschrieben, dass die Besteuerungsbasis der Staaten durch die Verlagerung von Gewinnen erodiert.[12] Als Hauptursache hierfür wird die aggressive Steuerplanung multinationaler Unternehmen sowie der von den Mitgliedsstaaten betriebene schädliche Steuerwettbewerb ausgemacht.[13] Ein wesentlicher Aspekt des BEPS-Projekts ist dabei die Eindämmung eben jener konzerninternen Lizenzgestaltungen, die sich spezielle steuerliche Begünstigungen für Einkünfte aus Intellectual Property (sog. IP-Boxen[14]) zunutze machen.[15] Die Lizenzschranke ist damit vor allem als Reaktion auf die Erkenntnisse aus dem OECD/G20-BEPS-Projekt zu sehen.[16]

Dass der Gesetzgeber mittels einer steuerlichen Norm auf eine bestimmte Art von Steuergestaltung reagiert, ist an sich nichts Neues. Insbesondere spezialgesetzliche Missbrauchsvorschriften sind ein vom Gesetzgeber gerne gewähltes Mittel zur Eindämmung unliebsamer Steuergestaltungen.[17] Dabei haben insbesondere Abzugsbeschränkungen als Maßnahmen gegen grenzüberschreitende Gewinnverlagerungen in den letzten Jahren an Bedeutung gewonnen.[18] Man denke etwa an §§ 4h EStG, 8a KStG (Zinsschranke), § 4i EStG, § 50g Abs. 2 und Abs. 4 EStG oder § 50g Abs. 3 EStG.

---

10 Vgl. BT-Drucks. 18/11233, S. 1.

11 Vgl. BT-Drucks. 18/11233, S. 1.

12 *Eiler/Schmitz*, ISR 2013, 68 (68); *Kahle/Wildermuth*, Ubg 2013, 405 (406); *Stöber*, in: Gosch, § 42 AO, Rn. 100.

13 Vgl. OCED (2014), Gewinnverkürzung und Gewinnverlagerung – Situationsbeschreibung und Lösungsansätze, S. 31 ff.; *Kahle/Wildermuth*, Ubg 2013, 405 (406).

14 Neben der Bezeichnung „IP-Box" werden synonym auch die Bezeichnungen „Lizenzbox" oder „Patent-Box" verwandt, vgl. *Ritzer/Stangl/Karnath*, DK 2017, 68 (68).

15 Vgl. OCED (2014), Gewinnverkürzung und Gewinnverlagerung – Situationsbeschreibung und Lösungsansätze, S. 87 ff.; OECD (2016), Wirksamere Bekämpfung schädlicher Steuerpraktiken unter Berücksichtigung von Transparenz und Substanz, Aktionspunkt 5 – Abschlussbericht 2015, OECD/G20-Projekt Gewinnverkürzung und Gewinnverlagerung, S. 13 ff.; *Hemmerich*, IStR 2019, 294 (296); *Frase*, KÖSDI 2017, 20497 (20498).

16 *Pung/Benz*, StbJb 2017/2018, 181 (187 f.).

17 Vgl. *Sieker*, in: FS für den BFH, 385 (396).

18 Vgl. *Hemmerich*, IStR 2019, 294 (296).

Die Lizenzschranke beinhaltet eben eine solche Abzugsbeschränkung für konzerninterne Lizenzaufwendungen und fügt sich damit in diese, den Betriebsausgabenabzug in den Fokus rückende, Abwehrgesetzgebung ein.[19] Problematisch ist jedoch, dass diese Normen regelmäßig in Konflikt mit den verfassungs- und unionsrechtlichen Vorgaben geraten.[20] Der Grund hierfür liegt in dem Umstand, dass die höchstrichterliche Rechtsprechung eine Rechtfertigung verfassungs- und unionsrechtsbeeinträchtigender Vorschriften unter dem Aspekt der Bekämpfung unerwünschter Steuergestaltungen und schädlicher Steuerpraktiken bislang nur in engen Grenzen zulässt. Nicht verwunderlich ist es daher, dass auch im Hinblick auf die Lizenzschranke umgehend Bedenken hinsichtlich ihrer Vereinbarkeit mit Verfassungs- und Unionsrecht laut wurden.[21]

Die Problematik um die verfassungs- und unionrechtskonforme Ausgestaltung nationaler Vorschriften zur Abwehr unliebsamer Steuergestaltungen wird in neuerer Zeit noch dadurch verschärft, dass es dem Gesetzgeber nicht mehr nur um die Bekämpfung „klassischer" Missbrauchsfälle geht. Vielmehr wird inzwischen auch die sog. „aggressive Steuerplanung" als bekämpfungswürdig angesehen. Problematisch ist bereits, dass nur schwer definierbar erscheint, welche Steuergestaltungen als „aggressiv" einzustufen sind. Vor allem aber stellt sich die Frage, wie Vorschriften, die nicht ausschließlich auf missbräuchliche Steuergestaltungen zugeschnitten sind, sondern auch sonst unerwünschte bzw. aggressive Gestaltungen erfassen sollen, verfassungs- und unionsrechtlich gerechtfertigt werden können. Denn weder das Verfassungs- noch das Unionsrecht kennen bislang einen Rechtfertigungsgrund der „Bekämpfung aggressiver Steuerplanung". Daneben ist auch das mit der Lizenzschranke verfolgte Ziel der „Bekämpfung schädlichen Steuerwettbewerbs" weder auf verfassungs-, noch auf unionsrechtlicher Ebene als Rechtfertigungsgrund anerkannt. Dies scheint im Widerspruch zu den Bestrebungen der OECD/G20-Staaten, aber auch der EU-Mitgliedsstaaten zu stehen, die sich ausdrücklich auf eine Bekämpfung

---

19 Vgl. *Holle/Weiss*, FR 2017, 217 (218).

20 Vgl. aus jüngerer Zeit etwa das beim BVerfG anhängige Verfahren zur Zinsschranke (BVerfG 2 BvL 1/16) die Entscheidung zu § 8c KStG (BVerfGE 145, 106) sowie die Entscheidungen des EuGH zu § 50d Abs. 3 EStG (EuGH, C-440/17 (GS), ECLI:EU:C:2018:437; C-504/16 und C-613/16 (Deister Holding und Juhler Holding), ECLI:EU:C:2017:1009.

21 Vgl. etwa *Benz/Böhmer*, DB 2017, 206 (210 f.); *Schneider/Junior*, DStR 2017, 417 (424 f.); *Adrian/Tigges*, StuB 2017, 228 (222 f.); *Ritzer/Stangl/Karnath*, DK 2017, 68 (77 f.).

des schädlichen Steuerwettbewerbs und der aggressiven Steuerplanung geeinigt haben.[22]

In diesem Spannungsfeld zwischen den Zielen einer effektiven Bekämpfung unerwünschter Steuergestaltungen und schädlichen Steuerwettbewerbs einerseits und den durch die höchstrichterliche Rechtsprechung gezogenen Rechtfertigungsgrenzen andererseits, bewegt sich auch die Lizenzschranke. Aus diesem Grund soll die Lizenzschranke im Rahmen dieser Arbeit einer umfassenden rechtlichen Würdigung unterzogen werden. Dabei scheint eine intensive Beschäftigung mit der Lizenzschranke, insbesondere im Hinblick auf deren Vereinbarkeit mit höherrangigem Recht, schon deshalb geboten, weil davon auszugehen ist, dass sich auch die höchstrichterliche Rechtsprechung mittelfristig mit der Neuregelung befassen muss.[23] Überdies dürfte die Lizenzschranke wohl auch nur der „Vorbote" weiterer, gerade im Zuge des BEPS-Projekts, zu erwartender Neuregelungen sein.[24] Die Erkenntnisse, die aus der rechtlichen Untersuchung der Lizenzschranke gezogen werden können, sind damit auch von Relevanz für die Ausgestaltung künftiger Regelungen, mit denen der Gesetzgeber internationale Steuerarbitrage eindämmen möchte. In diesem Zusammenhang soll außerdem beleuchtet werden, inwieweit sich die höchstrichterliche Rechtsprechung in Bezug auf die Anerkennung nationaler Abwehrregelungen, wie der Lizenzschranke, weiterentwickeln könnte.

---

22 In diese Richtung *Englisch*, in: Europäisches Steuerrecht, Rn. 7.254; ähnlich auch *Kokott*, Das Steuerrecht der EU, § 2 Rn. 121 wonach die BEPS-Maßnahmen bei Übertragung des für nationale Maßnahmen entwickelten sehr engen Missbrauchsbegriffs des Gerichtshofs kaum zu verwirklichen sind.

23 Vgl. *Pötsch*, DStR 2018, 761 (763); *Ditz/Quilitzsch*, DStR 2017, 1561 (1567); *Heil/Pupeter*, BB 2017, 1947 (1949).

24 *Schnitger*, DB 2018, 147 (147).

Gang der Untersuchung

Zunächst werden die Umstände beleuchtet, die den Gesetzgeber letztlich zur Schaffung der Neuregelung veranlasst haben. Insoweit ist auf den internationalen Steuerwettbewerb einzugehen. Hierbei werden schwerpunktmäßig die steuerlichen Begünstigungen für IP-Einkünfte (IP-Boxen) dargestellt, da diese auch für konzerninterne Lizenzgestaltungen genutzt werden. Anschließend wird aufgezeigt, wie es multinationalen Unternehmen durch konzerninterne Lizenzierungen gelingen kann, ihre Gesamtsteuerbelastung zu minimieren. Abschließend soll aufgezeigt werden, dass derartigen Gestaltungen durch die bestehenden Abwehrmechanismen nur begrenzt entgegengewirkt werden kann.

Im Anschluss daran werden die mit der Lizenzschranke verfolgten Ziele sowie das Regelungskonzept dargestellt.

Sodann wird die Lizenzschranke einer umfassenden verfassungsmäßigen Prüfung unterzogen. Insoweit sollen zunächst die einschlägigen verfassungsmäßigen Vorgaben dargestellt und daraufhin überprüft werden, inwieweit die Lizenzschranke diesen Vorgaben entspricht.

Im darauffolgenden Teil wird die Lizenzschranke einer Überprüfung auf ihre Vereinbarkeit mit dem unionsrechtlichen Primär- und Sekundärrecht unterzogen. Auch insoweit werden zunächst die jeweils geltenden unionsrechtlichen Vorgaben herausgearbeitet und anschließend auf die Lizenzschranke angewandt.

Hieran anschließend soll beleuchtet werden, ob und inwieweit eine wirksame steuerliche Abwehrgesetzgebung unter den Vorgaben der höchstrichterlichen Rechtsprechung möglich ist. Daran anknüpfend soll weiterhin untersucht werden, inwieweit die Lizenzschranke bei Beachtung dieses status quo der höchstrichterlichen Rechtsprechung verfassungs- und unionsrechtskonform ausgestaltet werden könnte. Abschließend sollen konkrete Möglichkeiten diskutiert werden, wie sich die höchstrichterliche Rechtsprechung in Zukunft fortentwickeln könnte.

A. Hintergrund: Steuerwettbewerb und Steuergestaltung durch Lizenzstrukturen

Der Schaffung des § 4j EStG liegt die Annahme zugrunde, dass Einzelstaaten durch die Implementierung gezielter Begünstigungssysteme für Lizenzeinnahmen in einen Steuerwettbewerb getreten sind.[25] Multinationale Unternehmen können diese Begünstigungssysteme dazu nutzen, ihre Gewinne und damit Besteuerungssubstrat, zu verlagern.[26]

I. Steuerliche Präferenzregime für IP-Einkünfte und schädlicher Steuerwettbewerb

1. Der Wettbewerb der Steuerrechtsordnungen

a) Steuern als Wettbewerbsfaktor

In einer globalisierten Welt handeln viele Unternehmen international. Dabei ist das internationale Steuermanagement multinational handelnder Unternehmen meist auf die Optimierung der Konzernsteuerquote ausgerichtet.[27] Nicht verwunderlich ist es daher, dass gerade den Steuern – neben anderen Standortfaktoren, wie etwa Infrastruktur oder wirtschaftlicher Stabilität – ein besonderes Gewicht im internationalen Standortwettbewerb zukommt.[28] Die Folge ist ein sog. Wettbewerb der Steuersysteme.[29]

---

25 BT-Drucks. 18/11233, S. 1.

26 BT-Drucks. 18/11233, S. 1.

27 *Pohl*, in: Mössner u.a., Steuerrecht international tätiger Unternehmen, Rn. 1.86.

28 Vgl. *J. Lang*, StuW 2011, 144 (146); *Pohl*, in: Mössner u.a., Steuerrecht international tätiger Unternehmen, Rn. 1.86; *Rodi*, StuW 2008, 327 (327); *Kokott*, in: Grundfreiheiten, 1 (4).

29 Vgl. *Hey*, in: Tipke/Lang, § 7 Rn. 71; vgl. auch *Esser*, ifst-Schrift Nr. 422, S. 9 „Steuerwettbewerb"; vgl. auch *Pohl*, in: Mössner u.a., Steuerrecht international tätiger Unternehmen, Rn. 1.84 „Wettbewerb der Steuerrechte"; Die Existenz eines Steuerwettbewerbs verneinend, *P. Kirchhof*, Der sanfte Verlust der Freiheit, S. 37 ff.

Durch die Globalisierung und Digitalisierung wurde dieser Steuerwettbewerb noch weiter angeheizt.[30] Im Fokus des Steuerwettbewerbs stehen deshalb gerade die mobilen Einkunftsquellen, welche leicht länderübergreifend verlagert und damit zur Ausnutzung internationaler Steuergefälle genutzt werden können.[31] Instrument des Steuerwettbewerbs sind daher vor allem niedrige Steuersätze oder gezielte Begünstigungen für bestimmte mobile Einkunftsquellen.[32]

Der Wettbewerb der Steuerrechtsordnungen ist mittlerweile zu einem der zentralen Bestimmungsgründe für die Ausgestaltung der nationalen Steuerrechtsordnungen geworden.[33] Auch Deutschland kann sich dem internationalen Steuerwettbewerb nicht entziehen. So lässt sich etwa die Absenkung des Körperschaftsteuertarifs von 40 % auf zunächst 25 %[34] und mittlerweile auf 15 %[35] vor allem mit Blick auf den internationalen Steuerwettbewerb erklären.[36] Gleichwohl liegt die steuerliche Belastung von Kapitalgesellschaften in Deutschland unter Berücksichtigung von Solidaritätszuschlag und Gewerbesteuer durchschnittlich bei 30,2 % und in der Spitze bei 34 %.[37] Deutschland ist damit im internationalen Steuerwettbewerb weiterhin als Hochsteuerland anzusehen.[38]

---

30 Vgl. *Esser*, ifst-Schrift Nr. 422, S. 9.

31 Vgl. *Schön*, DStJG 23 (2000), 191 (202); *Hey*, in: Tipke/Lang, § 7 Rn. 73; *Schaumburg*, in: Schaumburg, Internationales Steuerrecht, Rn. 5.10.

32 Vgl. *Seiler/Axer*, IStR 2008, 838 (838); *Hey*, in: Tipke/Lang, § 7 Rn. 74.

33 *Hey*, in: Tipke/Lang, § 7 Rn. 71.

34 StSenkG v. 23.10.2000, BGBl. I 2000, 1433, BStBl. I 2000, 1428.

35 UntStRefomG 2008 v. 14.07.2007, BGBl. I 2007, 1912, BStBl. I 2007, 630.

36 Vgl. BT-Drucks. 14/2683, S. 93 „Zur Stärkung der Wettbewerbsfähigkeit der deutschen Wirtschaft muss die Steuerbelastung für die Unternehmen zurückgeführt werden."; Ähnlich stellt sich auch die Entwicklung der Körperschaftsteuersätze in anderen Ländern dar, vgl. *J. Lang*, DStJG 24 (2001), 49 (51 f.); *Schreiber/von Hagen/Pönnighaus*, StuW 2018, 239 (241 f.).

37 Dem Durchschnitt von 30,2 % liegt ein Gewerbesteuer-Hebesatz von 440 %, der Spitzenbelastung von 34 % ein Gewerbesteuer-Hebesatz von 520 % zugrunde, vgl. *Schaumburg*, ISR 2016, 371 (371) mit Fußnote 5 und 6.

38 *Eichfelder*, DStR 2018, 2397 (2400); Vgl. auch den Überblick des BMF, Monatsbericht des BMF von Juli 2020, S. 28f., wonach sich im Jahr 2019 eine steuerliche Gesamtbelastung für Kapitalgesellschaften von 10 % in Bulgarien bis über 32 % in Frankreich ergab. Danach wiesen von den verglichenen Ländern lediglich Japan (31,5 %), Frankreich (32 %) und Malta (35 %) eine höhere steuerliche Gesamtbelastung als Deutschland auf, wobei Malta mit einigen Sondersätzen bzw. Sonderreglungen einen Sonderfall darstellt [Bericht abrufbar unter: https://www.bundesfinanzministerium.de/Monatsberichte/2020/07/monatsbericht-07-2020.html].

b) Europäische Dimension

Steuerwettbewerb spielt sich insbesondere auch innerhalb der Europäischen Union ab.[39] Der europäische Steuerwettbewerb[40] lässt sich vor allem auf die fehlende Harmonisierung im Bereich der direkten Steuern sowie auf die grenzöffnende Wirkung der Grundfreiheiten zurückführen.[41]

aa) Keine Vollharmonisierung im Bereich der direkten Steuern

Im Bereich der direkten Steuern fehlt es an einer ausdrücklichen Gesetzgebungskompetenz der Union.[42] Aufgrund des Grundsatzes der begrenzten Einzelermächtigung bleiben jedoch alle Zuständigkeiten, die der Union nicht übertragen werden, bei den Mitgliedsstaaten, Art. 5 Abs. 1 S. 1, Abs. 2 S. 2 EUV. Damit fallen auch die direkten Steuern weiterhin in die Zuständigkeit der Mitgliedsstaaten.[43] Eine Rechtsangleichung ist daher insoweit nur auf Grundlage der allgemeinen Harmonisierungskompetenz des Art. 115 AEUV möglich.[44] Auf Grundlage von Art. 115 AEUV konnten jedoch bislang, insbesondere wegen des dort vorgesehenen Einstimmigkeitserfordernisses, nur punktuelle Harmonisierungsmaßnahmen beschlossen werden.[45]

Mit dem Verzicht der Mitgliedsstaaten auf eine vollumfängliche Harmonisierung wird zugleich auch das Fortbestehen und damit auch die prinzipielle Verschiedenheit der nationalen Steuerrechtsordnungen anerkannt.[46] Aus diesem Grund ist die Europäische Union auch weiterhin durch einen Wettbewerb der Steuersysteme geprägt.[47]

Da sich jedoch die übrigen Standortbedingungen im Zuge des Integrationsprozesses weitgehend angeglichen haben, gewinnt die Steuerbelastung

---

39 Vgl. *Wieland*, EuR 2001, 119 (119).

40 Vgl. etwa *Hey*, in: Tipke/Lang, § 7 Rn. 71; *Seiler/Axer*, IStR 2008, 838 (838 f.) „Europäischer Steuersubstratwettbewerb".

41 vgl. hierzu *Seiler/Axer*, IStR 2008, 838 (838 f.).

42 Vgl. *Kokott/Ost*, EuZW 2011, 496 (497).

43 Vgl. EuGH, C-196/04 (Cadbury Schweppes), ECLI:EU:C:2006:544, Rn. 40 mwN.

44 *Kokott*, Das Steuerrecht der EU, § 7 Rn. 1.

45 Vgl. hierzu *Schaumburg*, in: Europäisches Steuerrecht, Rn. 1.18; *Kokott*, Das Steuerrecht der EU, § 7 Rn. 1; *dies.*, in: Grundfreiheiten, 1 (3).

46 *Seiler*, in: Grabitz/Hilf/Nettesheim, Art. 113 AEUV, Rn. 9; *Hufeld*, in: FS Isensee, 857 (858).

47 *Schaumburg*, in: Europäisches Steuerrecht, Rn. 11.41.

als Standortfaktor auf europäischer Ebene immer mehr an Bedeutung.[48] Folglich nutzen die Mitgliedsstaaten gerade den kaum harmonisierten Bereich der direkten Steuern als Mittel zur Steigerung oder Erhaltung ihrer Wettbewerbsfähigkeit.[49]

Dabei ist auch zu beachten, dass die fehlende Harmonisierung kein Zeichen für eine mangelnde Funktionsfähigkeit des Binnenmarktes ist.[50] Denn der europäische Binnenmarkt ist als ein „Wettbewerb der Systeme" konzipiert, sodass die Wettbewerbssituation gerade für einen funktionierenden Binnenmarkt spricht.[51]

bb) Grundfreiheiten und EuGH-Rechtsprechung

Auch die Grundfreiheiten und deren grenzöffnende Wirkung haben den Steuerwettbewerb innerhalb der Europäischen Union noch beflügelt.[52] Die Grundfreiheiten ermöglichen es den Steuerpflichtigen grenzüberschreitend zu wirtschaften und damit auch andere Steuerrechtsordnungen zu nutzen.

Verstärkt wurde dieser Effekt noch durch die großzügige Interpretation der Grundfreiheiten durch den Europäischen Gerichtshof.[53] Der Gerichtshof misst die nationalen Steuerrechtsordnungen seit 1986 am Maßstab der Grundfreiheiten.[54] In den letzten 30 Jahren etablierte der Gerichtshof eine eigene Dogmatik, die in erster Linie den Zweck hat, die Wirksamkeit des Europäischen Rechts zu befördern,[55] aber zugleich auch zu weitreichenden Einschnitten in das Ertragsteuersystem der Mitgliedsstaaten geführt hat.[56] So konnte jedenfalls in den ersten beiden Jahrzehnten der EuGH-Rechtsprechung eine binnenmarktfreundliche Tendenz festgestellt

---

48 Vgl. *Wieland*, EuR 2001, 119 (119); *Schönfeld*, StuW 2005, 158 (159).

49 *Hoeck/Schmid*, IWB 2017, 734 (735).

50 *Herzig*, DStJG 19 (1996), 121 (134).

51 *Herzig*, DStJG 19 (1996), 121 (134).

52 *Hey*, in: Tipke/Lang, § 7 Rn. 71; *dies.*, JZ 2006, 851 (852f.).

53 Vgl. *Seiler/Axer*, IStR 2008, 838 (838 f.).

54 Beginnend mit EuGH, C-270/83 (Kommission/Frankreich), ECLI:EU:C:1986:37, Rn. 13 ff.; vgl. *Musil*, FR 2018, 933 (934) mit Fn. 8.

55 *Weber-Grellet*, DStR 2009, 1229 (1229); vgl. auch *Musil*, FR 2018, 933 (943) der EuGH sah sich als „Integrationsmotor"; *ders.*, in: Musil/Weber-Grellet, Europäisches Steuerrecht, Einführung, Rn. 25; ähnlich auch *Kokott*, in: Grundfreiheiten, 1 (5) EuGH als „Motor der Integration"; Ebenso *Drüen*, DStZ 2006, 539 (539); *Hey*, StuW 2004, 194 (194 f.).

56 *Musil/Fähling*, DStR 2010, 1501 (1501).

werden.[57] Die regelmäßig weite Auslegung der Grundfreiheiten, bei der jede rechtlich oder faktisch ungleiche Wirkung als Beeinträchtigung angesehen wird, bei gleichzeitig restriktiver Handhabung der Rechtfertigungsgründe, führten dazu, dass nahezu jede steuerliche Benachteiligung eines grenzüberschreitenden Sachverhalts als Verstoß gegen Unionsrecht gewertet wurde.[58] Durch diese extensive Interpretation der Grundfreiheiten, bei zugleich restriktiver Anwendung der Rechtfertigungsgründe, hat der Gerichtshof den Steuerwettbewerb auf europäischer Ebene noch verschärft.[59]

c) Fairer und unfairer Steuerwettbewerb

Steuerwettbewerb als solcher ist weder per se unerwünscht noch schädlich.[60] Durch Steuerwettbewerb kann zunächst einer allzu expansiven Steuerpolitik Einhalt geboten werden.[61] Zugleich werden Staaten durch den Wettbewerbsdruck zu Innovationen und größeren Steuerreformen angeregt.[62] Weiterhin wird der Wettbewerb der Steuersysteme innerhalb der Europäischen Union oftmals als Gegenmodell zur positiven Integration durch Harmonisierung angesehen.[63] Dieser Gedanke beruht auf der Erwägung, dass sich die Steuersysteme im Wettbewerb langfristig angleichen werden, wobei sich letztlich das „beste“ Steuersystem durchsetzen werde.[64]

Gleichzeitig wird der aufgrund der fortschreitenden Globalisierung zunehmende Steuerwettbewerb[65] auch kritisch betrachtet.[66] In der Kritik

57 Die Erfolgsquoten der steuerlichen Verfahren vor dem EuGH lagen auf Seiten der Beschwerdeführer zwischenzeitlich bei über 90 %, vgl. *Musil/Fähling*, DStR 2010, 1501 (1501 f.).

58 Vgl. *Seiler/Axer*, IStR 2008, 838 (839).

59 *Seiler/Axer*, IStR 2008, 838 (839); vgl. auch *Hey*, DStJG 41 (2018), 9 (38).

60 Vgl. *Herzig*, DStJG 19 (1996), 121 (134); *Hoeck/Schmid*, IWB 2017, 734 (735).

61 Vgl. *Lampert*, EuZW 2013, 493 (497); *Fehling/Schmidt*, IStR 2015, 493 (496).

62 Vgl. *Esser*, ifst-Schrift Nr. 422, S. 9; *Hey*, in: Tipke/Lang, § 7 Rn. 70.

63 *Fuest*, Steuerharmonisierung und Steuerwettbewerb, S. 4f.; *Lampert*, EuZW 2013, 493 (496).

64 Vgl. *Lampert*, EuZW 2013, 493 (496 f.) mit dem Hinweis, dass im Hinblick auf die Bemessungsgrundlage bislang keine nennenswerte harmonisierende Wirkung ersichtlich ist.

65 Vgl. Kommission der Europäischen Gemeinschaften, Koordinierung der Steuerpolitik in der Europäischen Union, v. 01.10.1997, KOM(97), 495 endg., S. 4.

66 Vgl. OECD (1998), Harmful Tax Competition – An Emerging Global Issue, S. 7 ff.; Kommission der Europäischen Gemeinschaften, Koordinierung der Steuerpolitik in der Europäischen Union, v. 01.10.1997, KOM(97), 495 endg., S. 4.

steht dabei vor allem der Umstand, dass sich Steuerwettbewerb vor allem um mobile Einkunftsquellen abspielt, was dazu geführt hat, dass sich die Steuerbelastung auf die weniger mobilen Einkunftsquellen, wie insbes. den Faktor Arbeit, verschiebt.[67] Zugleich besteht die Gefahr, dass die einzelnen Staaten im Kampf um das Besteuerungssubstrat mit immer neueren steuerlichen Begünstigungen für mobile Einkunftsquellen nachziehen. Es droht ein „race to the bottom",[68] bei dem das Steuerniveau unter ein gemeinwohlverträgliches Maß gedrückt werde.[69] Vor diesem Hintergrund wird auf EU- und OECD-Ebene zwischen fairem und schädlichem Steuerwettbewerb unterschieden[70] und Maßnahmen zur Eindämmung eines schädlichen Steuerwettbewerbs diskutiert.[71] Dabei werden solche Maßnahmen als schädlich bzw. unfair[72] eingestuft, die konkurrierenden Staaten Bemessungsgrundlagen entziehen, ohne dass zum Ausgleich entsprechende Opfer erbracht werden.[73] Schädlich sind damit vor allem solche Maßnahmen, die durch gezielte Steuererleichterungen für gebietsfremde Steuerpflichtige, zu einer grenzüberschreitenden Gewinnverlagerung veranlassen sollen.[74]

---

67 Kommission der Europäischen Gemeinschaften, Koordinierung der Steuerpolitik in der Europäischen Union, v. 01.10.1997, KOM(97), 495 endg., S. 2 ff.; *Schaumburg,* in: Schaumburg, Internationales Steuerrecht, Rn. 5.10; *Valta,* S. 174 ff.; *Schön,* DStJG 23 (2000), 191 (202); *Lampert,* EuZW 2013, 493 (497).

68 Vgl. OECD (1998), Harmful Tax Competition – An Emerging Global Issue, S. 20.

69 *Wieland,* EuR 2001, 119 (121); *Hoeck/Schmid,* IWB 2017, 734 (735); vgl. auch *J. Lang,* DStJG 16 (1994), 295 (299) „Wettbewerb der Steuergeschenke"; *Rädler,* DStJG 16 (1994), 277 (279) wonach der Wettbewerb beim Steuersatz Null aufhören werde.

70 Vgl. Kommission der Europäischen Gemeinschaften, Die Steuern in der Europäischen Union, v. 22.10.1996, KOM(96) 546 endg., S. 5; Kommission der Europäischen Gemeinschaften, Koordinierung der Steuerpolitik in der Europäischen Union, v. 01.10.1997, KOM(97), 495 endg., S. 2 ff.; OECD (1998), Harmful Tax Competition – An Emerging Global Issue, S. 8.

71 Vgl. Kommission der Europäischen Gemeinschaften, Die Steuern in der Europäischen Union, v. 22.10.1996, KOM(96) 546 endg., S. 10; Kommission der Europäischen Gemeinschaften, Koordinierung der Steuerpolitik in der Europäischen Union, v. 01.10.1997, KOM(97), 495 endg., S. 2 und S. 8; OECD (1998), Harmful Tax Competition – An Emerging Global Issue, S. 40 ff.

72 Die Begriffe „schädlich" und „unfair" werden in der Sekundärliteratur grundsätzlich synonym verwendet, vgl. *Esser,* ifst-Schrift Nr. 422, S. 10.

73 Vgl. OECD (1998), Harmful Tax Competition – An Emerging Global Issue, S. 25; Rat „Wirtschafts- und Finanzfragen", Schlussfolgerungen zur Steuerpolitik vom 1. Dezember 1997, Abl. EG 97 Nr. 2 S, C. 2./3; vgl. auch *Schön,* DStJG 23 (2000), 191 (207); *Wieland,* EuR 2001, 119 (122); *Hoeck/Schmid,* IWB 2017, 734 (735).

74 *Hey,* in: Tipke/Lang, § 7 Rn. 73.

2. Steuerliche Begünstigungen für Einkünfte aus Intellectual Property

Steuerwettbewerb spielt sich gerade im Bereich der mobilen Einkünfte ab.[75] Dabei sind es vor allem die Einkünfte aus Intellectual Property („IP“) – dem „Öl des 21. Jahrhunderts“[76] – die im Zentrum des zwischenstaatlichen Steuerwettbewerbs stehen. Sie beflügeln die Wirtschaft und sind entscheidend für die Zukunft eines Landes.[77] Gerade in einer zunehmend digitalisierten Welt hat die Entwicklung und Verwertung von geistigem Eigentum als Wertschöpfungsfaktor weiter an Bedeutung gewonnen.[78] Grundvoraussetzung für die Schaffung von Innovationen ist Forschung- und Entwicklung (FuE). Dies veranlasst zahlreiche Staaten dazu, Forschung- und Entwicklung nicht nur durch Direktsubventionen, sondern auch in steuerlicher Hinsicht zu fördern.[79]

a) Arten und Ausgestaltung steuerlicher Forschungsförderung

Hinsichtlich der Ausgestaltung der steuerlichen Forschungsförderung lassen sich im Wesentlichen zwei Ansätze unterscheiden: die input-basierte Förderung und die output-basierte Förderung.[80] Dabei stehen den Staaten jeweils eine Vielzahl von Förderungsinstrumenten zur Verfügung. Die nachfolgenden Ausführungen sollen einen groben Überblick über die gängigen Förderungsinstrumente vermitteln.[81]

aa) Input-basierte Förderungssysteme

Die input-basierte Förderung knüpft an die Ausgabenseite an und orientiert sich am tatsächlichen Ressourceneinsatz für Forschung und Entwick-

---

75 Vgl. *Schaumburg*, in: Schaumburg, Internationales Steuerrecht, Rn. 5.10; *Schön*, DStJG 23 (2000), 191 (202); *Hey*, in: Tipke/Lang, § 7 Rn. 73.

76 Vgl. *Haase/Nürnberg*, FR 2017, 1 (1).

77 Vgl. *Englisch*, StuW 2017, 331 (331).

78 Vgl. *Schlie/Spengel/Malke*, IStR 2015, 570 (570); *Englisch*, StuW 2017, 331 (331).

79 *Englisch*, StuW 2017, 331 (331); *Schneider/Junior*, DStR 2017, 417 (417); *Ditz/Quilitzsch*, DStR 2017, 1561 (1561); *Gosch*, in: Kirchhof/Seer, § 4j EStG, Rn. 1.

80 Vgl. *Pross/Radmanesh*, IStR 2015, 579 (580); *Schneider/Junior*, DStR 2017, 417 (418).

81 Ausführlich *Spengel u.a.*, Steuerliche Förderung von FuE in Deutschland, S. 69 ff.

lung.[82] Die steuerliche Begünstigung ergibt sich hierbei regelmäßig aus einer Senkung der steuerlichen Bemessungsgrundlage oder durch eine Reduzierung der Steuerschuld.

An die Bemessungsgrundlage anknüpfende Fördermaßnahmen sind etwa erhöhte Betriebsausgabenabzüge, erhöhte oder beschleunigte Abschreibungen bzw. Sonderabschreibungen, oder Investitionsfreibeträge.[83] Die steuerliche Begünstigung ergibt sich insoweit aus der durch die Absenkung der Steuerbemessungsgrundlage verminderten Steuerlast.[84]

Eine Senkung der Steuerschuld kann vor allem durch Steuergutschriften („Tax Credit") erreicht werden. Bei dieser Art der input-basierten FuE-Förderung wird grundsätzlich ein bestimmter Prozentsatz der FuE-Aufwendungen als Gutschrift gewährt und so mit der Steuerschuld verrechnet.[85]

bb) Output-basierte Förderungssysteme (IP-Boxen)

Die output-basierte Förderung knüpft an die Einnahmenseite an und begünstigt die Einkünfte aus IP. Gefördert wird damit lediglich die erfolgreiche Forschungs- und Entwicklungstätigkeit.[86] In den letzten Jahren gewannen insoweit vor allem sog. IP-Boxen an Bedeutung. Bei IP-Boxen handelt es sich um spezielle Steuerregime, die Einkünfte aus verwertbaren, d.h. lizenzierbaren, Immaterialgütern einer bevorzugten steuerlichen Behandlung unterziehen.[87] Die Bezeichnung „Box" rührt daher, dass es sich um ein besonderes Besteuerungsregime handelt, bei dem nur Einkünfte aus qualifiziertem IP, nicht aber andere Einkünfte, wie etwa Zinsen oder Dividenden, berücksichtigt werden.[88] Bis zum Jahr 2016 hatten allein in

---

82 *Pross/Radmanesh*, IStR 2015, 579 (580).

83 Deutscher Bundestag, Wissenschaftliche Dienste, Ausarbeitung „Ausgewählte Fragen zu einer steuerlichen Förderung von Forschung und Entwicklung (FuE), S. 9; *Spengel u.a.*, Steuerliche Förderung von FuE in Deutschland, S. 69.

84 Vgl. *Pross/Radmanesh*, IStR 2015, 579 (580).

85 *Pross/Radmanesh*, IStR 2015, 580 (581); *Spengel*, in: FS Endres, 409 (409).

86 *Schlie/Stetzelberger*, IStR 2008, 269 (273); *Vogel*, IStR 2014, 542 (546); *Pross/Radmanesh*, IStR 2015, 580 (580); *Valta*, StuW 2015, 257 (268).

87 *Creed*, GRUR-Prax 2014, 346 (346); *Vogel*, IStR 2014, 542 (543); *Fehling/Schmid*, IStR 2015, 493 (494).

88 *Creed*, GRUR-Prax 2014, 346 (346); *Vogel*, IStR 2014, 542 (543); *Fehling/Schmid*, IStR 2015, 493 (494).

Europa 14 Länder eine solche IP-Box eingeführt.[89] Die genaue Wirkung solcher IP-Boxen hängt dabei von der jeweiligen Ausgestaltung ab. So unterscheiden sich die jeweiligen IP-Boxen nach der Art der Begünstigung, den begünstigten IP-Rechten, den Anforderungen an den Umfang der eigenen Forschungs- und Entwicklungstätigkeit sowie den Umfang der begünstigten Einkunftsarten.

(1) Art der Begünstigung

Im Rahmen einer IP-Box werden Einkünfte aus Intellectual Property abweichend von der Regelbesteuerung niedriger besteuert. Dabei erfolgt die abweichende günstigere Besteuerung teilweise dadurch, dass die begünstigten Einkünfte einem von der Regelbesteuerung abweichendem geringeren Steuersatz unterworfen werden.[90] Andere IP-Box-Regelungen stellen die begünstigten Einkünfte vollständig[91] oder teilweise[92] von der Besteuerung frei, während der übrige Teil der Regelbesteuerung unterliegt.[93] Auch im letzteren Falle ergibt sich hieraus ein effektiv niedrigerer IP-Box-Steuersatz. Auf eine kleine Anfrage der Grünen hin, hatte die Bundesregierung im Jahr 2014 folgende Daten zur effektiven Steuerbelastung durch IP-Boxen veröffentlicht:[94]

Staat	Effektiver Steuersatz auf Lizenzeinkünfte (in Prozent)	Regulärer Steuersatz (in Prozent)	Jahr der Einführung
Belgien	6,8	34	2007
Frankreich	15	33,33	2000
Liechtenstein	2,5	12,5	2011
Luxemburg	5,72	29,64	2007
Malta	0	35	2007

89 Vgl. die Übersicht in BT-Drucks. 18/1238, S. 2 (Stand: 25.04.2014); neu hinzukamen Italien im Jahr 2015 und Irland im Jahr 2016, vgl. *Heil/Pupeter*, BB 2017, 795 (801) mit Fn. 2.

90 So in Frankreich, vgl. *Evers*, IP-Box-Regimes, S. 53.

91 So in Malta, vgl. *Evers*, IP-Box-Regimes, S. 52.

92 So in Belgien, Zypern, Liechtenstein, Luxemburg, Niederlande und Nidwalden (Schweiz), vgl. *Evers*, IP-Box-Regimes, S. 52.

93 *Evers*, IP-Box-Regimes, S. 52; *Fehling/Schmid*, IStR 2015, 493 (494); *Pross/Radmanesh*, IStR 2015, 579 (580).

94 Vgl. BT-Drucks. 18/1238, S. 2; ohne Berücksichtigung der im Anschluss an die Anfrage hinzugekommenen IP-Boxen in Italien und Irland.

Staat	Effektiver Steuersatz auf Lizenzeinkünfte (in Prozent)	Regulärer Steuersatz (in Prozent)	Jahr der Einführung
Niederlande	5	25	2007
Portugal	11,5	23	2014
Schweiz (Kanton Nidwalden)	8,8	20,60	2011
Spanien	10	30	2008
Ungarn	9,5	19	2003
Vereinigtes Königreich	10	24	2012
Zypern	0	10	2012

Quelle: BT-Drucks. 18/1238, S. 2

(2) Begünstigte IP-Rechte

Die Ausprägungen von IP sind vielfältig und umfassen insbesondere Software, Marken, Kundenlisten, Designs, Patente oder unpatentierte Technologien.[95] Die einzelnen IP-Boxen unterscheiden sich dabei hinsichtlich der von der Begünstigung erfassten IP-Rechte. So werden Patente von sämtlichen IP-Boxen begünstigt[96], weshalb IP-Boxen häufig auch als sog. „Patentboxen" bezeichnet werden.[97] Darüber hinaus werden von einigen IP-Box-Regimen auch andere Immaterialgüter, wie etwa Know-how[98], Urheberrechte[99], Kundenlisten[100], Warenzeichen[101] oder Domainnamen[102] erfasst.

Neben der Art der erfassten IP-Rechte lassen sich die IP-Boxen auch danach unterscheiden, ob nur solche IP-Rechte erfasst werden, welche

95 Vgl. *Walsh*, ITR 2001, 23 (23).

96 Vgl. *Evers*, IP-Box-Regimes, S. 54; *Spengel*, in: FS Endres, 409 (416); *Hofer/Weidlich*, IWB 2016, 753 (753) Fn 2.

97 Vgl. etwa die Bezeichnung bei *Englisch*, StuW 2017, 331 (331); *Thiede*, IStR 2016, 283 (283 ff.); *Pross/Radmanesh*, IStR 2015, 579 (579 ff.).

98 So in Belgien, Zypern, Ungarn, Spanien, Italien oder Nidwalden (Schweiz); vgl. *Spengel*, in: FS Endres, 409 (415); *Evers*, IP-Box-Regimes, S. 55; *Pross/Radmanesh*, IStR 2015, 579 (581).

99 So in Zypern, Ungarn, Liechtenstein, Malta, Schweiz (Nidwalden); vgl. *Evers*, IP-Box-Regimes, S. 55; *Pross/Radmanesh*, IStR 2015, 579 (581).

100 So in Zypern, vgl. *Spengel*, in: FS Endres, 409 (416); *Evers*, IP-Box-Regimes, S. 55.

101 So etwa in Italien, Liechtenstein, Luxemburg, Malta, Nidwalden (Schweiz), Ungarn, Zypern, vgl. *Spengel*, in: FS Endres, 409 (415).

102 So etwa in Luxemburg und Malta, vgl. *Spengel*, in: FS Endres, 409 (415).

nach Implementierung der IP-Box-Regelung geschaffen wurden[103], oder ob auch solche IP-Rechte unter das Begünstigungsregime fallen, die bei Schaffung der IP-Box Regelung bereits existiert hatten.[104]

(3) Anforderungen an den Umfang der eigenen Forschungs- und Entwicklungstätigkeit

Die IP-Boxen unterscheiden sich auch hinsichtlich der Frage, ob und in welchem Umfang eine eigene Forschungs- und Entwicklungstätigkeit vorausgesetzt wird. Teilweise werden etwa angekaufte IP-Rechte generell von der IP-Box-Begünstigung ausgeschlossen und damit die vollständige Entwicklung des Immaterialguts durch den Steuerpflichtigen vorausgesetzt.[105] Andere IP-Box-Regime schließen grundsätzlich auch nicht selbst entwickelte IP-Rechte in das Begünstigungssystem ein, sofern der Steuerpflichtige zumindest einem Teil der Entwicklungskosten getragen[106], das erworbene IP weiterentwickelt bzw. verbessert[107] oder es jedenfalls über einen bestimmten Zeitraum gehalten hat.[108] Soweit eigene FuE-Aktivitäten vorausgesetzt werden, setzten die jeweiligen IP-Box-Regime jedoch grundsätzlich nicht voraus, dass diese Aktivitäten auch innerhalb des jeweiligen Begünstigungsstaats ausgeübt werden.[109]

---

103 So in Zypern, Liechtenstein, Niederlande, Portugal, vgl. *Evers*, IP-Box-Regimes, S. 61.

104 So in Frankreich, Ungarn, Luxemburg, Spanien, Nidwalden (Schweiz) und UK, während in Belgien IP-Rechte, die bei Implementierung der IP-Box-Regelung bereits bestanden, nur dann begünstigt werden können, wenn sie bislang nicht genutzt wurden, vgl. *Evers*, IP-Box-Regimes, S. 61.

105 So in Portugal, vgl. *Evers*, IP-Box-Regimes, S. 58.

106 So in Spanien, vgl. *Evers*, IP-Box-Regimes, S. 58.

107 So in Belgien und den Niederlanden, wobei die niederländische IP-Box voraussetzt, dass die Weiterentwicklung ein neues Patent hervorbringt, vgl. *Evers*, IP-Box-Regimes, S. 58.

108 So profitieren angekaufte IP-Rechte in Frankreich nur nach Ablauf einer zweijährigen Haltedauer von der Vergünstigung durch die IP-Box, vgl. *Evers*, IP-Box-Regimes, S. 58.

109 Mit Ausnahme der irischen sowie der niederländischen IP-Boxen, vgl. *Evers*, IP-Box-Regimes, S. 61.

(4) Umfang der begünstigten Einkunftsarten

Die IP-Box-Regime unterscheiden sich auch hinsichtlich des Umfangs der begünstigten Einkünfte, die aus der jeweiligen Nutzung von IP entstehen. So entstehen etwa Lizenzeinnahmen, wenn IP an andere Unternehmen lizenziert wird. Diese Lizenzeinnahmen werden von allen europäischen IP-Box-Regelungen begünstigt,[110] sodass für IP-Boxen vielfach auch die Bezeichnung „Lizenzbox" verwendet wird.[111] Fließt das IP in eigene Produkte ein, so sind die Erträge aus der Eigennutzung anteilig in den Umsatzerlösen enthalten, die aus der Veräußerung der entsprechenden Produkte erzielt werden.[112] Auch diese Einkünfte werden von einigen IP-Box-Regelungen erfasst.[113] Werden die Immaterialgüterrechte als solche veräußert, entstehen Gewinne aus der Veräußerung von IP-Rechten, die ebenfalls von fast allen IP-Box-Regelungen begünstigt werden.[114]

b) Steuerliche Forschungsförderung und schädlicher Steuerwettbewerb

Die Problematik des schädlichen Steuerwettbewerbs beschäftigt die internationale Steuerpolitik schon seit Längerem.[115] In den letzten Jahren sind dabei vor allem die steuerlichen Begünstigungssysteme für Einkünfte aus Forschung und Entwicklung in den Fokus der Diskussion gerückt.[116] Dabei wird der Schädlichkeitsvorwurf insbesondere gegen die sog. IP-Boxen erhoben.[117] Gleichwohl ist hier eine differenzierende Betrachtungsweise angezeigt.

---

110 *Evers*, IP-Box Regimes, S. 63; *Spengel*, in: FS Endres, 409 (417); *Hofer/Weidlich*, IWB 2016, 753 (754).

111 So etwa bei *Monteith*, StuB 2014, 883 (883).

112 *Spengel*, in: FS Endres, 409 (417).

113 So etwa in Belgien, Italien, Liechtenstein, Luxemburg, Niederlande und UK, vgl. *Spengel*, in: FS Endres, 409 (417).

114 Mit Ausnahme von Belgien und Malta, vgl. *Spengel*, in: FS Endres 409 (417).

115 Vgl. OECD (1998), Harmful Tax Competition – An Emerging Global Issue, S. 7 ff.; Kommission der Europäischen Gemeinschaften, Koordinierung der Steuerpolitik in der Europäischen Union, v. 01.10.1997, KOM(97), 495 endg., S. 4.

116 Vgl. OECD (2015), Erläuterung, OECD/G20 Projekt Gewinnverkürzung und Gewinnverlagerung, S. 19.

117 Vgl. OECD (2016), Wirksamere Bekämpfung schädlicher Steuerpraktiken unter Berücksichtigung von Transparenz und Substanz, Aktionspunkt 5 – Abschlussbericht 2015, S. 26 ff.; Council of the European Union, Council Conclusions,

Ob eine steuerliche Präferenzregelung für Forschung- und Entwicklung als schädlich einzustufen ist, hängt vor allem von der gesetzgeberischen Zielsetzung bei Implementierung der Regelung ab. Insoweit wird regelmäßig das Ziel, zu mehr Forschungs- und Entwicklungstätigkeiten animieren zu wollen, angeführt.[118] Dieses Ziel wird grundsätzlich als legitim anerkannt.[119] So hatten sich etwa die EU-Mitgliedsstaaten im Rahmen ihrer Lissabon-Strategie eine Steigerung der Investitionen in Forschung und Entwicklung auf 3 % des Bruttoinlandsprodukts bis zum Jahr 2010 zum Ziel gesetzt.[120] Als Maßnahme zur Erreichung dieses Ziels wurden insbesondere Steueranreize für Forschung und Innovation angeführt.[121] Auch die deutsche Politik hatte sich bereits vor einigen Jahren für eine steuerliche Förderung von Forschung und Entwicklung ausgesprochen[122] und mit dem am 01.01.2020 in Kraft getretenen Forschungszulagengesetz (FZulG) nun erstmals eine steuerliche Forschungsförderung implementiert.[123]

Kritisch werden dagegen jene steuerlichen Begünstigungen gesehen, die primär das Ziel verfolgen, die Attraktivität eines Staates als IP-Holdingstandort im internationalen Wettbewerb zu erhöhen.[124] Dies betraf insbesondere die bis zum Jahre 2015 geschaffenen IP-Boxen.[125] Zwar wurden auch diese IP-Boxen regelmäßig mit der Begründung, Forschungs- und

v. 06.12.2016, 15276/16, FISC 228, ECOFIN 1162, S. 2; *Schaumburg*, in: Schaumburg, Internationales Steuerrecht, Rn. 5.9; *Hagemann/Kahlenberg*, ISR 2017, 413 (413); vgl. *auch Ritzer/Stangl/Karnath*, DK 2017, 68 (68).

118 *Pross/Rasmanesh*, IStR 2015, 579 (580); allgemein zu den Zielsetzungen, die mit steuerlichen Präferenzregelungen für FuE verfolgt werden *Englisch*, StuW 2017, 331 (333) mwN.

119 Vgl. OECD (2016), Wirksamere Bekämpfung schädlicher Steuerpraktiken unter Berücksichtigung von Transparenz und Substanz, Aktionspunkt 5 – Abschlussbericht 2015, S. 26; *Adrian/Tigges*, StuB 2017, 228 (228).

120 EU-Kommission, Umsetzung des Lissabon-Programms in der Gemeinschaft: Mitteilung der Kommission an den Rat, das Europäische Parlament, den Europäischen Wirtschafts- und Sozialausschuss und den Ausschuss der Regionen, KOM(2005), 488 endg., S. 3.

121 EU-Kommission, Umsetzung des Lissabon-Programms in der Gemeinschaft: Mitteilung der Kommission an den Rat, das Europäische Parlament, den Europäischen Wirtschafts- und Sozialausschuss und den Ausschuss der Regionen, KOM(2005), 488 endg., S. 9.

122 Vgl. Koalitionsvertrag v. 26.10.2009, „Wachstum. Bildung. Zusammenhalt" zwischen CDU, CSU und FDP, S. 15.

123 Gesetz vom 14.12.2019, Gesetz zur steuerlichen Förderung von Forschung und Entwicklung (Forschungszulagengesetz – FZulG), BGBl. I 2019, 2763 ff.; vgl. hierzu auch die Ausführungen in B. III. 2. b) aa) (2) (a).

124 Vgl. *Englisch*, StuW 2017, 331 (331 ff.).

125 Vgl. *Hey*, in: Tipke/Lang, § 7 Rn. 74.

Entwicklungstätigkeiten zu fördern, implementiert.[126] Gleichwohl wurde bezweifelt, dass IP-Boxen tatsächlich geeignet sind, zu mehr Forschungs- und Entwicklungsaktivitäten im Besteuerungsstaat zu animieren.[127] Dies gilt jedenfalls dann, wenn die IP-Box – wie häufig[128] – die Begünstigung unabhängig von einer eigenen Forschungs- und Entwicklungstätigkeit des Steuerpflichtigen im Begünstigungsstaat gewährt.[129] Typischerweise profitieren dann auch solche Inhaber von Immaterialgüterrechten von der steuerlichen Vergünstigung, die im betreffenden Staat keinerlei eigene Forschungstätigkeit erbracht haben.[130] IP-Boxen erhöhen dann lediglich die Attraktivität des betreffenden Staates als IP-Holdingstandort und dienen folglich primär der Anziehung von IP-Rechten bzw. der Verlagerung von Buchgewinnen.[131] International agierende Unternehmen können sich dies zunutze machen, indem sie ihre Immaterialgüterrechte in einem Land mit entsprechender IP-Box-Regelung platzieren.[132] Auch empirische Untersuchungen legen nahe, dass auf diese Weise vor allem hoch profitable Innovationen von den bis 2015 geschaffenen Patentboxen angezogen wurden.[133] Das führt aber dazu, dass die Besteuerung der Erträge gerade nicht mehr an dem Ort erfolgt, an dem die Wertschöpfung stattgefunden hat.[134] Dadurch kann es zu Wettbewerbsverzerrungen und zu einer ungleichen Verteilung des internationalen Steuersubstrats kommen.[135] Da sich immer mehr Staaten durch Implementierung solcher IP-Regelungen am Wettbewerb um das Besteuerungssubstrat aus IP-Einkünften beteiligt haben, drohte außerdem ein „race-to-the-bottom", bei dem am Ende das Steueraufkommen aller Länder sinkt.[136] Man kann IP-Boxen insoweit als das

---

126 *Spengel*, in: FS Endres, 409 (410); vgl. auch die Nachweise bei *Evers*, IP-Box-Regimes, S. 152.

127 *Spengel*, in: FS Endres, 409 (420); *Pross/Radmanesh*, IStR 2015, 579 (580); *Fehling/Schmidt*, IStR 2015, 493 (495); *Adrian/Tigges*, StuB 2017, 228 (228); *Valta*, StuW 2015, 257 (260 f.).

128 Vgl. Abschnitt A. I. 2. a) bb) (3).

129 Vgl. *Fehling/Schmid*, IStR 2015, 493 (495).

130 Vgl. *Fehling/Schmidt*, IStR 2015, 493 (495); *Englisch*, StuW 2017, 331 (334).

131 *Spengel*, in: FS Endres, 409 (420), der sogar annimmt, dass die Anziehung von IP-Rechten, das einzige Ziel der IP-Boxen sei; ähnlich auch *Max/Thiede*, StB 2017, 175 (177); *Hey*, in: Tipke/Lang, § 7 Rn. 74; *Englisch*, StuW 331 (334); *Fehling/Schmid*, IStR 2015, 493 (495).

132 Vgl. hierzu Abschnitt A. II. 1. c).

133 *Englisch*, StuW 2017, 331 (334); *Ernst/Richter/Riedel*, International Tax and Public Finance 2014, 694 (709 f.); *Evers*, IP-Box-Regimes, S. 158 f.

134 *Pross/Radmanesh*, IStR 2015, 579 (580).

135 *Pross/Radmanesh*, IStR 2015, 579 (580).

136 *Fehling/Schmimd*, IStR 2015, 493 (495).

„Musterbeispiel" für sog. schädliche Steuerpraktiken sehen, da sie erhebliche Anreize zur Gewinnverlagerung setzen, ohne dass dabei auch eine korrespondierende Substanzverlagerung vorausgesetzt wurde.[137] Insgesamt ist festzuhalten, dass IP-Boxen gewissermaßen in einem steuerpolitischen Spannungsfeld zwischen legitimer steuerlicher Förderung von Forschung und Entwicklung einerseits, und schädlichen Steuerpraktiken andererseits, stehen.[138]

Da steuerliche Begünstigungen dann als schädlich eingestuft werden, wenn sie keine eigene Forschungs- und Entwicklungstätigkeiten im Begünstigungsstaat voraussetzen, begegnen die input-basierten Fördermodelle[139] wenig Bedenken.[140] Denn diese Förderung knüpft gerade am tatsächlichen Ressourceneinsatz an und setzt damit grundsätzlich eine eigene Forschungs- und Entwicklungstätigkeit voraus.

II. Steuergestaltung durch Lizenzstrukturen

1. Konzerninterne Lizenzierungen als Steuerplanungsinstrument

Konzerninterne Lizenzzahlungen sind ein beliebtes Instrument der Steuerplanung.[141] Dies verwundert nicht, bietet doch die Nutzungsüberlassung von IP eine der wesentlichen Möglichkeiten zur Verlagerung von Einkünften.[142] So lässt sich IP besonders leicht an einen steuerlich günstigen Ort verlagern.[143] Weiterhin werden Lizenzzahlungen – wie im Folgenden näher aufzeigt wird – gerade durch das Zusammenspiel von steuerlichen Begünstigungssystemen für Forschung- und Entwicklung (insbes. IP-Boxen) mit DBA und der Zins- und LizenzRL, zu einem besonders effektiven Instrument der Steuerplanung.[144] Ziel der IP-bezogenen Steuerplanung ist

---

137 *Englisch*, StuW 2017, 331 (334).

138 *Ritzer/Stangl/Karnath*, DK 2017, 68 (68).

139 Vgl. Abschnitt I. 1. a) aa).

140 Vgl. *Ismer/Piotrowski*, IStR 2015, 257 (257).

141 *Fehling/Schmid*, IStR 2015, 493 (493).

142 Vgl. *Jochimsen/Bildstein*, Ubg 2014, 299 (299); vgl. auch OECD (2014), Gewinnverkürzung und Gewinnverlagerung – Situationsbeschreibung und Lösungsansätze, S. 88 ff.; *Overesch*, in: FS Schreiber, 41 (45); *Pross*, DB 2013, Heft 13, Standpunkte, 19 (19).

143 *Burwitz/Rüll*, NZG 2017, 414 (414); *Titgemeyer*, DStZ 2017, 745 (745).

144 Vgl. *Fehling/Schmid*, IStR 2015, 493 (495).

dabei die Reduzierung der weltweiten effektiven Gesamtsteuerbelastung des Konzerns.[145]

Das Phänomen der grenzüberschreitenden Lizenzierung als Instrument der Steuerplanung betrifft dabei alle entwickelten Staaten.[146] Auch nahezu alle deutschen Unternehmen waren zwischenzeitlich an Lizenzverträgen beteiligt.[147]

Die nachfolgenden Ausführungen sollen darstellen, wie es verbundenen Unternehmen mittels Lizenzierungen gelingt, ihre Konzernsteuerbelastung durch Kombination der internationalen und nationalen Besteuerungsregelungen zu minimieren. Dabei soll die Betrachtung zunächst aus Sicht des deutschen Steuerrechts erfolgen. Anschließend werden die Lizenzstrukturen von Google und Amazon als konkrete Beispiele aus der Praxis vorgestellt.

a) Vertragliche Einräumung von IP-Nutzungsrechten

Eine Nutzungsüberlassung ist grundsätzlich an allen Arten von IP-Rechten denkbar.[148] Als Basis für die Einräumung eines Nutzungsrechts an einem Immaterialgut fungiert regelmäßig ein Lizenzvertrag.[149] Die Nutzungsüberlassung lässt das zivilrechtliche und wirtschaftliche Eigentum des bisherigen Inhabers grundsätzlich unberührt.[150] Nur wenn der Lizenznehmer die tatsächliche Herrschaft über das IP-Recht in einer Weise ausübt, dass er den Eigentümer im Regelfall für die gewöhnliche Nutzungsdauer von der Einwirkung auf das IP-Recht ausschließen kann, erwirbt er nach § 39 Abs. 2 Nr. 1 S. 1 AO das wirtschaftliche Eigentum an dem IP-Recht.[151]

---

145 Vgl. *Walsh*, ITR 2001, 23 (26).
146 *Frase*, KÖSDI 2017, 20497 (20498).
147 *Frase*, KÖSDI 2017, 20497 (20497).
148 Vgl. *Jochimsen/Bildstein*, Ubg 2014, 299 (300).
149 Wobei es sich um einen Vertrag sui generis handelt, vgl. *Jochimsen/Bildstein*, Ubg 2014, 299 (300); vgl. auch *Harke*, in: MüKo, § 581 BGB, Rn. 27 Lizenzvertrag als „typengemischter Vertrag" mit Elementen des Kauf- und Pachtvertrags.
150 Vgl. *Jochimsen/Bildstein*, Ubg 2014, 299 (301).
151 *Jochimsen/Bildstein*, Ubg 2014, 299 (301).

b) Steuerliche Auswirkungen der Lizenzierung

aa) Steuerliche Auswirkungen beim Lizenzgeber in Inbound-Konstellationen

Für den Lizenzgeber entstehen aus der Nutzungsüberlassung des IP-Rechts Lizenzgebühren, die grundsätzlich als Betriebseinnahmen steuerpflichtig sind.[152] Soweit der Lizenzgeber im Ausland ansässig ist und das IP-Recht an einen im Inland ansässigen Steuerpflichtigen lizenziert (Inbound-Fall), kommt im Hinblick auf die Lizenzgebühren sowohl ein Besteuerungsrecht des Quellenstaats, d.h. des Ansässigkeitsstaats des Schuldners der Lizenzgebühren, wie auch ein Besteuerungsrecht des Ansässigkeitsstaats des Gläubigers der Lizenzzahlungen, in Betracht.

(1) Besteuerung im Quellenstaat (Deutschland)

(a) Beschränkte Steuerpflicht

Bezieht ein ausländischer Lizenzgeber von einem in Deutschland ansässigen Lizenznehmer Lizenzgebühren, so kommt ein deutsches Besteuerungsrecht an den ins Ausland fließenden Lizenzzahlungen im Rahmen der beschränkten Steuerpflicht (§ 1 Abs. 4 EStG bzw. § 2 Nr. 1 KStG) in Betracht, sofern der ausländische Lizenzgeber Einkünfte nach § 49 EStG erzielt.

Die Lizenzeinkünfte können zunächst § 49 Abs. 2 Nr. 2 Buchst. a. EStG unterfallen, wenn sie einer inländischen Betriebsstätte zugerechnet werden können oder ein ständiger Vertreter im Inland bestellt ist. In Betracht kommen außerdem § 49 Abs. 1 Nr. 2 Buchst. f. oder Nr. 6 EStG, sofern die überlassenen Rechte in ein inländisches öffentliches Buch oder Register eingetragen wurden (z.B. bei Patent-, Markenschutz-, oder Gebrauchsregister[153]) oder die Verwertung in einer anderen inländischen Einrichtung

152 *Fehling/Schmid*, IStR 2015, 493 (493).
153 *Jochimsen/Bildstein*, Ubg 2014, 299 (305).

erfolgt.[154] Soweit es um die Nutzung von Know-how im Inland geht, kommt weiterhin § 49 Abs. 1 Nr. 9 EStG in Betracht.[155]

Besteht danach ein deutsches Besteuerungsrecht, so erfolgt die Besteuerung gemäß § 50a Abs. 1 Nr. 2 und Nr. 3 EStG grundsätzlich durch Steuerabzug zu einem Quellensteuersatz von 15 %, § 50a Abs. 2 S. 1 EStG.[156]

(b) Ausschluss des Quellenbesteuerungsrechts

Um eine Doppelbesteuerung zu vermeiden, wird ein Besteuerungsrecht des Quellenstaates für Lizenzgebühren jedoch regelmäßig durch DBA, oder bei Mitgliedschaft in der Europäischen Union, durch europäische Regelungen, eingeschränkt.[157]

(aa) Ausschluss durch die Zins- und Lizenzrichtlinie

Für Lizenzzahlungen innerhalb der europäischen Union scheidet ein Steuerabzug im Quellenstaat bei verbundenen Unternehmen bereits nach der Zins- und LizenzRL aus, welche vom deutschen Gesetzgeber in § 50g EStG umgesetzt wurde.[158] Die Regelung ermöglicht auf Antrag die Entlastung vom Steuerabzug nach § 50a EStG zwischen verbundenen Unternehmen im EU-Gemeinschaftsgebiet und im Verhältnis zur Schweiz.[159] Die Begünstigung durch § 50g EStG greift immer dann ein, wenn nicht bereits das einschlägige DBA eine vollständige Quellensteuerbefreiung für Zinsen und Lizenzgebühren in Deutschland vorsieht.[160]

---

154 Vgl. hierzu auch *Baumhoff/Liebchen*, IStR 2014, 711 (711); *Klein*, in: H/H/R, § 49 EStG, Rn. 952 ff.

155 Vgl. BFHE 201, 65 (65 und 66); *Reimer*, in: Brandis/Heuermann, § 49 EStG, Rn. 311; *Jochimsen/Bildstein*, Ubg 2014, 299 (305).

156 *Baumhoff/Liebchen*, IStR 2014, 711 (711).

157 *Monteith*, StuB 2014, 883 (883 f.).

158 Vgl. *Gosch*, in: Kirchhof/Seer, § 4j EStG, Rn. 1.

159 Zum Geltungsbereich der Norm *Rehfeld*, in: H/H/R, § 50g EStG, Rn. 4.

160 *Rehfeld*, in: H/H/R, § 50g EStG, Rn. 1.

(bb) Ausschluss durch DBA

Ein etwaiges Besteuerungsrecht des Quellenstaates an den Lizenzgebühren kann bereits durch DBA ausgeschlossen sein. So sieht schon Art. 12 OECD-Musterabkommen vor, dass das Besteuerungsrecht an den Lizenzgebühren dem Ansässigkeitsstaat des Gläubigers der Lizenzgebühren zusteht. Begründet wird die ausschließliche Besteuerung im Ansässigkeitsstaat des Lizenzgläubigers regelmäßig damit, dass dieser Staat steuerlich auch die Forschungs- und Entwicklungskosten der lizenzierten Vermögenswerte tragen müsse.[161]

Auch nach der deutschen DBA-Verhandlungsgrundlage ist das Besteuerungsrecht des Quellenstaates grundsätzlich ausgeschlossen (vgl. Art. 12 Abs. 1 DE-VG). Zahlreiche deutsche DBA setzen diese Regelung auch um.[162] Allerdings sieht mehr als die Hälfte der deutschen DBA zumindest ein beschränktes Besteuerungsrecht vor.[163]

Die jeweils einschlägigen DBA sowie die Zins- und LizenzRL kommen unabhängig voneinander zur Anwendung.[164] Soweit also das jeweils einschlägige DBA tatsächlich ein (beschränktes) Besteuerungsrecht des Quellenstaates vorsieht, kann dieses wiederum durch die Zins- und LizenzRL ausgeschlossen sein.[165]

---

161 Vgl. *von Pannwitz*, in: Haase, Art. 12 MA, Rn. 185; kritisch *Pöllath/Lohbeck*, in: Vogel/Lehner, Art. 12 MA, Rn. 6 ff.

162 Vgl. DBA-USA (Art. 12), DBA-Russland (Art. 12), DBA-Schweiz (Art. 12 Abs. 1), DBA-Belgien (Art. 12), DBA-Dänemark (Art. 12), DBA-Frankreich (Art. 15), DBA-Griechenland (Art. VIII Abs. 1), DBA-Großbritannien (Art. 12), DBA-Irland (Art. VIII Abs. 1), DBA-Malta (Art. 12 Abs. 1), DBA-Niederlande (Art. 12 Abs. 1), DBA-Norwegen (Art. 12 Abs. 1), DBA-Österreich (Art. 12 Abs. 1), DBA-Schweden (Art. 12 Abs. 1), DBA-Ungarn (Art. 12 Abs. 1), DBA-Zypern (Art. 12 Abs. 1), vgl. *von Pannwitz*, in: Haase, Art. 12 MA, Rn. 185 f.

163 So ist oftmals ein Quellensteuersatz in Höhe von 3 % [z.B. DBA-Bulgarien (Art. 12), DBA-Finnland (Art. 12) oder DBA-Luxemburg (Art. 12)] oder von 10 % [z.B. DBA-Portugal (Art. 12), DBA-China (Art. 12) oder DBA-Indien (Art. 12)] vorgesehen; vgl. die Übersicht bei *von Pannwitz*, in: Haase, Art. 12 MA, Rn. 179 ff.

164 *Pöllath/Lohbeck*, in: Vogel/Lehner, Art. 12 MA, Rn. 13; *von Pannwitz*, in: Haase, Art. 12 MA, Rn. 27.

165 *von Pannwitz*, in: Haase, Art. 12 MA, Rn. 25.

(2) Besteuerung im Ansässigkeitsstaat des Lizenzgebers

Der ausländische Lizenzgeber wird im Regelfall in seinem Heimatstaat mit seinen gesamten weltweit erzielten Einkünften der Besteuerung unterliegen,[166] d.h. also auch mit seinen aus einer grenzüberschreitenden Lizenzierung resultierenden Einkünften.

Die Besteuerung ist vom Ansässigkeitsstaat grundsätzlich frei ausgestaltbar.[167] Wie bereits aufgezeigt, haben zahlreiche Staaten dabei steuerliche Regelungen geschaffen, mit denen Lizenzeinnahmen gegenüber anderen Einkunftsarten privilegiert besteuert werden. Diese steuerlichen Begünstigungssysteme können einen wesentlichen Einfluss darauf haben, wo Unternehmen die Entwicklung und Verwertung von IP-Rechten ansiedeln. Da IP-Rechte besonders mobil sind, können sie leicht zusammen mit den auf sie entfallenden Lizenzeinnahmen in andere Staaten verlagert werden.[168] Damit bietet es sich aus Konzernsicht an, IP-Rechte dort zu platzieren, wo die Erträge aus der Verwertung dieses IP-Rechts einer möglichst geringen Besteuerung unterliegen. Dabei kann es für internationale Konzerne von Vorteil sein, Verwertungs- bzw. IP-Holdinggesellschaften in einem Staat mit steuerlicher Präferenzregelung für IP-Einkünfte (insbes. IP-Box-Regelungen) zu gründen, in denen die immateriellen Wirtschaftsgüter des Konzerns gebündelt werden.[169] Daneben bietet es sich an, die entsprechenden Gesellschaften in einem Land mit generell niedrigem Ertragsteuerniveau (sog. Steueroasen) zu platzieren.[170]

Eine Platzierung der IP-Rechte in einer IP-Holdinggesellschaft kann entweder dadurch erfolgen, dass das IP-Recht zuvor von einer Konzerngesellschaft in einem anderen Staat entwickelt und anschließend auf die IP-Holdinggesellschaft verlagert wird.[171] Da dieses Vorgehen jedoch eine Entstrickungsbesteuerung auslösen kann, empfiehlt sich aus steuerlicher Sicht der Weg der Auftragsforschung.[172] Im Rahmen der Auftragsforschung beauftragt eine Konzerngesellschaft (Verwertungsgesellschaft bzw. IP-Holding) eine andere Konzerngesellschaft (FuE-Gesellschaft) mit einem FuE-

166 Vgl. *Henkel*, in: Mössner u.a., Steuerrecht international tätiger Unternehmen, Rn. 8.1.

167 *Monteith*, StuB 2014, 883 (883 f).

168 *Fehling/Schmid*, IStR 2015, 493 (494 f.).

169 Vgl. *Hofer/Weidlich*, IWB 2016, 753 (758); *Creed*, GRUR-Prax 2014, 346 (346); *Heil/Pupeter*, BB 2017, 795 (795).

170 Vgl. *Walsh*, ITR 2001, 23 (23 f.).

171 Vgl. *Walsh*, ITR 2001, 23 (24).

172 *Hofer/Weidlich*, IWB 2016, 753 (760); *Bannes/Cloer*, BB 2016, 1431 (1431).

Projekt.[173] Die IP-Holding zahlt hierfür an die FuE-Gesellschaft ein Entgelt einschließlich eines Gewinnaufschlags, sodass die Risiken und auch das wirtschaftliche Eigentum vollständig bei der IP-Holding liegen.[174] Auf diesem Weg gelingt es, dass Oasengesellschaften, die keine eigenen Entwicklungsressourcen besitzen, als bloße Kapitalgeber zu Eigentümern gewinnträchtiger Immaterialgüterrechte werden.[175] Damit sind auch die Gewinne aus der Verwertung des FuE-Ergebnisses bei der IP-Holding zu besteuern.[176] Die Auftragsforschung ist also gerade dann steuerlich vorteilhaft, wenn die IP-Holding einer niedrigen Ertragsteuerbelastung unterliegt – sei es aufgrund einer steuerlichen Präferenzregelung oder eines generell niedrigen Besteuerungsniveaus.[177]

bb) Steuerliche Auswirkungen beim inländischen Lizenznehmer

Die Lizenzausgaben führen beim Lizenznehmer, soweit sie betrieblich veranlasst sind, zu Betriebsausgaben, welche grundsätzlich steuerlich abzugsfähig sind.[178] Durch entsprechend hohe Lizenzzahlungen – die freilich noch dem Fremdvergleichsgrundsatz standhalten müssen – kann der steuerbare Gewinn eines Unternehmens im Extremfall bis auf Null reduziert werden.[179]

Hatte der jetzige Lizenznehmer im Vorfeld durch Auftragsforschung das nunmehr an ihn zurück lizenzierte IP selbst geschaffen, so hatte bereits die Auftragsforschung steuerliche Auswirkungen auf Ebene des späteren Lizenznehmers. Hat etwa der Lizenznehmer die Aufwendungen für die Forschung selbst getragen, minderten diese als Betriebsausgaben dessen steuerbaren Gewinn.[180] Etwaige erzielte Einnahmen aus der Auftragsforschung wären dagegen als Betriebseinnahmen steuerlich zu berücksichti-

---

173 *Fischer/Scholz*, BB 2007, 129 (129).

174 *Fischer/Scholz*, BB 2007, 129 (129); *Jacobs*, Internationale Unternehmensbesteuerung, S. 1117 f.

175 *Pinkernell*, IStR 2013, 180 (182).

176 *Fischer/Scholz*, BB 2007, 129 (129).

177 *Fischer/Scholz*, BB 2007, 129 (129).

178 Vgl. *Jochimsen/Bildstein*, Ubg 2014, 299 (305).

179 *Fehling/Schmid*, IStR 2015, 493 (494).

180 Vgl. zu dieser Fragestellung Deutscher Bundestag, Wissenschaftliche Dienste, Forschungskosten als Betriebsausgaben im deutschen Steuerrecht, v. 19.02.2018, WD 4 – 3000 – 031/18, S. 4 f.

gen gewesen.[181] Hat dagegen der Auftraggeber die Forschungskosten getragen, so wären die entsprechenden Aufwendungen bei diesem und nicht beim Lizenznehmer zu berücksichtigen gewesen.[182]

c) Zusammenwirken der Faktoren

In der Praxis basieren konzerninterne Lizenzgestaltungen zu Steuerplanungszwecken damit auf einer Reihe von abgestimmten Faktoren, die sich regelmäßig in folgende Elemente aufschlüsseln lassen:[183]

- Minimierung der Besteuerung in einem ausländischen Tätigkeits- oder Quellenstaat;
- niedrige bzw. keine Quellenbesteuerung im Quellenstaat;
- niedrige bzw. keine Besteuerung auf der Ebene des Empfängers der Lizenzzahlungen (z.B. durch Niedrigsteuerländer oder Begünstigungssysteme)
- keine laufende Besteuerung der aufgrund der ersten drei Elemente niedrig besteuerten Gewinne auf der Ebene der obersten Muttergesellschaft.

Wie diese Elemente durch Lizenzgestaltungen umgesetzt werden können, lässt sich anhand des folgenden vereinfachten Beispiels darstellen:

> Die M-GmbH (M) mit Sitz in Deutschland ist zu 30 % an der H-LLC (H), einer Holdinggesellschaft mit Sitz in Malta, beteiligt. Die H lässt im Wege der Auftragsforschung gegen Entgelt ein Patent durch die M entwickeln. Nach Fertigstellung des Patents, lizenziert die H das Patent zu einem fremdüblichen Entgelt an die M.

---

181 Eine Befreiung von der Körperschaftsteuerpflicht kommt nur für die Auftragsforschung öffentlich-rechtlicher Wissenschafts- und Forschungseinrichtungen in Betracht, vgl. § 5 I Nr. 23 KStG.

182 Deutscher Bundestag, Wissenschaftliche Dienste, Forschungskosten als Betriebsausgaben im deutschen Steuerrecht, v. 19.02.2018, WD 4 – 3000 – 031/18, S. 5.

183 OECD (2014), Gewinnverkürzung und Gewinnverlagerung – Situationsbeschreibung und Lösungsansätze, S. 87; *Walsh*, ITR 2001, 23 (23 f.); *Eiler/Schmitz*, ISR 2013, 68 (69).

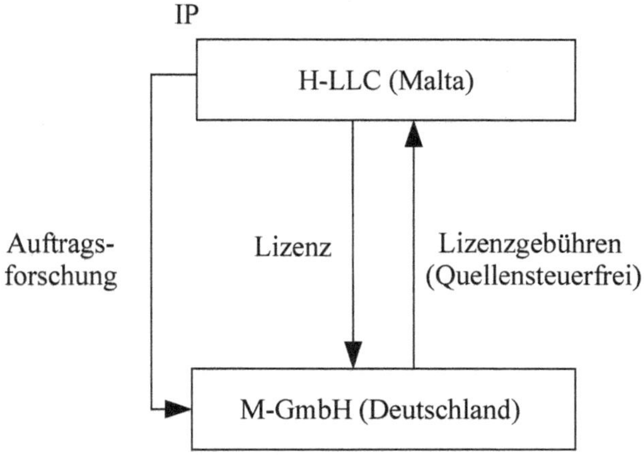

Zwar wurde das Patent durch die M in Deutschland entwickelt. Da jedoch die H die Risiken für das FuE-Projekt trägt, wird sie wirtschaftliche Eigentümerin des entwickelten IP-Rechts. Infolge der Lizenzierung entstehen der Lizenzschuldnerin (M) Lizenzaufwendungen, die sich als Betriebsausgaben gewinnmindernd auswirken.

Auf Seiten der H wiederum entstehen Lizenzeinnahmen, die jedoch aufgrund der maltesischen IP-Box-Regelung im Ergebnis nicht besteuert wurden.[184] Dass die H auf maltesischem Hoheitsgebiet keinerlei eigene Forschungs- und Entwicklungstätigkeit durchgeführt hat, war für die Inanspruchnahme der steuerlichen Begünstigung unerheblich.[185]

Ein deutsches Quellenbesteuerungsrecht in Bezug auf diese Lizenzeinnahmen ist aufgrund des einschlägigen Art. 12 Abs. 1 DBA-Malta[186] ausgeschlossen. Weiterhin kann das deutsche Quellenbesteuerungsrecht, nach entsprechendem Antrag,[187] auch aufgrund § 50g EStG ausgeschlossen sein. Denn die Lizenzzahlungen fließen zwischen zwei in verschiedenen Mitgliedsstaaten ansässigen Unternehmen, wobei es sich aufgrund der dreißigprozentigen Beteiligung der M an der H gemäß § 50 Abs. 3 Nr. 5 Buchst b) lit. bb) EStG auch um verbundene Unternehmen i.S.d. § 50g Abs. 1 EStG handelt. Damit wird eine Quellenbesteuerung im Quellenstaat (hier: Deutschland) ausgeschlossen.

---

184 Vgl. *Evers*, IP-Box-Regimes, S. 52 wonach Lizenzgebühren in Malta effektiv zu 0 % besteuert werden; vgl. auch *Fehling/Schmid*, IStR 2015, 493 (494).

185 Vgl. *Evers*, IP-Box-Regimes, S. 80.

186 DBA-Malta v. 13.12.2001, BGBl. I 2001, 1297.

187 Zum Antragserfordernis vgl. etwa *Rehfeld*, in: H/H/R, § 50g EStG, Rn. 6.

Die Lizenzgebühren werden so quellensteuerfrei von Deutschland nach Malta geschleust, wo sie aufgrund der maltesischen IP-Box steuerfrei bleiben.[188] Eine laufende Besteuerung in Deutschland im Rahmen der Hinzurechnungsbesteuerung ist nach § 7 Abs. 2 AStG ausgeschlossen, da die Beteiligungsschwelle von über 50 % nicht erreicht wurde. Die Lizenzaufwendungen, die bei der in Deutschland, und damit in einem Hochsteuerland, ansässigen Konzerngesellschaft (M) anfallen, führen zu einer Verringerung der Nettogewinne. Durch die Lizenzierung der ausländischen IP-Holding (H) an die inländische Gesellschaft (M) lassen sich Gewinne abschöpfen und die Gesamtsteuerquote im Konzernverbund optimieren.[189]

d) Ausgewählte Lizenzstrukturen internationaler Konzerne

Die Diskussion um die Steuerplanungsgestaltungen internationaler Konzerne wird vor allem im Zusammenhang mit großen amerikanischen IT-Konzernen wie Google, Apple, Facebook oder Amazon geführt. Auch andere multinationale Konzerne wie Ikea, McDonald's und Starbucks waren für ihre Lizenzgestaltungen in die Kritik geraten.[190] Ergebnis all dieser Gestaltungen ist eine erhebliche Reduktion der Konzernsteuerbelastung.[191]

Ein wesentlicher Baustein war hier jeweils die Verlagerung gewinnträchtiger immaterieller Wirtschaftsgüter auf niedrig besteuerte Oasengesellschaften.[192] Beliebte Standorte hierfür sind Länder, die bestimmte Einkünfte von der Besteuerung ausnehmen (z.B. durch IP-Boxen) oder generell ein niedriges Besteuerungsniveau bieten (Steueroasen, z.B. Cayman Islands oder Bermuda).[193]

---

188 Vgl. auch *Fehling/Schmid*, IStR 2015, 493 (495).

189 Vgl. *Haase/Nürnberg*, FR 2017, 1 (6) die in dieser Form der Gewinnverlagerung durch Lizenzstrukturen eine Reaktion auf die 2008 durch die Unternehmensteuerreform eingeführte Zinsschranke sehen.

190 Vgl. Süddeutsche Zeitung, v. 27.04.2017; *Titgemeyer*, DStZ 2017, 745 (745).

191 So wiesen etwa Apple, Microsoft und Google für das Jahr 2010 jeweils eine Gesamtsteuerbelastung von unter 25 % aus, obwohl die kumulierte Unternehmensteuerbelastung beispielsweise in Kalifornien bei knapp 41 % liegt, vgl. *Pinkernell*, IStR-LB 2013, 59 (59); *Pinkernell*, IStR 2013, 180 (181).

192 *Pinkernell*, IStR-LB 2013, 59 (59); *Pinkernell*, IStR 2013, 180 (181).

193 Vgl. *Pinkernell*, IStR 2013, 180 (181).

aa) Das Google-Modell

Ein vieldiskutiertes Beispiel für steueroptimierte Gestaltungen internationaler Konzerne, ist das Modell des us-amerikanischen Konzerns Google.[194] Bekannt wurde diese Gestaltung unter dem Schlagwort „Double Irish with a Dutch Sandwich".[195] Dabei ist zu beachten, dass Google die Gewinne aus seinem US-Geschäft in den USA regulär besteuert, während es die Gewinne aus dem Auslandsgeschäft sind, die einer extrem niedrigen Besteuerung unterliegen.[196] So unterlagen die von Google im Jahr 2010 erzielten ausländischen Gewinne von insgesamt 5,8 Mrd. US-$ einer Steuerbelastung von nur 0,2 Mrd. US-$.[197]

Das Google-Modell basiert auf konzerninternen Lizenzstrukturen. Ausgangspunkt der Gestaltung bildet die steuerneutrale Verlagerung der von der Muttergesellschaft (M) mit Sitz in den USA entwickelten immateriellen Wirtschaftsgüter auf eine Holdings- bzw. Lizenzgesellschaft auf Bermuda (B).[198] Hierzu wurde ein Umlagevertrag mit Eintrittszahlung[199] (Cost Sharing Arrangement mit Buy-in) geschlossen.[200] Als Grundlage diente ein Advance Pricing Agreement zwischen Google und der US-amerikanischen Steuerverwaltung, dessen konkreter Inhalt jedoch nicht veröffentlicht wurde.[201] Damit unterliegen die Gewinne aus der Verwertung dieser Immaterialgüterrechte nicht mehr der US-Besteuerung.[202]

---

194 Vgl. etwa Frankfurter Allgemeine v. 29.01.2016 „Googles deutsches Steuersparmodell".

195 Apple gilt dabei als Pionier dieser Steuergestaltung, vgl. *Richter/Hontheim*, DB 2013, 1260 (1260); *Pinknerell*, StuW 2012, 369 (372) mit Fußnote 30; *Pinkernell*, IStR 2013, 180 (183); *Kahle/Wildermuth*, Ubg 2013, 405 (405) mwN.

196 Vgl. *Pinknerell*, StuW 2012, 369 (369).

197 *Kahle/Wildermuth*, Ubg 2013, 405 (405) mwN.

198 *Richter/Hontheim*, DB 2013, 1260 (1261).

199 Das BMF versteht hierunter Verträge, die international verbundene Unternehmen untereinander abschließen, um im gemeinsamen Interesse, in einem längeren Zeitraum, durch Zusammenwirken in einem Pool Leistungen zu erlangen bzw. zu erbringen. Eintrittszahlungen müssen dabei von jenen Unternehmen gezahlt werden, die sich zu einem späteren Zeitpunkt an einem Umlagevertrag beteiligen, BMF, Schreiben vom 30. 12. 1999 IV B 4 – S 1341 – 14/99 [Inzwischen aufgehoben für Wirtschaftsjahre, die nach dem 31.12.2018 beginnen, vgl. BMF-Schreiben vom 05.07.2018, VV DEU BMF 2018-07-05 IV B 5-S 1341/0:003].

200 Vgl. *Pinkernell*, ifst-Schrift Nr. 494 (2014), S. 132 f.; *ders.*, IStR 2013, 180 (182); *Richter/Hontheim*, DB 2013, 1260 (1262).

201 *Pinknerell*, StuW 2012, 369 (369); *Richter/Hontheim*, DB 2013, 1260 (1262).

202 Vgl. *Richter/Hontheim*, DB 2013, 1260 (1262).

Die B lizenziert die Wirtschaftsgüter an eine in den Niederlanden ansässige Zwischengesellschaft (NL) und erhält hierfür eine laufende Lizenzgebühr.[203] Die NL gibt die Technologie wiederum im Wege der Unterlizenzierung an ihre irische Schwestergesellschaft (IRL) weiter und enthält dafür ebenfalls eine laufende Gebühr.[204] Die IRL fungiert als operative Gesellschaft und bedient als Vertriebsgesellschaft die Kunden in Europa, dem Nahen Osten und Afrika (EMEA-Geschäft).[205] Da das Geschäftsmodell von Google keine physische Präsenz im jeweiligen Absatzstaat erfordert, wird dort regelmäßig keine Steuerpflicht ausgelöst.[206] Sofern im jeweiligen Absatzstaat Tochtergesellschaften bestehen, beschränken diese sich regelmäßig auf die Erbringung von Service-Leistungen, ohne an den profitablen Vertragsbeziehungen mit Kunden beteiligt zu sein.[207]

Die Umsätze aus dem Absatzgeschäft fallen zunächst auf Ebene der irischen IRL an, werden aber fast vollständig durch hohe Aufwandskosten – ganz überwiegend die Lizenzzahlungen an die weitere Google-Gesellschaft mit Sitz in den Niederlanden (NL) – wieder aufgezehrt.[208] Der Gewinn wird so aus Irland „abgesaugt".[209] Die Lizenzgebühren, die die IRL an die niederländische Zwischengesellschaft (NL) zahlt, unterliegen in Irland auch aufgrund der hier anwendbaren Zins- und LizenzRL nicht der Quellenbesteuerung.[210]

---

203 Vgl. *Richter/Hontheim*, DB 2013, 1260 (1262).

204 Vgl. *Richter/Hontheim*, DB 2013, 1260 (1262); vgl. auch Google Netherlands Holdings B.V., Annual Report 2011, S. 8: „Net turnover represents the amounts charged as royalty income to group companies minus the royalties paid to group comapnies according to the royalty agreemetns".

205 Vgl. *Richter/Hontheim*, DB 2013, 1260 (1261); *Pinkernell*, StuW 2012, 369 (371).

206 Vgl. *Pinkernell*, StuW 2012, 369 (370); *ders.*, IStR 2013, 180 (182); vgl. auch *Richter/Hontheim*, DB 2013, 1260 (1262).

207 Vgl. So heißt es im Lagebericht 2011 der Google Germany GmbH: „Die Gesellschaft fungiert im Wesentlichen als Servicegesellschaft der Google Inc., USA und der Google Ireland Ltd., Irland, und erbringt für den deutschen Markt Dienstleistungen in den Bereichen Marketing, Hosting sowie Forschung- und Entwicklung", vgl. Lagebericht der Google Germany GmbH zum 31.12.2011, S. 1; vgl. *Richter/Hontheim*, DB 2013, 1260 (1261 f.); *Pinkernell*, StuW 2012, 369 (370 f.).

208 Vgl. *Richter/Hontheim*, DB 2013, 1260 (1261); *Pinkernell*, StuW 2012, 369 (371).

209 *Pinkernell*, StuW 2012, 369 (371); vgl. auch *Richter/Hontheim*, DB 2013, 1260 (1262).

210 *Richter/Hontheim*, DB 2013, 1260 (1262).

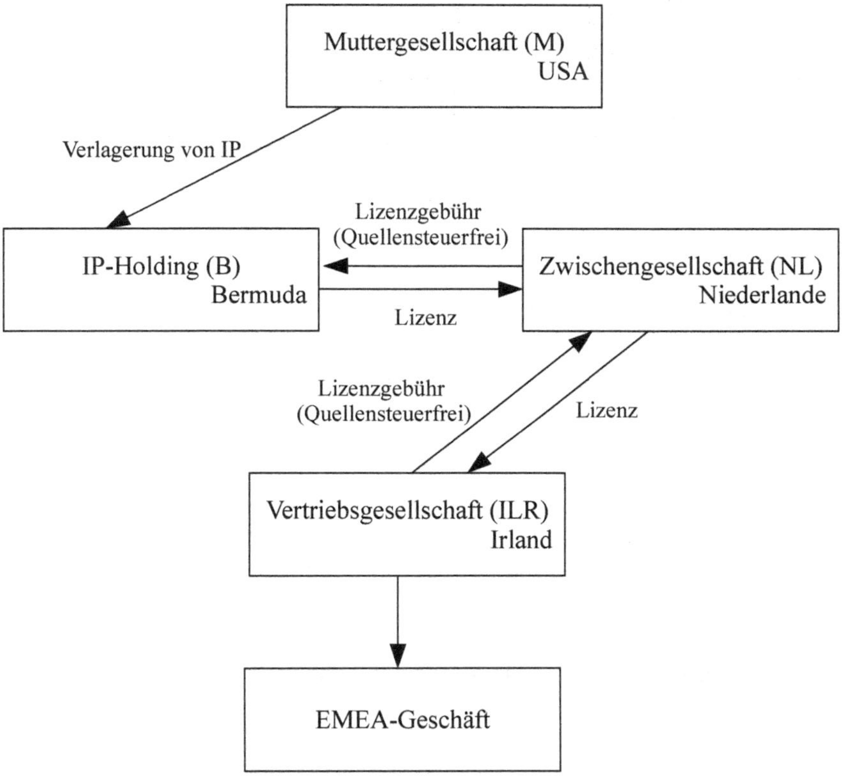

Die Lizenzgebühren wären somit auf der Ebene der niederländischen Zwischengesellschaft (NL) zu versteuern. Dort werden die Einnahmen aber wieder weitgehend durch die Lizenzzahlungen, die die NL an die B leistet, aufgezehrt. Die Lizenzgebühren unterliegen in den Niederladen keiner Quellenbesteuerung, da die Niederlande grundsätzlich keine Quellensteuer auf Lizenzgebühren erheben.[211] Die Einkünfte aus dem EMEA-Geschäft werden so letztlich quellensteuerfrei aus der EU herausgeleitet und in einer Steueroase thesauriert.[212] Dies erklärt auch, weshalb hier die irische Zwischengesellschaft gebildet wurde. Denn hätte die IRL die Lizenzgebühren direkt an die B gezahlt, so wären diese mit einer irischen Quellensteuer von 20 % zu belegen gewesen.[213] Die Gewinne sammeln sich somit

211 *Richter/Hontheim*, DB 2013, 1260 (1262 f.).
212 *Pinknerell*, StuW 2012, 369 (372).
213 *Richter/Hontheim*, DB 2013, 1260 (1263).

auf Ebene der auf Bermuda ansässigen B. Dort bleiben sie aber unversteuert, weil der Bermuda keine Körperschaftsteuer erhebt.[214] Die US-Hinzurechnungsbesteuerung für niedrig besteuerte Auslandsgesellschaften greift nicht.[215] Eine Besteuerung der Gewinne erfolgt somit erst bei Ausschüttung der Gewinne an die in den USA ansässige Muttergesellschaft.[216] Im Ergebnis zeigt sich, dass durch das „Durchreichen" der Lizenzgebühren Gewinne nahezu unversteuert verlagert werden können.[217]

bb) Das Amazon-Modell

Auch die Steuerstruktur des Amazon-Konzerns ist jedenfalls in Teilen öffentlich bekannt geworden.[218] So hatte auch Amazon – ähnlich wie Google – die auslandsbezogenen immateriellen Wirtschaftsgüter auf eine ausländische Gesellschaft übertragen, die als Holding- und Lizenzgesellschaft für das Europageschäft fungiert.[219] Anders als beim Google-Modell ist diese Holdinggesellschaft jedoch nicht in einer Steueroase angesiedelt. Vielmehr handelt es sich beim Amazon-Modell um eine luxemburgische Kommanditgesellschaft, die insbes. den deutschen Markt bedient.[220] Zwar ist das allgemeine Unternehmenssteuerniveau in Luxemburg mit einer Besteuerungsquote von ca. 24,94 % im Jahr 2019[221] vergleichsweise hoch. Die Gewinnverlagerung auf die Holding- und Lizenzgesellschaft in Luxemburg war jedoch dann steuerlich vorteilhaft, wenn von der luxemburgischen IP-Box Gebrauch gemacht wurde, wodurch sich die Steuerbelastung auf knapp 6 % verringern ließ.[222]

Zwar lässt sich nicht mit Sicherheit feststellen, ob die luxemburgische Amazon-Gesellschaft tatsächlich die luxemburgische IP-Regelung in An-

---

214 *Pinkernell*, StuW 2012, 369 (372); vgl. auch die Grundsätze zur Anwendung des AStG, Anlage 1.

215 Vgl. *Pinkernell*, StuW 2012, 369 (372).

216 Vgl. Sec. 951 IRC; *Pinkernell*, StuW 2012, 369 (372); *Richter/Hontheim*, DB 2013, 1260 (1263).

217 *Richter/Hontheim*, DB 2013, 1260 (1262).

218 Vgl. etwa Handelsblatt v. 07.12.2012, „Wie Amazon sich ums Steuerzahlen drückt".

219 Vgl. *Pinkernell*, ifst-Schrift Nr. 494 (2014), S. 139 f.

220 Vgl. *Pinkernell*, IStR 2013, 180 (184).

221 Vgl. Bundesministerium der Finanzen, Die wichtigsten Steuern im internationalen Vergleich, 2019, Ausgabe 2020, S. 18.

222 *Pinkernell*, ifst-Schrift Nr. 494 (2014), S. 140.

spruch genommen hat.[223] Gleichwohl verdeutlicht das Amazon-Modell, dass die Einschaltung einer Gesellschaft in Luxemburg zwar nicht aufgrund eines allgemein niedrigen Besteuerungsniveaus, aber aufgrund der steuerlichen Begünstigung für Einkünfte aus der Verwertung von Immaterialgüterrechten (IP-Box) attraktiv sein kann.[224]

Neben Amazon verfügen auch Ebay und Apple über entsprechende Gesellschaften in Luxemburg.[225] Ähnlich dürfte sich auch die Struktur von IKEA dargestellt haben, da der Konzern die niederländische IP-Box nutzte.[226]

e) Zwischenergebnis

Es zeigt sich also, dass Lizenzgestaltungen zu einem effektiven Steuerplanungsinstrument werden können. Auf vergleichsweise einfachem Wege,[227] lassen sich erhebliche Steuerminimierungsgestaltungen implementieren. Dies gilt insbesondere auf europäischer Ebene, da insoweit die Zins- und LizenzRL ein quellensteuerfreies Durchleiten der Lizenzgebühren bzw. Gewinne auf eine niedrig besteuerte Holding- und Lizenzgesellschaft ermöglicht. Daneben werden Länder wie die Niederlande, die grundsätzlich keine Quellensteuer erheben, für Steuergestaltungszwecke genutzt.[228]

Zentrales Element dieser Gestaltungen ist grundsätzlich die Bündelung der immateriellen Wirtschaftsgüter in einer Holdings- und Lizenzgesellschaft, auf deren Ebene die Gewinne aus der Verwertung dieser Immaterialgüter keiner oder nur einer geringen Besteuerung unterworfen werden. Dabei zeigt das Amazon-Modell, dass es sich durchaus anbieten kann, die Holding- und Lizenzgesellschaft in einem Land anzusiedeln, in dem die entsprechenden Einkünfte aufgrund von IP-Box-Regelungen begünstigt werden.[229] Gleichzeitig macht das Google-Beispiel jedoch deutlich, dass

---

223 Denkbar wäre auch, dass die luxemburgische Gesellschaft schon nicht als gewerblich tätige Gesellschaft eingeordnet wird, sodass die Lizenzgebühren ohne Steuerabzug und damit ungeschmälert bei den Gesellschaftern anfallen, *Pinkernell*, ifst-Schrift Nr. 494 (2014), S. 140.

224 *Pinkernell*, ifst-Schrift Nr. 494 (2014), S. 135 f.

225 Vgl. *Pinkernell*, ifst-Schrift Nr. 494 (2014), S., Fn. 419.

226 *Burowitz/Rüll*, NZG 2017, 414 (414).

227 Vgl. *Walsh*, ITR 2001, 23 (24) „painless tax planning with relatively little impact on the location of actual business".

228 Vgl. *Richter/Hontheim*, DB 2013, 1260 (1263); *Pinkernell*, Ubg 2014, 73 (77).

229 Vgl. *Pinkernell*, Ubg 2014, 73 (77).

eine Gewinnverlagerung durch Lizenzstrukturen auch gelingt, wenn die Holding- und Lizenzgesellschaft zwar keine IP-Box-Regelung in Anspruch nimmt, dafür aber in einer Steueroase angesiedelt ist.[230] Es zeigt sich also, dass die zuvor dargestellten steuerlichen Begünstigungen für Einkünfte aus Forschung- und Entwicklung (insbes. IP-Boxen) zwar für Zwecke der Gewinnverlagerung genutzt werden können, jedoch keineswegs einen notwendigen, diese Gestaltungen erst ermöglichenden Faktor, darstellen.

2. Konzerninterne Lizenzgestaltungen im Spannungsfeld zwischen legitimer Steuerplanung und den Grenzen der Gestaltungsfreiheit

Die bekanntgewordenen Steuergestaltungen multinationaler Konzerne haben weltweit Aufsehen erregt und eine Debatte über die Grenzen des Tolerierbaren ausgelöst.[231] Im nachfolgenden Abschnitt wird daher aufgezeigt, wie sich die vorab erläuterten Lizenzgestaltungen in das Spannungsfeld zwischen legitimer Steuerplanung und den Grenzen steuerlicher Gestaltungsfreiheit einfügen.

a) Steuern als Planungsinstrument und rechtliche Rahmenbedingungen

Die Steuerplanung und auch die steueroptimale Steuergestaltung sind für sich betrachtet durchaus legitim.[232] So stellte sowohl das Bundesverfassungsgericht, wie auch der Bundesfinanzhof, fest, dass es grundsätzlich jedem Steuerpflichtigen freistehe, seine Angelegenheiten so einzurichten, dass er möglichst wenig Steuern zu zahlen braucht.[233]

Für Unternehmen ist die internationale Steuerplanung mit dem Ziel, die Steuern für das Unternehmen zu minimieren, wesentlicher Bestandteil der Unternehmensplanung.[234] Steueroptimale Strukturen können für

230 Vgl. *Pinkernell*, IStR 2013, 180 (181).

231 Vgl. etwa Die Zeit v. 05.08.2014 „Frankreich will an die Steuertrickser ran"; Handelsblatt v. 15.01.2013 „Steuertricksern das Handwerk legen"; Süddeutsche v. 06.11.2012 „Steuertrickser.com – wie Apple & Co. den Fiskus austricksen"; Süddeutsche v. 18.02.2012 „Wider die staatenlosen Steuertrickser".

232 Vgl. *Drüen*, StuW 2008, 154 (156); *Dannecker*, DStJG 38 (2015), 373 (435 f.); *Blumers*, BB 2013, 2787 (2787).

233 BVerfGE 9, 237 (250); 181, 490 (492); BFHE 154, 93 (96); 181, 490 (492).

234 Vgl. *Kahle/Biebinger/Wildermuth*, Ubg 2014, 285 (287 f.); *Grotherr*, in: Handbuch der internat. Steuerplanung, S. 11; *Schaumburg*, in: Schaumburg, Internationales

grenzüberschreitend tätige Unternehmer ein entscheidender Faktor sein, um sich im Wettbewerb zu behaupten.[235] Teilweise wird deshalb sogar eine Pflicht der Unternehmensleitung zur möglichst weiten Reduktion der Steuerbelastung angenommen.[236] Kernbereich der internationalen Steuerplanung ist dabei die Planung und Errichtung einer effizienten Gruppenstruktur, etwa durch Nutzung des internationalen Steuergefälles, Minimierung der Quellenbesteuerung, Inanspruchnahme von Steuervergünstigungen, Festlegung der Beteiligungshöhen und den Einsatz von Holdinggesellschaften.[237] Eine solche effiziente Gruppenstruktur lässt sich, wie vorab dargestellt, insbesondere durch konzerninterne Lizenzstrukturen verwirklichen.

b) Grenzen steuerlicher Gestaltungsfreiheit

aa) Steuerhinterziehung als Grenze der Legalität

Die Steuerhinterziehung markiert die Grenze der legalen Steuergestaltungen. Eine strafbare Steuerhinterziehung i.S.d. § 370 AO liegt vor, wenn gegenüber der Finanzbehörde unrichtige oder unvollständige Angaben gemacht und dadurch Steuern verkürzt werden.[238]

bb) Missbrauch als anerkannte Grenze der Gestaltungsfreiheit

Unterhalb der Grenze zur Illegalität findet die steuerliche Gestaltungsfreiheit der Steuerpflichtigen ihre Grenze in dem Rechtsinstitut des Gestal-

---

Steuerrecht, Rn. 5.8; *Jacobs*, Internationale Unternehmensbesteuerung, S. 885 und 887.

235 *Kahle/Biebinger/Wildermuth*, Ubg 2014, 285 (288); vgl. auch *Jacobs*, Internationale Unternehmensbesteuerung, S. 887, Steuerplanung als „Muss" für die internationale Unternehmenstätigkeit.

236 Vgl. *Schön*, in: FS Hoffmann-Becking, 1085 (1089 f.); *ders.*, in: Tax and Corporate Governance, 31 (46); *Gassner*, in: FS Krejci Band I, 605 (610 f.); vgl. auch *Pinkernell*, Ubg 2014, 73 (78) mit Fußnote 30 mit dem Hinweis, dass der Vorstand dabei aber auch das langfristige Wohl des Unternehmens im Auge behalten muss, was z.B. die Berücksichtigung eines etwaigen Reputationsverlusts aufgrund „aggressiver" Steuergestaltung umfasst.

237 *Jacobs*, Internationale Unternehmensbesteuerung, S. 888 f.

238 Vgl. *Drüen*, StuW 2008, 154 (154); *Fischer*, in: H/H/S, § 42 AO, Rn. 56; *Bergmann*, StuW 2010, 246 (248).

tungsmissbrauchs.[239] Auf nationaler Ebene stellt schon die Generalklausel des § 42 AO klar, dass Steuergesetze nicht durch den Missbrauch rechtlicher Gestaltungsmöglichkeiten umgangen werden können. Das Bundesverfassungsgericht erkennt das Ziel der Missbrauchsbekämpfung im Steuerrecht ausdrücklich als Rechtfertigungsgrund für Eingriffe in Grundrechte an.[240] Auch auf unionsrechtlicher Ebene ist das Prinzip der Unbeachtlichkeit missbräuchlicher Gestaltungen („Missbrauchsverbot") als allgemeines Prinzip anerkannt.[241] Der Europäische Gerichtshof geht ebenfalls von einem „allgemeinen Grundsatz des Gemeinschaftsrechts [...], wonach der Rechtsmissbrauch verboten ist", aus.[242]

Gleichwohl bereitet die inhaltliche Konkretisierung des Missbrauchsbegriffs seit jeher Schwierigkeiten.[243] Um beurteilen zu können, ob Lizenzgestaltungen die Grenze zum Gestaltungsmissbrauch überschreiten, ist daher zunächst eine inhaltliche Auseinandersetzung mit den Missbrauchsbegriffen auf nationaler und europäischer Ebene erforderlich.

(1) Nationales Missbrauchsverständnis

(a) Der Missbrauchsbegriff des § 42 AO

Im Zuge des Jahressteuergesetzes 2008 wurde in § 42 Abs. 2 S. 1 AO erstmals der Versuch[244] einer gesetzlichen Missbrauchsdefinition eingeführt.[245] Danach liegt ein Missbrauch i.S.d. Abs. 1 S. 1 dann vor, „wenn eine unangemessene rechtliche Gestaltung gewählt wird, die beim Steuerpflichtigen oder einem Dritten im Vergleich zu einer angemessenen Gestaltung zu einem gesetzlich nicht vorgesehenen Steuervorteil führt". Diese Definition entspricht im Wesentlichen der vom Bundesfinanzhof

239 Vgl. *Kahle/Biebinger/Wildermuth*, Ubg 2014, 285 (289).

240 Zuletzt BVerfGE 148, 217 (247 und 249); weiterhin BVerfGE 13, 290 (316); 99, 88 (97); 127, 223 (257); 145, 106 (153); Ebenso *P. Kirchhof*, StuW 1984, 297 (307); *Drüen*, StuW 2008, 3 (13).

241 Vgl. *Kokott*, Das Steuerrecht der EU, § 2 Rn. 73 f.

242 Vgl. EuGH, C-321/05 (Kofoed), ECLI:EU:C:2007:408, Rn. 38; vgl. auch *Englisch*, StuW 2009, 3 (5); *Kokott*, Das Steuerrecht der EU, § 2 Rn. 78.

243 Vgl. etwa *Kokott*, in: FS für den BFH, 735 (746) „der Missbrauch rechtlicher Gestaltungsmöglichkeiten ist dagegen per se schwer zu fassen und nur sehr begrenzt im Vorhinein abstrakt zu definieren. Stets kommt es dabei auf die Umstände des Einzelfalls an".

244 Vgl. *Ratschow*, in: Klein, § 42 AO, Rn. 45.

245 Vgl. Jahressteuergesetz 2008, v. 20.12.2007, BGBl. I 2007, 3149 (3171).

zu § 42 AO a.F. entwickelten Missbrauchsdefinition.[246] Nach § 42 Abs. 2 S. 2 AO scheidet ein Missbrauch aus, „wenn der Steuerpflichtige für die gewählte Gestaltung außersteuerliche Gründe nachweist, die nach dem Gesamtbild der Verhältnisse beachtlich sind".

Der Gesetzgeber wollte mit der Schaffung der Legaldefinition des Missbrauchs von Gestaltungsmöglichkeiten die aus der Rechtsprechung zu § 42 AO entstandene Kasuistik ersetzen.[247] Freilich kann dieses Vorhaben bereits aus dem Grund kaum gelingen, dass eine abschließende Definition des Missbrauchs nur schwerlich möglich ist.[248] Eine abschließende Missbrauchsdefinition kann damit auch § 42 Abs. 2 AO nicht leisten. Jedenfalls aber lassen sich nach § 42 Abs. 2 S. 2 AO folgende Kernelemente des nationalen Missbrauchsbegriffs festhalten:[249] (1) das Vorliegen einer unangemessenen rechtlichen Gestaltung, (2) das Erzielen eines rechtlich nicht vorgesehenen Vorteils sowie (3) das Nichtvorliegen beachtlicher außersteuerlicher Gründe.

(aa) Unangemessenheit der gewählten Gestaltung

Konkretisierungsbedürftig ist insbesondere das Element der „Unangemessenheit" der gewählten Gestaltung.[250] Aus den Gesetzesmaterialien ergeben sich keine weiteren Konkretisierungen. Jedenfalls macht das Motiv, Steuern zu sparen, für sich betrachtet eine Gestaltung noch nicht unangemessen.[251] Als unangemessen angesehen werden dagegen rechtliche Gestaltungen, die verständige Parteien in Anbetracht des wirtschaftlichen Sachverhalts, insbesondere des erstrebten wirtschaftlichen Ziels, als unpas-

---

246 Der BFH nahm einen Gestaltungsmissbrauch an, wenn eine rechtliche Gestaltung gewählt wird, die, gemessen an dem erstrebten Ziel unangemessen ist, der Steuerminderung dienen soll und durch wirtschaftliche oder sonst beachtliche nichtsteuerliche Gründe nicht zu rechtfertigen ist, vgl. BFHE 187, 245 (247); 189, 342 (345); 201, 246 (247 f.); 205, 70 (72).

247 BT-Drucks. 16/6981, S. 2.

248 Vgl. *Ratschow*, in: Klein, § 42 AO, Rn. 45.

249 Vgl. hierzu *Ratschow*, in: Klein, § 42 AO, Rn. 45.

250 a.A. *Wendt*, DStJG Bd. 33 (2010), 117 (128 f.) wonach die Unangemessenheit im Ergebnis immer schon dann vorliegt, wenn ein gesetzlich nicht vorgesehener Steuervorteil erzielt wird; vgl. auch *Gabel*, Verfassungsrechtliche Maßstäbe spezieller Missbrauchsnormen im Steuerrecht, S. 7 mit Fn. 36.

251 BFHE 137, 433 (444); 162, 321 (324); 167, 215 (217); 205, 70 (72); 221, 231 (232).

send nicht wählen würden.[252] Der angemessene Weg sei in der Regel der einfachste rechtliche Weg.[253] Unangemessene Rechtsgestaltungen sind dagegen solche, die „umständlich, kompliziert, schwerfällig, gekünstelt u.ä.“ sind.[254]

(bb) Gesetzlich nicht vorgesehener Steuervorteil

§ 42 Abs. 2 S. 1 AO verlangt weiterhin, dass die Gestaltung beim Steuerpflichtigen oder bei einem Dritten zu einem gesetzlich nicht vorgesehenen Steuervorteil führt. Vergleichsmaßstab ist dabei die steuerliche Belastung bei angemessener Gestaltung gegenüber der Belastung bei der tatsächlich gewählten Gestaltung.[255]

Der Begriff des steuerlichen Vorteils i.S.d. § 42 AO ist dabei weit auszulegen.[256] Letztlich wird jede günstigere Steuerfolge für den Steuerpflichtigen erfasst.[257] Regelmäßig wird der steuerliche Vorteil darin bestehen, dass durch die unangemessene Gestaltung gar keine oder nur eine niedrigere Steuerschuld entsteht, als sie durch eine entsprechende angemessene Gestaltung entstanden wäre.[258] Bei grenzüberschreitenden Gestaltungen ist das Vorliegen eines Steuervorteils nicht aus Sicht eines der beteiligten Staaten zu beurteilen, sondern die gesamte Steuerbelastung des Steuerpflichtigen zu berücksichtigen.[259]

(cc) Kein Nachweis beachtlicher außersteuerlicher Gründe

Nach § 42 Abs. 2 S. 2 AO liegt ein Missbrauch nicht vor, soweit der Steuerpflichtige beachtliche außersteuerliche Gründe für die gewählte Gestaltung vorbringen kann. Auch insoweit liegt die Regelung auf der Linie

---

252 BFHE 189, 342 (345); 167, 215 (217 f.); 163, 449 (454).

253 BFHE 189, 342 (345).

254 BFHE 194, 13 (18 f.); 189, 342 (345); vgl. *Tipke*, Die Steuerrechtsordnung III, 1678.

255 BFHE 175, 243 (245); 140, 129 (131 f.); *Ratschow*, in: Klein, § 42 AO, Rn. 67; *Koenig*, in: Koenig, § 42 AO, Rn. 22.

256 *Wendt*, DStG 33 (2010), 117 (129).

257 *Wendt*, DStG 33 (2010), 117 (129).

258 BFHE 140, 129 (132); *Drüen*, in: Tipke/Kruse, § 42 AO, Rn. 48.

259 Vgl. FG München, v. 25.05.2012, 8 K 1509/10, EFG 2012, 1849 (1852); *Ratschow*, in: Klein, § 42 AO, Rn. 67.

des Bundesfinanzhofs, der eine Rechtfertigung einer steuermindernden Gestaltung durch „wirtschaftliche oder sonst beachtliche nichtsteuerliche Gründe" zuließ.[260] Die Beweislast für das Vorliegen der außersteuerlichen Gründe wird damit auf den Steuerpflichtigen abgewälzt.[261]

Außersteuerliche Gründe können sowohl wirtschaftliche wie auch persönliche Gründe sein.[262] Eine Rechtfertigung der Gestaltung gelingt jedoch gemäß § 42 Abs. 2 S. 2AO nur, wenn diese Gründe „nach dem Gesamtbild der Verhältnisse beachtlich sind". Dabei soll sich die Beachtlichkeit danach richten, ob die Gründe nach den Vorstellungen des Gesetzgebers steuerlich zu berücksichtigen sind.[263] Nach Auffassung der Finanzverwaltung sind die nachgewiesenen Gründe unbeachtlich, wenn sie nach dem Gesamtbild der Verhältnisse im Vergleich zum Ausmaß der Unangemessenheit der Gestaltung und den vom Gesetzgeber nicht vorgesehenen Steuervorteilen nicht wesentlich oder nur von untergeordneter Bedeutung sind.[264] Damit ist die Beachtlichkeit der Gründe letztlich im Rahmen einer Gesamtabwägung der Umstände des jeweiligen Einzelfalls zu beurteilen.[265]

(dd) Zum Erfordernis einer Missbrauchsabsicht

Schon zu § 42 AO a.F. war nicht abschließend geklärt, ob die Missbrauchsabsicht ein konstitutives Element des Missbrauchs ist.[266] Insbesondere wurde diese Frage auch innerhalb des Bundesfinanzhofs in den verschiedenen Senaten unterschiedlich beurteilt.[267] Auch durch die Neuregelung des § 42

---

260 Vgl. BFHE 187, 245 (247); 189, 342 (345); 201, 246 (247 f.); 205, 70 (72); 221, 231 (232); vgl. *Koenig*, in: Koenig, § 42 AO, Rn. 26.

261 Vgl. *Ratschow*, in: Klein, § 42 AO, Rn. 80; *Koenig*, in: Koenig, § 42 AO, Rn. 26.

262 BT-Drucks. 16/6290, S. 81.

263 BT-Drucks. 16/6290, S. 81.

264 BMF, AEAO zu § 42 AO, IV A 3 – S 0062/14/10002//2014/0108334, Rn. 2.6; zustimmend *Hey*, BB 2009, 1044 (1047); ablehnend *Ratschow*, in: Klein, § 42 AO, Rn. 72; *Spindler*, StbJb 2008/2009, 39 (60).

265 Vgl. *Koenig*, in: Koenig, § 42 AO, Rn. 26.

266 *Bejahend* Tipke, Steuerrechtsordnung III, 1. Auflage 1993, S. 1341; *Kruse*, Lehrbuch des Steuerrechts I, S. 146; *Hensel*, in: FS Zitelmann, 217 (272); *Wagner*, in: FS Klein, 977 (982); *Clausen*, DB 2003, 1589 (1593).

267 Das Erfordernis des Nachweises einer Missbrauchsabsicht bejahend 1. Senat, vgl. BFHE 146, 158 (161); 166, 356 (363); ablehnend 5. Senat, vgl. BFHE 169, 258 (262); offenlassend 4. Senat, vgl. BFHE 194, 13 (20) und 9. Senat, vgl. BFHE 152, 496 (498).

AO ist die Diskussion nicht zum Erliegen gekommen.[268] Letztlich ist der Streit jedoch weitgehend theoretischer Natur, da jedenfalls die Tatsache, dass der Steuerpflichtige objektiv eine unangemessene Gestaltung gewählt hat, die Missbrauchsabsicht indiziert.[269]

Die Neufassung des § 42 AO trägt den Motiven des Steuerpflichtigen jedenfalls insoweit Rechnung, als dass das Vorliegen einer Missbrauchs- bzw. Umgehungsabsicht zwar nicht positiv festgestellt werden muss, dem Steuerpflichtigen aber die Möglichkeit zum Nachweis außersteuerlicher Gründe eingeräumt wird.[270]

(b) Abgrenzung zur Steuervermeidung, Steuerumgehung und Steuerflucht

Von dem Begriff des „Missbrauchs" steuerlicher Gestaltungsmöglichkeiten sind die Begriffe der Steuervermeidung, der Steuerumgehung sowie der Steuerflucht abzugrenzen.

Unterhalb der Schwelle zum Missbrauch liegt die bloße Steuervermeidung.[271] Eine Steuervermeidung liegt vor, wenn der Steuerpflichtige seine Verhältnisse in einer Weise gestaltet, die zur Entstehung eines möglichst geringen Steueranspruchs führt[272] oder wenn ein Sachverhalt verwirklicht wird, bei dem keine Steuer anfällt.[273] Da der Steuerpflichtige das Recht hat, sein Verhalten so auszurichten, dass eine möglichst geringe Steuerbelastung erreicht wird,[274] ist eine Steuervermeidung zulässig[275] und bleibt damit folgenlos.[276]

In engem Zusammenhang mit dem Missbrauch steht die sog. Steuerumgehung. Die Steuerumgehung ist ein Unterfall der Gesetzesumgehung.[277]

---

268 Eine Missbrauchsabsicht weiterhin fordernd *Tipke*, Die Steuerrechtsordnung III, S. 1683; *Drüen*, in: Tipke/Kruse, § 42 AO, Rn. 44; a.A. *Fischer*, in: H/H/S, § 42 AO, Rn. 272.

269 Vgl. BFHE 169, 258 (262); 152, 496 (498); 141, 12 (17); *Ratschow*, in: Klein, § 42 AO, Rn. 75; *Koenig*, in: Koenig, § 42 AO, Rn. 24; *Fischer*, in: H/H/S, § 42 AO, Rn. 272; *Tipke*, Die Steuerrechtsordnung III, S. 1683.

270 Vgl. *Drüen*, in: Tipke/Kruse, § 42 AO, Rn. 36.

271 Vgl. *Gabel*, S. 15.

272 *Koenig*, in: Koenig, § 42 AO, Rn. 21.

273 *Ratschow*, in: Klein, § 42 AO, Rn. 35.

274 BVerfGE 9, 237 (250); 181, 490 (492).

275 Vgl. *Tipke*, Die Steuerrechtsordnung III, S. 1663.

276 Vgl. *Gabel*, S. 16.

277 BFHE 146, 480 (482).

Sie lässt sich als durch den Missbrauch qualifizierte Steuervermeidung umschreiben.[278] Auch die Steuerumgehung ist weder verboten noch strafbar,[279] wird jedoch durch die Steuerverwaltung zurückgewiesen.[280] Die Steuerumgehung ist grundsätzlich vom Missbrauch zu unterscheiden. So sieht *Klaus Tipke* den Missbrauch von rechtlichen Gestaltungsmöglichkeiten als Vorbedingung für das Vorliegen einer Steuerumgehung.[281] *Juliane Kokott* dagegen stellt fest, dass Missbrauch und Steuerumgehung zwar jeweils im Einklang mit dem Gesetz aber gegen dessen Telos erfolgen und inhaltlich regelmäßig auch die gleichen Situationen betreffen, dabei jedoch unterschiedliche Bezugspunkte haben.[282] Missbraucht werde die rechtliche Gestaltungsmöglichkeit, umgangen werde dagegen das Gesetz.[283] Ungeachtet dieser Feinheiten wird der Begriff der Steuerumgehung im allgemeinen Sprachgebrauch grundsätzlich mit dem des missbräuchlichen Verhaltens gleichgesetzt.[284]

Beim Begriff der Steuerflucht handelt es sich nicht um einen juristischen, sondern um einen rechtspolitischen Begriff.[285] Dieser wird im Regelfall im Kontext grenzüberschreitender Steuergestaltungen verwendet. Dabei wird der Begriff der Steuerflucht regelmäßig mit der Problematik der Ausnutzung von Steuerbelastungsdifferenzen zwischen verschiedenen Steuersystemen durch Verlagerung vorhandener oder künftiger Steuersubstanz, in Verbindung gebracht.[286] Letztlich besteht die Steuerflucht also darin, dass sich Steuerpflichtige durch Grenzüberschritt der Steuer ganz oder teilweise entziehen oder in einen Staat mit niedrigerem Steuerniveau „fliehen".[287] Bei der Steuerflucht kann es sich sowohl um Steuervermei-

---

278 *Drüen*, StuW 2008, 154 (154); *Drüen*, in: Tipke/Kruse, § 42 AO, Rn. 23; *Tipke*, Die Steuerrechtsordnung III, S. 1663.

279 BFHE 138, 4 (8); *Fischer*, in: H/H/S, § 42 AO, Rn. 56; *Drüen*, in: Tipke/Kruse, § 42 Rn. 6; *Thiedemann*, NJW 1980, 1557 (1559).

280 Vgl. *Drüen*, StuW 2008, 154 (154).

281 *Tipke*, Die Steuerrechtsordnung III, S. 1662.

282 *Kokott*, Das Steuerrecht der EU, § 2 Rn. 102.

283 *Kokott*, Das Steuerrecht der EU, § 2 Rn. 102.

284 Vgl. *Sumalvico*, S. 42.

285 Vgl. *Kokott*, Das Steuerrecht der EU, § 2 Rn. 108; vgl. auch *Seer*, in: Tipke/Lang, § 6 Rn. 29; *Tipke*, Die Steuerrechtsordnung III, S. 1663.

286 *Schaumburg*, in: Schaumburg, Internationales Steuerrecht, Rn. 2.16; *Piltz*, in: FS Wassermeyer, 551 (552).

287 *Kokott*, Das Steuerrecht der EU, § 2 Rn. 108; ähnlich auch *Tipke*, Die Steuerrechtsordnung III, S. 1663.

dung, Steuerumgehung wie auch um Steuerhinterziehung handeln.[288] Der Begriff vermag für die Rechtsanwendung letztlich wenig zu leisten, da er inhaltlich unpräzise ist und auf unterschiedlichen Vorstellungen über die Akzeptanz steuervermeidender Gestaltungen beruht.[289]

(2) Europäisches Missbrauchsverständnis im Bereich der direkten Steuern

(a) Gestaltungsmissbrauch im harmonisierten Steuerrecht

Das unionsrechtliche Primärrecht enthält keine Missbrauchsregelungen und kann damit nicht zur Konkretisierung des europäischen Missbrauchsverständnisses beitragen.[290]

Dagegen finden sich im unionsrechtlichen Sekundärrecht besondere Missbrauchsregelungen. So enthalten die Richtlinien im Bereich der direkten Steuern teils allgemeine Missbrauchsvorbehalte, wonach die Anwendung einzelstaatlicher oder vertraglicher Bestimmung zur Verhinderung von Missbrauch durch die jeweilige Richtlinie nicht ausgeschlossen wird (vgl. Art. 1 Abs. 2 Mutter-TochterRL; Art. 5 Abs. 1 Zins- und LizenzRL). Diese Regelungen enthalten zwar die Begriffe „Missbrauch"[291], „Betrug"[292] und „Steuerhinterziehung"[293], ohne dass diese jedoch eine inhaltliche Konkretisierung erfahren.[294]

Daneben enthalten die Richtlinien teils auch Regelungen, wonach die Anwendbarkeit der jeweiligen Richtlinie in Missbrauchsfällen zu versagen ist. So etwa in Art. 5 Abs. 2 der Zins- und LizenzRL, wonach die Mitgliedstaaten die Anwendung der Richtlinie „im Falle von Transaktionen [verweigern können], bei denen der hauptsächliche Beweggrund oder einer der hauptsächlichen Beweggründe die Steuerhinterziehung, die Steuerumgehung oder der Missbrauch ist [...]". Eine inhaltliche Konkretisierung der Begriffe, insbesondere des Missbrauchsbegriffs, fehlt jedoch auch hier. Anders ist dies dagegen bei der FusionsRL. Dort kann die Anwendung einzelner Vorschriften der Richtlinie versagt oder rückgängig gemacht werden,

---

288 *Tipke*, Die Steuerrechtsordnung III, S. 1663; *Mössner*, in: Staatsfinanzierung im Wandel, 1983, 817 (821 ff.); *Seer*, in: Tipke/Lang, § 6 Rn. 29.
289 *Schaumburg*, in: Schaumburg, Internationales Steuerrecht, Rn. 2.19.
290 Vgl. *Kahle/Biebinger/Wildermuth*, Ubg 2014, 285 (290).
291 Vgl. Art. 5 Abs. 1 Zins- und LizenzRL; Art. 1 Abs. 2 Mutter-TochterRL.
292 Vgl. Art. 5 Abs. 1 Zins- und LizenzRL.
293 Vgl. Art. 1 Abs. 2 Mutter-TochterRL.
294 Zur Begriffsvielfalt im Sekundärrecht, vgl. *Lohse*, in: FS Reiss, 645 (645).

wenn der Vorgang „als hauptsächlichen Beweggrund oder als einen der hauptsächlichen Beweggründe die Steuerhinterziehung oder -umgehung hat". Dabei kann vom Vorliegen eines solchen Beweggrundes ausgegangen werden, wenn der Vorgang nicht auf „vernünftigen wirtschaftlichen Gründen" beruht, vgl. Art. 15 Abs. 1 Buchst a. FusionsRL. Der Europäische Gerichtshof hat in seiner Entscheidung in der Rs. *Leur-Bloem*[295] für eine gewisse Konkretisierung gesorgt. Zunächst stellt der Gerichtshof klar, dass für die Beurteilung, ob eine missbräuchliche Gestaltungspraxis vorliegt, auch die Ziele der Richtlinie zu berücksichtigen seien.[296] Weiterhin setzt der Begriff der vernünftigen wirtschaftlichen Gründe mehr als das bloße Streben nach einem rein steuerlichen Vorteil voraus.[297] Auch wenn diese im Zusammenhang mit der FusionsRL entwickelte Missbrauchsinterpretation aufgrund der Zielparallelität zur Mutter-Tochter- und Zins-und-Lizenz-RL auch auf diese übertragen werden kann,[298] kann hieraus jedoch kein allgemeiner Missbrauchsmaßstab abgeleitet werden.[299] Denn die Frage, ob eine bestimmte Gestaltung missbräuchlich ist, muss demnach insbesondere danach beurteilt werden, ob sie im Widerspruch zum Ziel der jeweiligen Richtlinie steht.[300]

Es zeigt sich also, dass die unionsrechtliche Steuerpolitik bislang ausschließlich auf die Unterbindung des Missbrauchs der jeweiligen sekundärrechtlichen Regelungen abzielte.[301] Insoweit markiert jedoch die sog. Anti-Tax-Avoidance-Directive (ATAD)[302] einen Richtungswechsel, da dort erstmals das Ziel der Missbrauchsvermeidung als eigenständiges Regelungsziel festgelegt wird.[303] Dabei enthält die ATAD in Art. 6 auch einen allgemeinen Missbrauchstatbestand:

---

295 EuGH, C-28/95 (Leur-Bloem), ECLI:EU:C:1997:369.

296 EuGH, C-28/95 (Leur-Bloem), ECLI:EU:C:1997:369, Rn. 47; *Thiele*, IStR 2011, 452 (452).

297 EuGH, C-28/95 (Leur-Bloem), ECLI:EU:C:1997:369, Rn. 47.

298 So jedenfalls *Thiele*, IStR 2011, 452 (452); *Böing*, Gestaltungsmissbrauch, S. 244 f.; a.A. *Züger*, in: Gassner/Lang, 549 (557 ff.).

299 Vgl. *Sumalvico*, S. 169 f.

300 Vgl. *Thiele*, IStR 2011, 452 (452).

301 *Hey*, StuW 2017, 248 (249).

302 Inhaltlich handelte es sich zunächst um zwei verschiedene Richtlinien [RL (EU) 2016/1164 des Rates vom 12.7.2016, ändert durch RL (EU) 2017/952 des Rates vom 29.52017]; Beide Richtlinien wurden jedoch zu einer konsolidierten Lesefassung zusammengefasst, vgl. *Musil*, FR 2018, 933 (933) mit Fn. 2.

303 *Hey*, StuW 2017, 248 (249); vgl. auch *Musil*, in: Musil/Weber-Grellet, Europäisches Steuerrecht, BEPS-RL, Art. 6, Rn. 1 „Fremdkörper".

„(1) Liegt unter Berücksichtigung aller relevanten Fakten und Umstände eine unangemessene Gestaltung oder eine unangemessene Abfolge von Gestaltungen vor, bei der der wesentliche Zweck oder einer der wesentlichen Zwecke darin besteht, einen steuerlichen Vorteil zu erlangen, der dem Ziel oder Zweck des geltenden Steuerrechts zuwiderläuft, so berücksichtigen die Mitgliedstaaten diese bei der Berechnung der Körperschaftsteuerschuld nicht. Eine Gestaltung kann mehr als einen Schritt oder Teil umfassen.

(2) Für die Zwecke von Absatz 1 gilt eine Gestaltung oder eine Abfolge solcher Gestaltungen in dem Umfang als unangemessen, als sie nicht aus triftigen wirtschaftlichen Gründen vorgenommen wurde, die die wirtschaftliche Realität widerspiegeln."

Für die Definition des Missbrauchs stellt Art. 6 ATAD – wie auch die deutsche Missbrauchsvorschrift in § 42 AO – auf die Unangemessenheit der steuerlichen Gestaltung ab. Auch soweit Art. 6 ATAD für die nähere Bestimmung der Unangemessenheit auf das Fehlen „triftiger" wirtschaftlicher Gründe abstellt, ähnelt die Vorschrift dem deutschen § 42 AO, der auf „*beachtliche* außersteuerliche Gründe" abstellt.[304]

(b) Das Missbrauchsverständnis des EuGH

Auch der Europäische Gerichtshof beschäftigt sich seit längerer Zeit mit der Problematik des Gestaltungsmissbrauchs. Insbesondere sieht der Gerichtshof in dem Ziel der Bekämpfung missbräuchlicher Steuerpraktiken ein legitimes Ziel, das eine Beschränkung der Grundfreiheiten zu rechtfertigen vermag.[305] Dabei legt der Gerichtshof den Missbrauchstatbestand jedoch grundsätzlich sehr eng aus.[306]

---

304 Vgl. *Musil*, FR 2018, 933 (941); *Heintzen*, in: Musil/Weber-Grellet, Europäisches Steuerrecht, § 42 AO, Rn. 18; ebenso *Hey*, StuW 2017, 248 (263) wonach man die Begriffe „triftige wirtschaftliche Gründe" und „beachtliche außersteuerliche Gründe" gleichsetzen könne.

305 EuGH, C-135/17 (X), ECLI:EU:C:2019:136, Rn. 73; C-388/14 (Timac Agro Deutschland), ECLI:EU:C:2015:829, Rn. 42; C-322/11 (K), ECLI:EU:C:2013:716, Rn. 61; C-318/10 (SIAT), ECLI:EU:C:2012:415, Rn. 40; C-524/04 (Test Claimants in the Thin Cap Group Litigation), ECLI:EU:C:2007:161, Rn. 74; C-196/04 (Cadbury Schweppes), ECLI:EU:C:2006:544, Rn. 55; C-446/03 (Marks & Spencer), ECLI:EU:C:2005:763, Rn. 49; C-9/02 (De Lasteyrie du Saillant), ECLI:EU:C:2004:138, Rn. 51; C-324/00 (Lankorst-Hohorst), ECLI:EU:C:2002:749, Rn. 37; C-264/96 (ICI), ECLI:EU:C:1998:370, Rn. 26.

306 *Kokott*, in: FS für den BFH, 735 (746).

(aa) Die Begriffsvielfalt in der EuGH-Rechtsprechung

Auch wenn die Missbrauchsrechtsprechung des Gerichtshofs inzwischen auf eine lange Geschichte zurückblicken kann, lässt das Gericht bislang eine abschließende Definition des Gestaltungsmissbrauchs vermissen. Auch eine Abgrenzung zwischen den Begriffen „Missbrauch“, „Steuerhinterziehung“, „Steuerumgehung“ und „Steuerflucht“, nimmt der Gerichtshof nicht vor. Vielmehr nennt das Gericht die Begriffe regelmäßig in einem Zug und scheint sie somit synonym zu verwenden.[307] So spricht das Gericht teilweise allgemein von der „Bekämpfung missbräuchlicher Praktiken“.[308] An anderen Stellen ist von „Bekämpfung von Steuerhinterziehung und Steuerumgehung“[309] oder von „Steuerflucht oder Steuerhinterziehung“[310] die Rede. Teilweise stellt der Gerichtshof auch nur auf den Rechtfertigungsgrund der „Steuerfluchtgefahr“[311] oder auch nur auf die „Gefahr der Steuerumgehung“[312] ab.

Jedenfalls aber lässt der Gerichtshof die Rechtfertigung einer Grundfreiheitsbeeinträchtigung zur Bekämpfung all dieser Praktiken grundsätzlich unter den gleichen Voraussetzungen zu. So kommt eine Rechtfertigung jeweils nur in Betracht, wenn das spezifische Ziel der in Rede stehenden Maßnahme darin besteht, rein künstliche, jeder wirtschaftlichen Realität baren Konstruktionen, deren Zweck darin besteht die Steuer zu umgehen, die normalerweise auf die durch Tätigkeiten im Inland erzielte Gewinne zu zahlen ist, zu bekämpfen.[313] Zentrale Voraussetzung einer missbräuchlichen Steuergestaltung – und auch einer Steuerumgehung, Steuerhinter-

---

307 Gl. A. *Bergmann*, StuW 2010, 246 (248).

308 EuGH, C-524/04 (Test Claimants in the Thin Cap Group Litigation), ECLI:EU:C:2007:161, Rn. 74; C-196/04 (Cadbury Schweppes), ECLI:EU:C:2006:544, Rn. 55.

309 EuGH, C-318/10 (SIAT), ECLI:EU:C:2012:415, Rn. 40 und Rn. 42.

310 EuGH, C-9/02 (De Lasteyrie du Saillant), ECLI:EU:C:2004:138, Rn. 51.

311 EuGH, C-446/03 (Marks & Spencer), ECLI:EU:C:2005:763, Rn. 49.

312 EuGH, C-324/00 (Lankorst-Hohorst), ECLI:EU:C:2002:749, Rn. 37.

313 EuGH, C-593/14 (Masco Denmark und Damixa), ECLI:EU:C:2016:984, Rn. 44; C-388/14 (Timac Agro Deutschland), ECLI:EU:C:2015:829, Rn. 42; C-322/11 (K), ECLI:EU:C:2013:716, Rn. 61; C-318/10 (SIAT), ECLI:EU:C:2012:415, Rn. 40; C-311/08 (SGI), ECLI:EU:C:2010:26, Rn. 65; C-524/04 (Test Claimants in the Thin Cap Group Litigation), ECLI:EU:C:2007:161, Rn. 72 und 74; C-196/04 (Cadbury Schweppes), ECLI:EU:C:2006:544, Rn. 55; C-264/96 (ICI), ECLI:EU:C:1998:370, Rn. 26.

ziehung oder Steuerflucht – ist also, dass sie durch eine rein künstliche Gestaltung begangen wird.[314]

(bb) Anknüpfungsmerkmal: rein künstliche Gestaltung

Der Topos der „rein künstlichen Gestaltung" wurde erstmals in der Entscheidung *ICI* aus dem Jahr 1998[315] und daraufhin auch in den Folgeentscheidungen herangezogen,[316] jedoch zunächst noch ohne inhaltlich näher konkretisiert zu werden.

(i) Präzisierung durch die Cadbury Schweppes-Grundsätze: Abstellen auf die wirtschaftliche Realität

Eine wesentliche Präzisierung des Topos der „rein künstlichen Gestaltung" hat der Gerichtshof erstmals in der Rs. *Cadbury Schweppes*[317] vorgenommen, weshalb diese Entscheidung auch als „Leading Case" für die Missbrauchsabwehr angesehen werden kann.[318] Dort ging es um eine Beschränkung der Niederlassungsfreiheit durch Vorschriften über beherrschte ausländische Gesellschaften des Vereinigten Königreichs, die vorsahen, dass Gewinne einer ausländischen beherrschten Gesellschaft der inländischen Gesellschaft zugerechnet und bei dieser besteuert werden, soweit die beherrschte ausländische Gesellschaft in ihrem Ansässigkeitsstaat einem „niedrigen Besteuerungsniveau" unterliegt.[319] Der Gerichtshof hielt auch insoweit am Topos der rein künstlichen Gestaltung fest und stellte klar, dass dann nicht von einer solchen ausgegangen werden kann, wenn die Gründung der ausländischen Gesellschaft, ungeachtet des Vorhandenseins von Motiven steuerlicher Art, mit einer „wirtschaftlichen Realität" zusammenhängt.[320] Die Feststellung der wirtschaftlichen Realität muss auf objektiven, von dritter Seite nachprüfbaren Anhaltspunkten beruhen, wie et-

314 Vgl. *Kokott*, Das Steuerrecht der EU, § 2 Rn. 98.

315 EuGH, C-264/96 (ICI), ECLI:EU:C:1998:370, Rn. 26.

316 Vgl. EuGH, C-436/00 (X und Y), ECLI:EU:C:2002:704, Rn. 61; C-324/00 (Lankhorst-Hohorst), ECLI:EU:C:2002:749, Rn. 37.

317 EuGH, C-196/04 (Cadbury Schweppes), ECLI:EU:C:2006:544.

318 Vgl. *Staringer*, DStJG 41 (2018), 374 (374).

319 Vgl. EuGH, C-196/04 (Cadbury Schweppes), ECLI:EU:C:2006:544, Rn. 6 f.

320 EuGH, C-196/04 (Cadbury Schweppes), ECLI:EU:C:2006:544, Rn. 65.

wa dem Vorhandensein von Geschäftsräumen, Personal und Ausrüstungsgegenständen.[321]

Festhalten lässt sich also, dass die „wirtschaftliche Realität“ und damit gewisse Substanzerfordernisse ein geeignetes Kriterium für die Abgrenzung rein künstlicher Gestaltungen zu nicht-missbräuchlichen Gestaltungen ist. Zu den rein künstlichen, jeder wirtschaftlichen Realität baren Konstruktionen, zählen letztlich nur jene, die keinen „echten“ wirtschaftlichen Gehalt aufweisen.[322]

(ii) Ausdehnung durch Anwendung des Maßstabs der Fremdüblichkeit („Dealing at arm‘s length“)

Bei grenzüberschreitenden Leistungsbeziehungen zwischen verbundenen Unternehmen bzw. nahestehenden Personen kommt als objektiv nachprüfbares Kriterium auch das Anknüpfen an den Fremdvergleichsgrundsatz in Betracht.[323] So handelt es sich bei Leistungsbeziehungen nicht nur dann um rein künstliche Gestaltungen, wenn es sich um „fiktive“ Leistungen – d.h. solche, die keiner wirtschaftlichen Realität entsprechen – handelt. Vielmehr kommt auch bei „realen Leistungsbeziehungen“ eine Rechtfertigung von grundfreiheitsbeeinträchtigenden Vorschriften in Betracht, soweit die vertraglichen Vereinbarungen nicht dem entsprechen, was unabhängige, nicht verbundene Parteien miteinander vereinbart hätten.[324] Der Umstand, dass einer Gestaltung eine Vereinbarung zugrunde liegt, die die betreffen Gesellschaften unter Bedingungen des freien Wettbewerbs nicht vereinbart hätten, indiziert damit ebenfalls das Vorliegen einer rein künstlichen Gestaltung.[325]

---

321 EuGH, C-196/04 (Cadbury Schweppes), ECLI:EU:C:2006:544, Rn. 66 f.

322 Vgl. *Englisch*, in: Europäisches Steuerrecht, Rn. 7.250.

323 Vgl. EuGH, C-318/10 (SIAT), ECLI:EU:C:2012:415, Rn. 42; C-524/04 (Test Claimants in the Thin Cap Group Litigation), ECLI:EU:C:2007:161, Rn. 81; *Englisch*, in: Europäisches Steuerrecht, Rn. 7.254.

324 Vgl. etwa EuGH, C-318/10 (SIAT), ECLI:EU:C:2012:415, Rn. 42 „tatsächliche und ehrliche Geschäfte“; C-105/07 (Lammers & Van Cleef), ECLI:EU:C:2008:24, Rn. 29; C-524/04 (Test Claimants in the Thin Cap Group Litigation), ECLI:EU:C:2007:161, Rn. 80; Vgl. auch *Englisch*, in: Europäisches Steuerrecht, Rn. 7.254.

325 Vgl. EuGH, C-318/10 (SIAT), ECLI:EU:C:2012:415, Rn. 41 ff.; C-524/04 (Test Claimants in the Thin Cap Group Litigation), ECLI:EU:C:2007:161, Rn. 81.

Letztlich dient das Kriterium der Fremdüblichkeit damit wiederum der Abgrenzung der rein künstlichen Gestaltungen von solchen Gestaltungen, mit denen der Steuerpflichtige in legitimer Weise Steuern sparen will. Der Fremdvergleichsgrundsatz („at arm's length principle") ist auch keine „Erfindung" des Gerichtshofs, sondern ist als Abgrenzungsmethode im nationalen wie internationalen Steuerrecht üblich und anerkannt.[326]

(cc) Subjektives Element

Neben dem Vorliegen einer rein künstlichen Gestaltung verlangt der Gerichtshof in der Rs. *Cadbury Schweppes* ausdrücklich auch ein „subjektives Element, das in dem Streben nach einem Steuervorteil besteht".[327] Dabei kommt das subjektive Element nur zum Tragen, soweit eine rein künstliche Gestaltung festgestellt werden kann.[328] Denn dass steuerlichen Gestaltungen (auch) Motive steuerlicher Art zugrunde liegen, wird grundsätzlich gebilligt.[329] Eine Gestaltung, die nicht rein künstlich ist, der also eine wirtschaftliche Realität bzw. der wirtschaftlichen Realität entsprechende Vereinbarungen zugrunde liegen, kann damit auch dann nicht als missbräuchlich angesehen werden, wenn der Steuerpflichtige einen Steuervorteil anstrebt.[330] Das subjektive Merkmal kommt damit nur nachrangig gegenüber dem Merkmal der rein künstlichen Konstruktion zur Anwendung.[331] Dabei wird aber, sofern die objektiven Merkmale hinreichenden Anlass zur Feststellung eines Missbrauchs bieten, regelmäßig zugleich auch das subjektive Element erfüllt sein.[332]

Dem subjektiven Element kann tatbestandlich dadurch Rechnung getragen werden, dass dem Steuerpflichtigen eine Gegenbeweismöglichkeit eingeräumt wird. So betont der Gerichtshof, dass dem Steuerpflichtigen die Möglichkeit eingeräumt werden muss, Beweise für etwaige wirtschaftliche

---

326 *Kokott*, Das Steuerrecht der EU, § 2 Rn. 128.
327 EuGH, C-196/04 (Cadbury Schweppes), ECLI:EU:C:2006:544, Rn. 64.
328 Vgl. *Schön*, in: FS Reiss, 571 (591); *Thiele*, IStR 2011, 452 (455).
329 Vgl. etwa EuGH, C-196/04 (Cadbury Schweppes), ECLI:EU:C:2006:544, Rn. 36; vgl. auch *Thiele*, IStR 2011, 452 (455).
330 Vgl. *Schön*, in: FS Reiss, 571 (590 f.).
331 *Thiele*, IStR 2011, 452 (455 f.); *Schön*, in: FS Reiss, 571 (590 f.); *Vanistendael*, EC Tax Review 2006, 192 (195); *Englisch*, StuW 2009, 3 (7).
332 Vgl. *Böing*, EWS 2007, 55 (61).

Gründe vorzulegen.[333] Die Bedeutung des subjektiven Elements dürfte sich letztlich darin erschöpfen, dass aus diesem Kriterium das Erfordernis einer Gegenbeweismöglichkeit abgeleitet wird.[334] Dabei prüft der Gerichtshof diese Gegenbeweismöglichkeit im Rahmen der Verhältnismäßigkeit.[335]

cc) Gestaltungsfreiheit und aggressive Steuerplanung

Bereits seit einiger Zeit hat sich die Wahrnehmung verbreitet, dass multinationale Unternehmen zunehmend „aggressive" Steuerplanung betreiben, um ihre weltweite Steuerquote zu minimieren und dabei einzelnen Staaten um ihren gerechten Anteil am wirtschaftlichen Ergebnis bringen.[336] Schon auf dem Treffen des „Forum on Tax Administration" der OECD im Jahr 2006 wurde ein verstärktes Vorgehen zur Eindämmung von aggressiver Steuerplanung beschlossen.[337] Auch im Rahmen des BEPS-Projekts der OECD/G20-Staaten spielten aggressive Steuergestaltungen multinationaler Unternehmen eine Rolle.[338] Inzwischen besteht Einigkeit darüber, dass die aggressive Steuerplanung schädlich sei und deshalb bekämpft werden müsse.[339] Gleichzeitig besteht aber auch Konsens darüber, dass Steuerplanung und auch das Motiv, Steuern zu sparen, an sich legitim ist und eine steuerliche Gestaltung noch nicht unangemessen macht.[340]

---

333 EuGH, C-382/16 (Hornbach-Baumarkt), ECLI:EU:C:2018:366, Rn. 49; C-318/10 (SIAT), ECLI:EU:C:2012:415, Rn. 50; C-524/04 (Test Claimants in the Thin Cap Group Litigation), ECLI:EU:C:2007:161, Rn. 82; C-282/12 (Itelcar), ECLI:EU:C:2013:629, Rn. 37.

334 In diese Richtung *Schön*, in: FS Reiss, 571 (590 f.); ähnlich auch *Schade*, S. 130.

335 Vgl. EuGH, C-524/04 (Test Claimants in the Thin Cap Group Litigation), ECLI:EU:C:2007:161, Rn. 82.

336 Vgl. *Harnett*, in: Schön, Tax and Corporate Governance, 3 (3 ff.); *Schön*, in: FS Hoffmann-Becking, 1085 (1085).

337 Third meeting of the forum on tax administration, Final Seoul Declaration, S. 4; Vgl. auch *Schön*, in: FS Hoffmann-Becking, 1085 (1086).

338 Vgl. OCED (2014), Gewinnkürzung und Gewinnverlagerung – Situationsbeschreibung und Lösungsansätze, S. 7 ff.; *Kahle/Wildermuth*, Ubg 2013, 405 (406).

339 OECD (2011), Tackling Aggressive Tax Planning through Improved Transparency and Disclosure, S. 11 ff.; European Commission v. 12.11.2017, Themenblatt Bekämpfung aggressiver Steuerplanung, S. 1 ff.

340 Vgl. auch *Lohse*, BB 2013, Nr. 37 – Die erste Seite.

Dies macht die Frage, welche Gestaltungen als „aggressiv“ und deshalb bekämpfungswürdig anzusehen sind, von enormer praktischer Bedeutung.[341]

Ausgangspunkt für aggressive Steuerplanungen sind die nicht koordinierten Steuersysteme.[342] Erst die unterschiedlichen steuerlichen Rahmenbedingungen ermöglichen es multinationalen Unternehmen, durch entsprechende Gestaltungen steuerliche Vorteile zu erzielen, die einem rein national tätigen Unternehmen nicht offenstehen.[343] Die EU-Kommission versteht unter aggressiver Steuerplanung das Ausnutzen von divergierenden nationalen Steuersystemen. So lautet der Definitionsversuch der Kommission:

> *„Aggressive Steuerplanung besteht darin, die Feinheiten eines Steuersystems oder Unstimmigkeiten zwischen zwei oder mehr Steuersystemen auszunutzen, um die Steuerschuld zu senken. Aggressive Steuerplanung kann in vielerlei Formen auftreten.“*[344]

Es erscheint jedoch höchst zweifelhaft, eine aggressive Steuerplanung stets dann anzunehmen, wenn sich multinationale Unternehmen lediglich die vorgefundene Wettbewerbssituation zu Nutze machen.[345] Das Ausnutzen divergierender Steuersysteme erscheint vielmehr als die unvermeidbare Folge fehlender Steuerharmonisierung.[346] Einem Steuerpflichtigen, der die grenzöffnende Wirkung der Grundfreiheiten nutzt, um von anderen Steuersystem zu profitieren, kann jedenfalls nicht per se Missbrauch vorgeworfen werden.[347] Dass ein solches Verhalten dann aber unterhalb der Missbrauchsschwelle als „aggressiv“ eingestuft wird und deshalb bekämpft werden soll, erscheint zweifelhaft.[348] Auch soweit der Definitionsversuch der EU-Kommission auf „das Ausnutzen der Feinheiten eines Steuersystems“ abstellt, kann dies nicht zur Konkretisierung einer aggressiven Steu-

341 *Lohse*, BB 2013, Nr. 37 – Die erste Seite.
342 *Endres*, in: FS Schreiber, 59 (59).
343 *Kofler/Kofler*, in: FS Djanani, 381 (382); *Kahle/Biebinger/Wildermuth*, Ubg 2014, 285 (288).
344 Empfehlung der Kommission betreffend aggressive Steuerplanung, v. 06.12.2012, C(2012) 8806 final, S. 2.
345 Vgl. *Kahle/Biebinger/Wildermuth*, Ubg 2014, 285 (288).
346 *Lang*, SWI 2013, 62 (65); *Kofler/Kofler*, in: FS Djanani, 381 (382 f.); *Kahle/Biebinger/Wildermuth*, Ubg 2014, 285 (288); Vgl. auch *Rödder/Pinkernell*, IStR 2013, 619 (620) mit dem Hinweis, dass es nicht die Aufgabe der Steuerpflichtigen sei, die fehlende Harmonisierung zu kompensieren; Ähnlich auch *Hey*, in: Leitgedanken des Rechts II, § 153, Rn. 7.
347 Vgl. *Flick*, in: FS Klein, 329 (340).
348 In diese Richtung *Lohse*, BB 2013, Nr. 37 – Die erste Seite.

erplanung beitragen. So stellt sich bereits die Frage, wie eine sinnvolle Steuerplanung aussehen soll, die die Feinheiten der jeweiligen Steuersysteme unberücksichtigt lässt.[349] Und es gibt auch keine Gestaltung, die nicht genau auf dem Steuerrecht beruht, das die beteiligten Staaten selbst geschaffen haben.[350] So gesehen basiert jede internationale Steuergestaltung auf den international bestehenden – und regelmäßig nicht abgestimmten – Steuersystemen und müsste somit als aggressive Steuerplanung eingeordnet werden.

Weiterhin fordert die Definition der EU-Kommission, dass die divergierenden Steuersysteme ausgenutzt werden, *„um die Steuerschuld zu senken"*. Umgekehrt wäre danach eine Steuerplanung nur dann nicht aggressiv, wenn sie nicht bezweckt, die Steuerschuld zu senken.[351] Das Ziel, Steuern zu sparen, begründet jedoch – wie bereits festgestellt[352] – nicht das Vorliegen einer illegitimen Gestaltung. Allerdings kann die Formulierung „um Steuern zu sparen" auch dahingehend verstanden werden, dass nur auf solche Konstellationen abgestellt wird, in denen die Steuerschuld von vornherein feststeht und sich der Steuerpflichtige der nach dem Ziel und Zweck des Gesetzes bestehenden Steuerschuld durch künstliche Gestaltungen zu entziehen versucht.[353] Dafür sprechen auch neuere Definitionsansätze der EU-Kommission:

> *„Von aggressiver Steuerplanung ist die Rede, wenn Steuerpflichtige ihre Steuerschuld durch Regelungen zu verringern suchen, die zwar legal sein mögen, aber im Widerspruch zur Absicht des Gesetzes stehen. Aggressive Steuerplanung schließt die Nutzung von Schlupflöchern in einem Steuersystem und von Diskrepanzen zwischen Steuersystemen ein. Sie kann auch zu doppelter Nichtbesteuerung oder Doppelabzügen führen."*[354]

---

349 In diese Richtung auch *M. Lang*, SWI 2013, 62 (63).

350 *Piltz*, in: FS Wassermeyer, 551 (556) mit dem Hinweis, dass das Sichbeklagen der Staaten über die aggressive Steuerplanung folglich gleichzeitig der Vorwurf an steuergesetzgeberischer Inkompetenz an sich selbst ist.

351 *Kahle/Wildermuth*, Ubg 2013, 405 (409).

352 Vgl. Abschnitt A. II. 2. bb) (1) (b).

353 Vgl. *M. Lang*, SWI 2013, 62 (63); *Kahle/Wildermuth*, Ubg 2013, 405 (409); vgl. auch *Titgemeyer*, DStZ 2017, 745 (746) wonach eine aggressive Steuerplanung vorliegt, wenn künstliche Gestaltungen nur zu Zwecken der Steuerplanung geschaffen wurden und bei Entfallen des steuerlichen Motives keinen Grund mehr zum Fortbestand haben würden.

354 European Commission v. 12.11.2017, Themenblatt Bekämpfung aggressiver Steuerplanung, S. 1.

Entscheidend für eine aggressive Steuerplanung ist also, dass die Gestaltung im Widerspruch zur Absicht des Gesetzes steht. Insoweit weist die Definition der aggressiven Steuerplanung eine gewisse Überschneidung zum Missbrauchsbegriff des § 42 AO sowie zum Missbrauchsbegriff der ATAD auf. Dort wird jeweils das Erzielen eines steuerlichen Vorteils entgegen dem Gesetzeszweck gefordert.[355] Und tatsächlich mag die aggressive Steuerplanung in der Praxis mitunter auch eine gewisse Nähe zur missbräuchlichen Steuergestaltung aufweisen.[356] Im Einzelnen ist eine Abgrenzung der unter den Begriff der „aggressiven Steuerplanung" einzuordnenden Gestaltungen von missbräuchlichen Gestaltungen jedoch schwierig.[357] Insbesondere ist auch unklar, inwieweit im Hinblick auf eine aggressive Steuerplanung auch das Vorliegen außersteuerlicher Gründe zu berücksichtigen ist, deren Vorliegen jedenfalls eine missbräuchliche Steuergestaltung ausschließt.[358] Letztlich ist der Begriff der aggressiven Steuerplanung nicht abschließend geklärt, sodass eine klare Grenzziehung zwischen einer üblichen und einer aggressiven Steuerplanung kaum möglich ist.[359]

c) Einordnung der konzerninternen Lizenzgestaltungen

aa) Lizenzgestaltungen als legale Steuergestaltungen

Weder den bereits allgemein umrissen konzerninternen Lizenzgestaltungen,[360] noch den Gestaltungen von Google, Amazon & Co. liegt grund-

---

355 Vgl. Abschnitt A. II. 2. bb) (1) (a) (bb) und Abschnitt A. II. 2. bb) (2) (a).

356 Vgl. *Kahle/Wildermuth*, Ubg 2013, 405 (409); teilweise wird sogar die vollständige materiell-rechtliche Gleichsetzung des Begriffs der „aggressiven Steuerplanung" mit dem in § 42 AO festgelegten Gestaltungsmissbrauch gefordert, vgl. *Lohse*, BB 2013, Nr. 37 – Die erste Seite.

357 So wirft etwa *Johanna Hey* die Frage auf, ob aggressive Steuerplanung ein „qualifizierter Missbrauch" oder ein unterhalb des Missbrauchs angesiedeltes Verhalten ist, vgl. *Hey*, DB 2013, Heft 13, Standpunkte, 21 (22).

358 Vgl. Abschnitt A. II. 2. bb) (1) (a) (cc), Abschnitt A. II. 2. bb) (1) (a) und (b) (cc).

359 Vgl. *Kahle/Biebinger/Wildermuth*, Ubg 2014, 285 (288); *Hey*, DB 2013, Heft 13, Standpunkte, 21 (22); *Kahle/Wildermuth*, Ubg 2013, 405 (409); *Heckemeyer/Spengel*, WD 2013, 363 (363); vgl. auch *Lohse*, BB 2013, Nr. 37 – Die erste Seite „Die Bekämpfung der aggressiven Steuerplanung ist in aller Munde, ohne dass ein fassbarer Feind konkret benannt wird"; ähnlich auch *Blumers*, BB 2013, 2785 (2786).

360 Vgl. Abschnitt A. II. 1. c).

sätzlich eine illegale Verhaltensweise zugrunde.[361] So erklärte etwa die Vorsitzende des Public Accounts Committee des britischen Unterhauses *Margaret Hodge* im Kontext der bekannt gewordenen Steuergestaltungen multinationaler Konzerne: „We are not accusing you of being illegal; we are accusing you of being immoral".[362] Man mag Konzerne wie Google, Amazon, Apple & Co. daher zwar als „legale Staatsfeinde"[363] bezeichnen können. Der Vorwurf der Illegalität oder der Steuerhinterziehung, kann ihnen jedoch nicht zu Last gelegt werden.

bb) Lizenzgestaltungen als aggressive Steuerplanung

Konzerninterne Lizenzgestaltungen werden hauptsächlich unter dem Aspekt der aggressiven Steuerplanung diskutiert. So wurden auch im Rahmen der BEPS-Diskussion konzerninterne Leistungsbeziehungen als eine der wesentlichen Möglichkeiten zur Verlagerung von Einkünften ausgemacht.[364] Es stellt sich daher die Frage, inwieweit den vorab dargestellten Lizenzgestaltungen tatsächlich der Vorwurf einer aggressiven Steuerplanung zur Last gelegt werden kann.

Aggressive Steuerplanung basiert zunächst auf dem Ausnutzen unterschiedlicher nationaler Steuersysteme.[365] Wie bereits festgestellt, zielen konzerninterne Lizenzstrukturen regelmäßig darauf ab, die unterschiedlichen nationalen Besteuerungssysteme steueroptimal zu nutzen. Dabei können Lizenzgestaltungen sogar dazu führen, dass die Lizenzeinkünfte im Quellenstaat nicht besteuert werden und auch im Ansässigkeitsstaat – aufgrund einer IP-Box-Regelung oder eines allgemein niedrigen Besteuerungsniveaus – ganz oder teilweise von der Steuer befreit sind. Eine solche doppelte Nichtbesteuerung der Einkünfte gehört dabei nach Auffassung der EU-Kommission gerade zu den Folgen einer aggressiven Steuerplanung.[366]

---

361 Vgl. *Hemmerich*, IStR 2019, 294 (294).

362 Vgl. *Margaret Hodge*, v. 12.11.2012, [abrufbar unter: http://www.publications.parliament.uk/pa/cm201213/cmselect/cmpubacc/716/121112.htm].

363 So der Titel eines Artikels im Stern vom 22.05.2013, vgl. auch *Pinkernell*, ifst-Schrift Nr. 494 (2014), S. 16 Fn. 7.

364 OECD (2014), Aktionsplan zur Bekämpfung der Gewinnverkürzung und Gewinnverlagerung, S. 7 f.; *Jochimsen/Bildstein*, Ubg 2014, 299 (299).

365 Vgl. Ausführlich Abschnitt A. II. 2. b) cc).

366 Vgl. Empfehlung der Kommission betreffend aggressive Steuerplanung, v. 06.12.2012, C(2012) 8806 final, S. 2.

Weiterhin müsste die Gestaltung auch im Widerspruch zur Absicht des Gesetzgebers stehen.[367] Die Faktoren, die eine Steuerminimierung durch Lizenzgestaltungen ermöglichen, wurden jedoch von den Einzelstaaten bewusst geschaffen. So etwa der Quellensteuerausschluss für Lizenzgebühren durch die Zins- und LizenzRL. Es handelt sich gerade nicht um von den Unternehmen erfundene Steuerschlupflöcher.[368] Gleiches gilt für steuerliche Begünstigungen für Intellectual Property. Auch diese wurden nicht etwa von „aggressiv planenden" Steuerpflichtigen „entdeckt", sondern dienen ja gerade dazu, internationale IP-Investoren anzulocken.[369] Es erscheint also zweifelhaft, den Steuerpflichtigen, die ihre Steuerplanung auf Basis dieser von den einzelnen Staaten bewusst geschaffenen Regelungen vornehmen, mit dem Unwerturteil eines aggressiven Verhaltens zu belegen.[370] Dies scheint im Grundsatz auch die OECD zu erkennen und räumt ein, dass oftmals unklar bleibt, inwieweit ein extrem niedriger effektiver Steuersatz eines Unternehmens tatsächlich das Ergebnis einer aggressiven Steuerplanungsstrategie ist, oder eben genau das Resultat, das die politischen Entscheidungsträger mit einem Anreiz herbeiführen wollten.[371]

Vor dem Hintergrund, dass die Konturen des Begriffs der „aggressiven Steuerplanung" noch nicht hinreichend geklärt sind, ist eine pauschale Einordnung der hier behandelten Lizenzgestaltungen nur schwerlich möglich. Jedenfalls aber lassen sich die untersuchten Lizenzgestaltungen nicht pauschal als „aggressive Steuerplanung" einstufen.

cc) Lizenzgestaltungen als missbräuchliche Steuerplanung

Weiterhin stellt sich die Frage, inwieweit die vorab dargestellten Lizenzgestaltungen auch als missbräuchliche Steuergestaltungen eingeordnet werden können. Ausgehend von der Missbrauchsrechtsprechung des Europäischen Gerichtshofs reicht jedenfalls der Umstand, dass Konzerne ihre Lizenzeinnahmen in einem Land platzieren, in dem diese aufgrund eines generell niedrigen Besteuerungsniveaus oder einer steuerlichen Präferenzregelung keiner oder einer niedrigen Besteuerung unterliegen, für sich be-

---

367 Vgl. Abschnitt A. II. 2. b) cc).

368 *Schanz/Feiler*, BB 2015, 865 (866).

369 *Schanz/Feiler*, BB 2015, 865 (866).

370 Vgl. *Rödder/Pinkernell*, IStR 2013, 619 (620); *Pinkernell*, Ubg 2014, 73 (77). *M. Lang*, IStR 2013, 365 (372).

371 Vgl. OECD (2014), Gewinnverkürzung und Gewinnverlagerung – Situationsbeschreibung und Lösungsansätze, S. 26 f.; vgl. auch *Thöben*, IStR 2012, 685 (688).

trachtet nicht aus, um einen Missbrauch zu indizieren.[372] Jedenfalls aber läge nach Auffassung des Gerichtshofs eine rein künstliche und damit missbräuchliche Konstruktion dann vor, wenn der Gestaltung keine wirtschaftliche Realität zugrunde liegt, was wiederum dann bejaht werden könnte, wenn die betreffende Gesellschaft über keine hinreichende Substanz verfügt.[373] Dies ist insbesondere bei sog. Briefkastengesellschaften der Fall.[374] Ähnliche Erfordernisse lassen sich auch aus dem nationalen Missbrauchsbegriff, wie auch aus dem sekundärrechtlichen Missbrauchsbegriff der ATAD ableiten, die jeweils das Vorliegen einer „unangemessenen" Gestaltung voraussetzen.[375] Im Hinblick auf konzerninterne Lizenzierungen wird man jedenfalls dann von einer missbräuchlichen Gestaltung ausgehen müssen, wenn eine Tochtergesellschaft oder Betriebsstätte speziell in einem Land mit einer steuerlichen Präferenzregelung gegründet wird, und es sich hierbei nur um eine fiktive Ansiedlung ohne wirtschaftliche Substanz handelt.[376] Ein Indiz für das Fehlen einer solchen hinreichenden Substanz und damit für das Vorliegen einer unangemessenen bzw. rein künstlichen Gestaltung könnten die Untersuchungen der OECD liefern, welche nahelegen, dass Direktinvestitionen oftmals in sog. Zweckgesellschaften (Special Purpose Entites – SPE) gehalten werden.[377] Als Zweckgesellschaften werden von der OECD solche Unternehmen eingeordnet, die de facto direkt oder indirekt von einer gebietsfremden Muttergesellschaft beherrscht werden, nur wenige Beschäftigte und wenig bzw. keine physische Präsenz im Gaststaat aufweisen, bei denen nahezu alle Forderungen und Verbindlichkeiten Investitionen im oder aus dem Ausland darstellen und deren Kerngeschäft in der Konzernfinanzierung oder in Holding-Aktivitäten besteht.[378] Als konkretes Beispiel lässt sich Luxemburg anführen. So flossen in Luxemburg im Jahr 2011 von insgesamt 2.129

---

372 Vgl. EuGH, C-135/17 (X), ECLI:EU:C:2019:136, Rn. 86; C-318/10 (SIAT), ECLI:EU:C:2012:415, Rn. 39 mwN.

373 Vgl. Abschnitt A. II. 2. b) bb) (2) (b) (bb) (i).

374 Vgl. EuGH, C-196/04 (Cadbury Schweppes), ECLI:EU:C:2006:544, Rn. 68; So auch der BFH im Hinblick auf das Vorliegen eines Missbrauchs nach § 42 AO, vgl. BFHE 198, 506 (512); 168, 279 (281 f.); 166, 323 (326).

375 Vgl. Abschnitt A. II. 2. b) bb) (1) (aa) und A. II. 2. b) bb) (2) (a).

376 Vgl. *Kühbacher*, DStZ 2017, 829 (833); vgl. EuGH, C-196/04 (Cadbury Schweppes), ECLI:EU:C:2006:544, Rn. 68.

377 OECD (2014), Gewinnverkürzung und Gewinnverlagerung – Situationsbeschreibung und Lösungsansätze, S. 26 f.

378 Vgl. OECD (2014), Gewinnverkürzung und Gewinnverlagerung – Situationsbeschreibung und Lösungsansätze, S. 23 und 28 f. (Anmerkung 6).

Mrd. US-$ an Direktinvestitionen 1.987 US-$ auf Zweckgesellschaften.[379] Die vorab umrissenen Lizenzgestaltungsmodelle basieren im Regelfall darauf, dass Oasengesellschaften gegründet werden, die mit finanziellen Mitteln, d.h. mit Direktinvestitionen, ausgestattet werden, damit sie später im Wege der Auftragsforschung originär IP erwerben können.[380] Soweit es sich bei diesen Gesellschaften um reine Zweckgesellschaften handelt, die im Regelfall keine oder nur eine geringe Substanz aufweisen, könnte dies zumindest ein Indiz für eine rein künstliche oder unangemessene Steuergestaltung darstellen.

Ein weiteres Indiz für das Vorliegen einer rein künstlichen Gestaltung ist die Fremdüblichkeit der gewählten Gestaltung.[381] Insbesondere die Geltendmachung überhöhter gesellschaftsrechtlich und nicht erwerbswirtschaftlich veranlasster Aufwendungen zum Zwecke der Verlagerung von Steuersubstrat ins Ausland ist als Missbrauch einzuordnen.[382] Damit sind konzerninterne Lizenzgestaltungen jedenfalls dann als missbräuchlich einzustufen, wenn die Rechteüberlassung zu fremdunüblichen Konditionen erfolgt.

Der deutsche Missbrauchsbegriff und auch der Missbrauchsbegriff der ATAD setzen weiterhin voraus, dass ein gesetzlich nicht vorgesehener Steuervorteil erzielt wird. Hier stellt sich wieder das auch von der OECD erkannte Problem, dass nicht pauschal festgestellt werden kann, ob eine extrem niedrige effektive Steuerbelastung das Ergebnis einer entsprechenden Gestaltung ist, oder ob es nicht eben genau das Resultat ist, das die politischen Entscheidungsträger mit einem Anreiz herbeiführen wollen.[383]

Weiterhin ist sowohl nach dem Missbrauchsverständnis des Europäischen Gerichtshofs, wie auch den Missbrauchsbegriffen der ATAD und des § 42 AO davon auszugehen, dass ein Missbrauch dann nicht vorliegt, wenn (beachtliche) außersteuerliche Gründe für die gewählte Gestaltung vorgebracht werden können.[384] Auch dies müsste im jeweiligen Einzelfall festgestellt werden. Jedenfalls aber räumte die Bundesregierung im Zu-

379 Vgl. OECD (2014), Gewinnverkürzung und Gewinnverlagerung – Situationsbeschreibung und Lösungsansätze, S. 23.

380 Vgl. *Pinkernell*, IStR 2013, 180 (181 a.E.).

381 Vgl. Abschnitt A. II. 2. b) bb) (2) (b) (bb) (ii).

382 *Englisch*, DStR-Beihefter zu Heft 34 (2009), 92 (97); *Pötsch*, DStR 2018, 761 (763).

383 Vgl. OECD (2014), Gewinnverkürzung und Gewinnverlagerung – Situationsbeschreibung und Lösungsansätze, S. 26 f.; vgl. auch *Thöben*, IStR 2012, 685 (688).

384 Vgl. Abschnitt A. II. 2. B. bb) (1) (a) (cc), A. II. 2. B. bb) (2) (a) und A. II. 2. B. bb) (2) (b) (cc).

sammenhang mit den im Zuge der sog. Lux-Leaks bekannt gewordenen Steuergestaltungen, welche u.a. auf der Inanspruchnahme sog. IP-Boxen beruhten,[385] ein, dass regelmäßig im jeweiligen Einzelfall auch außersteuerliche Gründe für die gewählte Gestaltung vorlagen.[386]

Vor diesem Hintergrund können steuerliche Lizenzgestaltungen jedenfalls nicht pauschal mit dem Missbrauchsverdikt belegt werden. Unzutreffend ist jedoch die Auffassung, dass die Nutzung steuerlicher Vorteile – also etwa IP-Boxen – durch grenzüberschreitende Gestaltungen „per se" keinen Missbrauch darstelle.[387] So hat zwar der Europäische Gerichtshof insoweit klargestellt, dass die Nutzung eines solchen Vorteils zumindest für sich betrachtet noch keinen Missbrauch begründet.[388] Sofern jedoch weitere Umstände hinzutreten – insbes. die mangelnde wirtschaftliche Realität der gewählten Gestaltung und die fehlenden außersteuerlichen Motive des Steuerpflichtigen – kann durchaus ein Missbrauch anzunehmen sein.

Damit ist festzuhalten, dass konzerninterne Lizenzierungen ein erhebliches Steuergestaltungspotential bieten, welches grundsätzlich auch – sofern im Einzelfall die Missbrauchskriterien erfüllt sind – in missbräuchlicher Weise ausgeübt werden kann.[389]

III. Bestehende Abwehrmaßnahmen gegen schädlichen Steuerwettbewerb und Steuergestaltungen im Zusammenhang mit IP-Einkünften

1. Nationale Abwehrmaßnahmen

Der deutsche Gesetzgeber ist seit Jahrzehnten im Kampf gegen internationale Gewinnverlagerungen aktiv.[390] So kam es schon in der Mitte des 20.

385 Vgl. BT-Drucks. 18/5776, S. 4.

386 BT-Drucks. 18/5776, S. 4.

387 *Ditz/Quilitzsch*, DStR 2017, 1561 (1567).

388 EuGH, C-135/17 (X), ECLI:EU:C:2019:136, Rn. 86; C-318/10 (SIAT), ECLI:EU:C:2012:415, Rn. 39 mwN.

389 Nicht richtig ist es m.E. wenn *Pung/Benz*, StbJb 2017/2018, 181 (188) unterstellen, man sei auf OECD/G20 Ebene zu dem Ergebnis gekommen, „dass Lizenzzahlungen eine missbräuchliche Steuergestaltung darstellen". Dies wurde auf OECD/G20-Ebene jedenfalls nicht ausdrücklich festgestellt. Zudem ist dieser Befund m.E. auch in seiner Absolutheit nicht haltbar, da die Frage nach dem Vorliegen von Missbrauch grundsätzlich eine Einzelfallentscheidung ist.

390 *Kahle/Wildermuth*, Ubg 2013, 405 (406).

Jahrhunderts in beachtlichem Umfang zur Verlagerung von Einkünften in Staaten, die eine im Vergleich zum deutschen Besteuerungsniveau niedrige Besteuerung vorsahen (sog. Steueroasen/Tax Haven).[391] Der Gesetzgeber reagierte zunächst mit dem sog. Oasenbericht aus dem Jahr 1964.[392] Im Jahr 1972 trat dann das – in seiner Anfangszeit auch als Steuerfluchtgesetz bezeichnete[393] – Außensteuergesetz (AStG) in Kraft. Das AStG ist auch heute noch die wichtigste Rechtsquelle gegen Gewinnverlagerungen durch Ausnutzung des internationalen Steuergefälles.[394] Daneben hat sich inzwischen ein umfassendes Normeninstrumentarium herausgebildet, mit dessen Hilfe der Gesetzgeber grenzüberschreitende Einkünfteverlagerungen verhindern möchte.[395]

a) Maßnahmen bei Wegverlagerung von in Deutschland geschaffenem IP

aa) Entstrickungsbesteuerung

Werden im Inland IP-Rechte entwickelt und anschließend auf eine ausländische Konzerngesellschaft übertragen, um dort etwa IP-Box-Regelungen in Anspruch nehmen zu können, sind die Regelungen der Entstrickungsbesteuerung zu beachten.

Mit der Entstrickungsbesteuerung nach § 4 Abs. 1 S. 3 EStG bzw. § 12 Abs. 1 S. 1 KStG soll sichergestellt werden, dass die im Inland erwirtschafteten Wertzuwächse auch dem inländischen Steuerzugriff unterliegen. Freilich kann die Enstrickungsbesteuerung nicht verhindern, dass das Besteuerungssubstrat aus der Verwertung des IP-Rechts nicht mehr dem deutschen Fiskus zusteht. Allerdings dürfte die Aufdeckung der stillen

---

391 Vgl. BT-Drucks IV/2412, 9; *Henkel*, in: Mössner u.a., Steuerrecht international tätiger Unternehmen, Rn. 8.2.; vgl. auch *Hey*, in: Tipke/Lang, § 1 Rn. 89.

392 Vgl. BT-Drucks. IV/2412.

393 Vgl. *Flick*, BB 1971, 250 (250); *Kreile*, BB 1971, 53 (53); *Piltz*, in: FS Wassermeyer, 551 (551); kritisch zu dieser Terminologie *Schaumburg*, in: Schaumburg, Internationales Steuerrecht, Rn. 2.17.

394 Vgl. *Ratschow*, in: Klein, § 42 AO, Rn. 135; *Kahle/Wildermuth*, Ubg 2013, 405 (411).

395 Vgl. hierzu *Schaumburg*, in: Schaumburg, Internationales Steuerrecht, Rn. 2.10 „Vermeidungsnormen"; vgl. auch die Übersicht bei *Piltz*, in: FS Wassermeyer, 551 (554 – 556).

Reserven in Deutschland die Besteuerungsvorteile aus IP-Box-Regelungen ohnehin regelmäßig überlagern.[396]

Gleichwohl ist auch die Entstrickungsbesteuerung nur bedingt geeignet, das Steuervermeidungspotential von konzerninternen Lizenzgestaltungen einzudämmen. Denn wie bereits aufgezeigt, kann durch entsprechende Gestaltungen (insbes. Auftragsforschung) erreicht werden, dass einer ausländischen IP-Holding das IP-Recht zugerechnet wird, ohne dass es einer die Enstrickungsbesteuerung auslösenden Verlagerung bedürfte.[397] Sofern eine solche Gestaltung nicht gewählt wurde, bietet sich aus unternehmerischer Sicht jedenfalls eine Verlagerung in den Verlustjahren an, da insoweit noch keine Wertzuwächse erzielt wurden.[398]

bb) Funktionsverlagerung

Soweit die Verlagerung von IP die Voraussetzungen einer Funktionsverlagerung erfüllt, greift § 1 Abs. 3 S. 9 AStG, der auf die innerstaatliche Erfassung von Gewinnpotentialen abzielt, unabhängig davon, ob diese später realisiert werden.[399]

Die Regelung der Funktionsverlagerung ist jedoch erheblichen unionsrechtlichen Bedenken ausgesetzt.[400] Insbesondere der Umstand, dass eine Funktionsverlagerung sogar dann zu einer Besteuerung führen soll, wenn noch kein schutzfähiges Recht gegeben ist, zukünftig aber erwartet wird, wird kritisch gesehen.[401] Jedenfalls aber kommt auch eine Funktionsverlagerung von vornherein nur in Betracht, wenn das IP-Recht nicht ohnehin schon – insbes. aufgrund einer erfolgten Auftragsforschung – der ausländischen IP-Holding originär zuzurechnen ist.

---

396 So jedenfalls *Hofer/Weidlich*, IWB 2016, 753 (761); *Schreiber*, Besteuerung der Unternehmen, S. 945.

397 Vgl. Abschnitt A. II. 1. c).

398 Vgl. *Haase/Nürnberg*, FR 2017, 1 (5).

399 *Haase/Nürnberg*, FR 2017, 1 (5).

400 Vgl. *Kraft*, in: Kraft, § 1 AStG, Rn. 525 ff.; *Schmidt*, Außensteuergesetz, § 1 AStG, Rn. 28.

401 Vgl. *Haase/Nürnberg*, FR 2017, 1 (5).

b) Hinzurechnungsbesteuerung (§§ 7 – 14 AStG)

Ein wesentliches Element für die Steueroptimierung durch Lizenzstrukturen ist, dass eine laufende Besteuerung der Lizenzeinnahmen auf Ebene der obersten Muttergesellschaft verhindert wird.[402] Dem kann jedoch grundsätzlich durch die Hinzurechnungsbesteuerung entgegengewirkt werden. Denn sofern eine im Ausland ansässige Konzerngesellschaft Lizenzen an die in Deutschland ansässige Konzernmutter überlässt (sog. upstream-Lizenzvergabe[403]), könnten die Lizenzeinkünfte der ausländischen Gesellschaft im Wege der Hinzurechnungsbesteuerung beim inländischen Lizenzschuldner zu erfassen sein.

aa) Allgemeine Voraussetzungen und Rechtsfolge

Die Hinzurechnungsbesteuerung dient der Bekämpfung von Steuerflucht[404] bzw. der typisierenden Missbrauchsabwehr.[405] Sie zielt also gerade darauf ab, die Verlagerung von Besteuerungssubstrat in das niedrig besteuerte Ausland zu bekämpfen.[406] Liegen die Voraussetzungen für eine Hinzurechnungsbesteuerung vor, werden die Einkünfte der ausländischen Gesellschaft der inländischen Besteuerung zugänglich gemacht, indem die passiven Einkünfte dem inländischen Gesellschafter durch eine fiktive Ausschüttung hinzugerechnet werden.[407]

Grundvoraussetzung für eine Hinzurechnungsbesteuerung ist, dass der inländische unbeschränkt Steuerpflichtige zu mehr als der Hälfte an der ausländischen Gesellschaft beteiligt ist und diese Einkünfte aus passivem Erwerb erzielt, die einer niedrigen Besteuerung (weniger als 25 %) unterliegen (vgl. §§ 7 Abs. 1, 8 Abs. 1, 3 AStG).[408]

---

402 Vgl. OECD (2014), Gewinnverkürzung und Gewinnverlagerung – Situationsbeschreibung und Lösungsansätze, S. 87.

403 Vgl. *Hagemann/Kahlenberg*, in: H/H/R, § 4j EStG, Rn. 40.

404 BFHE 214, 80 (85); vgl. auch *Schaumburg*, in: Schaumburg, Internationales Steuerrecht, Rn. 2.16; *Oellerich*, in: Europäisches Steuerrecht, Rn. 8.168.

405 BFHE 227, 64 (69); Vgl. auch *Vogt*, in: Brandis/Heuermann, Vorbemerkungen zu den §§ 7 bis 14 AStG, Rn. 1; *Oellerich*, in: Europäisches Steuerrecht, Rn. 8.168; *Reiche*, in: Haase, § 7 AStG, Rn. 1.

406 Vgl. *Schaumburg*, in: Schaumburg, Internationales Steuerrecht, Rn. 13.2; *Haase/Nürnberg*, FR 2017, 1 (6).

407 Vgl. *Hey*, in: Tipke/Lang, § 1 Rn. 89.

408 Vgl. *Schaumburg*, in: Schaumburg, Internationales Steuerrecht, Rn. 13.8.

Bezogen auf konzerninterne Lizenzverhältnisse ist zunächst festzuhalten, dass es sich bei den von der Lizenzgläubigergesellschaft erzielten Einkünften aus der Rechteüberlassung, um passive Einkünfte handelt.[409] Eine niedrige Besteuerung dieser Lizenzeinkünfte von unter 25 % kann sich wiederum insbesondere auch aus der Inanspruchnahme einer steuerlichen Präferenzregelung (z.B. IP-Box) ergeben.[410] Damit kommt auch im Hinblick auf die konzerninternen Lizenzgestaltungen eine Hinzurechnungsbesteuerung nach §§ 7 ff. AStG in Betracht, sofern es sich um eine upstream-Lizenzvergabe handelt und eine Inländerbeherrschung i.S.d. § 7 Abs. 1 AStG besteht.[411]

bb) Anpassung an das grundfreiheitliche Missbrauchsverständnis

Die deutsche Hinzurechnungsbesteuerung sah sich seit jeher unionsrechtlichen Zweifeln ausgesetzt.[412] Noch deutlicher wurde der Vorwurf der Unionsrechtswidrigkeit nach der Entscheidung des Europäischen Gerichtshofs in der Rs. *Cadbury Schweppes* im Jahr 2006.[413] Diese Entscheidung betraf die britische Hinzurechnungsbesteuerung. Der Gerichtshof hatte hierzu festgestellt, dass eine Rechtfertigung unter dem Missbrauchsvermeidungszweck nur in Betracht kommt, wenn die Regelung auf rein künstliche Gestaltungen beschränkt ist.[414] Insbesondere müsse dem Steuerpflichtigen die Gelegenheit gegeben werden, den Missbrauchsvorwurf zu entkräften.[415] Die deutsche Hinzurechnungsbesteuerung war bis dahin als ty-

---

409 Vgl. *Haase/Nürnberg*, FR 2017, 1 (6).

410 Vgl. *Haase/Nürnberg*, FR 2017, 1 (6); vgl. allgemein auch *Vogt*, in: Brandis/Heuermann, Vorbem. zu den §§ 7 bis 14 AStG, Rn. 2 wonach sich die Niedrigbesteuerung auch bei Staaten mit gehobenem oder hohem Steuerniveau ergeben kann, wenn etwa „Nischen“ niedriger Besteuerung oder die Möglichkeit günstiger Steuervereinbarungen bestehen.

411 Vgl. *Hagemann/Kahlenberg*, in: H/H/R, § 4j EStG, Rn. 40.

412 Vgl. *Schön*, DB 2001, 940 (942 ff.); *M. Lang*, IStR 2002, 217 (217 ff.); *Rätting/Protzen*, IStR 2003, 195 (196 ff.); *Wassermeyer*, GmbHR 2004, 613 (617 f.); *Schönfeld*, StuW 2005, 158 (169 f.).

413 Vgl. etwa *Wassermeyer/Schönfeld*, GmbHR 2006, 1065 (1065) wonach das Urteil in der Rs. Cadbury Schweppes „eine Ohrfeige für alle, die die Verantwortung für den derzeitigen Zustand der §§ 7 ff. AStG tragen“ sei; vgl. auch *Hahn*, IStR 2006, 667 (669 ff.); *Kraft/Bron*, IStR 2006, 614 (618 ff.); *Axer*, IStR 2007, 162 (168); *Goebel/Palm*, IStR 2007, 720 (722).

414 Vgl. EuGH, C-196/04 (Cadbury Schweppes), ECLI:EU:C:2006:544, Rn. 55.

415 Vgl. EuGH, C-196/04 (Cadbury Schweppes), ECLI:EU:C:2006:544, Rn. 70.

pisierende Missbrauchsbekämpfungsvorschrift ausgestaltet, ohne eine solche vom Gerichtshof geforderte Gegenbeweismöglichkeit zu enthalten.[416]

In Reaktion auf diese Entscheidung hat der deutsche Gesetzgeber mit Wirkung zum 01.01.2008 in § 8 Abs. 2 AStG eine Rückausnahme von der Hinzurechnungsbesteuerung für den Fall aufgenommen, dass eine in einem EU-Mitgliedsstaat oder in einem EWR-Vertragsstaat ansässige Gesellschaft einer tatsächlichen wirtschaftlichen Tätigkeit in diesem Staat nachgeht.[417] Die unionsrechtlichen Bedenken konnten hierdurch zwar nicht vollständig ausgeräumt werden.[418] Gleichwohl wurde der Hinzurechnungsbesteuerung durch diese Exkulpationsmöglichkeit erheblich an Schlagkraft genommen. Denn auch wenn das Eingreifen der Exkulpationsmöglichkeit in jedem Einzelfall gesondert festgestellt werden muss,[419] lässt sich jedenfalls festhalten, dass die Anforderungen an die Substanzanforderdernisse des § 8 Abs. 2 AStG nicht all zu hoch sind.[420] Insbesondere kann auch reinen Holdinggesellschaften der Nachweis einer tatsächlichen wirtschaftlichen Tätigkeit gelingen.[421] Auch der Umstand, dass die ausländische Gesellschaft nur Aktivitäten gegenüber verbundenen Unternehmen ausführt, schließt eine Exkulpationsmöglichkeit nach § 8 Abs. 2 AStG nicht aus.[422] Letztlich sind Beteiligungsgesellschaften in der EU durch die Exkulpationsmöglichkeit nach § 8 Abs. 2 AStG bei einem ausreichenden Beleg der sachlichen und personellen Ausstattung faktisch von der Hinzurechnungsbesteuerung der §§ 7 ff. AStG ausgeschlossen.[423] Damit dürften auch die Konzerne, die mit ihren Steuergestaltungen Schlagzeilen gemacht haben, regelmäßig nicht der Hinzurechnungsbesteuerung unterliegen. So verfügt etwa die irische Gesellschaft, mit der Google insbes. sein EU-Geschäft bedient, über rund 2.000 Mitarbeiter,[424] sodass eine Hinzurechnungsbesteuerung nach § 8 Abs. 2 AStG ausgeschlossen sein dürfte. Darin, dass der Missbrauchsvorwurf und damit auch die Hinzurechnungsbesteuerung bei EU-Holdings aufgrund der EuGH-Rechtsprechung bereits durch eine

---

416 Vgl. *Vogt*, in: Brandis/Heuermann, § 8 AStG, Rn. 151; *Watrin/Leukefeld*, DStR 2018, 2284 (2286).

417 Jahressteuergesetz v. 20.12.2007, BGBl. I 07, 3150; vgl. *Hey*, in: Tipke/Lang, § 1 Rn. 99.

418 Vgl. *Musil/Schulz*, DStR 2013, 2205 (2207); *Kraft*, in: Kraft, § 8 AStG, Rn. 790 ff.

419 *Kraft*, in: Kraft, § 8 AStG, Rn. 740.

420 Vgl. *Eggeling*, Ubg 2011, 676 (682).

421 Vgl. *Ritzer*, in: R/H/vL, Anhang 8, Rn. 60.

422 *Kraft*, in: Kraft, § 8 AStG, Rn. 740; *Eggeling*, Ubg 2011, 676 (682).

423 *Eggeling*, Ubg 2011, 676 (682).

424 *Pinkernell*, StuW 2012, 369 (371).

gewisse Minimalsubstanz abgewehrt werden kann, liegt auch der Vorteil der EU-Holdings gegenüber nicht in der EU ansässigen Holdings.[425] Letztendlich dürfte der Anwendungsbereich der deutschen Hinzurechnungsbesteuerung durch die Implementierung der primärrechtlichen Substanzerfordernisse auf bestimmte Einzelfälle (v.a. Briefkasten- oder Strohfirmen) beschränkt sein.[426]

Es lässt sich also festhalten, dass der Hinzurechnungsbesteuerung innerhalb der Europäischen Union durch die EuGH-Rechtsprechung sehr enge Grenzen gesetzt werden.[427] Hieran zeigt sich auch, dass die Hinzurechnungsbesteuerung nicht zu einer effektiven Bekämpfung gewinnverlagernder Lizenzgestaltungen beitragen kann, sofern die IP-Holdinggesellschaft in einem EU/EWR-Staat ansässig ist.

c) Rückausnahme vom Quellensteuerabzugsverbot

Ein weiterer wesentlicher Baustein, der die Steueroptimierung mittels Lizenzzahlungen so effektiv macht, ist der Ausschluss des Quellenbesteuerungsrechts an den ins Ausland fließenden Lizenzzahlungen, entweder schon durch DBA oder auf europäischer Ebene durch die Zins- und LizenzRL. Lizenzzahlung können so quellensteuerfrei in einen Staat mit generell niedrigem Besteuerungsniveau oder steuerlicher Präferenzregelungen für IP-Einkünfte (insbes. IP-Boxen) fließen.[428] Dieser Effekt kann jedoch durch verschiedene Regelungen abgemildert werden, die unter bestimmten Voraussetzungen eine Rückausnahme vom Quellensteuerabzugsverbot vorsehen.

aa) § 50g Abs. 2 EStG

Zunächst enthält § 50g Abs. 2 Nr. 2 EStG eine Rückausnahme vom Quellensteuerabzugsverbot für Lizenzgebühren die nicht dem Fremdvergleichsgrundsatz entsprechen.[429] Diese Missbrauchsvermeidungsvorschrift[430] er-

---

425 *Eggeling*, Ubg 2011, 676 (676).
426 *Watrin/Leukefeld*, DStR 2018, 2284 (2287).
427 *Hemmerich*, IStR 2019, 294 (295).
428 Vgl. Ausführlich Abschnitt A. II. 1. c).
429 Vgl. *Hahn*, in: K/S/M, § 50g EStG, Rn. C 50.
430 Vgl. *Frotscher*, in: Frotscher/Geuerts, § 50g EStG, Rn. 31.

fasst somit Fälle, in denen unangemessen hohe Zinsen oder Lizenzgebühren gezahlt werden.[431] Sie liegt insoweit auch auf der Linie der Missbrauchsrechtsprechung des Europäischen Gerichtshofs, der ebenfalls den Fremdvergleichsgrundsatz als Missbrauchsindikator anerkennt.[432]

bb) § 50g Abs. 4 EStG

Auch § 50g Abs. 4 EStG enthält eine spezielle Missbrauchsvermeidungsvorschrift,[433] nach der die Quellensteuerentlastung nach § 50g Abs. 1 EStG nicht zu gewähren ist, wenn der „hauptsächliche Beweggrund einer oder einer der hauptsächlichen Beweggründe für Geschäftsvorfälle die Steuervermeidung oder der Missbrauch sind". Die Vorschrift dient der Umsetzung des Art. 5 Abs. 2 der Zins- und LizenzRL.[434] Die Regelung kommt neben § 50d Abs. 3 EStG zur Anwendung, vgl. § 50d Abs. 4 S. 2 EStG. Aufgrund der Spezialität geht § 50g Abs. 4 der Regelung des § 42 AO vor.[435]

Der Begriff des Missbrauchs im Sinne des § 50g Abs. 4 S. 1 EStG kann grundsätzlich wie der Missbrauchsbegriff in § 42 AO interpretiert werden.[436] Allerdings greift die Missbrauchsklausel des § 50g Abs. 4 S. 1 EStG nach ihrem Wortlaut auch, wenn die Gestaltung hauptsächlich der „Steuervermeidung" dient. Dies erscheint insoweit problematisch, als dass die Steuervermeidung als solche noch von der Gestaltungsfreiheit des Steuerpflichtigen gedeckt ist.[437] Die Bekämpfung von Steuermindereinnahmen wird vom Europäischen Gerichtshof jedoch nicht als Rechtfertigungsgrund anerkannt.[438] Gerade dieses Ziel verfolgt aber der Gesetzgeber, der mit § 50d Abs. 4 S. 1 EStG unterhalb der Schwelle zum Gestaltungsmissbrauch reine Steuervermeidungsgestaltungen bekämpfen möchte.[439] Es erscheint daher höchst zweifelhaft, ob § 50g Abs. 4 S. 1 EStG, insoweit als

---

431 Vgl. BR-Drucks. 619/04, S. 22; *Gosch*, in: Kirchhof/Seer, § 50g EStG, Rn. 9.

432 Vgl. Abschnitt A. II. 2. b) bb) (2) (b) (bb) (ii).

433 Vgl. *Hahn*, IStR 2010, 638 (638); *Rehfeld*, in: H/H/R, § 50g EStG, Rn. 17; *Frotscher*, in: Frotscher/Geurts, § 50g EStG, Rn. 63; *Gosch*, in: Kirchhof/Seer, § 50g EStG, Rn. 19.

434 Richtlinie vom 03.06.2003, 2003/49/EG.

435 *Gosch*, in: Kirchhof/Seer, § 50g EStG, Rn. 19.

436 Vgl. *Rehfeld*, in: H/H/R, § 50g EStG, Rn. 17.

437 Vgl. Abschnitt A. II. 2. b) bb) (1) (b).

438 Vgl. EuGH, C-446/03 (Marks & Spencer), ECLI:EU:C:2005:763, Rn. 44; C-324/00 (Lankhorst-Hohorst), ECLI:EU:C:2002:749, Rn. 36; C-35/95 (Verkooijen), ECLI:EU:C:2000:294, 59; C-264/96 (ICI), ECLI:EU:C:1998:370, Rn. 28.

439 Vgl. *Hahn*, IStR 2010, 638 (643).

dass die Quellensteuerentlastung deshalb verwehrt wird, weil eine Gestaltung der „Steuervermeidung“ dient, unionsrechtskonform ist.[440]

cc) § 50d Abs. 3 EStG

Weiterhin kommt bei Lizenzgestaltungen eine Rückausnahme von der Quellensteuerentlastung durch die Missbrauchsvorschrift des § 50d Abs. 3 EStG in Betracht. Danach wird die Quellensteuerbefreiung versagt, wenn diese allein durch das Zwischenschalten ausländischer Gesellschaften ohne eigene wirtschaftliche Tätigkeit erreicht wird (sog. „Treaty Shopping“ bzw. „Directive Shopping“).[441]

Allerdings sah sich auch § 50d Abs. 3 EStG seit jeher zahlreichen unionsrechtlichen Bedenken ausgesetzt.[442] So hatte zunächst die EU-Kommission die Regelung in der Fassung bis VZ 2011 insbesondere deshalb beanstandet, weil die Steuerentlastung ausnahmslos verweigert wurde, soweit die Bruttoerträge aus eigener Wirtschaftstätigkeit nicht mehr als 10 % betragen.[443] Diese Regelung wurde von der Kommission wegen der fehlenden Gegenbeweismöglichkeit als unverhältnismäßig eingestuft.[444] Dies sah auch der Europäische Gerichtshof so und hat deshalb § 50d Abs. 3 EStG in der Fassung bis VZ 2011 als unionsrechtswidrig eingestuft.[445]

Der deutsche Gesetzgeber hat zwischenzeitlich reagiert und sich darum bemüht, die Missbrauchsvorschrift des § 50d Abs. 3 EStG „unter Berücksichtigung der EuGH-Rechtsprechung zu nationalen Vorschriften, die der Verhinderung der missbräuchlichen Inanspruchnahme dienen“, „zielgenauer“ auszugestalten.[446] § 50d Abs. 3 EStG in der Fassung ab VZ 2012[447] greift nur noch, wenn die Erträge der ausländischen Gesellschaft nicht aus eigener Wirtschaftstätigkeit stammen und soweit für die Einschaltung der ausländischen Gesellschaft wirtschaftliche oder sonst beachtliche Gründe fehlen (Abs. 2 Nr. 1) oder die ausländische Gesellschaft nicht mit einem

---

440 Dies verneinend *Hahn*, IStR 2010, 638 (643).

441 *Baumhoff/Liebchen*, IStR 2014, 711 (712); *Gosch*, in: Kirchhof/Seer, § 50d EStG, Rn. 13.

442 *Musil/Schulz*, DStR 2013, 2205 (2207); *Gosch*, DStJG 36 (2013), 201 (219 ff.).

443 Vgl. BT-Drucks. 17/7524, S. 14.

444 Stellungnahme EU-Kommission, v. 18.03.2010, IP/10/298.

445 Vgl. EuGH, C-504/16 und C-613/16 (Deister Holding und Juhler Holding), ECLI:EU:C:2017:1009, Rn. 97 i.V.m. Rn. 69 ff.

446 BT-Drucks. 17/7524, S. 13 f.

447 Vgl. Art. 25 Abs. 1 BeitrRLUmsG v. 7.12.2011, BGBl. I 2011, 2592.

für ihren Geschäftszweck angemessenen eingerichteten Geschäftsbetrieb am allgemeinen wirtschaftlichen Verkehr teilnimmt (Abs. 3 Nr. 2). Der Gesetzgeber versucht insoweit die vom Europäischen Gerichtshof insbes. in der Rs. *Cadbury Schweppes* aufgestellten Grundsätze umzusetzen.[448] Gleichwohl konnten die unionsrechtlichen Bedenken auch durch die Neuregelung nicht vollständig ausgeräumt werden.[449] Und schließlich wurde auch diese ab VZ 2012 geltende Neufassung des § 50d Abs. 3 EStG durch den Europäischen Gerichtshof für unionsrechtswidrig erklärt.[450] Insbesondere bemängelte der Gerichtshof, dass § 50d Abs. 3 EStG nach wie vor eine unwiderlegbare Hinterziehungs- und Missbrauchsvermutung enthält, da der gebietsfremden Muttergesellschaft keine Gegenbeweismöglichkeit eingeräumt wird.[451] Weiterhin stellte der Gerichtshof fest, dass die in § 50g Abs. 3 EStG vorgesehene Einzelfallbetrachtung nicht den unionsrechtlichen Anforderungen genügt.[452] Um eine unionsrechtskonforme Ausgestaltung des § 50d Abs. 3 EStG herzustellen, wird nunmehr eine Anpassung an die Substanzanforderungen des § 8 Abs. 2 AStG erwogen.[453]

dd) Switch-Over-Klauseln

DBA können zum Zwecke der Verhinderung einer doppelten Nichtbesteuerung sog. Switch-Over-Klauseln enthalten.[454] Diese bewirken unter bestimmten Voraussetzungen, insbesondere wenn die Einkünfte in einem der Vertragsstaaten nur niedrig besteuert werden, eine Suspendierung der Freistellungsmethode zugrunden der Anrechnungsmethode.[455] Soweit also die konzerninternen Lizenzstrukturen auf der Inanspruchnahme von Quellensteuerbefreiungen in DBA basieren, könnte diese Quellensteuerbe-

448 Vgl. BT-Drucks. 17/7524, S. 13 f.

449 Vgl. *Birker*, BB 2012, 1961 (1965); die Unionsrechtswidrigkeit von § 50d Abs. 3 EStG in der Fassung ab 2012 verneinend *Kahlenberg*, FR 2018, 499 (501); *Musil*, FR 2012, 149 (152).

450 EuGH, C-440/17 (GS), ECLI:EU:C:2018:437.

451 EuGH, C-440/17 (GS), ECLI:EU:C:2018:437, Rn. 79 i.V.m. Rn. 56.

452 EuGH, C-440/17 (GS), ECLI:EU:C:2018:437, Rn. 79 i.V.m. Rn. 57.

453 *Watrin/Leukefeld*, DStR 2018, 2284 (2290).

454 *Schönfeld/Ditz/Häck*, in: Schönfeld/Ditz, Deutsches Muster-DBA, Rn. 181.

455 *Dürrschmidt*, in: Vogel/Lehner, Vor Artikel 6 bis 22, Rn. 20g; *Schönfeld/Ditz/Häck*, in: Schönfeld/Ditz, Deutsches Muster-DBA, Rn. 181.

freiung grundsätzlich aufgrund einer Switch-Over-Klausel – sofern eine solche im jeweiligen DBA enthalten ist – wieder ausgeschlossen werden.[456]

Dagegen kann die nach nationalem Recht – z.B. durch § 50g EStG – angeordnete Quellensteuerbefreiung nicht durch Switch-Over-Klauseln in DBA beseitigt werden. Insoweit kommt zwar die in § 50d Abs. 9 EStG enthaltene unilaterale Switch-Over-Klausel in Betracht. Diese findet jedoch auf die vorab geschilderten Lizenzzahlungen keine Anwendung, da die Regelung voraussetzt, dass der Steuerpflichtige im Inland unbeschränkt steuerpflichtig ist.[457] Dies ist allerdings bei den geschilderten Lizenzzahlungen grundsätzlich nicht der Fall.[458]

d) Verrechnungspreiskorrekturen und verdeckte Gewinnausschüttung

Grenzüberschreitende Lizenzzahlungen zwischen nahestehenden Unternehmen müssten weiterhin dem Fremdvergleichsgrundsatz standhalten. Gelingt dies nicht, so kommt eine Einkünftekorrektur nach § 1 AStG oder eine verdeckte Gewinnausschüttung in Höhe des fremdunüblichen Teils in Betracht.[459]

Der Europäische Gerichtshof nimmt eine rein künstliche und damit missbräuchliche Gestaltung insbesondere auch dann an, wenn die gewählte Gestaltung dem Fremdvergleichsgrundsatz nicht standhält.[460] Eben solche Missbrauchsfälle werden damit grundsätzlich bereits durch die Verrechnungspreiskorrekturen sowie die Regelungen zur verdeckten Gewinnausschüttung erfasst.[461]

e) Allgemeine Missbrauchsvorschrift (§ 42 AO)

Den Gestaltungen, die auf die Ausnutzung des internationalen Steuergefälles durch Verlagerung der im Inland erzielten Einkünfte in das niedrig besteuernde Ausland abzielen, soll vor allem durch das AStG begegnet wer-

456 Vgl. hierzu *Eggeling*, Ubg 2011, 677 (677).
457 Vgl. auch *Prokisch*, in: Vogel/Lehner, Art. 1 OECD-MA, Rn. 134a.
458 Vgl. Abschnitt A. II. 1. b) aa) (1) (a).
459 *Hagemann/Kahlenberg*, ISR 2017, 413 (414); *Grotherr*, Ubg 2017, 233, (245); *Jochimsen/Bildstein*, Ubg 2014, 299 (305).
460 Vgl. Abschnitt A. II. 2. b) bb) (2) (b) (bb) (ii).
461 Vgl. *Pinkernell*, Stellungnahme zum Gesetzesentwurf v. 23.03.2017, S. 5.

den.[462] Daneben kann jenen Gestaltungen auch durch die Missbrauchsgeneralklausel des § 42 AO, welche auch auf das internationale Steuerrecht Anwendung findet[463], begegnet werden.[464] Dabei kann § 42 AO auch neben der Hinzurechnungsbesteuerung zur Anwendung kommen,[465] wobei jedoch ein Missbrauch i.S.d. § 42 AO regelmäßig nicht vorliegen dürfte, wenn die Unangemessenheit einer Gestaltung allein in solchen Tatumständen liegt, die die Hinzurechnungsbesteuerung auslösen.[466] Der bloße Umstand, dass die ausländische Zwischengesellschaft passive Einkünfte erzielt, die einer niedrigen Besteuerung unterliegen, kann zwar die Hinzurechnungsbesteuerung auslösen, ist jedoch für sich betrachtet nicht missbräuchlich.[467] Die Annahme einer Steuerumgehung im Sinne des § 42 AO setzt vielmehr das Vorliegen zusätzlicher Umstände voraus.[468]

Wie bereits dargestellt, erscheint es zumindest nicht ausgeschlossen, dass steuerliche Lizenzgestaltungen zum Zwecke der Optimierung der Konzernsteuerbelastung einen Missbrauch i.S.d. § 42 AO darstellen können.[469] Die Finanzverwaltung nimmt grundsätzlich recht schnell missbräuchliche Gestaltungen nach § 42 AO an.[470] Der Bundesfinanzhof zeigt sich bei der Anwendung des § 42 AO dagegen grundsätzlich zurückhaltender.[471] Bei grenzüberschreitenden Gestaltungen wendet der Bundesfinanzhof § 42 AO jedenfalls auf substanz- bzw. funktionslose Briefkastengesellschaften an.[472] So bejahte der Finanzhof die Anwendung des § 42 AO in einem Fall, in dem die ausländische Gesellschaft über kein eigenes Personal, keine eigenen Geschäftsräume und keine eigene Geschäftsausstattung verfügte.[473] Was die Erfüllung der Substanzerfordernisse betrifft, zeigt sich der Bundesfinanzhof im Ergebnis recht großzügig. So hatte er in seiner Rechtsprechung zu den *Dublin Docks*-Fällen festgestellt, dass auch die bloße passive

---

462 Vgl. *Ratschow*, in: Klein, § 42 AO, Rn. 135.

463 Vgl. etwa *Kahle/Biebinger/Wildermuth*, Ubg 2014, 285 (289); *Linn*, IStR 2010, 542 (542).

464 Zum Verhältnis von § 42 AO zu den spezialgesetzlichen Missbrauchsvorschriften vgl. *Ratschow*, in: Klein, § 42 AO, Rn. 92.

465 BFH v. 20.3.2002, I R 63/99, Entscheidungsgrund/Leitsatz 1.

466 BFH v. 20.3.2002, I R 63/99, Entscheidungsgrund/Leitsatz 3.

467 Vgl. BFHE 198, 506 (512).

468 BFHE 198, 506 (512); *Koenig*, in: Koenig, § 42 AO, Rn. 78.

469 Vgl. Abschnitt A. II. 2. c) cc).

470 Vgl. *Haase/Nürnberg*, FR 2017, 1 (7).

471 *Hey*, DStJG 33 (2010), 139 (141); *Haarmann*, IStR 2018, 561 (562).

472 Vgl. BFHE 198, 506 (512); 168, 279 (281 f.); 166, 323 (326); *Ratschow*, in: Klein, § 42 AO, Rn. 139.

473 BFHE 198, 514 (519 f.).

Vermögensverwaltung ausreichen kann, um einen Gestaltungsmissbrauch auszuschließen.[474] Eine Auslandsholding kann sogar dann anerkannt werden, wenn Sie nur einzelne Funktionen einer geschäftsleitenden Holding ausübt, während andere Funktionen ausgelagert wurden.[475] Letztendlich scheidet eine Anwendung des § 42 AO auf grenzüberschreitende Gestaltungen bereits dann aus, wenn die ausländische Gesellschaft auf eine gewisse Dauer angelegt ist und über ein Mindestmaß an Substanz, d.h. an personeller und sachlicher Ausstattung, verfügt.[476] Für § 42 AO verbleibt damit nur ein schmaler Anwendungsbereich,[477] da das Substanzerfordernis des § 42 AO kein echtes Gestaltungshindernis darstellt.[478] Damit ist auch eine effektive Eindämmung der auf Gewinnverlagerung ausgerichteten Lizenzstrukturen durch § 42 AO nicht zu erwarten.

2. Der BEPS-Aktionsplan der OECD/G20

Auch auf internationaler Ebene ist das Thema der grenzüberschreitenden Gewinnverlagerung seit Langem bekannt. Dass die Debatte gerade in den letzten Jahren wieder verstärkt in den Fokus gerückt ist, dürfte nicht zuletzt an den bekanntgewordenen Steuergestaltungen großer multinationaler Unternehmen wie Google, Apple, Amazon & Co. liegen.[479] Die OECD- und G20-Staaten machten es sich im Rahmen des BEPS-Projekts zur Aufgabe, die wichtigsten Ursachen für aggressive Steuergestaltungen zu untersuchen und konkrete Vorschläge zur Verhinderung zu unterbreiten.[480] Das Ergebnis ist ein Aktionsplan, der insgesamt 15 Aktionspunkte zu speziellen Problembereichen des Steuerrechts enthält.[481] Hierbei handelt

---

474 Vgl. BFH, I R 117/97, IStR 2000, 182 (183 f.); BFHE 206, 5 (10); vgl. auch *Koenig*, in: Koenig, § 42 AO, Rn. 78; *Stöber*, in: Gosch, § 42 AO, Rn. 107.

475 Vgl. BFHE 132, 198 (202); *Eggeling*, Ubg 2011, 676 (678).

476 *Ratschow*, in: Klein, § 42 AO, Rn. 139; *Gosch*, DStJG 36 (2013), 201 (217); *Eggeling*, Ubg 2011, 676 (679).

477 *Ratschow*, in: Klein, § 42 AO, Rn. 139.

478 *Eggeling*, Ubg 2011, 676 (679); so i.E. auch *Gosch*, DStJG 36 (2013), 201 (217).

479 Vgl. *Musil*, FR 2018, 933 (935); *Kahle/Wildermuth*, Ubg 2013, 405 (406).

480 Vgl. OECD (2014), Gewinnverkürzung und Gewinnverlagerung – Situationsbeschreibung und Lösungsansätze, S. 5 ff.; *Fehling/Schmid*, IStR 2015, 493 (493).

481 Vgl. OECD (2014), Aktionsplan zur Bekämpfung der Gewinnkürzung und Gewinnverlagerung, S. 17 ff.; OECD (2015), Erläuterung, OECD/G20 Projekt Gewinnverkürzung und Gewinnverlagerung, S. 13 ff.

es sich jedoch nur um „soft law“ und damit nicht um rechtsverbindliche Vorgaben.[482]

a) Bekämpfung schädlicher Steuerpraktiken

aa) Der Nexus-Ansatz: Schädlichkeit bei fehlendem Substanzerfordernis

Aktionspunkt 5 beschäftigt sich dabei mit der Bekämpfung schädlicher Steuerpraktiken.[483] Dabei wurden insbesondere die sog. IP-Box-Regime als ein Instrument für Gewinnverlagerung und Bemessungsgrundlagenerosionen ausgemacht.[484] Ein wichtiger Aspekt des Aktionspunktes 5 ist daher die zukünftige Ausgestaltung der IP-Regelungen.[485] Insoweit wird sowohl der Umstand, dass IP-intensive Wirtschaftszweige ein entscheidender Antriebsfaktor für Wachstum und Beschäftigung sind, wie auch das Recht der Staaten, Steueranreize für Tätigkeiten im Bereich von Forschung und Entwicklung zu gewähren, anerkannt.[486] Auch IP-Box-Regime erkennt die OECD prinzipiell an.[487] Allerdings wird der durch die IP-Box-Regelungen betriebene Steuerwettbewerb von der OECD dann als schädlich angesehen, wenn und soweit die Anwendung der Präferenzregelung nicht an ein Mindestmaß tatsächlicher Geschäftstätigkeit geknüpft ist.[488] Daher einigte man sich darauf, steuerliche Präferenzregelungen für IP-Einkünfte stärker von dem Erfordernis der wesentlichen Geschäftstätigkeit (Sub-

482 OECD/G20, Base Erosion and Profit Shifting Project – Final Reports 2015 – Frequently Asked Questions, S. 5.

483 Vgl. OECD (2014), Aktionsplan zur Bekämpfung der Gewinnverkürzung und Gewinnverlagerung, S. 21.

484 Vgl. hierzu *Hagemann/Kahlenberg*, ISR 2017, 413 (413).

485 Vgl. OECD (2016), Wirksamere Bekämpfung schädlicher Steuerpraktiken unter Berücksichtigung von Transparenz und Substanz, Aktionspunkt 5 – Abschlussbericht 2015, S. 9; *Thiede*, IStR 2016, 283 (289).

486 Vgl. OECD (2016), Wirksamere Bekämpfung schädlicher Steuerpraktiken unter Berücksichtigung von Transparenz und Substanz, Aktionspunkt 5 – Abschlussbericht 2015, S. 26.

487 Vgl. OECD (2016), Wirksamere Bekämpfung schädlicher Steuerpraktiken unter Berücksichtigung von Transparenz und Substanz, Aktionspunkt 5 – Abschlussbericht 2015, S. 26; *Spengel*, in: FS Endres, 409 (422).

488 Vgl. OECD (2015), Erläuterung, OECD/G20 Projekt Gewinnverkürzung und Gewinnverlagerung, S. 14 f.; OECD (2016), Wirksamere Bekämpfung schädlicher Steuerpraktiken unter Berücksichtigung von Transparenz und Substanz, Aktionspunkt 5 – Abschlussbericht 2015, S. 26 f.; vgl. auch BT-Drucks. 18/12128, S. 1.

stanzerfordernis) abhängig zu machen.[489] Um dies zu erreichen, wurde der sog. „Nexus-Ansatz" beschlossen.[490] Der Nexus-Ansatz bezieht sich auf IP-Regelungen und gestattet die Inanspruchnahme einer IP-Regelung nur insoweit, als der Steuerpflichtige selbst qualifizierte Forschungs- und Entwicklungsausgaben getätigt hat, die zu den betreffenden IP-Einkünften geführt haben.[491] Damit soll sichergestellt werden, dass der Umfang der IP-Box-Begünstigung an eigene Aufwendungen für Forschung und Entwicklung in dem betreffenden Land geknüpft wird.[492] Vereinfacht ausgedrückt soll keine Begünstigung mehr erfolgen, soweit IP eingekauft oder im Wege der konzerninternen Auftragsforschung generiert wurde.[493] IP-Boxen werden nunmehr dann als unschädlich eingestuft, soweit die steuerliche Begünstigung von Lizenzeinnahmen davon abhängig gemacht wird, dass der Lizenzgeber das geistige Eigentum selbst entwickelt hat.[494]

bb) Umsetzung und Wirksamkeit

Damit die im BEPS-Projekt festgelegten Standards eine möglichst weitreichende Legitimation erfahren, wurden neben den OECD- und G20-Staaten auch Entwicklungsländer mit in das Projekt einbezogen.[495]

Bestehende Präferenzregelungen, die nicht mit dem Nexus-Ansatz vereinbar sind, sind bis spätestens zum 30.06.2021 von den betreffenden Staaten entweder abzuschaffen oder an den Nexus-Ansatz anzupassen.[496] Das

489 Vgl. OECD (2016), Wirksamere Bekämpfung schädlicher Steuerpraktiken unter Berücksichtigung von Transparenz und Substanz, Aktionspunkt 5 – Abschlussbericht 2015, S. 9.

490 Vgl. OECD (2016), Wirksamere Bekämpfung schädlicher Steuerpraktiken unter Berücksichtigung von Transparenz und Substanz, Aktionspunkt 5 – Abschlussbericht 2015, S. 9.

491 Vgl. OECD (2016), Wirksamere Bekämpfung schädlicher Steuerpraktiken unter Berücksichtigung von Transparenz und Substanz, Aktionspunkt 5 – Abschlussbericht 2015, S. 9.

492 *Spengel*, in: FS Endres, 409 (422).

493 *Schneider/Junior*, DStR 2017, 417 (422); *Ditz/Quilitzsch*, DStR 2017, 1561 (1562).

494 *Grotherr*, Ubg 2017, 233, (238).

495 Vgl. Hierzu Part 1 and Part 2 of a Report to G20 Development Working Group On The Impact Of BEPS In Low Income Countries, v. Juli und August 2014; *Fehling/Schmmid*, IStR 2015, 493 (493).

496 OECD (2016), Wirksamere Bekämpfung schädlicher Steuerpraktiken unter Berücksichtigung von Transparenz und Substanz, Aktionspunkt 5 – Abschlussbericht 2015, S. 40.

Forum „Schädliche Steuerpraktiken“ (Forum on Harmful Tax Practices, FHTP) wurde dabei mit der Überwachung der IP-Box-Regelungen und deren Anpassung an die OECD-Vorgaben beauftragt.[497] Und auch wenn es sich bei den Vorgaben des BEPS-Aktionsplans nur um soft law handelt,[498] konnte das FHTP bereits einige Fortschritte bei der Umsetzung des Nexus-Ansatzes melden. So waren bei Verkündung des BEPS-Abschlussberichts im Jahr 2015 noch alle 16 von der OECD untersuchten IP-Regelungen mit den Vorgaben des Nexus-Ansatzes ganz oder teilweise unvereinbar.[499] Bis November 2018 hatten einige Staaten ihre IP-Regime bereits ganz aufgehoben[500] oder jedenfalls entsprechend geändert.[501] Ein Großteil der IP-Regime befindet sich gerade im Änderungsprozess.[502] Gleichwohl erscheint es zweifelhaft, ob tatsächlich alle OECD-Staaten den BEPS-Empfehlungen Folge leisten werden.[503]

---

497 Vgl. OECD (2016), Wirksamere Bekämpfung schädlicher Steuerpraktiken unter Berücksichtigung von Transparenz und Substanz, Aktionspunkt 5 – Abschlussbericht 2015, S. 75.

498 vgl. OECD/G20, Base Erosion and Profit Shifting Project – Final Reports 2015 – Frequently Asked Questions, S. 5.

499 Vgl. OECD (2016), Wirksamere Bekämpfung schädlicher Steuerpraktiken unter Berücksichtigung von Transparenz und Substanz, Aktionspunkt 5 – Abschlussbericht 2015, S. 71.

500 Z.B. Liechtenstein, Malta, San Marino, Kolumbien und Luxemburg, vgl. OECD (2017), Harmful Tax Practices – 2017 Progress Report on Preferential Regimes: Inclusive Framework on BEPS: Action 5, OECD/G20 Base Erosion and Profit Shifting Project, S. 15 ff.; OECD (2019), Harmful Tax Practices – 2018 Progress Report on Preferential Regimes: Inclusive Framework on BEPS: Action 5, OECD/G20 Base Erosion and Profit Shifting Project, S. 1 ff.

501 Z.B. Belgien, China (Volksrepublik), Frankreich, Israel, Italien, Luxemburg, Niederlande, Portugal, Schweiz (Kanton Nidwalden), Spanien, Spanien – Baskenland, Spanien – Navarra, Türkei, Ungarn, Vereinigtes Königreich; vgl. OECD (2017), Harmful Tax Practices – 2017 Progress Report on Preferential Regimes: Inclusive Framework on BEPS: Action 5, OECD/G20 Base Erosion and Profit Shifting Project, S. 15 ff.; OECD (2019), Harmful Tax Practices – 2018 Progress Report on Preferential Regimes: Inclusive Framework on BEPS: Action 5, OECD/G20 Base Erosion and Profit Shifting Project, S. 1 ff.

502 Vgl. OECD (2017), Harmful Tax Practices – 2017 Progress Report on Preferential Regimes: Inclusive Framework on BEPS: Action 5, OECD/G20 Base Erosion and Profit Shifting Project, S. 15 ff.; OECD (2019), Harmful Tax Practices – 2018 Progress Report on Preferential Regimes: Inclusive Framework on BEPS: Action 5, OECD/G20 Base Erosion and Profit Shifting Project, S. 1 ff.

503 Dies verneinend *Hey*, DStJG 41 (2018), 9 (26).

b) Das DEMPE-Funktionskonzept

Die OECD hat erkannt, dass die Überlassung und Nutzung von IP in besonderem Maße geeignet ist, unerwünschte Gewinnverlagerungen zu bewirken.[504] Ausgangspunkt dieser Lizenzgestaltungen bildete jeweils die Platzierung der immateriellen Wirtschaftsgüter in niedrig besteuerten Holdinggesellschaften. Dabei sind es vor allem die gestaltungsanfälligen Verrechnungspreisbestimmungen, die es ermöglichten, dass werthaltige immaterielle Wirtschaftsgüter originär im Eigentum von substanzlosen Holdinggesellschaften entstanden sind (z.B. Cost Sharing Agreements mit Buy-in ohne Gewinnaufschlag).[505] Diese gemeinsame Herstellung von immateriellen Wirtschaftsgütern kann zwar vertraglich so ausgestaltet werden, dass sie dem Fremdvergleichsgrundsatz entspricht.[506] Allerdings dürfte gleichwohl davon auszugehen sein, dass IT-Unternehmen, wie etwa Google oder Microsoft, niemals einen konzernfremden Kapitalgeber in dieser Weise an der Entwicklung und Verwertung des Produkts beteiligen würden.[507] Aus diesem Grunde wurde teilweise kritisiert, dass der Fremdvergleichsgrundsatz hier schon im Ansatz nicht passt.[508]

Auch dieses Problem wurde von den OECD/G20-Staaten im Rahmen des BEPS-Projekts aufgegriffen. So hatte man sich im Rahmen des Aktionspunkts 8 auf die Erarbeitung von Vorschriften zur Vermeidung von BEPS durch die Umschichtung immaterieller Werte zwischen Konzerngesellschaften geeinigt.[509] Es sollte insbesondere sichergestellt werden, dass die im Zusammenhang mit der Übertragung und Nutzung immaterieller Wert erzielten Gewinne im Einklang mit der Wertschöpfung angemessen zugeordnet, anstatt von der Wertschöpfung getrennt zu werden.[510] Hierzu wurde ein umfassender Abschlussbericht zur Gewährleistung der Übereinstimmung zwischen Verrechnungspreisergebnissen und Wertschöpfung

---

504 Vgl. *Jochimsen*, IStR 2018, 670 (672).

505 Vgl. *Pinkernell*, Ubg 2014, 73 (77).

506 Vgl. *Pinkernell*, IStR 2013, 180 (182).

507 So jedenfalls *Pinkernell*, IStR 2013, 180 (182); Dies scheint man auch auf OECD-Ebene erkannt zu haben, vgl. OECD(2016), Wirksamere Bekämpfung schädlicher Steuerpraktiken unter Berücksichtigung von Transparenz und Substanz, Aktionspunkt 5 – Abschlussbericht 2015, OECD/G20 Projekt Gewinnverkürzung und Gewinnverlagerung, S. 33.

508 Vgl. *Pinkernell*, IStR 2013, 180 (182).

509 OECD (2014), Aktionsplan zur Bekämpfung der Gewinnverkürzung und Gewinnverlagerung, S. 24.

510 OECD (2014), Aktionsplan zur Bekämpfung der Gewinnverkürzung und Gewinnverlagerung, S. 24.

erarbeitet.[511] Danach hat die Verrechnungspreisaufteilung zwischen verbundenen Unternehmen nach dem sog. DEMPE-Funktionskonzept zu erfolgen, welches auch in den OECD-Verrechnungspreisleitlinien übernommen wurde.[512] Kern dieses Konzepts ist ein „Substance-over-Form-Ansatz" wonach die Aufteilung der aus der Verwertung von IP generierten Erträge nach den individuellen Wertschöpfungsbeiträgen der einzelnen Konzern-Gruppenmitglieder zu erfolgen hat.[513] Dabei wird die Bedeutung des zivilrechtlichen Eigentums für die Frage der Erfolgszurechnung relativiert.[514] Wenn etwa eine (Oasen-)Gesellschaft zwar rechtlicher Eigentümer und auch rechtlicher Empfänger von Zahlungen aus der Lizenzierung immaterieller Werte ist, kann nun in einem zweiten Schritt die Aufteilung dieser Erträge auf andere Konzerngesellschaften entsprechend der jeweiligen Wertschöpfungsbeiträge vorzunehmen sein.[515] Das DEMPE-Funktionskonzept führt also zu einem Fruchtziehungsrecht, welches auch als „funktionales Eigentum"[516] der betreffenen Gruppengesellschaft in Höhe ihres Wertschöpfungsbeitrags bezeichnet wird.[517]

Nach bisherigen Regeln wurde im Rahmen einer Auftragsforschung grundsätzlich der Auftraggeber zivilrechtlicher – und im Regelfall auch wirtschaftlicher[518] – Eigentümer des erschaffenen IP, sodass ihm folglich auch die Erträge aus der Verwertung zugerechnet wurden.[519] Das DEMPE-Funktionskonzept kann nun dazu führen, dass auch dem Auftragsnehmer (jedenfalls zum Teil) das funktionale Eigentum zugerechnet wird, sofern er bestimmte Wertschöpfungsbeiträge geleistet hat.[520] Die vorab geschil-

511 Vgl. OECD (2017), Gewährleistung der Übereinstimmung zwischen Verrechnungspreisergebnissen und Wertschöpfung: Aktionspunkte 8–10: Abschlussbericht, 2015, Projekt Gewinnkürzung und Gewinnverlagerung.

512 DEMPE steht für Development, Enhancement, Maintenance, Protection, Exploitation (dt. Entwicklung, Verbesserung, Erhaltung, Schutz und Verwertung), vgl. *Jochimsen*, IStR 2018, 670 (672).

513 Vgl. *Jochimsen*, IStR 2018, 670 (675); *Greinert*, in: F/W/B/S, § 1 Rn. 2408.

514 OECD (2018), OECD-Verrechnungspreisleitlinien für multinationale Unternehmen und Steuerverwaltungen 2017, Rn. 6.38 ff., Rn. 6.47 ff.; *Stein/Schwarz/Holinski*, DStR 2017, 118 (119) mit Fn. 13; *Puls/Heravi*, IStR 2018, 721 (721).

515 OECD (2018), OECD-Verrechnungspreisleitlinien für multinationale Unternehmen und Steuerverwaltungen 2017, Rn. 6.54; *Stein/Schwarz/Holinski*, DStR 2017, 118 (119) mit Fn. 13; *Jochimsen*, IStR 2018, 670 (672).

516 Vgl. *Puls/Heravi*, IStR 2017, 721 (725); *Stein/Schwarz/Holinski*, DStR 2017, 118 (119).

517 *Jochimsen*, IStR 2018, 670 (672).

518 *Puls/Heravi*, IStR 2018, 721 (726).

519 Vgl. Abschnitt A. II. 1. b) aa) (2).

520 Vgl. *Puls/Heravi*, IStR 2018, 721 (725 f.).

derten Lizenzgestaltungen basieren regelmäßig darauf, dass die IP-Holdinggesellschaft im Rahmen einer Auftragsforschung als Auftraggeberin auftritt und an dem von einer anderen Konzerngesellschaft entwickelten IP originäres Eigentum erwirbt.[521] Die Erträge wurden dann ausschließlich der IP-Holdinggesellschaft zugerechnet. Nach dem DEMPE-Funktionskonzept könnte nun auch derjenigen Konzerngesellschaft, welche das IP entwickelt hat, ein Anteil dieser Erträge zugerechnet werden.

Freilich stellen auch diese Empfehlungen der OECD/G20-BEPS-Initiative keine rechtsverbindlichen Vorgaben für die Steuerpflichtigen dar. Dennoch ist anzunehmen, dass sich international tätige Unternehmen zur Reduzierung von Doppelbesteuerungsrisiken künftig an diesen Grundsätzen orientieren werden.[522]

3. Europäische Ansätze

Der Kampf gegen schädlichen Steuerwettbewerb und unerwünschte Steuergestaltungen prägt auch die Steuerpolitik der europäischen Union.

a) Beihilferecht

Auf europäischer Ebene versucht man den Steuerwettbewerb insbesondere durch das Beihilferecht einzudämmen.[523] Schon im Jahr 1998 erklärte die Kommission die Anwendung des Beihilferechts auch auf die Unternehmensbesteuerung.[524] Mittlerweile ist unstreitig, dass auch steuerliche Begünstigungen eine unionsrechtlich verbotene Beihilfe darstellen können.[525] Beihilferechtswidrig sind staatliche Maßnahmen oder Maßnahmen unter Inanspruchnahme staatlicher Mittel, die geeignet sind den Handel zwischen den Mitgliedsstaaten zu beeinträchtigen, eine wettbewerbsver-

---

521 Vgl. Abschnitt A. II. 1. b) aa) (2).

522 *Stein/Schwarz/Holinski*, DStR 2017, 118 (125).

523 Vgl. *Schnitger*, DB 2018, 147 (150).

524 Mitteilung der Kommission über die Anwendung der Vorschriften über staatliche Beihilfen auf Maßnahmen im Bereich der direkten Unternehmensbesteuerung v. 10.12.1998, 98/C 384/03; vgl. *Hey*, FR 2016, 554 (557).

525 EuGH, C-169/98 (Regione Sardegna), ECLI:EU:C:2009:709, Rn. 56; C-143/99 (Adria-Wien Pipeline), ECLI:EU:C:2001:598, Rn. 38; C-30/59 (Steenkolenmijnen), ECLI:EU:C:1961:2, S. 42.

fälschende Wirkung haben und die lediglich bestimmten Unternehmen einen Vorteil verschafften (Selektivität).[526]

Da IP-Boxen zu einer effektiven Minderung der Steuerbelastung führen, stehen sie im Verdacht, beihilferechtswidrig zu sein.[527] Diskutiert wird insbesondere, ob den IP-Box-Regimen die für einen Verstoß gegen das Beihilfeverbot erforderliche selektive Wirkung zukommt.[528] Dies wird aktuell auch im Rahmen einer von der Europäischen Kommission eingeleiteten Untersuchung überprüft.[529] Ob eine Beihilferechtswidrigkeit zu bejahen ist, soll hier dahinstehen und müsste ohnehin für jede IP-Box-Regelung isoliert beantwortet werden.[530]

b) Verhaltenskodex

Bereits am 01. Dezember 1997 wurde der sog. Verhaltenskodex für die Unternehmensbesteuerung beschlossen.[531] Darin haben sich die Mitgliedsstaaten verpflichtet, bestehende und als schädliche einzustufende Maßnahmen aufzuheben, und solche Maßnahmen in Zukunft nicht mehr zu erlassen (Stillhalteverpflichtung).[532] Der Verhaltenskodex ergänzt das EU-Beihilferecht und unterscheidet sich von diesem wesentlich dadurch, dass auch nicht-selektive Steuervergünstigungen erfasst werden.[533]

Die Gruppe Verhaltenskodex hat sich dem von der OECD/G20 beschlossenen Empfehlungen angeschlossen und zieht nun ebenfalls den Nexus-

526 *Birk/Desens/Tappe*, Steuerrecht, Rn 214; Ausführlich *Dobratz*, in: Musil/Weber-Grellet, Europäisches Steuerrecht, Art. 107 AEUV, Rn. 26 ff.

527 Sich tendenziell gegen eine Beihilferechtswidrigkeit aussprechend *Monteith*, StuB 2014, 883 (886); *Thiede*, IStR 2016, 283 (290); wohl a.A.: *Spengel*, in: FS Endres, 409 (422) der jedenfalls davon ausgeht, dass stichhaltige Gründe bestehen um anzunehmen, dass IP-Box-Regime innerhalb der EU mit den EU-rechtlichen Beihilfebestimmungen kollidieren; *Valta*, StuW 2015, 257 (261 ff.).

528 Eine selektive Wirkung bejahend *Spengel*, in: FS Endres, 409 (416 und 422).

529 Europäische Kommission, Pressemitteilung v. 24.03.2014, IP/14/309; im Hinblick auf die spanische IP-Box-Regelung hatte die Europäische Kommission einen Verstoß gegen das Beihilfeverbot verneint, vgl. Europäische Kommission, Pressemitteilung v. 13.02.2008, IP/08/216.

530 Ausführlich zur Vereinbarkeit von IP-Boxen mit dem Beihilfeverbot *Thiede*, IStR 2015, 283 (284 ff.); *Ismer/Piotrowski*, IStR 2015, 257 (258 ff.).

531 Vgl. Schlussfolgerungen des Rates „Wirtschafts- und Finanzfragen“ vom 01. Dezember 1997, Amtsblatt der Europäischen Gemeinschaften, 98/C 2/01.

532 Vgl. Schlussfolgerungen des Rates „Wirtschafts- und Finanzfragen“ vom 01. Dezember 1997, Amtsblatt der Europäischen Gemeinschaften, 98/C 2/01.

533 *Pross/Radmanesh*, IStR 2015, 579 (584).

Ansatz heran, um zu beurteilen, ob IP-Boxen der EU-Mitgliedsstaaten als Maßnahme des schädlichen Steuerwettbewerbs einzustufen sind.[534] Im November 2016 hatte die Gruppe Verhaltenskodex verkündet, dass nach derzeitigem Stand alle bestehenden IP-Box-Regelungen mit dem geänderten Nexus-Ansatz unvereinbar sind und mit diesem in Einklang gebracht werden sollten.[535] Dabei stellen jedoch auch die Empfehlungen der Gruppe Verhaltenskodex für die Mitgliedsstaaten lediglich Soft Law und damit keine rechtsverbindliche Verpflichtung dar.[536]

c) Anti Tax Avoidance Directive (ATAD)

Auf die Eindämmung der aggressiven Steuerplanung zielt auch die sog. Anti Tax Avoidance Directive ab.[537] Die Richtlinie dient der Umsetzung des BEPS-Maßnahmenpakets,[538] geht jedoch inhaltlich zum Teil über dieses hinaus.[539] Diese auch als „Anti-BEPS-Richtlinie“ bezeichnete[540] Richtlinie wurde am 12. Juli 2016 und damit nicht einmal ein halbes Jahr nach Vorlage des Richtlinienentwurfs verabschiedet.[541] Ziel ist die Schaffung eines einheitlichen Mindestschutzniveaus gegen Steuervermeidungspraktiken im Binnenmarkt.[542] Hierzu enthält die Richtlinie etwa Vorgaben zur Einführung einer Zinsschranke (Art. 4 ATAD), zur Wegzugs- und Entstrickungsbesteuerung (Art. 5 ATAD), zur Einführung einer allgemeinen Missbrauchsklausel (Art. 4 ATAD) oder auch zu hybriden Gestaltungen (Art. 9 ff. ATAD).

534 Council of the European Union, Council Conclusions, v. 06.12.2016, 15276/16, FISC 228, ECOFIN 1162, S. 2; vgl. auch *Englisch*, StuW 2017, 331 (334).
535 Council of the European Union, v. 03.11.2016, 13924/16, FISC 183, ECOFIN 992, S. 1.
536 Vgl. *Ismer/Piotrowski*, IStR 2015, 257 (258).
537 RL(EU) 2016/1164 des Rates vom 12.7.2016, L 193/1, Erwägungsgrund (3).
538 RL(EU) 2016/1164 des Rates vom 12.7.2016, L 193/1, Erwägungsgrund (3).
539 *Hey*, FR 2016, 554 (558).
540 Vgl. *Hey*, FR 2016, 554 (554); *Musil*, FR 2018, 933 (933).
541 Vgl. *Hey*, StuW 2017, 248 (248) mit Fn. 2 mit dem Hinweis, dass der Prozess jedoch bereits vier Jahre zuvor mit der Mitteilung der Kommission v. 6.12.2012, COM(2012) 722 final initiiert wurde.
542 RL(EU) 2016/1164 des Rates vom 12.7.2016, L 193/1, Erwägungsgrund (3).

IV. Zwischenergebnis

Konzerninterne Lizenzgestaltungen sind in besonderem Maße zur Verlagerung von Unternehmensgewinnen und damit zur Senkung der Konzernsteuerbelastung geeignet und deshalb ein beliebtes Steuerplanungsinstrument. Nationale Abwehrregelungen können dem nur begrenzt entgegenwirken. Dies liegt daran, dass jene Regelungen regelmäßig mit verfassungs- und primärrechtlichen Vorgaben kollidieren und daher zum Zwecke der Rechtfertigung regelmäßig als Missbrauchsvorschriften ausgestaltet werden. Wie aber aufgezeigt, stellen die konzerninternen Lizenzgestaltungen nicht per se Missbrauch dar. Damit werden diese Gestaltungen in zahlreichen Fällen nicht von den bestehenden nationalen Abwehrregelungen erfasst. Dieser Befund wird noch durch die restriktive EuGH-Rechtfertigung verstärkt. Denn um den strengen EuGH-Vorgaben insbesondere an spezialgesetzliche Missbrauchsnormen gerecht zu werden, wurde den nationalen Abwehrregelungen zum Teil erheblich an Schlagkraft genommen, sodass sie inzwischen regelmäßig durch eine gewisse Minimalsubstanz abgewehrt werden können. Andere Missbrauchsvorschriften, die den strengen primärrechtlichen Anforderungen nicht entsprechen, werden regelmäßig vom Europäischen Gerichtshof für unvereinbar mit den unionsrechtlichen Vorgaben erklärt. Es verwundert daher nicht, dass die bestehenden Regelungen nicht als ausreichend angesehen wurden, um die als unangemessen empfundenen Lizenzgestaltungen multinationaler Unternehmen wirksam zu bekämpfen.[543]

Zwar hat sich inzwischen auch auf internationaler Ebene Widerstand gegen Steuerwettbewerb und schädliche Steuerpraktiken formiert. Dabei geht es insbesondere auch um die Eindämmung von konzerninternen Lizenzierungsstrukturen. Dennoch ist festzuhalten, dass diese Ergebnisse des BEPS-Programms unverbindlicher Natur sind. Außerdem blieben im Rahmen des BEPS-Programms die europäischen Faktoren, die die Lizenzgestaltungen so attraktiv machen – insbes. die Zins- und LizenzRL – unberücksichtigt.[544]

543 Vgl. *Link*, DB 2017, 2372 (2372).

544 Vgl. hierzu *Fehling/Schmid*, IStR 2015, 493 (493 ff.).

B. Die Lizenzschranke als Akt nationaler Abwehrgesetzgebung

I. Entstehungsgeschichte

Bereits im Jahr 2013 hatte Österreich als erstes Land eine Lizenzschranke eingeführt.[545] Auch in Deutschland wurde die Einführung einer Lizenzschranke zur Bekämpfung von Gewinnverlagerungen ins Ausland seit Längerem diskutiert und fand schließlich Eingang in den Koalitionsvertrag der großen Koalition vom 27.11.2013.[546] Die Regierungsparteien wollten „sicherstellen, dass der steuerliche Abzug von Lizenzaufwendungen mit einer angemessenen Besteuerung der Lizenzerträge im Empfängerland korrespondiert".[547] Schon in diesem Stadium wurden erste kritische Stimmen laut, die die Vereinbarkeit einer solchen Regelung mit Gemeinschafts- und Verfassungsrecht in Zweifel stellten.[548]

Im Jahr 2015 – und damit zeitlich mit dem Abschluss der Arbeiten zum BEPS-Projekt – wurde die Diskussion um die Einführung einer Lizenzschranke in Deutschland neu entfacht. So legte im Juli 2015 das Land Hessen dem Bundesrat eine Initiative zur Einführung einer Abzugsbeschränkung für Lizenzzahlungen vor, die jedoch letztlich erfolglos blieb.[549] Auch ein vom Bundesfinanzministerium in Auftrag gegebenes Forschungsgutachten stellte fest, dass „ein quellensteuerfreier Abfluss von Lizenzzahlungen [...] bereits heute ohne nennenswerten steuerplanerischen Aufwand erreichbar [ist]. Wachsendes Steuergestaltungspotential liefert [...] die stetig ansteigende Zahl der Staaten mit attraktiven Vorzugsregimen für Lizenzeinkünfte. Wollte man dem gesetzgeberisch entgegenwirken, wäre eine unilaterale Lizenzschranke trotz damit verbundener Schwierigkeiten

545 vgl. hierzu *Link*, DB 2017, 2372 (2373); *Drummer*, IStR 2017, 602 (602).

546 „Deutschlands Zukunft gestalten", Koalitionsvertrag zwischen CDU, CSU und SPD, 18. Legislaturperiode, 2014, S. 65.

547 „Deutschlands Zukunft gestalten", Koalitionsvertrag zwischen CDU, CSU und SPD, 18. Legislaturperiode, 2014, S. 65.

548 Vgl. *Ditz*, IStR 2014, 45 (46f.); *Pinkernell*, FR 2013, 737 (742); sich für eine Beschränkung der Abzugsfähigkeit von Lizenzgebühren in Abhängigkeit vom tatsächlichen Steuersatz des Empfängers aussprechend *Jarass*, IStR 2014, 741 (744).

549 BR-Drucks, 318/15, S. 4.

bei der Implementierung zu erwägen".[550] Im Juli 2016 forderte dann die Fraktion BÜNDNIS 90/DIE GRÜNEN die Bundesregierung zur Vorlage eines Gesetzes zur Begrenzung der Abzugsfähigkeit von Lizenzaufwendungen bei verbundenen Unternehmen auf.[551] Auch dieser Antrag blieb erfolglos.[552]

Schließlich veröffentlichte dann das Bundesfinanzministerium im Dezember 2016 den Entwurf eines Gesetzes gegen schädliche Steuerpraktiken im Zusammenhang mit Rechteüberlassungen.[553] Dieser wurde von der Bundesregierung am 25.01.2017 beschlossen[554] und an den Bundestag weitergeleitet. Zwischenzeitlich wurde auch diskutiert, anstelle einer Neuregelung, die bereits bestehende Regelung des § 4h EStG (sog. Zinsschranke) auch auf Lizenzen auszudehnen.[555] Dieser Vorschlag fand jedoch keinen Eingang in den Referenten- bzw. Regierungsentwurf. Stattdessen fand sich dort mit § 4j EStG-E eine Regelung nach dem Vorbild der österreichischen Lizenzschanke.[556]

Zwischenzeitlich wurden Stimmen laut, die sich gegen eine derartige Neuregelung aussprachen. Während Wirtschaftsvertreter vor allem die wirtschaftlichen Nachteile der einer Lizenzschranke hervorhoben[557], häuften sich in der Steuerliteratur Bedenken im Hinblick auf die Verfassungs- und Unionsrechtskonformität.[558] Dagegen verteidigte der damalige Finanzminister *Wolfgang Schäuble* das Vorhaben mit den Worten: „Wir dulden nicht mehr, dass internationale Konzerne ihre Lizenzeinnahmen in Niedrigsteuerländer verschieben, ohne dass es dort einen Forschungsbe-

---

550 Forschungsgutachten „Behandlung von Schachteldividenden und von Lizenzgebühren in DBA und in der EU-(Zins- und) Lizenzrichtlinie" aus dem Jahr 2015, im Wortlaut wiedergegeben bei *Link*, DB 2017, 2372 (2372).

551 BT-Drucks. 18/9043, S. 2.

552 BT-Drucks. 18/10506, S. 4.

553 Referentenentwurf des BMF, Entwurf eines Gesetzes gegen schädliche Steuerpraktiken im Zusammenhang mit Rechteüberlassungen, Bearbeitungsstand: 19.12.2016.

554 BT-Drucks. 18/11233.

555 Vgl. Handelsblatt v. 07.11.2013, abrufbar unter: http://hbfm.link/1562; kritisch ggü. diesem Ansatz *Ritzer/Stangl/Karnath*, DK 2017, 68 (68); *Ditz/Pinkernell/Quilitzsch*, IStR 2014, 45 (46 f.).

556 Vgl. *Drummer*, IStR 2017, 602 (602).

557 Vgl. Deutscher Industrie- und Handelskammertag, Stellungnahme zum „Entwurf eines Gesetzes gegen schädliche Steuerpraktiken", v. 24.03.2017, S. 1 f.

558 Zu den Verfassungs- und Unionsrechtlichen Bedenken in Bezug auf den Gesetzesentwurf vgl. *Benz/Böhmer*, DB 2017, 206 (210 f.); *Schneider/Junior*, DStR 2017, 417 (424 f.); *Adrian/Tigges*, StuB 2017, 228 (222 f.); *Ritzer/Stangl/Karnath*, DK 2017, 68 (77 f.).

zug gibt".[559] Schließlich wurde das „Gesetz gegen schädliche Steuerpraktiken im Zusammenhang mit Rechteüberlassungen" nach Zustimmung des Bundesrates[560], noch vor der Bundestagswahl im September 2017, am 04.07.2017 im Bundesgesetzblatt verkündet.[561] Erstmals anwendbar war die Regelung für Aufwendungen, die nach dem 31. Dezember 2017 entstanden sind, § 50 Abs. 8a EStG.

II. Gesetzgeberische Zielsetzung

Der Gesetzgeber verfolgt mit der Regelung im Wesentlichen vier Ziele, die sich jedoch in Teilen überschneiden.

1. Sicherung des bestehenden Besteuerungssubstrats

Ausweislich der Gesetzesbegründung soll § 4j EStG „im Wesentlichen der Sicherung des bestehenden Steueraufkommens" dienen.[562] Dabei geht es gerade um die Sicherung des inländischen Steuersubstrats gegen konzerninterne Gewinnverlagerungen ins Ausland.[563] So weist der Gesetzgeber ausdrücklich auf die Gefahr hin, dass multinationale Unternehmen Gewinne durch Lizenzenzzahlungen in andere Staaten verlagern können.[564]

Da die Lizenzschranke in erster Linie der Sicherung des bestehenden Besteuerungssubstrats dienen soll, erwartet sich der Gesetzgeber durch die Neuregelung lediglich Mehreinnahmen von insgesamt 30 Mio. €, wobei wiederum davon ausgegangen wird, dass diese nur zwischen den Jahren 2019 bis 2021 erzielt werden.[565] Denn bis 2021 läuft die Frist für die Umsetzung des BEPS-Nexus-Ansatzes. Sofern bis dahin sämtliche Begünstigungsregelungen an die im Nexus-Ansatz niedergelegten OECD-Vorgaben angepasst wurden, käme die Regelung wegen der in § 4j Abs. 1 S. 4 EStG enthaltenen Rückausnahme grundsätzlich nicht mehr zur Anwendung. Der Gesetzgeber geht jedoch davon aus, dass auch nach dem Übergangszeitraum bis 2021 weiterhin Staaten steuerliche Präferenzregelungen

559 Süddeutsche Zeitung v. 25.01.2017.

560 BR-Drucks. 365/17.

561 BGBl. I 2017, 2074.

562 BT-Drucks. 18/11233, S. 2 und S. 10; BR-Drucks. 59/17, S. 2 und S. 5.

563 Vgl. *Grotherr*, Ubg 2017, 233 (234); *Loschelder*, in: Schmidt, § 4j EStG, Rn. 4.

564 BT-Drucks. 18/11233, S. 1.

565 BT-Drucks. 18/11233, S. 2; BR-Drucks. 59/17, S. 2 und S. 5 f.

einführen, die nicht mit dem Nexus-Ansatz vereinbar sind.[566] Insbesondere Drittstaaten, die nicht dem Druck innerhalb der EU unterliegen, könnten an ihren Steuervergünstigungen festhalten.[567] Deshalb dürfte damit zu rechnen sein, dass auch über 2021 hinaus Steuermehreinnahmen durch die Anwendung des § 4j EStG generiert werden, auch wenn dies nicht aus der Gesetzesbegründung hervorgeht.[568]

2. Bekämpfung von schädlichem Steuerwettbewerb

Eine weitere mit § 4j EStG verfolgte Zielsetzung erklärt sich vor dem Hintergrund des internationalen Steuerwettbewerbs, der sich- wie bereits dargestellt[569] – verstärkt im Bereich der IP-Einkünfte abspielt.[570] So weist der Gesetzgeber ausdrücklich darauf hin, dass in der Vergangenheit immer mehr Staaten durch besondere Präferenzregelungen (sog. „IP-Boxen", „Lizenzboxen" oder „Patentboxen") in einen Steuerwettbewerb mit anderen Staaten getreten sind.[571] Dieser werde jedoch, soweit die Anwendung der Präferenzregelung nicht an ein Mindestmaß an tatsächlicher Geschäftstätigkeit geknüpft ist, von der OECD als schädlich eingestuft.[572] Der Gesetzgeber sah sich trotz der auf OECD-Ebene beschlossenen Maßnahmen zur Bekämpfung derartiger Präferenzregelungen veranlasst, eine eigene Abwehrmaßnahme zu beschließen.[573] Letztlich soll mit der Einführung der Lizenzschranke wohl der Handlungsdruck auf ausländische Staaten erhöht werden, damit diese noch vor Ablauf der Umsetzungsfrist der OECD eine Anpassung ihrer Präferenzregelungen vornehmen.[574] Die Lizenzschranke zielt damit auch auf die Eindämmung der von der OECD als schädlich eingestuften Präferenzregelungen ab und verfolgt somit das Ziel der Bekämpfung des schädlichen Steuerwettbewerbs.[575]

---

566 Vgl. BT-Drucks. 18/11233, S. 1.
567 *Hagemann/Kahlenberg*, in: H/H/R, § 4j EStG, Rn. 8.
568 Vgl. BT-Drucks. 18/11233, S. 2; *Grotherr*, Ubg 2017, 233 (234); *Hagemann/Kahlenberg*, in: H/H/R, § 4j EStG, Rn. 8.
569 Ausführlich Abschnitt A. I. 2.
570 Vgl. *Hagemann/Kahlenberg*, in: H/H/R, § 4j EStG, Rn. 3.
571 BT-Drucks. 18/11233, S. 1.
572 BT-Drucks. 18/11233, S. 1.
573 Vgl. BT-Drucks. 18/11233, S. 1.
574 *Heil/Pupeter*, BB 2017, 1947 (1950); *Lüdicke*, DB 2017, 1482 (1482).
575 Vgl. *Hagemann/Kahlenberg*, in: H/H/R, § 4j EStG, Rn. 3.

3. Sicherung einer fairen Besteuerung

Eng verbunden mit den Zielen der Sicherung des Besteuerungssubstrats sowie der Bekämpfung schädlichen Steuerwettbewerbs ist auch das ausdrücklich formulierte Ziel der „Sicherung einer fairen Besteuerung“. Denn der Gesetzgeber versteht in diesem Kontext unter einer „fairen“ Besteuerung eine solche, bei der die Steuern dem Staat zustehen, in dem die der Wertschöpfung zugrunde liegende Aktivität stattfindet und nicht dem Staat, der im Steuerwettbewerb den höchsten Steuerrabatt bietet“.[576] Diese „faire“ Aufteilung der Besteuerungsbefugnisse wird nach Auffassung des Gesetzgebers durch solche steuerlichen Präferenzregelungen gefährdet, die Gewinne aus mobilen Einkunftsquellen anziehen, ohne eigene Wertschöpfungsaktivitäten im jeweiligen Begünstigungsstaat vorauszusetzen.[577] Dem Gesetzgeber geht bei der Sicherung einer fairen Besteuerung letztendlich um die faire bzw. gerechte Verteilung der Besteuerungsbefugnisse, wobei als „Fairness-Kriterium“ auf die Wertschöpfungsaktivitäten abgestellt wird.

4. Bekämpfung missbräuchlicher Gewinnverlagerungsgestaltungen

Nicht ausdrücklich in der Gesetzesbegründung formuliert wird das Ziel der spezialgesetzlichen Bekämpfung missbräuchlicher Steuergestaltungen im Zusammenhang mit Lizenzzahlungen. Gleichwohl lässt sich anhand der Gesetzesbegründung erkennen, dass der Gesetzgeber mit § 4j EStG auch einen Missbrauchsbekämpfungszweck verfolgt.[578] So geht es dem Gesetzgeber gerade um die Eindämmung von Gewinnverlagerungen mittels konzerninterner Lizenzgestaltungen.[579] Die Einführung der Regelung wird – vor dem Hintergrund des OECD/G20-BEPS-Aktionsplans – damit gerechtfertigt, dass der durch den Aktionsplan gewährte Übergangszeitraum bis 2021 *„erhebliche Gestaltungsmöglichkeiten zur Steuervermeidung* eröffnen“ würde.[580] Gerade dieses Gestaltungspotential soll durch die Li-

---

576 BT-Drucks. 18/11233, S. 1; BR-Drucks. 59/17, S. 1.

577 Vgl. BT-Drucks. 18/11233, S. 1 und 9.

578 i.E. gl. A. *Heil/Pupeter*, BB 2017, 1947 (1950); *Pötsch*, DStR 2018, 761 (763); *Pötsch*, IStR 2018, 417 (420); *Gosch*, in: Kirchhof/Seer, § 4j EStG, Rn. 1; a.A. *Hagemann/Kahlenberg*, FR 2017, 1125 (1126); und wohl auch *Brandt*, DB 2017, 1483 (1483).

579 BT-Drucks. 18/11233, S. 1.

580 BT-Drucks. 18/11233, S. 1 [Hervorhebungen durch die Verfasserin]; BR-Drucks. 59/17, S. 4.

zenzschranke eingeschränkt werden. Dabei wird auch deutlich, dass der Gesetzgeber diese Lizenzgestaltungen grundsätzlich auch als „unangemessen“ i.S.d. nationalen Missbrauchsverständnisses einstuft. So wird nämlich klargestellt, dass die Lizenzschranke darauf abzielt „eine *angemessene* Steuerwirkung der Lizenzausgaben sicherzustellen“.[581] Dies impliziert, dass der Gesetzgeber die durch die konzerninternen Lizenzgestaltungen herbeigeführten steuerlichen Auswirkungen gerade als unangemessen i.S.v. missbräuchlich einstuft.[582] Damit zeigt sich, dass der Gesetzgeber mit § 4j EStG auch einen Missbrauchsbekämpfungszweck verfolgt.[583]

Das Ziel der Missbrauchsabwehr überschneidet sich zwar mit dem ebenfalls verfolgten Ziel der Sicherung des inländischen Besteuerungssubstrats, ist mit diesem aber nicht deckungsgleich, da nicht jeder Verlust des deutschen Steuersubstrats auf missbräuchlichen Gestaltungen beruht.[584]

III. Der Regelungsinhalt der Lizenzschranke

Vor Schaffung des § 4j EStG waren Lizenzzahlungen – sofern sie dem Fremdvergleichsgrundsatz entsprechen – beim Lizenznehmer vollständig als Betriebsausgaben abziehbar.[585] Mit § 4j EStG hat der Gesetzgeber aber nun eine Gewinnermittlungsvorschrift[586] geschaffen, die eine Beschränkung der steuerlichen Abzugsmöglichkeit für Lizenzaufwendungen und

---

581 BT-Drucks. 18/11233, S. 9 [Hervorhebungen durch die Verfasserin].

582 Wohl gl. A. *Oellerich*, in: Musil/Weber-Grellet, Europäisches Steuerrecht, § 4j EStG, Rn. 1 „Solchen dem Gesetzgeber *missbräuchlich* erscheinenden Gestaltungen zwischen nahe stehenden Personen“.

583 Gl. A. *Gosch*, in: Kirchhof/Seer, § 4j EStG, Rn. 2; *Heil/Pupeter*, BB 2017, 1947 (1950); *Max/Thiede*, StB 2017, 175 (181); Nicht überzeugen kann m.E. der Einwand, dass eine Einordnung des § 4j EStG als Missbrauchsvermeidungsvorschrift nicht in Betracht kommt, da der Missbrauchsvermeidungszweck im Tatbestand nicht hinreichend umgesetzt wird, vgl. *Hagemann/Kahlenberg*, in: H/H/R, § 4j EStG, Rn. 3; *dies.*, FR 2017, 1125 (1126). Ob der Missbrauchsbekämpfungszweck zielgenau im Tatbestand umgesetzt wurde, ist für die Frage, ob ein solcher Zweck grundsätzlich verfolgt wird, nicht von Bedeutung.

584 *Hey*, BB 2007, 1303 (1304).

585 Vgl. *Burwitz/Rüll*, NZG 2017, 414 (414); lediglich für Zwecke der Gewerbesteuer wurde ein Teil der Lizenzaufwendungen dem Gewerbeertrag wieder hinzugerechnet (§ 8 Nr. 1 lit. f. GewStG), vgl. *Max/Thiede*, StB 2017, 175 (176).

586 Vgl. *Illing*, in: Beck'sches Steuer- und Bilanzrechtslexikon, Kap L, Lizenzschranke, Rn. 5.

andere Aufwendungen für Rechteüberlassungen zwischen nahestehenden Personen vorsieht.

Das Abzugsverbot greift, sofern die den Aufwendungen korrespondierenden Einnahmen einer von der Regelbesteuerung abweichenden niedrigeren Besteuerung unterliegen. Anknüpfungspunkt ist damit die niedrige Besteuerung der Lizenzeinnahmen beim Lizenzgeber. Gleichwohl knüpft § 4j EStG gerade nicht beim Lizenzgeber an,[587] sondern sanktioniert den Schuldner des Lizenzentgelts.

Dabei beschreibt § 4j Abs. 1 S. 1 EStG die Rechtsfolge des Abzugsverbots, sowie den wesentlichen Teil des Tatbestandes.[588] § 4j Abs. 1 S. 2 EStG erstreckt die Regelung auch auf Zwischenschaltungsfälle, während § 4j Abs. 1 S. 3 EStG den persönlichen Anwendungsbereich der Regelung erweitert. § 4j Abs. 2 EStG legt fest, unter welchen Umständen von einer niedrigen Besteuerung auszugehen ist. Schließlich konkretisiert Absatz 3 die Rechtsfolge des § 4j Abs. 1 S. 1 EStG in Form einer quotalen Nichtabziehbarkeit der Lizenzaufwendungen.[589]

1. Persönlicher Anwendungsbereich

Anders als der Nexus-Ansatz der OECD, richtet sich § 4j EStG nicht an den Staat des Lizenzgläubigers, der die Überlassung von IP steuerlich bevorzugt, sondern an den deutschen Lizenzschuldner.[590] Persönlich betroffen von § 4j EStG ist damit der inländische Lizenznehmer als Schuldner der Lizenzgebühren. Lizenzschuldner können Personengesellschaften, wie auch natürliche Personen sein.[591] Über § 8 Abs. 1 KStG ist § 4j EStG außerdem auf Körperschaften anwendbar.[592] Nach § 4j Abs. 1 S. 3 EStG können auch Betriebsstätten als Schuldner und Gläubiger angesehen werden.

---

587 Denkbar wäre insoweit etwa eine Verschärfung der Quellensteuerregelungen für Lizenzeinnahmen gewesen, vgl. *Schneider/Junior*, DStR 2017, 417 (419); *Ritzer/Stangl/Karnath*, DK 2017, 401 (401).

588 *Ritzer/Stangl/Karnath*, DK 2017, 401 (401).

589 Vgl. *Adrian/Tigges*, StuB 2017, 228 (229).

590 Vgl. *Ritzer/Stangl/Karnath*, DK 2017, 68 (68).

591 *Gosch*, in: Kirchhof/Seer, § 4j EStG, Rn. 5; *Hagemann/Kahlenberg*, in: H/H/R, § 4j EStG, Rn. 7.

592 *Loschelder*, in: Schmidt, § 4j EStG, Rn. 2; *Hagemann/Kahlenberg*, in: H/H/R, § 4j EStG, Rn. 7.

2. Sachliche und persönliche Voraussetzungen des Abzugsverbots

a) Aufwendungen für Rechteüberlassungen

Von § 4j EStG betroffen sind gemäß § 4j Abs. 1 S. 1 EStG alle

> *„Aufwendungen für die Überlassung der Nutzung oder des Rechts auf Nutzung von Rechten, insbesondere von Urheberrechten und gewerblichen Schutzrechten, von gewerblichen, technischen, wissenschaftlichen und ähnlichen Erfahrungen, Kenntnissen und Fertigkeiten, zum Beispiel Plänen, Mustern und Verfahren […]"*

Diese Formulierung ist deckungsgleich mit der in § 50a Abs. 1 Nr. 3 EStG.[593] Damit erfasst § 4j EStG gerade diejenigen Aufwendungen, deren korrespondierende Einnahmen beim beschränkt Steuerpflichtigen dem Quellensteuerabzug nach §§ 50a Abs. 1 Nr. 3, 49 Abs. 1 Nr. 2, 3, 6 und 9 EStG unterfallen.[594] Der Steuerabzug für diese Einnahmen wird jedoch regelmäßig durch DBA, sowie durch die Zins- und LizenzRL bzw. § 50g EStG ausgeschlossen. Wie bereits dargestellt, führt gerade dieser Quellensteuerausschluss durch DBA sowie die Zins- und LizenzRL dazu, dass konzerninterne Lizenzgestaltungen zu einem effektiven Steuerminimierungsinstrument werden. Es ist deshalb konsequent, dass § 4j EStG gerade an solche Aufwendungen anknüpft, deren korrespondierende Einnahmen im Regelfall vom deutschen Quellenbesteuerungsrecht ausgeschlossen sind. Gleichwohl macht die Formulierung in § 4j Abs. 1 S. 1 EStG („insbesondere") deutlich, dass die dort genannten Rechte nicht abschließend sind.[595] Insgesamt ist der sachliche Anwendungsbereich der Lizenzschranke damit weit gefasst und dürfte in der Praxis international agierender Konzerne Lizenzaufwendungen in vielen Fällen dem Grunde nach erfassen.[596]

Unerheblich ist die Art der Vergütung, ebenso wie die Bezeichnung des der Rechteüberlassung zugrunde liegenden Vertrags.[597] Entscheidend ist, dass die Aufwendungen als wirtschaftliche Gegenleistung *für* die Rechteüberlassung gezahlt werden, womit ein gewisser Kausalzusammenhang zwischen dem Entstehen der Aufwendungen und der Rechteüberlassung

---

593 Vgl. BT-Drucks. 18/11233, S. 12.

594 Vgl. Abschnitt A. II. 1. a) aa) (1) (a).

595 *Heil/Pupeter*, BB 2017, 795 (796); *Hagemann/Kahlenberg*, in: H/H/R, § 4j EStG, Rn. 7; *Ditz/Quilitzsch*, DStR 2017, 1561 (1562).

596 *Loose*, RIW 2017, 655 (656).

597 *Loose*, RIW 2017, 655 (656).

angeordnet wird.[598] Erfasst werden damit nur solche Zahlungen, die für ein zeitlich begrenztes Überlassungsverhältnis getätigt werden.[599]

b) Präferenzielle Niedrigbesteuerung

Nach § 4j Abs. 1 S. 1 EStG müssen die den Aufwendungen korrespondierenden Einnahmen des Gläubigers einer niedrigen Besteuerung nach Absatz 2 unterliegen. Mit dem Anknüpfen an die Besteuerung des Lizenzgläubigers wird in § 4j Abs. 1 EStG eine Korrespondenzregel („Linking-Rule") implementiert, da die steuerliche Behandlung der Aufwendungen aus der Rechteüberlassung beim Schuldner von der Besteuerung dieser Zahlungen auf Seiten des Gläubigers abhängig gemacht wird.[600]

§ 4j Abs. 1 S. 1 i.V.m. Abs. 2 EStG enthält insoweit zwei Voraussetzungen, die kumulativ erfüllt sein müssen:[601] Zunächst müssen die betroffenen Einnahmen einer von der Regelbesteuerung abweichenden niedrigeren Besteuerung unterliegen (Präferenzregelung). Weiter muss diese niedrigere Steuerlast weniger als 25 % betragen.

aa) Inanspruchnahme einer steuerlichen Präferenzregelung

(1) Regelbesteuerung als Präferenzrahmen

Wie sich aus § 4j Abs. 1 S. 1 EStG ergibt, liegt eine Präferenzregelung vor, soweit es sich um eine von der Regelbesteuerung abweichende niedrige Besteuerung handelt. Die Lizenzschranke verlangt also eine Vorzugsbesteuerung,[602] wobei als Referenzrahmen für das Vorliegen einer solchen auf die Regelbesteuerung im jeweiligen Ansässigkeitsstaat des Lizenzgläubigers abgestellt wird.

---

598 *Hagemann/Kahlenberg*, in: H/H/R, § 4j EStG, Rn. 15.

599 *Hagemann/Kahlenberg*, in: H/H/R, § 4j EStG, Rn. 15; *Ritzer/Stangl/Karnath*, DK 2017, 401 (402); *Zinowsky/Schraud*, IStR 2017, 593 (594).

600 Vgl. *Ditz/Quilitzsch*, DStR 2017, 1561 (1566); *Blumenberg/Oertl*, StbJb 2017/2018, 453 (469 f.).

601 *Loschelder*, in: Schmidt, § 4j EStG, Rn. 9; *Pohl*, in: Brandis/Heuermann, § 4j EStG, Rn. 85; *Oellerich*, in: Musil/Weber-Grellet, Europäisches Steuerrecht, § 4j EStG, Rn. 17.

602 *Hagemann/Kahlenberg*, in: H/H/R, § 4j EStG, Rn. 19.

Der Gesetzeswortlaut lässt jedoch offen, wie eine von der Regelbesteuerung abweichende Besteuerung festzustellen ist.[603] Letztendlich obliegt es der Praxis bei Anwendung des § 4j EStG, die Regelbesteuerung im jeweiligen Ansässigkeitsstaat des Lizenzgläubigers zu ermitteln und zu identifizieren, ob einzelne Steuervergünstigungen noch als Ausnahmen von dieser Regelbesteuerung, oder schon gar nicht mehr als Teil der Regelbesteuerung anzusehen sind.[604] Indem § 4j EStG an die Regelbesteuerung anknüpft, eröffnen sich letztendlich ähnliche Probleme bei der Bestimmung dieses Referenzrahmens, wie sie sich auch im Rahmen des europäischen Beihilfenrechts (Art. 107 Abs. AEUV) auftun.[605] Dies macht den Tatbestand des § 4j EStG schwer kalkulierbar.[606] Es dürfte daher zu erwarten sein, dass die Festlegung der Regelbesteuerung bzw. des Referenzrahmens, die Praxis vor einige Schwierigkeiten stellen wird.

Diese Schwierigkeiten zeigen sich etwa am Beispiel der von den USA im Rahmen der US-Steuerreform[607] jüngst eingeführten Begünstigung für das sog. „Foreign Derived Income“ (FDII). Auch insoweit stellt sich die Frage, ob die FDII-Begünstigung als eine von der Regelungsbesteuerung abweichende Besteuerung eingeordnet und somit unter das Abzugsverbot des § 4j EStG fallen könnte.[608] Die FDII-Begünstigung führt dazu, dass die begünstigten exportorientierten Einkünfte zu 37,5 % steuerfreigestellt werden.[609] Damit wird das begünstigte FDII effektiv lediglich zu 13,125 % besteuert, während die reguläre US-Steuerbelastung bei 21 % liegt.[610] Ob die FDII-Begünstigung aber tatsächlich zu einer von der Regelbesteuerung abweichenden Begünstigung führt, wird teils mit der Begründung in Zweifel gezogen, dass die USA mit dem FDII ein zweites Besteuerungssystem für Exporteinkünfte geschaffen hätten, sodass das reguläre Körperschaftsteuer-

603 *Pohl*, in: Brandis/Heuermann, § 4j EStG, Rn. 87; *Schneider/Junior*, DStR 2017, 417 (420).

604 *Pohl*, in: Brandis/Heuermann, § 4j EStG, Rn. 87; *Loschelder*, in: Schmidt, § 4j EStG, Rn. 19.

605 *Pinkernell*, IStR 2018, 249 (254).

606 *Pinkernell*, IStR 2018, 249 (255); *Jochimsen/Zinowsky/Schraud*, IStR 2017, 593 (596).

607 „Tax Cuts and Jobs Act“, 115th United States Congress, Public Law 115–97 vom 22.12.2017.

608 Dies i.E. verneinend *Jochimsen*, IStR 2018, 670 (671); *ders.*, ISR 2018, 91 (97); *Linn*, DStR 2018, 321 (327); a.A. *Richter/John*, ISR 2018, 109 (114); *Ehlermann/Köhler*, ISR 2018, 37 (40).

609 Vgl. *Linn*, DStR 2018, 321 (326).

610 Vgl. *Pinkernell*, IStR 2018, 249 (254); *Linn*, DStR 2018, 321 (326); *Ehlermann/Köhler*, ISR 2018, 37 (40).

system nicht als Referenzsystem herangezogen werden könne.[611] Es bleibt daher abzuwarten, ob die Finanzverwaltung und die Rechtsprechung die FDII-Begünstigung als eine von der Regelbesteuerung abweichende Präferenzregelung einstufen werden.[612] Grundsätzlich könnte § 4j EStG aber für diejenigen Konzerne, die von der im Zuge der US-Steuerreform eingeführten FDII-Begünstigung profitieren, zum Problem werden.[613]

(2) Der Begriff der Präferenzregelung

(a) Keine Erfassung input-basierter Begünstigungen

Nicht in den Anwendungsbereich der Lizenzschranke fallen jedenfalls solche steuerlichen Begünstigungen, die an die tatsächlichen Aufwendungen des Empfängers der Lizenzgebühren anknüpfen (z.B. steuerliche Forschungsprämien).[614] Dies dürfte sich damit erklären lassen, dass steuerliche Begünstigungen, die an die tatsächlichen Aufwendungen für Forschung- und Entwicklung anknüpfen und damit zwingend eigene Forschungstätigkeiten voraussetzen, grundsätzlich als unschädlich angesehen werden.[615]

Damit ist jedoch auch die vom deutschen Gesetzgeber zum Veranlagungszeitraum 2020 eingeführte steuerliche Forschungszulage nach dem FZulG[616] keine steuerliche Präferenzregelung im Sinne des § 4j Abs. 1 S. 1 EStG.[617] Denn diese knüpft die steuerliche Förderung gerade an die förderungsfähigen Aufwendungen, vgl. § 4 i.V.m. § 3 FZulG.

611 Vgl. *Zinowsky/Ellenrieder*, IStR 2018, 134 (141); *Linn*, DStR 2018, 321 (327 f.); *Pinkernell*, IStR 2018, 249 (254).

612 Dem Vernehmen nach scheint das BMF das FDII als Präferenzregelung einzuordnen, vgl. *Geberth*, GmbHR 2018, R42 (R42).

613 Vgl. *Richter/John*, ISR 2018, 109 (109); Das lässt BMF in seinen am 19.02.2020 veröffentlichen Anwendungsregeln zu § 4j EStG ausdrücklich noch offen, ob es sich bei der FDII-Regelung um eine schädliche Präferenzregelung i.S.d. Nexus-Ansatzes handelt, was aber darauf schließen lässt, dass das BMF von grundsätzlichen Anwendbarkeit des § 4j EStG auf die US-amerikanische FDII-Regelung ausgeht, vgl. BMF, Schreiben v. 19.02.2020, IV C 2-S 2144-g/17/10002, 2019/1083405, BStBl I 2020, 238.

614 BT-Drucks. 18/11233, S. 13.

615 Vgl. Abschnitt A. I. 2. b).

616 Gesetz vom 14.12.2019, Gesetz zur steuerlichen Förderung von Forschung und Entwicklung (Forschungszulagengesetz – FZulG), BGBl. I 2019, 2763 ff.

617 gl. A *Frase*, in: Korn, § 4j EStG, Rn. 6.

(b) Beschränkung der Lizenzschranke auf IP-bezogene Begünstigungen?

Ausweislich der Gesetzesbegründung erfasst § 4j EStG jedenfalls alle bekannten Arten von IP-Boxen.[618] Damit sind zumindest die sog. IP-Box-Regelungen als Präferenzregelungen im Sinne des § 4j Abs. 1 S. 1 EStG einzuordnen. Alle IP-Boxen haben gemeinsam, dass sie an Lizenz- bzw. IP-Einnahmen anknüpfen.[619] Noch nicht geklärt ist dagegen die Frage, ob eine „Präferenzregelung" im Sinne des § 4j Abs. 1 S. 1 EStG nur eine solche steuerliche Regelung sein kann, die – ähnlich wie IP-Boxen – ausschließlich an IP- bzw. Lizenzeinkünfte anknüpft. Dieses Problem stellt sich etwa im Zusammenhang mit Sondertarifen für bestimmte Scheduleneinkünfte oder bei bestimmten Sonderregelungen, die jeweils auch – aber eben nicht nur – IP-Einkünfte erfassen.[620]

Die wohl überwiegende Literatur spricht sich jedenfalls für ein enges Verständnis des Begriffs der „Präferenzregel" aus und will den Anwendungsbereich des § 4j EStG auf jene Begünstigungsregeln beschränken, die auf Einkünfte aus Rechteüberlassungen zugeschnitten sind.[621]

(aa) Wortlaut und Systematik

Dem Wortlaut der Lizenzschranke, der generell auf eine „Präferenzregelung" abstellt, lässt sich eine Beschränkung des Anwendungsbereichs auf IP-bezogene Begünstigungen jedenfalls nicht ausdrücklich entnehmen.[622]

Gleichwohl wird aus dem Begriff der „Präferenzregelung" gefolgert, dass es sich um eine steuerliche Regel „für Einkünfte aus bestimmten Quellen" handeln muss.[623] Zwar ist dieses Argument grundsätzlich zutreffend. Denn bei einer Regelung, die nicht auf bestimmte Einkunftsquellen beschränkt ist, müsste von einer Regelbesteuerung und gerade nicht mehr

---

618 BT-Drucks. 18/11233, S. 12.

619 Vgl. Abschnitt A. I. 2. a) bb) (4).

620 *Schneider/Junior*, DStR 2017, 419 (421); BDI, Stellungnahme zum Referentenentwurf v. 11.01.2017, S. 8.

621 *Ditz/Quilitzsch*, DStR 2017, 1561 (1563); *Loose*, RIW 2017, 655 (657); *Zinowsky/Ellenreider*, IStR 2018, 134 (139); *Hagemann/Kahlenberg*, ISR 2017, 413 (415); *Ritzer/Stangl/Karnath*, DK 2017, 68 (72); *Adrian/Tigges*, StuB 2017, 228 (231); *Grotherr*, Ubg 2017, 233 (237); a.A.: *Richter/John*, ISR 2017, 109, (114); *Heil/Pupeter*, BB 2017, 795 (796); *Moser*, RIW 2018, 348 (350).

622 So auch *Gosch*, in: Kirchhof/Seer, § 4j EStG, Rn. 27.

623 *Benz/Böhmer*, DB 2017, 206 (207).

von einer „Präferenzregelung" auszugehen sein.[624] Auch ist der Begriff der „Präferenz" nach dem allgemeinem Sprachverständnis als eine „Bevorzugung" zu verstehen, woraus wiederum geschlossen werden kann, dass bestimmte Einkunftsquellen anderen gegenüber einer günstigeren Regelung unterworfen werden.[625] Aus der Erkenntnis, dass eine Präferenzregelung nach dem natürlichen Wortsinn auf bestimmte Einkunftsquellen beschränkt sein muss, kann jedoch nicht zwingend auch geschlossen werden, dass sie auch ausschließlich auf IP-Einkünfte beschränkt sein muss.[626]

Gegen eine Beschränkung des Begriffs der „Präferenzregelung" auf IP-bezogene Begünstigungen spricht auch eine grammatikalisch-systematische Betrachtung. So versteht § 4j Abs. 1 S. 1 EStG unter einer Präferenzreglung eine solche, die zu einer von der Regelbesteuerung abweichenden, niedrigen Besteuerung nach Abs. 2 S. 2 führt. Der Abs. 2 S. 2 EStG wiederum stellt klar, dass bei der Ermittlung, ob eine niedrige Besteuerung vorliegt, *sämtliche* Regelungen zu berücksichtigen sind, die sich auf die Besteuerung der Einnahmen aus der Rechteüberlassung auswirken. Indem § 4j Abs. 2 S. 2 EStG aber auf sämtliche Regelungen abstellt, scheint insoweit gerade keine Beschränkung IP-bezogene Regelungen gewollt.[627] Dieses Argument wird von den Befürwortern einer einschränkenden Auslegung teils mit der Begründung in Zweifel gezogen, § 4j Abs. 2 S. 2 EStG beziehe sich nur auf die Frage, wann eine niedrige Besteuerung vorliege und sage nichts darüber aus, ob und wann eine Präferenzregelung vorliege.[628] Eine solche inhaltliche Aufspaltung erscheint jedoch zweifelhaft. Da sowohl § 4j Abs. 1 S. 1 und Abs. 2 S. 1 EStG die niedrige Besteuerung mit der Abweichung von der Regelbesteuerung verknüpften, wirkt eine inhaltliche Abgrenzung zwischen der Regelbesteuerung einerseits und der niedrigen Besteuerung andererseits durchaus gekünstelt.[629]

Eine einschränkende Auslegung des Begriffs der Präferenzregelung wird teils auf die Wortfolge in § 4j Abs. 1 S. 1 EStG gestützt. Danach sind

---

624 So i.E. wohl auch *Hagemann/Kahlenberg*, in: H/H/R, § 4j EStG, Rn. 15 „sofern eine Privilegierung nicht nur bestimmte, ausgewählte Einkunftsarten bzw. -quellen erschließt [...] sollte u.E. keine von der Regelbesteuerung abweichende Behandlung der Lizenzeinnahmen vorliegen".

625 Ähnlich *Moser*, RIW 2018, 348 (349).

626 i.E. auch *Moser*, RIW 2018, 348 (349).

627 Vgl. *Richter/John*, ISR 2018, 109 (111); *Heil/Pupeter*, BB 2017, 795 (796).

628 *Zinowsky/Ellenrieder*, IStR 2018, 134 (136).

629 *Richter/John*, ISR 2018, 109 (111); gl. A. *Moser*, RIW 2018, 348 (350) „der Begriff der Niedrigbesteuerung kann nicht losgelöst von dem der Präferenzregelung betrachtet werden".

„Aufwendungen für die Überlassung der Nutzung oder des Rechts auf Nutzung von Rechten [...] nur nach Maßgabe des Absatzes 3 abziehbar, wenn die Einnahmen des Gläubigers einer von der Regelbesteuerung abweichenden, niedrigen Besteuerung nach Absatz 2 unterliegen (Präferenzregelung)". Hieraus wird zunächst geschlossen, dass die Einnahmen des Gläubigers systematisch den Gegenpart zu den IP-Aufwendungen bilden.[630] Außerdem soll der Begriff der „Einnahmen des Gläubigers" mit dem Begriff der „Präferenzregelung" durch die unmittelbare Wortabfolge miteinander „verquickt" sein.[631] Aus dieser Verquickung soll sich dann wiederum ergeben, dass die Präferenzregelung – wie eben auch die Einnahmen des Gläubigers – IP-Bezug aufweisen muss.[632] Allerdings stellt es eine Überdehnung des Wortlauts und des Wortsinns dar, wenn nun ausgehend von der Qualität der Einnahmen als IP-Einnahmen, auf die Qualität der Präferenzregelung, als eine „IP-Präferenzregelung" geschlossen wird. Allein der Umstand, dass der Begriff der „Präferenzregelung" nach der Wortfolge auf den Begriff der „Einnahmen Gläubigers" folgt, rechtfertigt keine solche Annahme.[633] § 4j EStG zielt darauf ab, die Abziehbarkeit der IP-bezogenen Aufwendungen des Lizenzgläubigers von der Besteuerung der korrespondierenden Einnahmen beim Lizenzgläubiger abhängig zu machen. Für diese systematische Funktionsweise ist es letztlich auch völlig unerheblich, ob neben den Einnahmen aus der Lizenzierung noch andere Einkünfte der begünstigten Besteuerung unterliegen.[634]

Im Ergebnis bleibt damit festzuhalten, dass sich eine Beschränkung des Begriffs der „Präferenzregelung" auf speziell IP-bezogene Begünstigungen weder dem Wortlaut noch der Systematik des § 4j EStG entnehmen lässt.[635]

---

630 *Zinowsky/Ellenrieder*, IStR 2018, 134 (136); *Ditz/Quilitzsch*, DStR 2017, 1561 (1563).

631 *Zinowsky/Ellenrieder*, IStR 2018, 134 (136).

632 *Zinowsky/Ellenrieder*, IStR 2018, 134 (136), i.E. gl.A. *Hagemann/Kahlenberg*, ISR 2017,413 (415); *Ditz/Quilitzsch*, DStR 2017, 1561 (1563).

633 i.E. gl. A. *Moser*, RIW 2018, 348 (349); *Richter/John*, ISR 2018, 109 (111).

634 *Moser*, RIW 2018, 348 (349); ähnlich auch *Richter/John*, 2018, 109 (113) „es ist demnach nicht systematisch zwingend, § 4j EStG auf bestimmte Lizenzboxregime zu begrenzen".

635 *Moser*, RIW 2018, 348 (350); i.E. gl. A. *Richter/John*, ISR 2018, 109 (112) die klarstellen, dass der Anwendungsbereich der Norm letztlich nicht zweifelhaft, sondern schlichtweg sehr weit ist; *Heil/Pupeter*, BB 2017, 795 (796).

(bb) Historisch-teleologische Auslegung

Von den Befürwortern einer solchen einschränkenden Auslegung wird weiterhin auch die Gesetzesbegründung ins Feld geführt.[636] Die Lizenzschranke verfolgt das Ziel der „Sicherstellung einer fairen Besteuerung". Hierzu sollen „Aufwendungen für Rechteüberlassungen an nahestehende Personen [...] künftig nicht mehr oder nur noch zum Teil abziehbar sein, wenn die entsprechenden Einnahmen beim Empfänger aufgrund eines als schädlich einzustufenden Präferenzregimes (so genannte „IP-Boxen", „Patentboxen" oder „Lizenzboxen") [...] nicht oder nur niedrig besteuert werden".[637] Diese Formulierung legt tatsächlich den Schluss nahe, dass der Gesetzgeber bei Schaffung des § 4j EStG in erster Linie IP-Boxen im Blick hatte.[638] Dafür spricht außerdem die weitere Klarstellung, dass § 4j EStG alle bekannten Arten der Lizenzboxen erfasse.[639] Dies könnte zwar dafür sprechen, dass der Anwendungsbereich des § 4j EStG tatsächlich auf IP-bezogene Begünstigungen beschränkt ist. Gleichwohl ist eine solche Beschränkung in der Gesetzesbegründung nicht ausdrücklich enthalten.

Weiterhin ist darauf hinzuweisen, dass in den Stellungnahmen zur Entwurfsfassung der Lizenzschranke Kritik insbesondere daran geübt wurde, dass der Anwendungsbereich des § 4j EStG mit dem Abstellen auf eine Präferenzregelung sehr weit gezogen wird.[640] Teils wurde sogar die Klarstellung dahingehend gefordert, dass § 4j EStG nur auf steuerliche Begünstigungen für IP-Einkünfte bzw. Lizenzzahlungen abzielen solle.[641] Dieser Kritik ist der Gesetzgeber nicht nachgekommen, obwohl die „alarmierenden Stimmen aus den Wirtschaftsverbänden" im Hinblick auf § 4j EStG zwar von den Koalitionsfraktionen zur Kenntnis genommen, aber für „nicht angebracht" erklärt wurden.[642] Es muss daher davon ausgegangen werden, dass es der Gesetzgeber bewusst bei der weiten Formulierung der „Präferenzregelung" und damit dem weiten Anwendungsbereich der Lizenzschranke belassen hat. Ein Redaktionsversehen dahingehend, dass

---

636 Vgl. *Zinowsky/Ellenrieder*, IStR 2018, 134 (136); *Grotherr*, Ubg 2017, 655 (657).

637 BT-Drucks. 18/11233, S. 9.

638 *Zinowsky/Ellenrieder*, IStR 2018, 134 (136); *Moser*, RIW 2018, 348 (359).

639 BT-Drucks. 18/11233, S. 12.

640 Stellungnahme der Spitzenverbände zum Referentenentwurf, v. 11.01.2017, S. 8.

641 Stellungnahme Bundessteuerberaterkammer zu BT-Drucks. 18/11233, v. 22.03.2017, S. 4.

642 BT-Drucks. 18/12128, S. 24; Vgl. auch *Richter/John*, ISR 2017, 109 (112).

der Gesetzgeber es bloß versäumt hatte, § 4j EStG auf jene IP-bezogene Begünstigungen zu beschränken, kann daher nicht angenommen werden.[643]

Schließlich stellen die Befürworter einer einschränkenden Auslegung auch auf den Kontext zum BEPS-Projekt der OECD und dem hierzu erlassenen OECD-Aktionsplan ab.[644] § 4j Abs. 1 S. 4 EStG nimmt ausdrücklich Bezug auf den in Kapitel 5 zu Aktionspunkt 5 enthaltenen sog. Nexus-Ansatz. Dabei wird aus der Bezugnahme auf den Nexus-Ansatz, der sich auf Begünstigungsregelungen für IP-Einkünfte bezieht,[645] geschlossen, dass sich auch § 4j EStG in seinem Anwendungsbereich nur auf Begünstigungen für IP-Einkünfte beziehe.[646] Allerdings ist dem entgegenzuhalten, dass der OECD-BEPS-Aktionsplan gerade keine Abzugsbeschränkung für Lizenzaufwendungen enthält, sodass der deutsche Gesetzgeber mit § 4j EStG die Ergebnisse des BEPS-Projekts ohnehin überschießend umsetzt. *Richter/John* weißen daher zu Recht darauf hin, dass der Versuch, den Anwendungsbereich von § 4j EStG nun unter Rückgriff auf die bereits überschießend umgesetzten internationalen Bestrebungen einzugrenzen, nicht überzeugend ist.[647]

Gegen eine Auslegung des Begriffs der „Präferenzregelung“ dahingehend, dass nur IP-bezogene Begünstigung erfasst werden, spricht auch der Sinn und Zweck der Lizenzschranke, der insbesondere in der Bekämpfung von schädlichem Steuerwettbewerb liegt. Soweit sich eine steuerliche Begünstigung zwar nicht ausschließlich auf IP-Einkünfte bezieht, aber gleichwohl als Maßnahme des schädlichen Steuerwettbewerbs anzusehen ist, sollte sie dem Zweck der Lizenzschranke entsprechend in dessen Anwendungsbereich fallen. Entscheidend ist, dass sich es sich um eine von der Regelbesteuerung abweichende steuerliche Begünstigungsregel handelt, die zu einer Niedrigbesteuerung von Einkünften aus Rechteüberlassungen führt.

---

643 Gl.A. *Richter/John*, ISR 2017, 109 (112); *Moser*, RIW 2018, 348 (350).

644 Vgl. *Zinowsky/Ellenrieder*, IStR 2018, 134 (136).

645 Vgl. OECD (2016), Wirksamere Bekämpfung schädlicher Steuerpraktiken unter Berücksichtigung von Transparenz und Substanz, Aktionspunkt 5 – Abschlussbericht 2015, Rn. 26 ff.

646 Vgl. *Zinowsky/Ellenrieder*, IStR 2018, 134 (136).

647 *Richter/John*, ISR 2018, 109 (113); Sich anschließend *Moser*, RIW 2018, 348 (350).

(cc) Ergebnis: keine Beschränkung auf IP-bezogene Begünstigungen

Insgesamt sprechen weder Wortlaut und Systematik der Lizenzschranke, noch historisch-teleologische Erwägungen für eine einschränkende Auslegung des Begriffs der Präferenzregelung dahingehend, dass nur solche Begünstigungen erfasst werden, die auf IP-Einkünfte zugeschnitten sind. Es ist daher davon auszugehen, dass auch solche von der Regelbesteuerung abweichenden Begünstigungen in den Anwendungsbereich der Lizenzschranke fallen, die nicht ausschließlich auf IP-Einkünfte beschränkt sind.[648]

Diese Frage dürfte künftig auch die Finanzverwaltung und die finanzgerichtliche Rechtsprechung beschäftigen. So stellt sich das Problem etwa im Zusammenhang mit der von den USA neu eingeführten FDII-Begünstigung. Die FDII-Begünstigung erfasst neben Einkünften aus Lizenzverhältnissen auch andere Einkunftsarten.[649] Sofern man davon ausgeht, dass die Lizenzschranke nicht auf IP-bezogene Begünstigungen beschränkt ist, könnte sich bei der FDII-Begünstigung um eine Präferenzregelung im Sinne des § 4j Abs. 1 S. 1 EStG handeln.[650]

bb) Ermittlung der Niedrigbesteuerung nach § 4j Abs. 2 EStG

§ 4j Abs. 2 EStG regelt in Anlehnung an § 8 Abs. 3 AStG, dass eine schädliche Niedrigbesteuerung dann vorliegt, wenn die Einnahmen des Gläubigers aus der Rechteüberlastung einer Belastung mit Ertragsteuern von weniger als 25 % unterliegen.[651] Bei mehreren Gläubigern ist auf die niedrigste Belastung abzustellen, § 4j Abs. 2 S. 1 letzter Hs. EStG.

---

648 i.E. wohl i.E. gl. A. *Richter/John*, ISR 2018, 109 (114); *Moser*, RIW 2018, 348 (350); *Heil/Pupeter*, BB 2017, 795 (796); Dagegen von einer einschränkenden Interpretation ausgehend *Ditz/Quilitzsch*, DStR 2017, 1561 (1563); *Loose*, RIW 2017, 655 (657); *Zinowsky/Ellenreider*, IStR 2018, 134 (139); *Hagemann/Kahlenberg*, ISR 2017, 413 (415); *Ritzer/Stangl/Karnath*, DK 2017, 68 (72); *Adrian/Tigges*, StuB 2017, 228 (231); *Grotherr*, Ubg 2017, 233 (237); a.A. *Zinowsky/Ellenrieder*, IStR 2018, 134 (137).

649 Vgl. *Moser*, RIW 2018, 348 (349); *Richter/John*, ISR 2018, 109 (111).

650 Vgl. hierzu *Richter/John*, ISR 2018, 109 (111); *Gosch*, in: Kirchhof/Seer, § 4j EStG, Rn. 27.

651 BT-Drucks. 18/11233, S. 15.

Grundsätzlich könnte man annehmen, die Präferenzregelung müsse für die Niedrigbesteuerung ursächlich sein.[652] Danach wäre § 4j EStG aber nicht anwendbar, wenn bereits die Regelbesteuerung unter 25 % liegen würde.[653] Denn dann wäre die Präferenzregelung gerade nicht mehr kausal für die Niedrigbesteuerung. Da jedoch das allgemeine Körperschaftsteuerniveau etwa in der EU inzwischen bei unter 25 % liegt,[654] wäre der Anwendungsbereich des § 4j EStG durch eine solche Auslegung stark eingeschränkt. Auch der Wortlaut gibt für ein solches Verständnis nichts her.[655] Entscheidend dürfte daher sein, dass die Belastung mit Ertragsteuern im Ergebnis weniger als 25 % beträgt und zwar unabhängig davon, ob die Belastung erst durch die Präferenzregelung unter diese Grenze fällt.[656] So dürfte die Abzugsbeschränkung beispielsweise auch dann greifen, wenn die Regelbesteuerung nur bei einem Körperschaftsteuersatz von 15 % liegt und die Steuerbelastung der Lizenzeinnahmen durch die Präferenzregelung auf 12 % reduziert wird.

Bezugsgröße im Rahmen von § 4j EStG sind, wie sich aus dem insoweit eindeutigen Wortlaut ergibt, die Einnahmen, die aus den betreffenden Aufwendungen resultieren, und nicht die Einkünfte.[657] Bei der Ermittlung, ob eine niedrige Besteuerung vorliegt, sind gem. § 4j Abs. 2 S. 2 EStG sämtliche Regelungen zu berücksichtigen, die sich auf die Besteuerung der Einnahmen aus der Rechteüberlassung auswirken, insbesondere steuerliche Kürzungen, Befreiungen, Gutschriften oder Ermäßigungen. Eine schädliche Niedrigbesteuerung kann sich also auch dann ergeben, wenn die Einnahmen ganz oder teilweise steuerfrei gestellt sind, oder eine anderweitige Begünstigung auf die Einnahmen Bezug nimmt.[658]

Nach § 4j Abs. 2 S. 4 EStG gelten schließlich auch § 8 Abs. 3 S. 2 und 3 AStG entsprechend. Dadurch soll klargestellt werden, dass eine niedrige Besteuerung auch dann anzunehmen ist, wenn zwar nach den ertragsteu-

---

652 Vgl. *Schnitger*, IStR 2017, 214 (224); ähnlich *Heil/Pupet*er, BB 2017, 795 (796) „aufgrund".

653 *Schnitger*, IStR 2017, 214 (224).

654 Vgl. *Evers/Miller/Spengel*, Int Tax Public Finance 2015, 502 (506); *Ritzer/Stangl/Karnath*, DK 2017, 68 (73).

655 *Hagemann/Kahlenberg*, in: H/H/R, § 4j EStG, Rn. 19; *Loschelder*, in: Schmidt, § 4j EStG, Rn. 9.

656 *Loschelder*, in: Schmidt, § 4j EStG, Rn. 9; *Hagemann/Kahlenberg*, in: H/H/R, § 4j EStG, Rn. 19; *Oellerich*, in: Musil/Weber-Grellet, Europäisches Steuerrecht, § 4j EStG, Rn. 17; wohl a.A.: *Schnitger*, IStR 2017, 214 (224).

657 *Gosch*, in: Kirchhof/Seer, § 4j EStG, Rn. 27; *Loschelder*, in: Schmidt, § 4j EStG, Rn. 22.

658 Vgl. *Ditz/Quilitzsch*, DStR 2017, 1561 (1564).

erlichen Bestimmungen des Empfängerstaates eine niedrige Besteuerung zu verneinen gewesen wäre, jedoch wirtschaftlich auf vergleichbare Weise, z.B. durch eine Nichterhebung von Steuern auf Lizenzeinkünfte, eine Begünstigung gewährt wird.[659]

c) Nahestehende Personen als Empfänger der Zahlungen

Persönliche Voraussetzung des Abzugsverbots ist, dass der Gläubiger der Einnahmen eine dem Schuldner nahestehende Person i.S.d. § 1 Abs. 2 AStG ist. Erforderlich ist damit eine Beteiligung von mindestens 25 %, eine Einflussmöglichkeit außerhalb von Geschäftsbeziehungen oder eine Interessensidentität.[660] Erfasst werden somit vor allem unmittelbare und mittelbare Mutter- und Tochtergesellschaften sowie Schwestergesellschaften, nicht aber Lizenzzahlungen zwischen fremden Dritten.[661] Lizenzzahlungen an fremde Dritte sind damit weiterhin uneingeschränkt abzugsfähig.[662] Damit soll die Anwendung der Lizenzschranke auf Konzernfälle beschränkt werden.

3. Erweiterung auf Zwischenschaltungsfälle

Durch § 4j Abs. 1 S. 2 EStG soll eine Umgehung der Abzugsbeschränkung durch sog. Zwischenschaltungsfälle bzw. Kettenüberlassungen verhindert werden.[663] So könnte durch mehrstöckige Lizenzstrukturen die Abzugsbeschränkung dadurch umgangen werden, dass die Lizenzzahlungen nicht unmittelbar in eine schädliche Präferenzregelung, sondern zunächst an eine nahestehende Person in einem Hochsteuerland gezahlt werden und erst von dort aus weiter in eine Präferenzregelung fließen.[664]

Nach § 4j Abs. 1 S. 2 Hs. 1 EStG gilt die Anwendung der Lizenzschranke bei Zwischenschaltungsfällen nicht, wenn der Gläubiger bereits der Abzugsbeschränkung des § 4j EStG unterliegt.[665] Um Kaskadeneffekte zu

---

659 BT-Drucks. 18/11233, S. 16.

660 *Loschelder*, in: Schmidt, § 4j EStG, Rn. 10; ausführlich *Kraft*, in: Kraft, § 1 AStG, Rn. 167 ff.; *Wassermeyer/Leonhardt*, in: F/W/B/S, § 1 AStG, Rn. 501 ff.

661 Vgl. *Loschelder*, in: Schmidt, § 4j EStG, Rn. 10.

662 BT-Drucks. 18/11233, S. 13.

663 BT-Drucks. 18/11233, S. 13; *Loschelder*, in: Schmidt, § 4j EStG, Rn. 12.

664 BT-Drucks. 18/11233, S. 13.

665 *Hagemann/Kahlenberg*, in: H/H/R, § 4j EStG, Rn. 28.

vermeiden, greift die Abzugsbeschränkung des § 4j EStG nicht erneut auf der Stufe des Schuldners als Unter-Lizenznehmer.[666]

4. Rechtsfolge: (Teil-)Abzugsverbot nach dem Korrespondenzprinzip

Liegen die persönlichen und sachlichen Voraussetzungen des § 4j EStG vor, sind die Aufwendungen aus der Rechteüberlassung nur nach Maßgabe des Absatz 3 abziehbar. Dabei enthält § 4j Abs. 3 S. 1 EStG eine Formel für die Berechnung des nicht abziehbaren Teils und damit den Umfang des Abzugsverbots:

$$\frac{25\,\% - \text{Belastung durch Ertragsteuern in }\%}{25\,\%}$$

Die Abzugsfähigkeit der Lizenzaufwendungen auf Seiten des Lizenzschuldners ergibt sich somit in proportionaler Abhängigkeit zur Ertragsteuerbelastung des Gläubigers und reduziert sich dabei mit sinkender Ertragsteuerbelastung linear bis auf Null.[667] Damit soll die gewählte Berechnungsmethode sicherstellen, dass der Betriebsausgabenabzug umso höher ist, je höher auch die steuerliche Belastung beim Gläubiger ist.[668]

Beispiel:[669] Dem Lizenznehmer N entstehen Lizenzaufwendungen in Höhe von 400. Die Ertragsteuerbelastung beim Lizenzgeber G beläuft sich auf 5 %. Nach § 4j Abs. 3 S. 2 beträgt die Quote der nichtabziehbaren Lizenzaufwendungen 80 % [(25 % – 5 %) / 25 %]. Die Lizenzaufwendungen des N stellen damit in Höhe von 320 (400 * 80 %) nichtabziehbare Aufwendungen dar.

Abwandlung: Die Ertragsteuerbelastung des G beläuft sich auf 0 %. Nach § 4j Abs. 3 S. 2 beträgt die Quote der nichtabziehbaren Lizenzaufwendungen 100 % [(25 % – 0 %) / 25 %]. Die Lizenzaufwendungen des N stellen damit in voller Höhe nichtabziehbare Aufwendungen dar.

---

666 *Loschelder*, in: Schmidt, § 4j EStG, Rn. 14; *Geurts/Staccioli*, IStR 2017, 514 (519); *Holle/Weiss*, FR 2017, 217 (233).

667 *Hagemann/Kahlenberg*, in: H/H/R, § 4j EStG, Rn. 66.

668 BT-Drucks. 18/11233, S. 16.

669 Vgl. auch *Hagemann/Kahlenberg*, in: H/H/R, § 4j EStG, Rn. 66; *Loschelder*, in: Schmidt, § 4j EStG, Rn. 25.

Ein Vortrag des nicht abziehbaren Teils der Aufwendungen ist – anders als etwa bei der sog. Zinsschranke (§ 4h EStG)[670] – nicht möglich.

Wie bereits dargestellt, liegt der Regelung des § 4j EStG insoweit ein Korrespondenzprinzip zugrunde, als dass schon die Frage nach dem Eingreifen der Lizenzschranke von der Besteuerung der entsprechenden Einnahmen auf Seiten des Gläubigers abhängig gemacht wird. Derartige Regelungen sind dem deutschen Einkommensteuerrecht nicht neu. Insbesondere Regelungen, die an die steuerliche Behandlung im Ausland anknüpfen, finden sich in großer Zahl (z.B. § 4i EStG, § 50d Abs. 9 EStG, § 8b Abs. 1 S. 2 KStG).[671] Ziel solcher Korrespondenzregelungen ist regelmäßig die Beseitigung von Besteuerungslücken und „weißer Einkünfte".[672] Mit § 4j EStG hat der Gesetzgeber jedoch eine neue Spielart[673] des Korrespondenzprinzips eingeführt. Erstmals wird nicht nur das „Ob" des Eingreifens der Abzugsbeschränkung von der korrespondierenden steuerlichen Behandlung der Einnahmen abhängig gemacht. Vielmehr beruht auch die Berechnung der konkreten Höhe der Abzugsbeschränkung auf dem Korrespondenzprinzip.[674] Denn diese ergibt sich immer in Korrespondenz zur konkreten Höhe der steuerlichen Belastung des Empfängers der Lizenzzahlungen. Diese Art von Korrespondenzregelung ist dem deutschen Ertragsteuerrecht bislang unbekannt.[675] Damit liegt der Lizenzschranke eine doppelte Korrespondenzregel zugrunde, da sowohl das Eingreifen der Abzugsbeschränkung, als auch die Höhe der Abzugsbeschränkung von der korrespondierenden Besteuerung des Lizenzgläubigers abhängig gemacht wird.

5. Rückausnahme bei Umsetzung des Nexus-Ansatzes

§ 4j Abs. 1 S. 4 EStG enthält eine komplexe Rückausnahme zum Abzugsverbot, sofern die steuerliche Präferenzregelung dem von der OECD/G20

670 Vgl. *Seiler*, in: Kirchhof/Seer, § 4h EStG, Rn. 22.

671 Vgl. *Ditz/Quilitzsch*, DStR 2017, 1561 (1566); vgl. auch den Überblick über geltende Korrespondenzregeln im deutschen internationalen Steuerrecht bei *Radmanesh/Gebhardt*, in: Kaeser/Holle, 34 (36).

672 *Blumenberg/Oertl*, StbJb 2017/2018, 453 (454).

673 *Blumenberg/Oertl*, StbJb 2017/2018, 453 (469).

674 Vgl. auch BT-Drucks. 18/11233, S. 9.

675 Vgl. *Grotherr*, Ubg 2017, 233 (245 f.); *Reimer*, Stellungnahme zu dem Entwurf eines Gesetzes gegen schädliche Steuerpraktiken im Zusammenhang mit Rechteüberlassungen, S. 3.

im Zuge des BEPS-Projekts erarbeiten sog. Nexus-Ansatz entspricht. Danach werden solche Sachverhalte von dem Abzugsverbot ausgenommen, in denen zwar die verbotsauslösende Niedrigbesteuerung gegeben ist, diese jedoch aus Sicht der OECD/G20 zu akzeptieren ist, weil sie den Substanzanforderungen des sog. Nexus-Ansatzes entspricht.[676] Der Gesetzgeber will mit der Rückausnahme in § 4j Abs. 1 S. 4 EStG klarstellen, dass die Ergebnisse des Projekts nicht konterkariert, sondern ergänzend unterstützt werden sollen.[677] Gleichwohl nimmt § 4j EStG, anders als der Nexus-Ansatz, nicht die die Präferenzregelungen implementierenden ausländischen Staaten in die Pflicht, sondern belastet den Schuldner der Lizenzentgelte.[678]

a) Verweis auf den OECD-Aktionsplan

aa) Abweichung zum Referentenentwurf

Der Regierungsentwurf knüpfte im Rahmen der Rückausnahme noch an den Begriff der „substanziellen Geschäftstätigkeit" an. So sollte die Lizenzschranke nicht eingreifen, wenn die Präferenzregelung im Empfängerstaat auf Rechte beschränkt ist, denen eine substantielle Geschäftstätigkeit zugrunde liegt, § 4j Abs. 1 S. 4 EStG-E.[679]

Dabei nahm § 4j Abs. 1 S. 5 EStG-E eine negative Abgrenzung der substantiellen Geschäftsfähigkeit vor. Hierzu formulierte § 4j Abs. 1 S. 5 EStG-E:[680]

> *„Eine substanzielle Geschäftstätigkeit im Sinne des Satzes 4 liegt nicht vor, wenn der Gläubiger das Recht nicht oder nicht weit überwiegend im Rahmen seiner eigenen Geschäftstätigkeit entwickelt hat; dies gilt insbesondere, wenn das Recht erworben oder durch nahestehende Personen entwickelt worden ist.“*

Zur Erläuterung des Begriffs der „substantiellen Geschäftstätigkeit" wurde dann in der Gesetzesbegründung weiter auf die Erläuterung zum Nexus-Ansatz des BEPS-Projekts verwiesen.[681] Die gewählte Formulierung stieß

676 *Gosch*, in: Kirchhof/Seer, § 4j EStG, Rn. 13.
677 Vgl. BT-Drucks. 18/11233, S. 2 und 9; *Hagemann/Kahlenberg*, in: H/H/R, § 4j EStG, Rn. 35.
678 Vgl. *Ritzer/Stangl/Karnath*, DK 2017, 68 (68).
679 BT-Drucks. 18/11233, S. 7.
680 BT-Drucks. 18/11233, S. 7.
681 Vgl. BT-Drucks. 18/11233, S. 13 ff.; BR-Drucks. 59/17, S. 8.

vor allem wegen ihrer Unbestimmtheit auf Kritik. So könne die Formulierung in § 4j Abs. 1 S. 5 EStG-E auch so verstanden werden, dass auf die tatsächlichen Gegebenheiten, d.h. die tatsächliche eigene Geschäftstätigkeit des Lizenzgebers abgestellt werden müsse.[682] Dagegen ließ die Gesetzesbegründung mit dem Hinweis auf den Nexus-Ansatz auf eine abstrakte Betrachtungsweise dahingehend schließen, dass lediglich zu prüfen sei, ob die ausländische Präferenzregelung eine eigene Geschäftstätigkeit voraussetzet.[683] Als zu unbestimmt wurde Formulierung „weit überwiegend" erachtet und auch insoweit eine Konkretisierung gefordert.[684]

Schließlich sprach sich auch der Finanzausschuss des Bundesrates dafür aus, die § 4j Abs. 1 S. 4 – 6 EStG-E durch einen Verweis auf den Nexus-Ansatz zu ersetzen.[685] Diese Änderung wurde übernommen, sodass die endgültige Fassung des § 4j Abs. 1 S. 4 EStG nun lautet:

> *„Die Sätze 1 und 2 sind nicht anzuwenden, soweit sich die niedrige Besteuerung daraus ergibt, dass die Einnahmen des Gläubigers oder des weiteren Gläubigers einer Präferenzregelung unterliegen, die dem Nexus-Ansatz gemäß Kapitel 4 des Abschlussberichts 2015 zu Aktionspunkt 5, OECD (2016) „Wirksamere Bekämpfung schädlicher Steuerpraktiken unter Berücksichtigung von Transparenz und Substanz", OECD/G20 Projekt Gewinnverkürzung und Gewinnverlagerung*, entspricht."*

Mit diesem ausdrücklichen Verweis soll vermieden werden, dass die Verwaltung und Rechtsprechung den Begriff der wesentlichen Geschäftstätigkeit abweichend von der OECD-Auslegung allein nach dem nationalen Wortlaut auslegen.[686]

bb) Regelungstechnik

§ 4j Abs. 1 S. 4 EStG verweist auf die im Jahr 2016 veröffentlichte Fassung des OECD/G20-BEPS-Aktionsplans.[687] Was die Regelungstechnik betrifft, so stellt der Verweis auf die Arbeitsergebnisse der OECD/G20 ein Novum

---

682 *Adrian/Tigges*, StuB 2017, 228 (229); *Benz/Böhmer*, DB 2017, 206 (208).
683 *Adrian/Tigges*, StuB 2017, 228 (229); *Benz/Böhmer*, DB 2017, 206 (208).
684 *Schneider/Junior*, DStR 2017, 417 (423); *Adrian/Tigges*, StuB 2017, 228 (230); *Benz/Böhmer*, DB 2017, 206 (209).
685 BR-Drucks. 59/1/17, S 5.
686 Vgl. BT-Drucks. 18/12128, S. 28.
687 *Loschelder*, in: Schmidt, § 4j EStG, Rn. 19.

im deutschen Steuerrecht dar.[688] Dabei umfasst der Nexus-Ansatz nicht nur die Formel in Ziffer 30 des OECD-Berichts, sondern sämtliche Auslegungsmerkmale, die in Kapitel 4 unter II. „Das Erfordernis der wesentlichen Geschäftstätigkeit im Kontext von Regelungen für geistiges Eigentum (IP-Regelungen)“ für Regelungen vorgeschrieben werden, die eine steuerliche Vorzugsbehandlung für Einnahmen aus geistigem Eigentum vorsehen.[689]

Der Verweis, wie auch die Gesetzesbegründung, lassen jedoch offen, wer festzustellen hat, ob eine Präferenzregelung dem Nexus-Ansatz entspricht.[690] Zwar weist die Gesetzesbegründung drauf hin, dass die Analyse der verschiedenen Präferenzsysteme grundsätzlich dem Forum on Harmful Tax Practices (FHTP) der OECD obliegt.[691] Auf europäischer Ebene ist außerdem die Arbeitsgruppe Verhaltenskodex für die Überwachung der Anpassung der IP-Boxen an den Nexus-Ansatz zuständig.[692] Dennoch knüpft § 4j Abs. 1 S. 4 EStG nicht an das Ergebnis dieser Prüfungen und setzt auch nicht voraus, dass eine Präferenzregelungen nach den Feststellungen des FHTP oder der Arbeitsgruppe Verhaltenskodex dem Nexus-Ansatz entspricht.[693] Zu Beginn des Jahres 2020 hat das Bundesfinanzministerium erstmals eine Liste von Präferenzregelungen veröffentlicht, die im Veranlagungszeitraum 2018 nicht den Kriterien den Nexus-Ansatzes entsprachen.[694] Diese Liste dürfte aber nur eine bedingte Arbeitserleichterung darstellen, da sich die Feststellungen zum einen ausdrücklich nur auf den Veranlagungszeitraum 2018 beziehen und das Bundefinanzministerium zugleich auch ausdrücklich darauf hinweist, dass es sich nicht um eine abschließende Aufzählung schädlicher Regelungen handle.[695]

---

688 *Ritzer/Stangl/Karnath*, DK 2017, 401 (404); *Lüdicke*, StbJb 2017/2018, 631 (655).
689 BT-Drucks. 18/12128, S. 28.
690 Vgl. *Loschelder*, in: Schmidt, § 4j EStG, Rn. 19.
691 BT-Drucks. 18/11233, S. 15.
692 Vgl. BT-Drucks. 18/11531, S. 2.
693 *Loschelder*, in: Schmidt, § 4j EStG, Rn. 19.
694 BMF, Schreiben v. 19.02.2020, IV C 2-S 2144-g/17/10002, 2019/1083405, BStBl I 2020, 238.
695 BMF, Schreiben v. 19.02.2020, IV C 2-S 2144-g/17/10002, 2019/1083405, BStBl I 2020, 238.

b) Inhalt des Nexus-Ansatzes

Dem von den OECD/G20-Staaten erarbeiteten Nexus-Ansatz liegt der Gedanke zugrunde, dass steuerliche Präferenzregelungen für geistiges Eigentum (IP-Boxen) dann als unschädlich anzusehen sind, wenn sie eine tatsächliche eigene Forschungs- und Entwicklungstätigkeit des Begünstigten, d.h. eine wesentliche Geschäftstätigkeit, voraussetzen.[696] Als Hilfsvariable für das Kriterium der wesentlichen Geschäftstätigkeit dienen die mit den Entwicklungstätigkeiten verknüpfen Ausgaben.[697] Von Bedeutung sind insoweit jedoch nur die sog. qualifizierten Ausgaben, die in direktem Zusammenhang mit der Entwicklungstätigkeit stehen.[698] Letztlich bleibt es jedoch den Staaten selbst überlassen, eine genaue Definition der qualifizierten Ausgaben zu verfassen.[699] Nicht zu den qualifizierten Anschaffungskosten zählen aber jedenfalls die Anschaffungskosten für erworbenes IP sowie die Kosten für die Auftragsforschung, soweit diese von verbundenen Unternehmen durchgeführt wird.[700] Wie bereits dargestellt, basieren konzerninterne Lizenzstrukturen regelmäßig darauf, dass IP im Wege der Auftragsforschung in sog. Holdinggesellschaften platziert wird, wo die Einkünfte aus der späteren Verwertung einer niedrigen Besteuerung unterliegen. Nach dem Nexus-Ansatz sind nunmehr die Einkünfte aus solchen im Wege der konzerninternen Auftragsforschung geschaffenen IP-Rechten von einer steuerlichen Begünstigung durch IP-Boxen ausgeschlossen.[701] Dagegen sind die Kosten, die im Zusammenhang mit der Auftragsfor-

---

696 Vgl. OECD (2016), Wirksamere Bekämpfung schädlicher Steuerpraktiken unter Berücksichtigung von Transparenz und Substanz, Aktionspunkt 5 – Abschlussbericht 2015, Rn. 26.

697 Vgl. OECD (2016), Wirksamere Bekämpfung schädlicher Steuerpraktiken unter Berücksichtigung von Transparenz und Substanz, Aktionspunkt 5 – Abschlussbericht 2015, Rn. 29.

698 Vgl. OECD (2016), Wirksamere Bekämpfung schädlicher Steuerpraktiken unter Berücksichtigung von Transparenz und Substanz, Aktionspunkt 5 – Abschlussbericht 2015, Rn. 39; *Ritzer/Stangl/Karnath*, DK 2017, 68 (69).

699 Vgl. OECD (2016), Wirksamere Bekämpfung schädlicher Steuerpraktiken unter Berücksichtigung von Transparenz und Substanz, Aktionspunkt 5 – Abschlussbericht 2015, Rn. 39.

700 Vgl. OECD (2016), Wirksamere Bekämpfung schädlicher Steuerpraktiken unter Berücksichtigung von Transparenz und Substanz, Aktionspunkt 5 – Abschlussbericht 2015, Rn. 49.

701 Vgl. OECD (2016), Wirksamere Bekämpfung schädlicher Steuerpraktiken unter Berücksichtigung von Transparenz und Substanz, Aktionspunkt 5 – Abschlussbericht 2015, Rn. 49; Vgl. auch *Ritzer/Stangl/Karnath*, DK 2017, 68 (71).

schung eines fremden Dritten angefallen sind, als qualifizierte Ausgaben einzuordnen.[702]

Nach dem Nexus-Ansatz sind außerdem nur noch Patente und sonstige geistige Eigentumswerte, die Patenten funktionell entsprechen, begünstigungsfähig.[703] Dagegen können marketingbezogene geistige Eigentumswerte (z.B. Marken) nie die Voraussetzung für Steuervergünstigungen im Rahmen einer IP-Regelung erfüllen.[704] Somit sind IP-Box-Regelungen, die auch Markenrechte erfassen, von vornherein nicht mit dem Nexus-Ansatz vereinbar.

c) Abstrakte Betrachtungsweise

Nach § 4j Abs. 1 S. 4 EStG greift die Lizenzschranke nicht, soweit die Einnahmen des Gläubigers einer „Präferenzregelung unterliegen, die dem Nexus-Ansatz [...] entspricht". Aus dieser Formulierung wird deutlich, dass das Gesetz eine abstrakte Prüfung des Nexus-Ansatzes verlangt.[705] Entscheidend ist damit ausschließlich, dass das Präferenzregime Nexus-konform ist. Es reicht nicht aus, wenn zwar der ausländische Lizenzgeber tatsächlich einer wesentlichen Geschäftstätigkeit nachgeht, solange sich die ausländische Vorzugsbesteuerung selbst nicht am Nexus-Ansatz orientiert.[706] Anders formuliert: es reicht nicht aus, wenn sich der Lizenzgläubiger, der in den Genuss der steuerlichen Begünstigung kommt, Nexus-konform verhält; vielmehr muss das steuerliche Begünstigungssystem selbst Nexus-konform ausgestaltet sein.

---

702 Vgl. OECD (2016), Wirksamere Bekämpfung schädlicher Steuerpraktiken unter Berücksichtigung von Transparenz und Substanz, Aktionspunkt 5 – Abschlussbericht 2015, Rn. 49; *Loschelder*, in: Schmidt, § 4j EStG, Rn. 18.

703 OECD (2016), Wirksamere Bekämpfung schädlicher Steuerpraktiken unter Berücksichtigung von Transparenz und Substanz, Aktionspunkt 5 – Abschlussbericht 2015, Rn. 34.

704 OECD (2016), Wirksamere Bekämpfung schädlicher Steuerpraktiken unter Berücksichtigung von Transparenz und Substanz, Aktionspunkt 5 – Abschlussbericht 2015, Rn. 38; vgl. auch *Grotherr* Ubg 2017, 233 (241); kritisch zu dieser Einschränkung *Ditz/Quilitzsch*, DStR 2017, 1561 (1565).

705 *Hagemann/Kahlenberg*, in: H/H/R, § 4j EStG, Rn. 35; *Blumenberg/Oertel*, StbJB 2017/2018, 453 (472).

706 *Hagemann/Kahlenberg*, in: H/H/R, § 4j EStG, Rn. 35; *Geberth*, DB 2017, Heft 6, M5; *Geurts/Staccioli*, IStR 2017, 514 (518); *Grotherr*, Ubg 2017, 233 (238); *Holle/Weiss*, FR 2017, 217 (220); *Schnitger*, IStR 2017, 214 (224); *Lüdicke*, DB 2017, 1482 (1482); *Hagemann/Kahlenberg*, ISR 2017, 413 (417).

6. Rückausnahme bei Eingreifen der Hinzurechnungsbesteuerung

Um Doppelbelastungen zu vermeiden sieht § 4j Abs. 1 S. 5 EStG eine weitere Rückausnahme vom Abzugsverbot für den Fall vor, dass die aus den Lizenzeinnahmen resultierenden Einkünfte in einen im Inland anzusetzenden Hinzurechnungsbetrag einfließen.[707] Der Hinzurechnungsbesteuerung kommt damit Vorrang gegenüber der Lizenzschranke zu.[708]

IV. Politische Fragwürdigkeit der Lizenzschranke

IP-bezogene Einkünfte bieten aufgrund ihrer Mobilität gerade für multinational tätige Unternehmen ein erhebliches Steuergestaltungspotential. Insbesondere konzerninterne IP-Lizenzierungen sind – vor allem aufgrund der steuerlichen Begünstigungen für IP-Einkünfte, die zahlreiche Staaten bieten – ein effektives Mittel zur Reduzierung der Gesamtsteuerbelastung eines Konzerns. Dies geht jedoch zu Lasten solcher Staaten, denen durch derartige Gestaltungen Besteuerungssubstrat entzogen wird. Gerade in Deutschland, einem Land in dem traditionell viel IP geschaffen wird, besteht daher die Sorge, dass IP-Einkunftsquellen in andere Länder mit steuerlichen Begünstigungen verlagert werden.[709] Dass sich Staaten wie Deutschland gegen den hieraus resultierenden Verlust von Besteuerungssubstrat zur Wehr setzen und ein Besteuerungsrecht an den auf ihrem Hoheitsgebiet stattfindenden Wertschöpfungsprozessen sicherstellen möchten, erscheint zunächst sowohl nachvollziehbar wie auch legitim.

Gleichwohl erscheint das deutsche Vorgehen in Form der Lizenzschranke einseitig.[710] Anstatt auf nationalen Protektionismus zu setzen, wäre es zum Zweck der Erhaltung und Steigerung des Steueraufkommens wie auch zur Förderung von Forschung und Entwicklung wohl sinnvoller gewesen, auch in Deutschland ähnlich gute steuerliche Bedingungen für innovative Unternehmen zu schaffen, wie sie in anderen Staaten längst herrschen.[711] Die Lizenzschranke kann zwar kurzzeitig zu mehr Steuereinnahmen führen – wenngleich die erwarteten Mehreinnahmen von 30 Mio.

---

707 BT-Drucks. 18/11233, S. 15; *Hagemann/Kahlenberg*, in: H/H/R, § 4j EStG, Rn. 9.

708 *Hagemann/Kahlenberg*, in: H/H/R, § 4j EStG, Rn. 9.

709 Vgl. *Creed*, GRUR-Prax 2014, 346 (348); vgl. auch *Schnorberger*, BB 2009, I.

710 Vgl. *Gosch*, in: Kirchhof/Seer, § 4j EStG, Rn. 1; *ders.*, ISR 2020, 333 (339).

711 Vgl. *Creed*, GRUR-Prax 2014, 346 (348).

€ bis zum Jahr 2021[712] doch eher überschaubar sind. Langfristig betrachtet könnte die Lizenzschranke jedoch sogar zu einer Verminderung des Besteuerungssubstrats beitragen, da Deutschland durch die Regelung noch an Standortattraktivität einbüßen und Forschungs- und Entwicklungstätigkeiten noch verstärkt ins Ausland verlagert werden könnten.[713] Auf diese Gefahr wies auch der Bundesrat hin.[714] Vor diesem Hintergrund erscheint die Einführung der Lizenzschranke durchaus fragwürdig. Dies scheint jedoch auch der Gesetzgeber inzwischen erkannt zu haben, der zum Veranlagungszeitraum 2020 mit dem Forschungszulagengesetz erstmals eine steuerliche Forschungsförderung eingeführt hat.[715]

Auch mit Blick auf die internationalen Bestrebungen im Kampf gegen unerwünschte Steuergestaltungen und schädlichen Steuerwettbewerb erscheint das deutsche Vorgehen fraglich. So wurde auf OECD/G20-Ebene mit dem Nexus-Ansatz ohnehin ein Vorgehen gegen schädliche IP-Box-Systeme beschlossen, ohne dass man sich zugleich auf eine Lizenzschranke geeinigt hätte.[716] Auch auf Unionsebene hat man mit der ATAD ein umfassendes Maßnahmenpaket beschlossen, aber auch insoweit eine Lizenzschranke nicht für erforderlich gehalten.[717] Dennoch sah sich Deutschland zu einer noch weitergehenden Maßnahme in Form der Lizenzschranke veranlasst. Dabei ist auch zu bedenken, dass man sich OECD/G20-Ebene auf einen Bestandsschutz für nicht Nexus-konforme IP-Regelungen bis 2021 geeinigt hatte. Dieser wird unterlaufen, indem nun seit 31.12.2017 solchen IP-Regelungen mit der Lizenzschranke begegnet wird.[718]

Eben auch vor den erwarteten Mehreinnahmen von nur 30. Mio € bis 2021 erscheint es fraglich, ob dieser deutsche Alleingang in Form der

---

712 BT-Drucks. 18/11233, S. 2; BR-Drucks. 59/17, S. 2 und S. 5 f.

713 Vgl. *Höreth/Stelzer*, DStZ 2017, 270 (275); *Adrian/Tigges*, StuB 2017, 228 (232).

714 BR-Drucks. 59/1/17, S. 2.

715 Gesetz vom 14.12.2019, Gesetz zur steuerlichen Förderung von Forschung und Entwicklung (Forschungszulagengesetz – FZulG), BGBl. I 2019, 2763 ff.

716 Aus diesem Grund ebenfalls Kritik übend *Holle/Weiss*, FR 2017, 217 (218).

717 Vgl. *Schneider/Junior*, DStR 2017, 417 (418 f.).

718 Vgl. *Benz/Böhmer*, DB 2016, 206 (206) die insoweit von einem „BEPS-Override" sprechen; diese Formulierung findet sich auch bei *Pung/Benz*, StbJb 2017/2018, 181 (199); gl.A. *Schneider/Junior*, DStR 2017, 417 (419); differenzierter *Hagemann/Kahlenberg*, ISR 2017, 413 (413) wonach die Lizenzschranke zwar nicht gegen die Bestrebungen der OECD verläuft, aber auch nicht mit diesen in Einklang steht.

Lizenzschranke wirklich erforderlich war.[719] Dennoch muss man zu bedenken geben, dass die Vorgaben der BEPS-Aktionsplans zur Abschaffung nicht Nexus-konformer IP-Regelungen nun einmal nicht verbindlich sind. Darüber hinaus zeigt das Beispiel der USA, dass der internationale Steuerwettbewerb nach wie vor im Gange ist. Sofern auch neuartige steuerliche Begünstigungen, wie etwa die von den USA eingeführte FDII-Vorzugsbesteuerung, unter die Lizenzschranke fallen, kann die Regelung auch über 2021 hinaus ein durchaus wichtiges Instrument im Kampf gegen internationalen Steuerwettbewerb bleiben.

719 Vgl. *Ditz/Quilitzsch*, DStR 2017, 1561 (1566); *Holle/Weiss*, FR 2017, 217 (223); *Blumenberg/Oertel*, StbJB 2017/2018, 453 (471).

C. Verfassungsrechtliche Würdigung der Lizenzschranke

Steuerrecht ist Eingriffsrecht.[720] Es gilt daher der Grundsatz des Vorbehalts des Gesetzes.[721] Aus dem verfassungsrechtlich vorgegebenen Gesetzesvorbehalt folgt für das Einkommensteuerrecht, dass der demokratisch legitimierte Gesetzgeber die wesentlichen Belastungsentscheidungen selbst trifft.[722] Dabei ist der Gesetzgeber gemäß Art. 20 Abs. 3 i.V.m. Art. 1 Abs. 3 GG bei Erlass des EStG an das Grundgesetz gebunden.[723] Die vom Gesetzgeber geschaffene Lizenzschranke muss daher den Vorgaben des Grundgesetzes entsprechen. Eben dies wird jedoch von der Literatur vielfach in Zweifel gezogen. Die vorgebrachten Bedenken reichen von allgemeinen rechtsstaatlichen Bedenken, bis hin zur Frage nach der Vereinbarkeit mit den grundrechtlichen Vorgaben.[724]

I. Der Verweis auf den OECD-Aktionsplan

Mit dem Verweis in § 4j Abs. 1 S. 4 EStG soll ein Gleichlauf der Abzugsbeschränkung des § 4j EStG mit dem sog. Nexus-Ansatz der OECD hergestellt werden.[725] Die OECD erkennt solche IP-Boxen als unschädlich an, die im Einklang mit den im Nexus-Ansatz formulierten Substanzerfordernissen stehen. Es erscheint deshalb angemessen, die als „unschädlich" eingestuften Präferenzregelungen vom Anwendungsbereich der Lizenzschranke auszunehmen.

§ 4j Abs. 1 S. 4 EStG verweist ausdrücklich auf den Nexus-Ansatz gemäß Kapitel 4 des Abschlussberichts 2015 zu Aktionspunkt 5, OECD (2016) „Wirksamere Bekämpfung schädlicher Steuerpraktiken unter Berücksichtigung von Transparenz und Substanz", OECD/G20 Projekt Gewinnverkürzung und Gewinnverlagerung. Dabei enthält die Norm als amtlichen Hinweis zum Verweis auf den OECD-Aktionsplan noch einen Link, bei

---

720 Vgl. *Englisch*, in: FS Lang, 167 (169); *G. Kirchhof*, in: H/H/R, Einf. ESt, Rn. 181.

721 Vgl. BVerfGE 98, 218 (251); *Schulze-Fielitz*, in: Dreier, Art. 20 GG (Rechtsstaat), Rn. 105.

722 *G. Kirchhof*, in: H/H/R, Einf. ESt, Rn. 181.

723 *P. Kirchhof*, in: Kirchhof, Einl. zum EStG, Rn. 26.

724 Vgl. statt vieler *Hagemann/Kahlenberg*, in: H/H/R § 4j EStG, Rn. 4 mwN.

725 Vgl. BT-Drucks. 18/11233, S. 1 und 9.

dessen Aufrufen man zum betreffenden Abschlussbericht zu Aktionspunkt 5 weitergeleitet wird. Diese von *Dietmar Gosch* als „schöne neue Welt der Gesetzgebungskunst“[726] bezeichnete Verweistechnik, stellt ein Novum im deutschen Steuerrecht dar[727] und wirft vor allem die Frage nach ihrer verfassungsrechtlichen Zulässigkeit auf.

1. Verfassungsrechtliche Grenzen für die Zulässigkeit von Verweisen

Die verfassungsmäßige Zulässigkeit von Verweisungen hängt vor allem von der Art der jeweiligen Verweisung ab. Grundsätzlich ist zwischen dynamischen und statischen Verweisungen zu unterscheiden.[728] Statische Verweisungen nehmen Bezug auf das Verweisungsobjekt in einer ganz bestimmten Fassung.[729] Dynamische Verweisungen nehmen dagegen Bezug auf das Verweisungsobjekt in seiner jeweils geltenden, mithin also veränderbaren Fassung.[730] Beide Arten von Verweisungen wurden vom Bundesverfassungsgericht grundsätzlich für zulässig erachtet.[731] Verfassungsrechtliche Bedenken können sich jedoch insbesondere im Hinblick auf die Erfordernisse der Bestimmtheit und Rechtsklarheit, dem Demokratieprinzip sowie die Publizitätserfordernisse des Art. 82 Abs. 1 GG ergeben.[732]

Sofern sich aus dem Wortlaut der Norm nicht eindeutig ergibt, ob eine Verweisung statischer oder dynamischer Art ist, muss diese Frage durch Gesetzesauslegung beantwortet werden.[733] § 4j Abs. 1 S. 4 EStG verweist auf Kapitel 4 des Abschlussberichts 2015 zu Aktionspunkt 5, OECD (2016). Es wird also konkret auf die Fassung des Abschlussberichts aus dem Jahre 2016 verwiesen und nicht auf die jeweils geltende Fassung des OECD-Abschlussberichts. Spätere Änderungen ließen die im Jahre 2016 veröffentlichte Fassung, auf welche § 4j Abs. 1 S. 4 EStG ausdrücklich ver-

---

726 *Gosch*, in: Kirchhof/Seer, § 4j EStG, Rn. 13 Fußn. 3.

727 *Ritzer/Stangl/Karnath*, DK 2017, 401 (403); *Lüdicke*, StbJb 2017/2018, 631 (655).

728 Zur weitergehenden Abgrenzung zwischen verschiedenen Verweisungstypen vgl. *Debus*, Verweisungen, S. 49 ff.

729 Vgl. BVerfGE 60, 135 (155); 78, 32 (35); *Debus*, Verweisungen, S. 59; *Karpen*, Verweisung, S. 67.

730 Vgl. BVerfGE 60, 135 (155); 78, 32 (35); *Schulze-Fielitz*, in: Dreier, Art. 20 GG (Rechtsstaat), Rn. 144; *Sachs*, in: Sachs, Art. 20 GG, Rn. 123a; *Debus*, Verweisungen, S. 61.

731 Vgl. BVerfGE 26, 338 (366); 47, 285 (311 f.); 60, 135 (155); 78, 32 (36).

732 Vgl. *Heil/Pupeter*, BB 2017, 1947 (1949).

733 Vgl. BVerfGE 60, 135 (155).

weist, unberührt.[734] Damit ergibt sich bereits aus dem Wortlaut, dass es sich um einen statischen Verweis auf den OECD-Aktionsplan handelt.[735]

a) Bestimmtheit und Rechtsklarheit

aa) Dogmatische Begründung und allgemeine Anforderungen

Der Bestimmtheitsgrundsatz[736] wird oftmals aus dem Rechtsstaatsprinzip abgeleitet.[737] An anderen Stellen wird auf das Prinzip der Rechtssicherheit[738] oder der Rechtsweggarantie,[739] als Unterprinzipen des Rechtsstaatsprinzips abgestellt.[740] Als weitere Grundlagen des Bestimmtheitsgrundsatzes werden außerdem das Demokratieprinzip,[741] die Gesetzmäßigkeit der Verwaltung,[742] das Prinzip der Gewaltenteilung,[743] oder auch das Willkürverbot[744] genannt. Teils werden zur dogmatischen Begründung des Bestimmtheitsgrundsatzes auch mehrere dieser Aspekte genannt.[745]

Inhaltlich verlangt der Bestimmtheitsgrundsatz, dass gesetzliche Tatbestände so präzise zu formulieren sind, dass der einzelne Normadressat

---

734 Vgl. *Heil/Pupeter*, BB 2017, 1947 (1949) mit Fn. 20; *Kußmaul/Ditzler*, StB 2018, 126 (127); *Krüger*, IWB 2017, 510 (511).

735 *Heil/Pupeter*, BB 2017, 1947 (1949); *Hagemann/Kahlenberg*, in: H/H/R, § 4j EStG, Rn. 4; *Gosch*, in: Kirchhof/Seer, § 4j EStG, Rn. 13; *Loschelder*, in: Schmidt, § 4j EStG, Rn. 19; *Kußmaul/Ditzler*, StB 2018, 126 (127); *Ritzer/Stangl/Karnath*, DK 2017, 401 (403); *Weigel/Schega*, StuB 2018, 668 (669); dagegen von einem dynamischen Verweis ausgehend *Kraft*, in: K/K/B, § 4j EStG, Rn. 11 ff.; *Brandt*, DB 2017, Heft 19, M5; *Richter/John*, WPg 2017, 1090 (1094); offenlassend *Jochimsen/Zinowsky/Schraud*, IStR 2017, 593 (600).

736 Zum Begriff vgl. *Bartone*, in: Linien der Rspr. des BVerfG, Bd. 1, 305 (309).

737 Vgl. BVerfGE 17, 67 (82); 21, 73 (79); 21, 209 (215); 49, 168 (181); 59, 104 (114); 62, 169 (183); 80, 103 (107); *Schulze-Fielitz*, in: Dreier, Art. 20 GG (Rechtsstaat), Rn. 129.

738 *Kunig*, Jura 1990, 495 (495); *Degenhart*, Staatsrecht I, Rn. 374.

739 BVerfGE 8, 274 (326); *Papier*, DSJG 12 (1989), 61 (63).

740 Vgl. *Schulze-Fielitz*, in: Dreier, Art. 20 GG (Rechtsstaat), Rn. 129; *Degenhart*, Staatsrecht I, Rn. 374; *Debus*, Verweisungen, S. 134.

741 *Papier*, DSJG 12 (1989), 61 (63); *Gassner*, ZG 1996, 37 (50 ff.).

742 BVerfGE 8, 274 (325); *Papier*, DSJG 12 (1989), 61 (63); *Gassner*, ZG 1996, 37 (45 f.).

743 BVerfGE 8, 274 (325); *Papier*, DSJG 12 (1989), 61 (63); *Gassner*, ZG 1996, 37 (42 ff.).

744 BVerfGE 17, 232 (246); 21, 73 (80); *Papier*, DSJG 12 (1989), 61 (63).

745 Vgl. BVerfGE 110, 33 (53 ff.); 8, 274, (325 f.); *Gassner*, ZG 1996, 37 (40 ff.); *Papier*, DSJG 12 (1989), 61 (63); *Debus*, Verweisungen, S. 133.

sein Handeln kalkulieren kann, weil die Folgen der Regelung für ihn voraussehbar und berechenbar sind.[746] Die Anforderungen an die Bestimmtheit sind dabei umso höher, je intensiver ein Gesetz in Grundrechte eingreift.[747]

Neben dem Bestimmtheitsgebot ist auch das Gebot der Rechtsklarheit[748] zu beachten. In der Literatur und der Rechtsprechung werden beide Prinzipien teils synonym verwendet,[749] während an anderen Stellen wiederum klar zwischen beiden Prinzipien abgegrenzt wird.[750] Grundsätzlich bezieht sich der Bestimmtheitsgrundsatz in erster Linie auf die inhaltliche Ausgestaltung der Gesetze und fordert vor allem die inhaltliche Klarheit der Tatbestände.[751] Der Bestimmtheitsgrundsatz ist damit betroffen, wenn der Gesetzgeber unbestimmte Rechtsbegriffe verwendet.[752] Dagegen bezieht sich das Gebot der Normenklarheit vor allem auf das Verhältnis und das Zusammenspiel mehrerer Normen zueinander.[753]

bb) Folgerungen für die Zulässigkeit von Verweisungen

Zunächst muss die Verweisungsnorm selbst hinreichend bestimmt sein.[754] Sie muss für den Bürger klar erkennen lassen, welche Vorschrift im Einzelnen maßgebend sein soll.[755] Als problematisch erweisen sich insoweit

---

746 BVerfGE 131, 88 (123); 134, 141 (184 mwN).

747 BVerfGE 83, 130 (145); 108, 52 (75).

748 Die Terminologie ist insoweit uneinheitlich, vgl. BVerfGE 93, 213 (238); 110, 33 (52) „Gebot der Normenklarheit"; *Schulze-Fielitz*, in: Dreier, Art. 20 GG (Rechtsstaat), Rn. 141 „Gebot der Klarheit des Rechts"; *Debus*, Verweisungen, S. 135 „Gebot der Klarheit".

749 Vgl. BVerfGE 114, 1 (53); 110, S. 33 (53): „Gebot der Normenbestimmtheit und Normenklarheit"; BVerfGE 93, 213 (238 f.); 45, 400 (420); 9, 223 (229): „ … ist auch nicht so unbestimmt, daß er gegen das rechtsstaatliche Gebot der Normenklarheit verstieße…"; *Degenhart*, Staatsrecht I, Rn. 374; *Karst*, NVwZ 1999, 244 (245); *Lehner*, NJW 1991, 890 (892).

750 *Schulze-Fielitz*, in: Dreier, Art. 20 GG (Rechtsstaat), Rn. 141; vgl. hierzu *Debus*, Verweisungen, S. 135.

751 Vgl. *Debus*, Verweisungen, S. 135.

752 *Bartone*, in: Linien der Rspr. des BVerfG, Bd. 1, 305 (310 f.).

753 BVerfGE 108, 52 (75); *Schulze-Fielitz*, in: Dreier, Art. 20 GG (Rechtsstaat), Rn. 141; *Bumke/Voßkuhle*, Casebook Verfassungsrecht, Rn. 1475; *Bartone*, in: Linien der Rspr. des BVerfG, Bd. 1, 305 (310 f.); *Hey*, in: Tipke/Lang, § 3 Rn. 244.

754 BVerfGE 5, 25 (31); 26, 338 (367); 22, 330 (346).

755 BVerfGE 5, 25 (31); 22, 330 (346 f.); 26, 338 (367); 44, 322 (350); 47, 285 (311); 78, 32 (35); 92, 191 (197); *Clemens*, AöR 111 (1986), 63 (83 f.); *Hömig*, DVBl.

gerade dynamische Verweisungen, da diese auf eine Norm in ihrem jeweiligen Bestand verweisen und damit zwangsläufig mit gewissen Ungewissheiten über den Inhalt des Verweisungsobjekts verbunden sind.[756] Teilweise wird deshalb angenommen, dynamische Verweisungen genügen regelmäßig nicht den Bestimmtheitserfordernissen.[757] Dagegen hat das Bundesverfassungsgericht auch dynamische Verweisungen grundsätzlich gebilligt, soweit sie hinreichend bestimmt sind und für den Bürger klar erkennen lassen, auf welche Vorschriften im einzelnen Bezug genommen wird.[758] Dies erscheint nachvollziehbar, da es rechtsstaatlich klar ist, wenn auf die jeweils neueste Fassung einer Norm verwiesen wird.[759]

Aus den Erfordernissen der Bestimmtheit und Rechtklarheit ergeben sich auch Anforderungen für die Ausgestaltung der Norm, auf die verwiesen wird. Auch sie muss ihrerseits hinreichend bestimmt sein.[760] Insoweit gelten die allgemeinen Anforderungen, die sich aus den Grundsätzen der Bestimmtheit und Rechtsklarheit für die Ausgestaltung von Steuernormen ergeben.[761]

b) Publizitätserfordernisse und Verkündungsgebot

Problematisch ist die Frage nach der Anwendbarkeit des Verkündungsgebots im Zusammenhang mit Verweisungen in förmlichen Gesetzen. Die nach den Vorschriften des Grundgesetzes zustande gekommenen Gesetze unterliegen dem Verkündungsgebot des Art. 82 Abs. 1 GG. Da für die Verkündung das Vollständigkeitsgebot gilt, sind Gesetze grundsätzlich in ihrem gesamten Wortlaut und in ihrem gesamten Umfang im Bundesge-

---

1979, 307 (308); *Pabst*, NVwZ 2005, 1034 (1035); *Papier*, DStJG 12 (1989), S. 61 (70 f.); *Schnapp*, in: v. Münch/Kunig, Art. 20 GG, Rn. 39; *Butzer*, in: Maunz/Dürig, Art. 82 GG, Rn. 237; *Sachs*, in: Sachs, Art. 20 GG, Rn. 123a sieht dies als ein Erfordernis der Rechtsklarheit.

756 *Debus*, Verweisungen, S. 142.

757 Vgl. *Papier*, DStJG 12 (1989), 61 (71); *ders.*, in: FS Lukes, 159 (164) wonach die Anforderungen des Bestimmtheitsgebots regelmäßig nur bei statischen Verweisungen bejaht werden können.

758 BVerfGE 26, 338 (366 f.); 73, 261 (272 f.); 78, 32 (36); i.E. gl. A. *Schulze-Fielitz*, in: Dreier, Art. 20 GG (Rechtsstaat), Rn. 144.

759 *Schulze-Fielitz*, in: Dreier, Art. 20 GG (Rechtsstaat), Rn. 144.

760 BVerfGE 92, 191 (197).

761 Vgl. *Debus*, Verweisungen, S. 151; zu den Anforderungen vgl. Abschnitt C I 1 a) aa).

setzblatt zu veröffentlichen.[762] Enthält eine Norm jedoch eine Verweisung, so ergibt sich der gesamte Umfang der Norm erst aus dem Verweisungsobjekt.[763] Durch die Verweisung wird das Verweisungsobjekt Teil des verweisenden Gesetzes und teilt dessen Rang.[764] Aus diesem Grunde wird teilweise angenommen, die Verweisungsobjekte unterliegen ebenfalls dem Verkündungsgebot des Art. 82 GG.[765]

Diese strikte Einhaltung des Verkündungsgebots würde jedoch den Umfang des Bundesgesetzblattes stark anschwellen lassen, da das Verweisungsobjekt ebenfalls vollständig darin abzudrucken wäre.[766] Daher werden, um den Gesetzgeber vor einer übermäßigen Belastung zu bewahren, Ausnahmen vom Vollständigkeitsprinzip zugelassen.[767]

So lässt es das Bundesverfassungsgericht bei Verweisungen auf andere Rechtsnormen des Bundes- oder Landesrechts ausreichen, wenn diese seinerzeit im Bundesgesetzblatt bzw. in den jeweiligen Landesgesetzblättern veröffentlicht wurden.[768]

Diese Einschränkung kommt jedoch bei Verweisungen auf solche Verweisungsobjekte, die nicht im Bundesgesetzblatt oder in den Gesetzblättern der Länder publiziert wurden (z.B. DIN-Normen oder auch EG-Normen),

nicht zum Tragen.[769] Das Bundesverwaltungsgericht lässt es insoweit jedoch ausreichen, wenn die Verlautbarung des Verweisungsobjekts für den Betroffenen zugänglich und ihrer Art nach für eine amtliche Anord-

---

762 *Nierhaus/Mann*, in: Sachs, Art. 82 GG, Rn. 24; *Bauer*, in: Dreier, Art. 82 GG, Rn. 19; *Brenner*, in: v. Mangoldt/Klein/Starck, Art. 82 GG, Rn. 34; *Butzer*, in: Maunz/Dürig, Art. 82 GG, Rn. 237.

763 Vgl *Debus*, Verweisungen, S. 115 f.

764 *Nierhaus/Mann*, in: Sachs, Art. 82 GG, Rn. 24; *Hömig*, DVBl. 1979, 307 (309); *G. Arndt*, JuS 1979, 784 (784).

765 *Nierhaus/Mann*, in: Sachs, Art. 82 GG, Rn. 24; *Hömig*, DVBl. 1979, 307 (309); *Rambow*, DVBl. 1968, S. 445 (446 f.); *Karpen*, Verweisung, S. 142 ff.; *Staats*, in: Rödig, 244 (256 f.), der jedoch seine Meinung in ZRP 1978, 59 (60) mit Fn. 15 ausdrücklich ändert; i.E. wohl ebenfalls von der Anwendbarkeit des Art. 82 GG ausgehend *Ipsen*, AöR 107 (1982), 259 (270).

766 *Baden*, NJW 1979, 623 (625); vgl. auch *Butzer*, in: Maunz/Dürig, Art. 82 GG, Rn. 237.

767 *Brenner*, in: v. Mangoldt/Klein/Starck, Art. 82 GG, Rn. 34; *Nierhaus/Mann*, in: Sachs, Art. 82 GG, Rn. 24.

768 BVerfGE 8, 274 (302); 26, 338 (367); 47, 285 (311); vgl. hierzu auch *Debus*, Verweisungen, S. 116.

769 Vgl. *Baden*, NJW 1979, 623 (623).

nung geeignet ist.[770] Diese von der Literatur vielfach übernommene[771] Auffassung bildet einen Kompromiss zwischen Rechtsformalismus und Rechtsrealismus,[772] indem der praktischen Realität Rechnung getragen wird, ohne dass elementare verfassungsrechtliche Positionen aufgegeben werden.[773]

Unklar ist jedoch, wann die Verlautbarung des Verweisungsobjekts „ihrer Art nach für eine amtliche Anordnung geeignet ist". Teilweise wird insoweit eine Veröffentlichung in einem *amtlichen* Publikationsblatt für erforderlich erachtet.[774] „Amtlich" seien dabei nur Publikationsblätter von Amtsstellen der deutschen Staatsgewalt i.S.d. Art. 20 Abs. 2 S. 1 GG oder von zwischenstaatlichen Einrichtungen i.S.d. Art. 24 Abs. 1 GG.[775] Das Bundesverfassungsgericht hat zu dieser Problematik bislang noch nicht ausdrücklich Stellung genommen. Jedenfalls aber hatte das Gericht Veröffentlichungen in „minderen" Veröffentlichungsformen, z.B. Bundesanzeiger[776] oder dem Gesetz- und Verordnungsblatt des Wirtschaftsrates des Vereinigten Wirtschaftsgebietes[777], ausreichen lassen.[778]

Gegen das Erfordernis, das Verweisobjekt müsse in einem amtlichen Publikationsblatt veröffentlicht worden sein, spricht jedoch, dass für untergesetzliche Regelungswerke regelmäßig keine solchen Publikationsmöglichkeiten bestehen.[779] Letztendlich kann den Publikationserfordernissen dann nur Rechnung getragen werden, wenn der Text der in Bezug genommenen Regelung zusammen mit der Verweisungsnorm vollständig im Bundesgesetzblatt verkündet wird.[780] Damit würde jedoch die Verweisung ihrem Zweck als gesetzgebungstechnische Vereinfachung nicht mehr

770 BVerwG, NJW 1962, 506 (506); vgl. hierzu *Brugger*, VerwArch. 78 (1987), 1 (13); *Klindt*, DVBl. 1998, 373 (375).

771 Vgl. *G. Arndt*, JuS 1979, 784 (788); *Backherms*, ZRP 1978, 261 (262); *Brugger*, VerwArch. 78 (1987), 1 (13 f.); *Ebsen*, DÖV 1984, 656 (662); *Guckelberger*, ZG 2004, 62 (71); *Hill*, NJW 1982, 2104 (2107); *Jachmann*, Verw. 28 (1995), 17 (27 f.); *Klindt*, DVBl. 1998, S. 373 (375); *Schenke*, NJW 1980, 743 (744).

772 *Debus*, Verweisungen, S. 117.

773 *Debus*, Verweisungen, S. 177; *Brugger*, VerwArch. 78 (1987), S. 1 (13).

774 *Clemens*, AöR 111 (1986), 63 (89); *Papier*, DStJG 12 (1989), 61 (71); so i.E. wohl auch *Brenner*, in: v. Mangoldt/Klein/Starck, Art. 82 GG, Rn. 35.

775 *Clemens*, AöR 111 (1986), 63 (89) Fn. 107; *Staats*, in: Rödig, 244 (255).

776 BVerfGE 22, 330 (346 f.).

777 BVerfGE 8, 274 (302).

778 Vgl. hierzu *Clemens*, AöR 111 (1986), 63 (87 f.).

779 Vgl. *Hömig*, DVBl. 1979, 307 (311).

780 Vgl. *G. Arndt*, JuS 1979, 784 (788).

gerecht und wäre überflüssig.[781] Ein solches Vorgehen entspricht auch nicht der gängigen Gesetzgebungspraxis, sodass die strenge Anwendung von Art. 82 GG letztlich zur Verfassungswidrigkeit einer Unmenge von Bestimmungen führen würde.[782]

Ausreichend muss daher sein, dass der Rechtsunterworfene in zuverlässiger Weise von der in Bezug genommenen Regelung Kenntnis erlangen kann.[783] Auch die Rechtsprechung des Bundesverwaltungsgerichts scheint eine Veröffentlichung in amtlichen Blättern nicht zwingend zu verlangen. So lässt es das Bundesverwaltungsgericht auch genügen, dass die „Rechtsnorm der Öffentlichkeit in gleicher Weise zugänglich ist, wie eine in Kraft befindliche Rechtsnorm".[784] Schon aus dieser Formulierung lässt sich schließen, dass es bei dem Erfordernis einer für amtliche Anordnungen geeigneten Publikationsweise nur auf die notwendige Verlässlichkeit der Veröffentlichung im Sinne einer Identitätssicherung ankommt.[785] Gewährleistet sein muss also nur eine Identitätssicherung und die allgemeine Zugänglichkeit des Verweisungsobjekts.[786] Entscheidend ist also, wie gut der Betroffene von dem jeweils geltenden Recht Kenntnis erlangen kann.[787] Hierfür ist eine amtliche Bekanntgabe nicht zwingend erforderlich.[788]

---

781 *Butzer*, in: Maunz/Dürig, Art. 82 GG, Rn. 237; *Klindt*, DVBl. 1998, 373 (375); *Debus*, Verweisungen, S. 119.

782 Vgl. *Baden*, NJW 1979, 623 (623) mit konkreten Beispielen.

783 *Ebsen*, DÖV 1984, 654 (662); *Brugger*, VerwArch. 78 (1987), 1 (13); *Jachmann*, Verw. 28 (1995), 17 (28); *Guckelberger*, ZG 2004, 62 (71); *Backherms*, ZRP 1978, 261 (262); *Hömig*, DVBl. 1979, 307 (311) beschränkt dies jedoch auf statische Verweisungen; *Schenke*, NJW 1980, 743 (744); nach der Gegenauffassung, die eine amtliche Publikation verlangt, scheidet ein Verweis auf untergesetzliche Normen damit von vornherein aus, vgl. *Clemens*, AöR 111 (1986), 63 (94); *Ossenbühl*, DVBl. 1967, 401 (406); *Brenner*, in: v. Mangoldt/Klein/Starck, Art. 82 GG, Rn. 35.

784 BVerwGE 1, 104 (108).

785 *Brugger*, VerwArch. 78 (1987), 1 (13); *Ebsen*, DÖV 1984, 654 (662).

786 *Brugger*, VerwArch. 78 (1987), 1 (13); *Schenke*, NJW 1980, 743 (744); *Jachmann*, Verw. 28 (1995), 17 (28); *Backherms*, ZRP 1978, 261 (262); *Hömig*, DVBl. 1979, 307 (311) der jedoch bei Verweisen auf Regelungen nichtstaatlicher Behörden verlangt, dass in der Verweisungsnorm auf die Fundstelle bzw. Bezugsquelle hingewiesen wird; vgl. hierzu auch *Debus*, Verweisungen, S. 118 f.

787 *Brugger*, VerwArch. 78 (1987), 1 (13).

788 So i. E. auch *Brugger*, VerwArch. 78 (1987), 1 (13) mit dem Hinweis, dass auch eine im allgemeinen Buchhandel erhältliche Publikation zugänglicher sein kann, als manche Bundes-, Landes-, oder EG-Verordnung.

c) Demokratieprinzip

Verfassungsrechtlichen Grenzen begegnen Verweisungen auch im Hinblick auf das in Art. 20 Abs. 1 und 2 GG verankerte Demokratieprinzip. Die Problematik betrifft insbesondere dynamische Verweisungen, die sich auf andere Vorschriften in ihrer jeweils geltenden Fassung beziehen. Eine dynamische Verweisung kann damit dazu führen, dass der Gesetzgeber den Inhalt seiner Vorschriften nicht in eigener Verantwortung bestimmt und damit der Entscheidung Dritter überlässt.[789] Gleichwohl steht das Demokratieprinzip auch dynamischen Verweisungen nicht per se entgegen.[790]

Dagegen begegnen statischen Verweisungen insoweit nur vereinzelt Bedenken. So käme auch bei statischen Verweisungen ein Verstoß gegen das Demokratieprinzip in Betracht, wenn der Gesetzgeber das Verweisungsobjekt nicht willentlich rezipiert hat.[791] Auch besonders umfangreiche Verweisungen werden kritisch gesehen. So sei nicht immer ausgeschlossen, dass der Gesetzgeber bei Verabschiedung der Norm keine klare Kenntnis von ihrem Inhalt hatte.[792] Im Übrigen werden jedoch statische Verweisungen überwiegend als unproblematisch eingestuft, wenn sie hinreichend publiziert, bestimmt und klar sind.[793] So stellt schon das Bundesverfassungsgericht klar: „bei einer solchen statischen Verweisung weiß der zuständige Gesetzgeber, welchen Inhalt das in Bezug genommene Recht hat, und er kann prüfen, ob er es sich mit diesem Inhalt zu eigen machen will".[794]

---

789 BVerfGE 78, 32 (36); aus diesem Grund ergeben sich bei dynamischen Verweisungen insbes. auch Bedenken im Hinblick auf das Bundesstaatsprinzip, vgl. BVerfGE 47, 285 (312); 78, 32 (36).

790 Ausführlich zur Vereinbarkeit dynamischer Verweisungen mit dem Demokratieprinzip *Debus*, Verweisungen, S. 201 ff.; *Schenke*, NJW 1989, 743 (748 f.); *G. Arndt*, JuS 1979, 784 (784 ff.); *Staats*, in: Rödig, 244 (251).

791 *Baden*, NJW 1979, 623 (623).

792 *Guckelberger*, ZG 2004, 62 (73 f); vgl. auch *Debus*, Verweisungen, S. 199.

793 BVerfGE 22, 330 (346); 26, 338 (367); 47, 285 (317); *G. Arndt*, JuS 1979, 784 (784); *Brugger*, VerwArch. 78 (1987), 1 (21); *Hömig*, DVBl. 1979, 307 (311); *Clemens*, AöR 111 (1986), 63 (100 f.); *Ehricke/Blask*, JZ 2003, 722 (725); *Jarass*, NJW 1987, 1225 (1231); *Klindt*, DVBl. 1998, 373 (375); *Lambrecht*, DÖV 1981, 700 (702); *Staats*, in: Rödig, 244 (251); *Karpen*, in: Rödig, 221 (238); *Ossenbühl*, DVBl. 1967, 401 (402); *Sachs*, NJW 1981, 1651 (1651); *Schenke*, NJW 1980, 743 (744); *Guckelberger*, ZG 2004, 62 (73); *Debus*, Verweisungen, S. 198.

794 BVerfGE 47, 253 (312).

2. Vereinbarkeit des Verweises auf den OECD-Aktionsplan mit den verfassungsrechtlichen Vorgaben

Im nachfolgenden Abschnitt soll nun überprüft werden, inwieweit die in § 4j Abs. 1 S. 4 EStG enthaltene statische[795] Verweisung mit diesen verfassungsrechtlichen Vorgaben vereinbar ist.

a) Hinreichende Bestimmtheit und Rechtsklarheit

§ 4j Abs. 1 S. 4 EStG lässt klar erkennen, welche Normen bzw. Regelungswerke in Bezug genommen werden. So verweist die Vorschrift ausdrücklich auf das Kapitel 4 des Abschlussberichts zu Aktionspunkt 5 in der Fassung von 2016. Der Verweis in § 4j Abs. 1 S. 4 EStG ist daher bestimmt genug.[796]

Als problematisch könnte sich jedoch der Inhalt des Kapitels des Abschlussberichts zu Aktionspunkt 5 erweisen, auf das hier verwiesen wird.[797] Dieses Kapitel enthält den sog. Nexus-Ansatz.[798] Auch dieser müsste für sich betrachtet hinreichend bestimmt sein. Dies wird teilweise mit der Begründung in Zweifel gezogen, dass der Nexus-Ansatz mehr umschreibe, anstatt konkrete Vorgaben zu machen.[799] Insbesondere sei mit Blick auf die Bestimmtheit problematisch, dass dieser in Kapitel 4 enthaltene Nexus-Ansatz für die Staaten keine verbindlichen Maßstäbe vorschreibe, sondern diesen einen Umsetzungsspielraum belasse.[800] Tatsächlich ist im entsprechenden Kapitel des Abschlussberichts zu Aktionspunkt 5 selbst von „Leitlinien zum Nexus-Ansatz" die Rede.[801] Gleichwohl können die vorgebrachten Bedenken nicht überzeugen. Der Gesetzgeber darf, gerade

---

795 Vgl. Abschnitt C. I. 1.

796 Gl. A. *Heil/Pupeter*, BB 2017, 1947 (1949); *Hagemann/Kahlenberg*, in: H/H/R, § 4j EStG, Rn. 4.

797 Vgl. *Kußmaul/Ditzler*, StB 2018, 126 (127).

798 Vgl. zum Inhalt des Nexus-Ansatzes Abschnitt B. III. 5. b).

799 *Loschelder*, in: Schmidt, § 4j EStG, Rn. 19; *Heil/Pupeter*, BB 2017, 1947 (1949); ähnlich auch *Hagemann/Kahlenberg*, in: H/H/R, § 4j EStG, Rn. 4 die die Bestimmtheit aber im Ergebnis dennoch bejahen.

800 *Jochimsen/Zinowsky/Schraud*, IStR 2017, 593 (600); *Haarmann*, BB 2017, Heft 22, Die erste Seite; *Hagemann/Kahlenberg*, FR 2017, 1125 (1126); *Blumenberg/Oertel*, StbJb 2017/2018, 453 (471).

801 OECD (2016), Wirksamere Bekämpfung schädlicher Steuerpraktiken unter Berücksichtigung von Transparenz und Substanz, Aktionspunkt 5 – Abschlussbericht 2015, S. 25 Rn. 23.

im auch im Steuerrecht, unbestimmte Rechtsbegriffe verwenden, solange er die Grundsätze der Normenklarheit und Justitiabilität beachtet.[802] Ausreichend ist, wenn sich der Inhalt der unbestimmten Rechtsbegriffe im Wege der Auslegung bestimmen lässt.[803] Nicht überzeugend erscheint insoweit auch das Argument, im Abschlussbericht zum OECD-Aktionsplan werden Rechtsbegriffe verwendet, die dem deutschen Steuerrecht teils fremd sind.[804] Dass ein unbestimmter Rechtsbegriff dem deutschen Steuerrecht bislang noch unbekannt ist, sollte unerheblich sein, solange der Rechtsbegriff inhaltlich zumindest bestimmbar ist.

Das Kapitel 4 des Abschlussberichts enthält zur Beschreibung der Anforderungen des Nexus-Ansatzes insbesondere folgende unbestimmten Rechtsbegriffe: wesentliche Geschäftstätigkeit, qualifizierte Ausgaben, geistiges Eigentum, Gesamtausgaben, Gesamteinkünfte und Auftragsforschung. All diese Begriffe werden jedoch im entsprechenden Kapitel ausführlich erläutert und detailliert beschrieben.[805] Schon aus diesem Grund, dürfte der Inhalt der entsprechenden Begriffe mit hinreichender Sicherheit bestimmbar sein. Zwar ist zuzugeben, dass den Staaten an gewissen Stellen Umsetzungsspielräume gewährt werden. So ist es den Staaten etwa gestattet, dass sie eigene Definitionen zum Begriff der qualifizierten Ausgaben vorlegen.[806] Allerdings wird zugleich ein äußerer Rahmen vorgegeben, indem diese von den Ländern vorgelegten Definitionen „sicherstellen müssen, dass die qualifizierten Ausgaben nur solche Ausgaben umfassen, die für die tatsächlich durchgeführte FuE-Tätigkeiten getätigt wurden"[807]. Auch was die Anerkennung von Auftragsforschung betrifft, wird den

802 Vgl. BVerfGE 21, 73 (Orientierungssatz 6); 78, 214 (226 mwN).

803 Vgl. BVerfGE 83, 130 (145); *G. Kirchhof*, in: H/H/R, Einf. ESt., Rn. 185.

804 So jedenfalls *Jochimsen/Zinowsky/Schraud*, IStR 2017, 593 (600).

805 OECD (2016), Wirksamere Bekämpfung schädlicher Steuerpraktiken unter Berücksichtigung von Transparenz und Substanz, Aktionspunkt 5 – Abschlussbericht 2015, Rn. 26 – Rn. 32 (wesentliche Geschäftstätigkeit); Rn. 34 – 38 (Geistiges Eigentum), Rn. 39 – 41 (qualifizierte Ausgaben); Rn. 42 – 45 (Gesamtausgaben); Rn. 46 – 48 (Gesamteinkünfte); Rn. 49 – 51 (Auftragsforschung).

806 OECD (2016), Wirksamere Bekämpfung schädlicher Steuerpraktiken unter Berücksichtigung von Transparenz und Substanz, Aktionspunkt 5 – Abschlussbericht 2015, S. 30 Rn. 39.

807 OECD (2016), Wirksamere Bekämpfung schädlicher Steuerpraktiken unter Berücksichtigung von Transparenz und Substanz, Aktionspunkt 5 – Abschlussbericht 2015, S. 30 Rn. 39.

Staaten ein Umsetzungsspielraum eingeräumt.[808] Gleichzeitig wird aber auch insoweit ein äußerer Rahmen gesetzt und die Anerkennung von Auftragsforschung durch fremde Dritte ausgeschlossen.[809] Dort, wo also den Staaten ein Umsetzungsspielraum gewährt wird, wird durch die von § 4j Abs. 1 S. 4 EStG in Bezug genommenen Leitlinien zum Nexus-Ansatz immer auch ein entsprechender äußerer Rahmen, d.h. also in gewissermaßen ein „Mindestschutzniveau" vorgegeben. Damit sind jedoch auch die Bestimmtheitserfordernisse gewahrt. Denn die staatlichen Regeln sind trotz der ausgeübten Umsetzungsspielräume immer dann mit dem Nexus-Ansatz vereinbar, wenn die äußeren Mindestvorgaben des Nexus-Ansatzes eingehalten wurden. Diese ergeben sich ausdrücklich aus dem in Bezug genommenen Kapitel 4 des Abschlussberichts zu Aktionspunkt 5. Der Rechtsanwender kann überprüfen, ob sich die ausländische Regelung im Rahmen der äußeren Vorgaben des Nexus-Ansatz bewegt und so die Frage nach der Vereinbarkeit mit diesem Nexus-Ansatz vorhersehen.

Problematisch ist im konkreten Fall jedoch der Umstand, dass das Verweisungsobjekt – also der Abschlussbericht der OECD zu Aktionspunkt 5 – vor allem im Internet veröffentlicht wurde. So gibt *Jochen Lüdicke* zu bedenken, dass die Möglichkeit von Internetverweisen nicht dazu führen dürfe, dass der Gesetzesanwender über den Umweg eines zunächst unscheinbaren Verweises mit einer kaum zu bewältigenden Informationsflut konfrontiert wird, die ihm zudem komplexe Wertungen abverlangen und damit weit über die ansonsten typischerweise im Wege von Verweisen integrierten Detailregelungen technischer Natur hinausgehe.[810] Diese Bedenken erscheinen jedenfalls insoweit unbegründet, als dass sie sich speziell auf Internetverweise beziehen. Insbesondere der Vergleich mit den „typischerweise im Wege von Verweisen integrierten Detailregelungen technischer Natur" kann nicht überzeugen. So stellte schon *Hans-Ulrich Karpen* im Jahr 1970 – und damit lange vor dem Beginn der kommerziellen Nutzung des Internets – fest, dass die Aufnahme von technischen Regeln in amtliche Verkündungsblätter deshalb auf Schwierigkeiten stößt, weil etwa das Vorschriftenwerk des Verbandes Deutscher Elektrotechniker

---

808 Vgl. OECD (2016), Wirksamere Bekämpfung schädlicher Steuerpraktiken unter Berücksichtigung von Transparenz und Substanz, Aktionspunkt 5 – Abschlussbericht 2015, S. 33 Rn. 51.

809 OECD (2016), Wirksamere Bekämpfung schädlicher Steuerpraktiken unter Berücksichtigung von Transparenz und Substanz, Aktionspunkt 5 – Abschlussbericht 2015, S. 33 Rn. 51.

810 *Lüdicke*, StbJb 2017/2018, 631 (655).

schon ca. 3500 Seiten umfasse.[811] Die Inbezugnahme besonders umfangreicher Verweisungsobjekte ist also kein Spezialproblem des Internets – zumal das hier in Bezug genommene Kapitel 4 des Abschlussberichts zu Aktionspunkt 5 mit seinen 24 Seiten einen überschaubaren Umfang aufweist. Dagegen ist *Jochen Lüdicke* aber insoweit zuzustimmen, als dass der Steuerpflichtiger nicht über einen Verweis mit einer kaum zu bewältigenden Informationsflut überlastet werden darf. Die Grenze des Anwendbaren dürfen Verweisungen nicht überschreiten. Allerdings kann diesem Erfordernis bereits durch die allgemeinen Vorgaben der Bestimmtheit und Rechtsklarheit Rechnung getragen werden: Solange eine Norm inhaltlich hinreichend klar und bestimmt ist, ist sie auch anwendbar.

Insgesamt ist damit festzuhalten, dass sowohl die Verweisung in § 4j Abs. 1 S. 4 EStG wie auch das in Bezug genommene Kapitel 4 des Abschlussberichts zu Aktionspunkt des OECD/G20-Aktionsplans den Anforderungen der Bestimmtheit und Rechtsklarheit genügt.[812]

b) Wahrung der Publizitätserfordernisse

Bei § 4j EStG handelt es sich um formelles Bundesrecht, sodass das Verkündungsgebot des Art. 82 GG gilt. Geht man davon aus, dass bei Verweisungen auf andere Regelungen, das Verkündungsgebot auch für das Verweisungsobjekt gilt,[813] so müsste der Teil des Abschlussberichts zum OECD-Aktionsplan, auf den hier verwiesen wird, ebenfalls im Bundesgesetzblatt verkündet worden sein. Dies ist jedoch nicht geschehen. Wie bereits festgestellt, kann den Publizitätserfordernissen aber bereits dadurch Rechnung getragen werden, dass das Verweisungsobjekt in einer Weise veröffentlicht wurde, die dem Rechtsunterworfenen in zuverlässiger Weise Kenntnisnahme ermöglicht.

Der Abschlussbericht zu Aktionspunkt 5 des OECD/G20 Projekts gegen Gewinnverkürzung und Gewinnverlagerung aus dem Jahr 2016 wurde von der OECD veröffentlicht (OECD Publishing). Der durch die OECD veröffentlichte Bericht ist im Internet frei zugänglich und kann kostenlos

---

811 *Karpen*, Verweisung, S. 157.

812 i. E. gl. A. *Link*, DB 2017, 2372 (2377); *Hagemann/Kahlenberg*, in: H/H/R, § 4j EStG, Rn. 4; *Pohl*, in: Brandis/Heuermann, § 4j EStG, Rn. 13; a.A. *Haarmann*, BB 2017, Heft 22, Die erste Seite; Zweifelnd aber offenlassend *Gosch*, in: Kirchhof/Seer, § 4j EStG, Rn. 13; *Loschelder*, in: Schmidt, § 4j EStG, Rn. 19.

813 Vgl. Abschnitt A. I. 1. b).

aufgerufen werden. Dabei enthält die Regelung des § 4j EStG selbst einen Hinweis auf die entsprechende Internetfundstelle,[814] über die der Bericht in deutscher Sprachfassung aufgerufen werden kann. Daneben ist der entsprechende Abschlussbericht auch als Print-Ausgabe verfügbar.[815] Damit ist das Verweisungsobjekt grundsätzlich jederzeit für den Steuerpflichtigen frei zugänglich. Das in Bezug genommene Kapitel 4 des Abschlussberichts zu Aktionspunkt 5, ist durch die Veröffentlichung im breitflächig verfügbaren Internet auch sicherlich zugänglicher als durch die bloße Veröffentlichung im gedruckten Bundesgesetzblatt.[816] So gesehen bestehen gegen die Internet-Veröffentlichung als solche, keine verfassungsrechtlichen Bedenken.[817]

Problematisch ist jedoch, dass die Veröffentlichung des OECD-Berichts hier ausschließlich über die Internetseite der OECD erfolgte. Auch die Fundstellenangabe in § 4j EStG verweist auf die Webseite der OECD. Der deutsche Gesetzgeber hat damit keine Kontrolle darüber, wie lange der Abschlussbericht dort aufrufbar ist.[818] Ein Rechtsunterworfener kann aber nur dann in zuverlässiger Weise von der in Bezug genommenen Regelung Kenntnis erlangen, wenn er zu jeder Zeit, in der die entsprechende Norm in Kraft ist, Kenntnis vom Inhalt des Verweisungsobjekts nehmen kann.[819] Eine Verweisung auf Regelungen, die nicht amtlich veröffentlicht wurden, können daher nur den Publizitätsanforderungen genügen, wenn sichergestellt ist, dass sie für die gesamte Geltungsdauer der Verweisungsnorm frei zugänglich sind. Hierzu reicht es jedoch nicht aus, wenn das Verweisungsobjekt über das Internet mit Hilfe von Suchmaschinen an beliebiger Stelle publiziert wird.[820] Vielmehr kann der Gesetzgeber nur dann sicherstellen, dass das Verweisungsobjekt während der gesamten Geltungsdauer

---

814 Ob eine Fundstellenangabe aus Publizitätsgründen erforderlich ist, ist in der Literatur umstritten, dafür *Hill*, NJW 1982, 2104 (2107); *Backherms*, ZRP 1989, 261 (262), *Hömig*, DVBl 1979, 309 (311), a.A. *Debus*, Verweisungen, S. 127 f. mit dem Hinweis, dass durch das Erfordernis einer Fundstellenangabe dynamische Verweisungen unmöglich würden.

815 ISBN: 978-92-64-25802-0.

816 *Heil/Pupeter*, BB 2017, 1947 (1949); *Butzer*, in: Maunz/Dürig, Art. 82 GG, Rn. 237.

817 So auch *Lüdicke*, StbJb 2017/2018, 631 (655); *Butzer*, in: Maunz/Dürig, Art. 82 GG, Rn. 239.

818 So auch die Bedenken bei *Heil/Pupeter*, BB 2017, 1947 (1949) Fn. 31.

819 Ähnlich auch *Michael Schäfer* wonach der Bezug des Verweisungsobjektes während der gesamten Geltungsdauer der Norm hinreichend einfach sein muss, vgl. *Schäfer*, Diss, S. 157.

820 So *Butzer*, in: Maunz/Dürig, Art. 82 GG, Rn. 239.

verfügbar ist, wenn dieses zumindest auch auf der Webseite einer Bundesbehörde oder des Bundestages veröffentlicht wurde.[821] In Bezug auf § 4j Abs. 1 S. 4 EStG wäre es daher erforderlich gewesen, den betreffenden Abschlussbericht zum OECD-Aktionsplan auch auf der Homepage des Bundesfinanzministeriums oder des Bundestages zu veröffentlichen.

Freilich ist noch einzuwenden, dass der OECD-Aktionsplan auch als Print-Ausgabe verfügbar ist, sodass man in Bezug auf § 4j Abs. 1 S. 4 EStG noch davon ausgehen kann, dass die Zugänglichkeit des Verweisungsobjekts während der gesamten Geltungsdauer der Lizenzschranke gesichert ist. Eine reine Internetveröffentlichung auf eine nicht von staatlicher Hand betriebenen Webseite sollte für sich betrachtet den Publizitätserfordernissen jedoch nicht genügen.

c) Hinreichende demokratische Legitimation

Teilweise wird die Zulässigkeit der Verweisung in § 4j Abs. 1 S. 4 EStG mit der Begründung in Zweifel gezogen, dass der Abschlussbericht zum OECD-Aktionsplan als multinationale Erklärung einer demokratischen Legitimation entbehre.[822] Diese Bedenken können jedoch nicht überzeugen. Bei der Verweisung in § 4j Abs. 1 S. 4 EStG handelt es sich um eine statische Verweisung. Im Regierungsentwurf wurde insoweit noch auf den Begriff der substanziellen Geschäftstätigkeit abgestellt und in der Gesetzesbegründung zur näheren Erläuterung auf den entsprechenden Abschlussbericht zum OECD-Aktionsplan verwiesen.[823] Erst um mögliche Auslegungsschwierigkeiten zu vermeiden, wurde der Verweis auf den OECD-Aktionsplan mit in den Wortlaut des § 4j EStG aufgenommen.[824] Das Kapitel 4 des Abschlussberichts zu Aktionspunkt 5 wurde damit im Gesetzgebungsverfahren hinreichend diskutiert. Der Gesetzgeber wusste damit um den Inhalt des in Bezug genommenen Abschlussberichts. Da es sich bei § 4j EStG um eine statische Verweisung handelt und sich der

---

821 So der überzeugende Vorschlag von *Heil/Pupeter*, BB 2017, 1947 (1949) Fn. 31.

822 Vgl. *Haarmann*, BB 2017, Heft 22, Die erste Seite; *Jochimsen/Zinowsky/Schraud*, IStR 2017, 593 (600); *Blumenberg/Oertel*, StbJB 2017/2018, 453 (471); in diese Richtung auch *Lüdicke*, StbJb 2017/2018, 631 (655).

823 Vgl. Abschnitt B. III. 5. a) aa).

824 Vgl. BT-Drucks. 18/12128, S. 28.

Inhalt des Abschlussberichts nicht ändert, bestehen insoweit keine verfassungsrechtlichen Bedenken.[825]

3. Zwischenergebnis

Sowohl der Verweis selbst wie auch das in Bezug genommene Kapitel 4 des Abschlussberichts zu Aktionspunkt 5 des OECD/G20-Aktionsplans zum Projekt Gewinnverkürzung und Gewinnverlagerung sind hinreichend bestimmt. Zweifel ergeben sich allenfalls im Hinblick auf die Publizitätserfordernisse. Nach der hier vertretenen Auffassung ist eine Veröffentlichung des Verweisungsobjekts im Internet ausreichend, solange sichergestellt ist, dass die Bezugsnorm für die Gültigkeitsdauer der Verweisnorm zur Verfügung steht. Dies ist jedoch bei einer Veröffentlichung auf der Webseite der OECD nicht der Fall. Gleichwohl genügt die Veröffentlichung des Abschlussberichts letztlich den Publizitätserfordernissen, da der Bericht auch in Druckform vorliegt. Insgesamt ist der Verweis in § 4j Abs. 1 S. 4 EStG damit noch verfassungskonform.[826]

II. Vereinbarkeit mit dem Gleichheitssatz nach Art. 3 Abs. 1 GG

1. Verfassungsrechtliche Maßstäbe

Der – von dem früheren Bundespräsident Roman Herzog auch als „Magna Charta“ des Steuerrechts bezeichnete[827] – allgemeine Gleichheitssatz ist für das Steuerrecht von besonderer Bedeutung.[828] Er gilt als Hauptprüfungsmaßstab für die Beurteilung der Verfassungsmäßigkeit von Steuergesetzen.[829] Der allgemeine Gleichheitssatz gebietet allgemein, wesentlich

---

825 In diesem Sinne schon BVerfGE 47, 253 (312); so i.E. wohl auch *Heil/Pupeter*, BB 2017, 1947 (1949); *Link*, DB 2017, 2372 (2377); *Pung/Benz*, StbJb 2017/2018, 181 (197).

826 So i.E. auch *Pung/Benz*, StbJb 2017/2018, 181 (193).

827 *Herzog*, in: VI. Deutscher Steuerzahlerkongreß, 10 (11).

828 Vgl. *Mellinghoff*, in: FS Spindler, 153 (160); *Arndt*, NVwZ 1988, 787 (787).

829 Vgl. *Mellinghoff*, in: FS Spindler, 153 (160); Gleichwohl lässt sich eine besonders intensive Bindung des Gesetzgebers an den allgemeinen Gleichheitssatz im Bereich des Steuerrechts zumindest nicht pauschal behaupten, vgl. *Eckhoff*, Rechtsanwendungsgleichheit, S. 151.

Gleiches gleich und wesentlich Ungleiches ungleich zu behandeln.[830] Dabei können maßgebliche Gleichbehandlungen oder Ungleichbehandlungen nur anhand eines Vergleichsmaßstabs festgestellt werden.[831] Gleichwohl beinhaltet der Gleichheitssatz selbst keine Bewertungsmaßstäbe für ein gleichheitswidriges Verhalten.[832] Der konkrete Inhalt des allgemeinen Gleichheitssatzes ergibt sich nach der Rechtsprechung des Bundesverfassungsgerichts erst im Zuge einer bereichsspezifischen Konkretisierung.[833] Gerade im Steuerrecht erfährt der allgemeine Gleichheitssatz eine Reihe besonderer Ausformungen.[834]

a) Das Gebot der Besteuerung nach der finanziellen Leistungsfähigkeit

Aus dem Gleichheitssatz folgt für das Steuerrecht vor allem, dass die Besteuerung an der wirtschaftlichen Leistungsfähigkeit des Steuerpflichtigen ausgerichtet werden muss.[835] Dabei betont das Bundesverfassungsgericht zwar, dass dem Gesetzgeber im Bereich des Steuerrechts bei der Auswahl des Steuergegenstandes und bei der Bestimmung des Steuersatzes ein weitreichender Entscheidungsspielraum zukomme.[836] Diese Gestaltungsfreiheit wird jedoch zunächst durch das Gebot der Ausrichtung der Steuerlast am Prinzip der finanziellen Leistungsfähigkeit begrenzt.[837] Dabei wirkt das Leistungsfähigkeitsprinzip sowohl in vertikaler, wie auch in horizontaler Richtung. So sind im Interesse einer verfassungsrechtlich gebotenen Besteuerung entsprechend der steuerlichen Leistungsfähigkeit, Steuerpflichtige bei gleicher Leistungsfähigkeit gleich hoch zu besteuern (horizontale Steuergerechtigkeit), während die Besteuerung höherer Einkommen im Vergleich mit der Steuerbelastung niedrigerer Einkommen angemessen sein muss (vertikale Steuergerechtigkeit).[838] Der Grundsatz

---

830 Vgl. BVerfGE 76, 256 (329); 122, 210 (230); 125, 1 (17).
831 *G. Kirchhof*, in: H/H/R, Einf. EStG, Rn. 261.
832 *Schwarz*, in: FS Isensee, 949 (949).
833 BVerfGE 75, 108 (157); 78, 249 (287); 84, 239 (268); 105, 17 (46); 126, 268 (277); vgl. *Schwarz*, in: FS Isensee, 949 (949).
834 Vgl. BVerfGE 107, 27 (45); vgl. auch *Eichberger*, DStJG 39 (2016), 97 (111 f.).
835 BVerfGE 67, 290 (297); 74, 182 (199 f.); 81, 228 (236).
836 BVerfGE 93, 121 (136); 117, 1 (30); 122, 210 (230); 123, 111 (120); 126, 268 (277).
837 BVerfGE 105, 73, (125); 107, 27 (46); 116, 164 (180); 117, 1 (30); 122, 210 (231); 123, 111 (120); 126, 268 (277 f.).
838 BVerfGE 82, 60 (89); 107, 27 (46 f.); 110, 412 (433); 116, 164 (180); 122, 210 (231); 123, 111 (120); 126, 268 (278).

der Besteuerung nach der finanziellen Leistungsfähigkeit bildet damit den Vergleichsmaßstab für die Anwendung des Gleichheitssatzes im Steuerrecht.[839]

Dabei kann sich der Gedanke, die Besteuerung an der Leistungsfähigkeit auszurichten, auf eine lange Tradition berufen. So forderte bereits *Adam Smith*, dass die Bürger „soweit als möglich im Verhältnis zu ihren Fähigkeiten [zu] besteuern sind.[840]. Positiviert wurde der Grundsatz erstmals im Jahr 1789 in der französischen Erklärung der Menschen- und Bürgerrechte.[841] Auch die Weimarer Reichsverfassung forderte in Art. 134 WRV den Beitrag der Steuerpflichtigen zu den öffentlichen Lasten nach dem „Verhältnis ihrer Mittel" zu bemessen.[842]

Das Grundgesetz gibt das Leistungsfähigkeitsprinzip dagegen nicht in dieser Ausdrücklichkeit vor. Das Bundesverfassungsgericht leitet das Leistungsfähigkeitsprinzip regelmäßig aus dem Gebot der Steuergerechtigkeit[843], welches seinerseits aus Art. 3 Abs. 1 GG abgeleitet wird,[844] und teilweise unmittelbar aus Art. 3 Abs. 1 GG ab.[845] Daneben wird das Leistungsfähigkeitsprinzip teilweise auch über den Grundsatz der steuerlichen Lastengleichheit abgeleitet[846], der seinerseits aus Art. 3 Abs. 1 GG abgeleitet wird.[847]

In der Literatur gibt es vereinzelt Stimmen, die den Verfassungsrang des Leistungsfähigkeitsprinzips verneinen und in ihm lediglich einen sachlichen Differenzierungsgrund neben anderen sehen.[848] So spricht sich insbesondere *Hans-Wolfgang Arndt* gänzlich gegen die Anwendung des

839 *J. Lang*, StuW 2007, 3 (4); *Tipke*, BB 2007, 1525 (1527).

840 *Smith*, Der Wohlstand der Nationen, S. 703.

841 Art. 13 Déclaration des Droits de L'Homme et du Citoyen, vgl. BVerfGE 84, 239 (269).

842 Vgl. BVerfGE 84, 239 (270).

843 BVerfGE 43, 108 (120); 61, 319 (343 f.); 66, 214 (223); 74, 182 (199); 145, 106 (142).

844 BVerfGE 6, 55 (70); 13, 290 (295); 43, 108 (118); 74, 182 (199); vgl. *Wernsmann*, Verhaltenslenkung, S. 287.

845 BVerfGE 81, 228 (236); vgl. zur Entwicklung der BVerfG-Rechtsprechung die ausführliche Darstellung bei *Desens*, StuW 2016, 240 (240 ff.); zum Begründungsmangel bei der unmittelbaren verfassungsrechtlichen Ableitung vgl. *Eckhoff*, StuW 2016, 207 (209).

846 BVerfGE 107, 27 (47).

847 BVerfGE 84, 239 (268 ff.); vgl. *Desens*, StuW 2016, 240 (240 f.).

848 *Arndt*, NVwZ 1988, 787 (791); *ders.*, in: FS Mühl 1981, 17 (29 ff.); *Kruse*, StuW 1990, 322 (327, 330); *ders.* DStJG 5 (1982), 71 (77 ff.); a.A. etwa *Hey*, in: Tipke/Lang, § 3 Rn. 41 wonach die einzige Alternative zum Leistungsfähigkeitsprinzip eine „fundamentale Prinzipienlosigkeit" wäre.

Leistungsfähigkeitsprinzips und für die herkömmliche Deutung des allgemeinen Gleichheitssatzes als Willkürverbot bzw. als Gebot sachgerechten Differenzierens aus.[849] Die überwiegenden Stimmen in der Literatur betonen dagegen den hohen Stellenwert des Leistungsfähigkeitsprinzip und betrachten es als „Fundamentalprinzip der Steuergerechtigkeit“[850], „Leitprinzip der Besteuerung“[851] oder „Primärgrundsatz des Steuerrechts“[852]. Was die dogmatische Verortung des Leistungsfähigkeitsprinzips betrifft, folgt die Literatur überwiegend der Linie des Bundesverfassungsgerichts und bejaht eine Ableitung unmittelbar oder mittelbar aus Art. 3 Abs. 1 GG.[853]

Festhalten lässt sich insoweit, dass das Leistungsfähigkeitsprinzip als das Gerechtigkeitsprinzip anzuerkennen ist,[854] das als steuerspezifischer Vergleichsmaßstab[855] zur Überprüfung von Steuernormen herangezogen werden kann.

Obgleich das Leistungsfähigkeitsprinzip als solches anerkannt ist, so ist zuzugeben, dass es einen hohen Abstraktionsgrad aufweist.[856] Gleichwohl spricht der hohe Abstraktionsgrad des Leistungsfähigkeitsprinzips nicht gegen dessen Geltung,[857] sondern verlangt nach Konkretisierungen.[858]

---

849 *Arndt*, NVwZ 1988, 787 (791).

850 *J. Lang*, die Bemessungsgrundlage der Einkommensteuer, S. 97; Ähnlich *ders.*, DStJG 24 (2001), 50 (57) „Fundamentalprinzip gerechter Besteuerung“; *Tipke*, in: Leitgedanken des Rechts, Band II, § 146 Rn. 2 „Fundamentalprinzip gerechter Besteuerung; *P. Kirchhof*, StuW 1985, 319 (319) „Fundamentalprinzip der Besteuerung“.

851 *P. Kirchhof*, StuW 2017, 3 (9).

852 *Hey*, in: Tipke/Lang, § 3 Rn. 41.

853 *Wernsmann*, Verhaltenslenkung, S. 287 f.; *G. Kirchhof*, in: H/H/R, Einf. ESt., Rn. 230; *F. Kirchhof*, BB 2017, 662 (662); teils werden neben Art. 3 Abs. 1 GG auch die Freiheitsrechte herangezogen, vgl. *Birk*, StuW 1983, 293 (297); *ders.*, StuW 2000, 328 (329); *P. Kirchhof*, StuW 1985, 319 (323); daneben gibt es auch Meinungen, die das Leistungsfähigkeitsprinzip aus anderen verfassungsrechtlichen Prinzipien, etwa aus dem Demokratieprinzip, dem Übermaßverbot oder dem Sozialstaatsprinzip ableiten, auf deren Darstellung hier jedoch verzichtet wird, vgl. hierzu *Englisch*, Wettbewerbsgleichheit, S. 572 mit Fn. 72.

854 Vgl. *Wernsmann*, Verhaltenslenkung, S. 267; Vgl. auch *Eckhoff*, in: Leitgedanken des Rechts II, § 148 Rn. 7.

855 Vgl. *Hey*, in: Tipke/Lang, § 3 Rn. 121.

856 Vgl. BVerfGE 43, 108 (120).

857 Vgl. *F. Kirchhof*, BB 2017, 662 (667) der betont, dass das Leistungsfähigkeitsprinzip nicht trotz, sondern *gerade wegen* seiner Offenheit weiterhin als Leitlinie im Steuerrecht dienen dürfte.

858 *Birk*, in: Leitgedanken des Rechts, Band II, § 147 Rn. 2; *ders.*, StuW 2000, 328 (329); *Wernsmann*, Verhaltenslenkung, S. 269; *P. Kirchhof*, StuW 1985, 319 (327);

b) Das Gebot der Folgerichtigkeit

aa) Inhalt und verfassungsrechtliche Ableitung

Der Gesetzgeber wird in seiner Entscheidungsfreiheit – neben dem Prinzip der Ausrichtung der Besteuerung an der finanziellen Leistungsfähigkeit – auch durch das Gebot der Folgerichtigkeit begrenzt. Zwar ist das Folgerichtigkeitsgebot keine Besonderheit des Steuerrechts,[859] doch ist es durch zahlreiche Judikate des Bundesverfassungsgerichts – neben dem Leistungsfähigkeitsprinzip – zum zentralen verfassungsrechtlichen Prüfungsmaßstab für Steuergesetze geworden.[860] So betont das Gericht, dass die gesetzgeberische Gestaltungsfreiheit im Bereich des Steuerrechts vor allem durch zwei eng miteinander verbundene Leitlinien begrenzt wird: durch das Gebot der Besteuerung nach der finanziellen Leistungsfähigkeit und durch das Gebot der Folgerichtigkeit.[861] Das Bundesverfassungsgericht leitet das Gebot der Folgerichtigkeit aus Art. 3 Abs. 1 GG ab.[862] Dem folgt auch die wohl überwiegende Literatur.[863]

Inhaltlich ergibt sich aus dem Folgerichtigkeitsgebot, dass die einmal getroffene Belastungsentscheidung bei der Ausgestaltung des steuerlichen Ausgangstatbestandes folgerichtig im Sinne der Belastungsgleichheit um-

---

Hey, in: H/H/R, Einf. Est, Rn. 42; *J. Lang*, DStJG 24 (2001), 50 (58); *Bach*, StuW 1991, 116 (119).

859 *P. Kirchhof*, StuW 2017, 3 (8); Vgl. allgemein zum Folgerichtigkeitsgebot *P. Kirchhof*, in: Maunz/Düring, Art. 3 GG, Rn. 404 ff.

860 *Eckhoff*, in: FS Steiner, 118 (120); vgl. auch *Mellinghoff*, in: FS Spindler, 153 (164) der das Gebot der Folgerichtigkeit als einen „immer bedeutsamere(n) Maßstab für die Prüfung der Belastungsgleichheit" ansieht; kritisch dagegen *Kischel*, in: Gleichheit im Verfassungsstaat, 175 (183 ff.).

861 BVerfGE 105, 73 (125); 107, 27 (46); 110, 412 (433); 116, 164 (180); 117, 1 (30); 122, 210 (230 f.); 126, 268 (277 f.).

862 Vgl. BVerfGE 99, 88 (94 f.); 105, 73 (112).

863 *Tipke*, StuW 2007, 201 (213) der davon ausgeht, dass bei Verletzung des Folgerichtigkeitskriteriums auch der allgemeine Gleichheitssatz verletzt wird; *Weber-Grellet*, FR 2011, 1028 (1030 und 1032); *Drüen*, StuW 2008, 3 (9); *Schlotter*, FR 2007, 951 (953); a.A.: *Lespius*, JZ 2009, 260 (262 f.) der sowohl eine staatsorganisations-, wie auch eine grundrechtliche Begründung ablehnt und das Folgerichtigkeitsgebot letztlich als „richterrechtlichen Irrtum" bezeichnet; *Schwarz*, in: FS Isensee, 949 (957); *Eichberger*, in: FS für den BFH, 501 (511); vgl. auch *Wendt*, NVwZ 1988, 778 (783) wonach sich weder Art. 3 Abs. 1 GG noch dem sonst geltenden Verfassungsrecht ein generelles „Systemerhaltungsgebot" entlassen lasse.

gesetzt werden muss.[864] Ausnahmen von der folgerichtigen Umsetzung bedürfen eines besonderen sachlichen Grundes.[865]

bb) Diskussion um die Reichweite des Anwendungsbereichs

Uneinigkeit besteht über den Umfang des Geltungsbereichs des Folgerichtigkeitsgebots im Steuerrecht. So wird teilweise angenommen, das Folgerichtigkeitsgebot müsse steuerübergreifend für das gesamte Steuerrecht angewandt werden.[866] Damit läge ein Verstoß gegen – das nach dieser Auffassung steuerübergreifend wirkende – Folgerichtigkeitsgebot beispielsweise vor, wenn Mietaufwendungen für einen aus beruflichen Gründen geführten zweiten Haushalt einkommensteuerrechtlich als Betriebsausgaben oder Werbungskosten steuermindernd berücksichtigt werden könnten, zugleich aber eine Zweitwohnungsteuer erhoben wird.[867] Jede gesetzgeberische Einzelentscheidung müsste sich damit widerspruchsfrei in die gesamte Steuerrechtsordnung einfügen.[868]

Dagegen wirkt das Folgerichtigkeitsgebot nach der Gegenauffassung nicht steuerübergreifend, sondern lediglich im Binnenbereich der jeweiligen Steuerart.[869]

Das Bundesverfassungsgericht hat sich bislang nicht explizit zur Reichweite des Folgerichtigkeitsgebots im Steuerrecht geäußert. Gleichwohl sprechen die vom Gericht gewählten Formulierungen für eine binnenbereichsbeschränkte Anwendung.[870] So betont das Verfassungsgericht, dass der Gesetzgeber bei der Auswahl des Steuergegenstandes und bei der Bestimmung des Steuersatzes einen weitgehenden Entscheidungsspielraum hat, er jedoch „bei Ausgestaltung des steuerrechtlichen Ausgangstatbestan-

864 BVerfGE 105, 73 (126); 107, 27 (47); 117, 1 (31); 122, 210 (231); 123, 111 (120 f.); 126, 268 (278).

865 BVerfGE 105, 73 (126); 107, 27 (47); 116, 164 (180f.); 117, 1 (31); 122, 210 (231); 126, 268 (278).

866 *Tipke*, StuW 2007, 201 (206); *G. Kirchhof*, in: H/H/R, Einf. ESt. Rn. 268; *ders.*, Beihefter zu DStR 49 (2009), 135 (136); *P. Kirchhof*, HStR VIII, § 181 Rn. 209; *Morgenthaler*, in: FS P. Kirchhof, 51 (52 f.); *Englisch*, in: FS Lang, 167 (186).

867 Vgl. *Tipke*, StuW 2007, 201 (206).

868 Vgl. *P. Kirchhof*, in: HStR V, § 118 Rn. 176 f.

869 *Schmidt*, in: FS Canaris, 1353 (1365); *Gusy*, NJW 1988, 2505 (2508); *Drüen*, StuW 2008, 3 (9); *Robbers*, DÖV 1988, 749 (755 f.); *Birk*, DStR 2009, 877 (881); wohl ebenfalls gl. A. *Schlotter*, FR 2007, 951 (953).

870 Dies erkennen auch die Befürworter einer steuerübergreifenden Anwendung an, vgl. *Tipke*, StuW 2007, 201 (207); *G. Kirchhof*, in: H/H/R, Einf. ESt., Rn. 268.

des *die einmal getroffene Belastungsentscheidung folgerichtig im Sinne der Belastungsgleichheit umsetzen* [muss]".[871] Diese Formulierung legt nahe, dass das Folgerichtigkeitsgebot erst zur Anwendung kommt, nachdem der Gesetzgeber eine Belastungsentscheidung getroffen und damit einen Binnenbereich eröffnet hat. Bei der Ausgestaltung *dieser* Belastungsentscheidung und damit im Binnenbereich *dieser* Belastungsentscheidung muss der Gesetzgeber das Folgerichtigkeitsgebot beachten.[872] Im Ergebnis ist damit von einer binnenbereichsbeschränkten Anwendung des Folgerichtigkeitsgebots auszugehen.

cc) Kritik und Möglichkeit eines Systemwechsels

Kritik begegnet dem Folgerichtigkeitsgebot insbesondere deshalb, weil es den Gesetzgeber an seine eigenen Grundentscheidungen bindet. Teilweise wird darin die Gefahr einer „verfassungsrechtlichen Zementierung" einfachgesetzlicher Regelungen[873] und damit auch eine Gefährdung der Reformfähigkeit der Steuerpolitik[874] gesehen. *Di Fabio* zeichnet in diesem Kontext das Bild vom Gesetzgeber als Gefangenen seiner eigenen Entscheidungen".[875]

Dieser Kritik kann jedoch die Entscheidung des Bundesverfassungsgerichts zur Pendlerpauschale[876] entgegengehalten werden, in der das Gericht dem Gesetzgeber ausdrücklich die Möglichkeit eines Systemwechsels einräumt[877] und damit zugleich die Grenzen des Folgerichtigkeitsgebots aufgezeigt hat. So hat das Bundesverfassungsgericht festgestellt, dass „die dem Steuergesetzgeber zustehende Gestaltungsfreiheit [...] von Verfassungs wegen die Befugnis [umfasst], neue Regeln einzuführen, ohne durch

871 BVerfGE 105, 73 (126); 107, 27 (47); 117, 1 (31); 122, 210 (231); 123, 111 (120 f.); 126, 268 (278); [Hervorhebungen und Klammerzusätze von der Verfasserin eingefügt].

872 Ähnlich *Eckhoff*, in: FS Steiner, 118 (129) „Das Verfassungsgericht fordert demnach zu Recht [...] „nur" Folgerichtigkeit bei der Konkretisierung der vom Gesetzgeber getroffenen Grundentscheidungen".

873 *Müller-Franken*, NJW 2009, 55 (55) der jedoch darauf hinweist, dass eine solche Zementierung gerade nicht erfolgt.

874 So auch das Vorbringen der Bundesregierung im Verfahren zur Pendlerpauschale, vgl. BVerfGE 122, 210 (224); vgl. auch *Drüen*, JZ 2010, 91 (93) Fn. 33.

875 *Di Fabio*, JZ 2007, 749 (754).

876 Urteil v. 9.12.2008, 2 BvL 1, 2/07, 1, 2/08, BVerfGE 122, 210 ff.

877 BVerfGE 122, 210 (242).
Vgl. hierzu ausführlich *Drüen*, Ubg 2009, 23 (25 ff.).

Grundsätze der Folgerichtigkeit an frühere Grundentscheidungen gebunden zu sein".[878]

Die Entbindung vom Folgerichtigkeitsgebot ist jedoch an enge Voraussetzungen geknüpft. So muss der Gesetzgeber tatsächlich ein neues Regelungskonzept geschaffen haben, da sich andernfalls jedwede Ausnahmeregelung als (Anfang einer) Neuregelung deklarieren ließe.[879] Einen zulässigen Systemwechsel könne es nicht ohne ein Mindestmaß an neuer Systemorientierung geben.[880] Insbesondere dann, wenn bei im Übrigen unveränderten Grundentscheidungen eine von diesen abweichende Belastungsentscheidung lediglich in einem schmalen Teilbereich mit der Behauptung eines Systemwechsels begründet wird, bedarf es greifbarer Anhaltspunkte – etwa die Einbettung in ein nach und nach zu verwirklichendes Grundkonzept –, die die resultierende Ungleichbehandlung vor Art. 3 Abs. 1 GG rechtfertigen können.[881] Der Zwang des Gesetzgebers zur Folgerichtigkeit ist damit keineswegs absolut[882] – er kann sich also aus seinem „Gefängnis" grundsätzlich befreien.

Ungeachtet der grundsätzlich bestehenden Möglichkeit eines Systemwechsels, hat das Bundesverfassungsgericht einen solchen bislang noch nicht anerkannt.

c) Das objektive Nettoprinzip

Das Ausgangsprinzip der Besteuerung nach der Leistungsfähigkeit der Steuerpflichtigen erfährt im Einkommensteuerrecht eine bedeutende Konkretisierung durch das sog. objektive Nettoprinzip.[883] Dessen einfach-gesetzliche Grundlage wird allgemein in § 2 Abs. 2 EStG gesehen.[884] Auch das Bundesverfassungsgericht spricht vom objektiven Nettoprinzip, wie es

878 BVerfGE 122, 210 (242) [Klammerzusätze von der Verfasserin eingefügt].
879 BVerfGE 122, 210 (242).
880 BVerfGE 122, 210 (242).
881 BVerfGE 122, 210 (242).
882 *Drüen*, JZ 2010, 91 (93).
883 *Eckhoff*, FR 2007, 989 (993); *Weber-Grellet*, Steuern im modernen Verfassungsstaat, S. 176; *Seiler*, DStJG 34 (2011), 61 (62).
884 *Ratschow*, in: Brandis/Heuermann, § 2 EStG, Rn. 5 f.; *P. Kirchhof*, in: Kirchhof/Seer, § 2 EStG, Rn. 4; *Musil*, in: H/H/R, § 2 EStG, Rn. 14; *Görke*, Beihefter zu DStR 2009 (Heft 34), 106 (106).

„in § 2 Abs. 2 EStG zum Ausdruck kommt“.[885] Daneben stellt das Gericht teilweise auch auf § 4 Abs. 1 und Abs. 4 EStG ab.[886]

aa) Inhalt und Anwendungsbereich

Das Bundesverfassungsgericht prüft die Berücksichtigung erwerbssichernder Aufwendungen nicht in erster Linie am Maßstab der Leistungsfähigkeit, sondern anhand des objektiven Nettoprinzips.[887] Nach dem objektiven Nettoprinzip unterliegt der Einkommensteuer grundsätzlich nur das Nettoeinkommen, also der Saldo aus den Erwerbseinnahmen und den betrieblichen bzw. beruflichen Erwerbsaufwendungen.[888] Das objektive Nettoprinzip wirkt somit ausschließlich in der Erwerbssphäre, während Aufwendungen für die private Lebensführung die einkommensteuerliche Bemessungsgrundlage grundsätzlich nicht mindern dürfen.[889]

Da auch die Körperschaftsteuer – wie die Einkommensteuer – eine Ertragsteuer ist, findet das objektive Nettoprinzip auch insoweit Anwendung.[890]

bb) Stellenwert und Diskussion um den Verfassungsrang

Die überwiegende Literatur räumt dem objektiven Nettoprinzip einen hohen Stellenwert ein. So hat der Deutsche Juristentag im Jahr 1988 beschlossen: „Das Nettoprinzip gehört zu den identitätskonstituierenden Merkmalen der Einkommensteuer. Als solches steht es nicht zur Disposition des Gesetzgebers. Ohne Nettoprinzip hört die Einkommensteuer auf, Einkommensteuer zu sein“.[891]

---

885 BVerfGE 122, 210 (234); 123, 111 (121); Vgl. auch *Schneider*, Beihefter zu DStR 2009 (Heft 34), 87 (88) der davon ausgeht, dass das BVerfG diese Formulierung in Zukunft mit Blick auf die Einführung einer Schedulenbesteuerung für Einkünfte aus Kapitalvermögen anpassen wird müssen.

886 Vgl. BVerfGE 81, 228 (237).

887 Vgl. *Mellinghoff*, in: FS Spindler, 153 (163).

888 Vgl. BVerfGE 107, 27 (47); 122, 210 (233); 123, 111 (121).

889 Vgl. BVerfGE 122, 210 (233 f.); 126, 268 (279).

890 Vgl. *Heger*, Beihefter zu DStR 34 (2009), 117 (118).

891 Sitzungsbericht N, 1988, S. 214; im Wortlaut wiedergegeben bei *Lang*, StuW 2007, 3 (8f.); *Tipke*, BB 2007, 1525 (1527); *Hey*, in: Tipke/Lang, § 8 Rn. 54.

Das Bundesverfassungsgericht zeigte sich in Bezug auf das objektive Nettoprinzip zunächst zögerlich. So hatte es ursprünglich sogar noch in Zweifel gezogen, ob dem objektiven Nettoprinzip überhaupt der Rang eines einfachgesetzlichen Prinzips zukommt.[892] Zwar hat das Bundesverfassungsgericht das objektive Nettoprinzip inzwischen als einfachgesetzliches Prinzip anerkannt[893], doch zögert es ihm auch den Rang eines verfassungsrechtlichen Prinzips zuzusprechen. Während das Gericht das subjektive Nettoprinzip verfassungsrechtlich anerkannt hat[894], hat es wiederholt ausdrücklich offengelassen, ob auch dem objektiven Nettoprinzip Verfassungsrang zukommt.[895] Stattdessen erlangt das objektive Nettoprinzip in der Rechtsprechung des Bundesverfassungsgerichts lediglich eine mittelbare verfassungsrechtliche Relevanz über das aus Art. 3 Abs. 1 GG abzuleitende Folgerichtigkeitsgebot.[896] So gehöre die Beschränkung des steuerlichen Zugriffs nach Maßgabe des objektiven Nettoprinzip als Ausgangstatbestand der Einkommensteuer zu den gesetzgeberischen Grundentscheidungen, sodass Ausnahmen von der folgerichtigen Umsetzung der mit dem objektiven Nettoprinzip getroffenen Belastungsentscheidungen eines besonderen, sachlich rechtfertigenden Grundes bedürfen.[897]

Auch der Bundesfinanzhof zeigte sich im Hinblick auf das objektive Nettoprinzip zunächst zurückhaltend. So musste sich das Gericht zwar seit jeher mit erwerbsbezogenen Aufwendungen befassen, doch zog es insoweit allgemeine Gerechtigkeitserwägungen heran, ohne dabei das objektive Nettoprinzip zu erwähnen.[898] In späteren Entscheidungen findet sich

---

892 BVerfGE 27, 58 (65) wonach es „dahinstehen“ kann, „ob dem geltenden Einkommensteuerrecht eine solche Sachgesetzlichkeit der Nettobesteuerung innewohnt“; vgl. auch BVerfGE 34, 103 (115) wonach ein Nettoprinzip in dem strikten Sinn, dass der Gesetzgeber jegliche Durchbrechungen, für die kein besonderer sachlicher Grund vorliegt, unterlassen müsste, dem Einkommensteuerrecht nicht zu entnehmen ist.

893 BVerfGE 123, 111 (121) wonach von einem „einfachrechtliche[n] objektiven Nettoprinzip“ die Rede ist; vgl. auch BVerfGE 107, 27 (47 f.); 122, 210 (233 f.); 123, 111 (121) wonach der einfache Gesetzgeber die für die Lastengleichheit im Einkommensteuerrecht maßgebliche finanzielle Leistungsfähigkeit nach dem objektiven und dem subjektiven Nettoprinzip bemisst.

894 BVerfGE 82, 60 (85 ff.); 87, 153 (169 ff.); 99, 216 (233 f.); 107, 27 (48); 110, 412 (433); 122, 210 (234).

895 BVerfGE 81, 228 (237); 107, 27 (48); 122, 210 (234); 123, 111 (121); 126, 268 (179).

896 *Seiler*, DStJG 34 (2011), 61 (63).

897 BVerfGE 107, 27 (48); 122, 210 (234); 123, 111 (121); 126, 268 (279 f.).

898 Vgl. BFHE 100, 309 (316 f.); *J. Lang*, StuW 2007, 3 (5 f.); *Seiler*, DStJG 34 (2011), 61 (64).

immerhin eine dem objektiven Nettoprinzip entsprechende Interpretation der Begriffe „Betriebsausgaben" und „Werbungskosten" nach dem Maßstab des Veranlassungsprinzips.[899] Während das Bundesverfassungsgericht bereits in den sechziger Jahren vom „Prinzip der Nettobesteuerung des Einkommens" sprach[900], erwähnte der Bundesfinanzhof das objektive Nettoprinzip erstmals ausdrücklich im Jahr 1983.[901] Seitdem findet es sich jedoch in zahlreichen Judikaten des Gerichtshofs.[902]

Inzwischen ist die systemtragende Rolle des objektiven Nettoprinzips in Literatur und Rechtsprechung gleichermaßen anerkannt.[903] Offen ist jedoch die Frage, ob dem objektiven Nettoprinzip selbst Verfassungsrang zukommt. Dies wird von einigen Stimmen in der Literatur bejaht.[904] So wird vielfach vertreten, das objektive Nettoprinzip teile den Rang des Leistungsfähigkeitsprinzips und sei damit ebenfalls aus dem allgemeinen Gleichheitssatz abzuleiten.[905] Daneben werden zur Begründung des Verfassungsrangs teilweise auch die Freiheitsgrundrechte herangezogen. So stelle eine Verletzung des objektiven Nettoprinzips einen über die Belastungswirkung des Steuereingriffs hinausgehenden Eingriff in Art. 12 und 14 GG dar.[906]

---

899 Vgl. BFHE 124, 43 (48 ff.); *Seiler*, DStJG 34 (2011), 61 (64).

900 Vgl. BVerfGE 27, 58 (64).

901 BFHE 140, 50 (58) wonach steuerrechtlich der Abzug der Geldbuße bei der Ermittlung des Gewinns eine notwendige Folge des steuerrechtlichen Netto-Prinzips ist.

902 Vgl. BFHE 256, 143 (148); 245, 565 (569); 228, 431 (435); 188, 69 (89); 181, 305 (307).

903 Vgl. *Hey*, in: H/H/R, Einf. EStG, Rn. 44; *Reimer*, Beihefter zu DStR 2009 (Heft 34), 122 (122).

904 *Söhn*, DStJG 3 (1980), 13 (17 f.); *Hey* in: H/H/R, Einf. ESt., Rn. 44; *dies.*, Beihefter zu DStR 34 (2009), 109 (110); *Tipke*, JZ 2009, 533 (537); *ders.*, BB 2007, 1525 (1527); *Englisch*, Beihefter zu DStR 2009 (Heft 34), 92 (96); *Lehner*, DStR 2009, 185 (191); *J. Lang*, StuW 2007, 3 (4); *Seiler*, DStJG 34 (2011), 61 (66 f.); *Jachmann*, Beihefter zu DStR 2009 (Heft 34), 129 (129); *Schulze-Osterloh*, DStJG 23 (2000), 67 (69).

905 *Tipke*, BB 2007, 1525 (1527); *Hey*, in: H/H/R, Einf. ESt., Rn. 44; *J. Lang*, StuW 2007, 3 (4); *Jachmann*, Beihefter zu DStR 34 (2009), 129 (129).

906 *Hey*, Beihefter zu DStR 34 (2009), 109 (110); *Lehner*, DStR 2009, 185 (189 ff.); vgl. auch *Englisch*, Beihefter zu DStR 34 (2009), 92 (94) wonach daneben auch die Menschenwürdegarantie des Art. 1 GG sowie ggf. Art. 6 GG tangiert sein könnten.

Andere Teile der Literatur sprechen sich gegen den Verfassungsrang des objektiven Nettoprinzips aus.[907] So betont *Stefan Schneider*, dass sich die finanzielle Leistungsfähigkeit zwar im disponiblen Einkommen abbilde, das objektive Nettoprinzip jedoch lediglich ein Instrument zur Ermittlung des disponiblen Einkommens darstelle.[908] Ein Instrument zur Ermittlung einer verfassungsrechtlich relevanten Maßgröße erlange jedoch nicht selbst Verfassungsrang und sei lediglich an der Verfassung zu messen.[909] Vorzugswürdig erscheint insoweit die Auffassung des Bundesverfassungsgerichts, wonach das objektive Nettoprinzip als gesetzgeberische Grundentscheidung folgerichtig umzusetzen und damit über das Folgerichtigkeitsgebot mittelbar verfassungsrechtlich abgesichert ist. Allerdings ist diese gesetzgeberische Entscheidung bei Implementierung einer Einkommensteuer verfassungsrechtlich vorgegeben. Der in Art. 106 GG niedergelegte Typus der Einkommensteuer setzt nämlich eine Nettobesteuerung voraus.[910] Entscheidet sich der Gesetzgeber für eine Einkommensbesteuerung, kann er sich dem objektiven Nettoprinzip jedenfalls nicht grundsätzlich entziehen.[911]

Festzuhalten ist an dieser Stelle also, dass das objektive Nettoprinzip zumindest über das Folgerichtigkeitsgebot verfassungsrechtlich abgesichert ist und damit vom Gesetzgeber nur bei Vorliegen gewichtiger Gründe durchbrochen werden darf.[912]

d) Rechtfertigung von Durchbrechungen

aa) Prüfungsintensität: Willkür- oder Verhältnismäßigkeitsprüfung

Sofern eine gleichheitsrelevante Gleich- bzw. Ungleichbehandlung festgestellt worden ist, ist als zweiter Schritt eine mögliche Rechtfertigung zu

---

907 *Drenseck*, in: GS Trzaskalik, 283 (288); *Droege*, StuW 2011, 105 (111); i.E. auch *Müller-Franken*, NJW 2009, 55 (55) der vom „einfachrechtlichen“ Nettoprinzip spricht.

908 S. *Schneider*, Beihefter zu DStR 2009 (Heft 34), 87 (87 und 89).

909 *S. Schneider*, Beihefter zu DStR 2009 (Heft 34), 87 (89).

910 *Eckhoff*, in: FS Steiner, 118 (129); *Schulze-Osterloh*, DStJG 23 (2000), 67 (69 und 78); vgl. auch *Englisch*, Beihefter zu DStR 2009 (Heft 34), 92 (92); *Jachmann*, Beihefter zu DStR 34 (2009), 129 (130); *Drüen*, StuW 2008, 3 (7).

911 *Eckhoff*, in: FS Steiner, 118 (129).

912 BVerfGE 81, 228 (237); 107, 27 (48); 122, 210 (234); 123, 111 (121); 126, 268 (279 f.).

prüfen. Was die Prüfungsintensität betrifft, so stellte das Bundesverfassungsgericht früher in ständiger Rechtsprechung eine Willkürprüfung an und nahm eine Verletzung von Art. 3 Abs. 1 GG nur an, wenn sich ein „vernünftiger, aus der Natur der Sache sich ergebender oder sonstwie einleuchtender Grund für die gesetzliche Differenzierung nicht finden lässt“[913]. Inzwischen stellt das Gericht eine differenzierende Betrachtungsweise an und betont in inzwischen ständiger Rechtsprechung, dass sich aus dem Gleichheitssatz je nach Regelungsgegenstand und Differenzierungsmerkmalen unterschiedliche Rechtfertigungsanforderungen für den Gesetzgeber ergeben, die von einer bloßen Willkürprüfung bis hin zu einer strengen Bindung an Verhältnismäßigkeitserfordernisse reichen.[914] Die genauen Maßstäbe und Kriterien dafür, nach welchen Voraussetzungen der Gesetzgeber den Gleichheitssatz verletzt, lassen sich nicht abstrakt und allgemein, sondern nur bezogen auf den jeweils betroffenen Sach- und Regelungsbereich präzisieren.[915]

Um die Frage nach der Prüfungsintensität im Hinblick auf Abweichungen von den gleichheitsrechtlichen Anforderungen auf dem Gebiet des Steuerrechts beantworten zu können, ist eine zweistufige Betrachtungsweise angezeigt.[916] So kommt dem Gesetzgeber zunächst bei der Auswahl des Steuergegenstandes, wie auch bei der Bestimmung des Steuersatzes, und damit beim Treffen einer Belastungsentscheidung, ein weit reichender Entscheidungsspielraum zu.[917] Das Bundesverfassungsgericht prüft diese parlamentarische Entscheidung allein auf Willkür.[918]

Weniger klar ist dagegen der Prüfungsmaßstab, soweit es um die folgerichtige Umsetzung dieser Belastungsentscheidung geht. Die wohl überwiegende Literatur spricht sich insoweit, insbesondere im Hinblick auf Abweichungen von der folgerichtigen Umsetzung des objektiven Nettoprinzips, für eine Verhältnismäßigkeitsprüfung aus.[919] Das Bundesverfas-

913 BVerfGE 1, 14 (52); 12, 341 (348); vgl hierzu *Eckhoff*, Rechtsanwendungsgleichheit, S. 135 ff.

914 stRspr. BVerfGE 105, 73 (110); 107, 27 (45); 110, 274 (291); 110, 412 (431); 112, 268 (279); 116, 164 (180); 122, 210 (230); 123, 111 (119 f.); 126, 268 (277); 145, 106 (142).

915 stRspr. BVerfGE 105, 73 (111); 107, 27 (46); 110, 412 (432); 112, 268 (279); 122, 210 (230); 123, 111 (120); 126, 268 (277); 145, 106 (142).

916 Vgl. *F. Kirchhof*, BB 2017, 662 (664).

917 BVerfGE 93, 121 (136); 117, 1 (30); 122, 210 (230); 123, 111 (120); 126, 268 (277).

918 BVerfGE 120, 1 (29); 137, 350 (367); 145, 106 (144).

919 *Englisch*, Beihefter zu DStR 2009 (Heft 34), 92 (97); *Drüen*, StuW 2008, 3 (11); *Lehner*, DStR 2009, 185 (191).

sungsgericht stellt in diesem Zusammenhang klar, dass Ausnahmen von der folgerichtigen Umsetzung des steuerlichen Ausgangstatbestandes „eines besonderen, sachlichen Grundes“ bedürfen. Dies mag zunächst den Schluss nahelegen, das Gericht lasse insoweit einen sachlich einleuchtenden Grund im Sinne einer reinen Willkürprüfung nie genügen.[920] Gleichwohl ließ das Bundesverfassungsgericht erst jüngst wieder ausdrücklich offen, ob sich allein aus dem Erfordernis eines „besonderen sachlichen Grundes“ für Abweichungen von einem steuerrechtlichen Ausgangstatbestand erhöhte Begründungsanforderungen gegenüber einem bloßen „sachlich einleuchtenden Grund“ für die Differenzierung im Sinne des Willkürverbots ergeben.[921] Letztendlich ist die Prüfungsintensität damit im Hinblick auf die jeweilige Einzelfallregelung zu beurteilen. Dabei stellt das Gericht klar, dass – auch bei juristischen Personen[922] – allgemein die Anforderungen an Rechtfertigungsgründe für gesetzliche Differenzierungen in dem Maße steigen, in dem sich die Ungleichbehandlung von Personen oder Sachverhalten auf die Ausübung grundrechtlich geschützter Freiheiten auswirken kann.[923] Zudem verschärfen sich die Anforderungen an den rechtfertigenden Sachgrund, je weniger die Merkmale, an die die gesetzliche Differenzierung anknüpft, für den Einzelnen verfügbar sind.[924]

bb) Rechtfertigungsgründe

Das Bundesverfassungsgericht hat inzwischen einige Rechtfertigungsgründe anerkannt, die Abweichungen von der folgerichtigen Umsetzung einer einmal getroffenen Belastungsentscheidung rechtfertigen können. Dazu zählen insbesondere Typisierungs- und Vereinfachungserfordernisse,[925] Förderungs- und Lenkungszwecke,[926] sowie auch die spezialgesetzliche Missbrauchsabwehr.[927] Die Anforderungen an die einzelnen Rechtferti-

920 In diese Richtung *Hey*, in: Tipke/Lang, § 3 Rn. 125; *Thiemann*, in: Linien der Rspr. des BVerfG, Bd. 2, 179 (189 f.).

921 BVerfGE 145, 106 (145).

922 BVerfGE 145, 106 (145).

923 BVerfGE 99, 378 (388); 145, 106 (145) 123, 111 (120); 105, 73 (110 f.).

924 BVerfGE 88, 87 (96); 129, 49 (6); 138, 136 (181); 145, 106 (145).

925 Vgl. BVerfGE 122, 210 (232); 126, 268 (278); 127, 224 (245).

926 Vgl. BVerfGE 93, 121 (147); 105, 73 (112); 122, 210 (231); 126, 268 (278); 127, 224 (245).

927 Vgl. BVerfGE 13, 290 (316); 99, 88 (97); 127, 223 (257); 145, 106 (153); 148, 217 (247 und 249).

gungsgründe hat das Gericht in zahlreichen Entscheidungen präzisiert. Dabei ist jedoch zu beachten, dass die Unterscheidung zwischen den einzelnen Rechtfertigungsgründen nicht immer trennscharf erfolgen kann und insbesondere auch Überschneidungen möglich sind.[928]

(1) Fiskalzweck

Man mag den Fiskalismus zwar als den „schlimmsten Feind des Nettoprinzips"[929] ansehen können. Gleichwohl betont das Bundesverfassungsgericht stets, dass rein fiskalische Zwecke Ausnahmen von der folgerichtigen Umsetzung einer einmal getroffenen Belastungsentscheidung und insbesondere von Durchbrechungen des objektiven Nettoprinzips nicht zu rechtfertigen vermögen.[930] Denn Steuern verfolgen stets den Zweck der Einnahmenerzielung (vgl. § 3 Abs. 1 AO) und damit fiskalische Zwecke. Würde dieser einer jeden Steuer innewohnende Zweck bereits rechtfertigende Wirkung entfalten, könnte jede steuerbelastende Regelung allein durch ihren Fiskalzweck gerechtfertigt werden.[931]

(2) Typisierungen und Pauschalierungen

Steuerrecht ist Massenrecht. Zur Ordnung von Massenerscheinungen ist der Gesetzgeber grundsätzlich befugt, vereinfachende und typisierende Regelungen zu erlassen[932] Dabei bedeutet „Typisierung", dass bestimmte in wesentlichen Elementen gleich geartete Lebenssachverhalte normativ zusammengefasst werden.[933] Erst Typisierungen machen steuerliche Massenfallregelungen praktikabel und dienen damit der Gleichmäßigkeit der Besteuerung.[934] Typisierungen führen aber zugleich zu Ungleichbehandlungen, da der typische Fall und der abweichende Fall durch die entsprechende Norm gleich behandelt werden.[935] Dies erkennt auch das Bundes-

---

928 Vgl. *Drüen*, StuW 2008, 3 (12).
929 *J. Lang*, StuW 2007, 3 (7).
930 BVerfGE 82, 60 (89); 116, 164 (182); 126, 268 (278 und 281); 135, 126 (150 f.).
931 *Desens*, FR 2011, 745 (749); *ders.*, StuW 2016, 240 (244).
932 BVerfGE 112, 268 (280); 116, 164 (182); 122, 210 (232); 126, 268 (278); 127, 224 (245).
933 BVerfGE 122, 210 (232); 126, 268 (279).
934 *Eckhoff*, Rechtsanwendungsgleichheit, S. 89.
935 *Wernsmann*, DStR-Beihefter 2011 (Heft 31), 72 (72).

verfassungsgericht, stellt jedoch zugleich auch klar, dass generalisierende, typisierende und pauschalierende Regelungen nicht schon allein wegen der damit unvermeidlich verbundenen Härten gegen den allgemeinen Gleichheitssatz verstoßen.[936]

Dies bedeutet jedoch nicht, dass der Gesetzgeber bei der Schaffung von Typisierungen gänzlich frei wäre. Vielmehr zeigte das Bundesverfassungsgericht dem Gesetzgeber in zahlreichen Judikaten die verfassungsrechtlichen Grenzen zulässiger Typisierung auf. Dabei hatte das Gericht im Zusammenhang mit Typisierungen zwischenzeitlich sogar ausdrücklich auf den Grundsatz der Verhältnismäßigkeit verwiesen.[937] In neuerer Zeit betont das Bundesverfassungsgericht diesen jedenfalls nicht mehr ausdrücklich. Gleichwohl formuliert das Gericht im Hinblick auf die Zulässigkeit von Typisierungen Anforderungen, die im Ansatz den Erwägungen einer Verhältnismäßigkeitsprüfung entsprechen.[938]

So verlangt das Gericht, dass mit der Typisierung ein „vernünftiger, einleuchtender Grund" verfolgt wird.[939] Dieser liegt regelmäßig in den Gründen der Verwaltungsvereinfachung.[940] Die gewählte Typisierung muss weiterhin auch geeignet sein, diesem Vereinfachungszweck zu dienen.[941]

Das Bundesverfassungsgericht verlangt weiter, dass die durch die Typisierung eintretenden Härten und Ungleichheiten „nur unter Schwierigkeiten" vermeidbar wären.[942] Eine typisierende Regelung muss also auch erforderlich sein.

Schließlich stellt das Gericht auch Angemessenheitserwägungen an. So dürfen die mit der Typisierung „eintretenden Härten und Ungerechtigkeiten [...] lediglich eine verhältnismäßig kleine Zahl von Personen betreffen".[943] Der Gesetzgeber muss sich „grundsätzlich am Regelfall orientieren".[944] Er darf „keinen atypischen Fall als Leitbild wählen, sondern muss stets realitätsgerecht den typischen Fall als Maßstab zugrunde legen".[945]

---

936 stRspr. BVerfGE 84, 348 (359); 105, 73 (127); 112, 268 (280); 116, 164 (182 f.); 122, 210 (232); 126, 268 (278 f.).

937 Vgl. BVerfGE 103, 310 (319) wonach eine zulässige Typisierung unter Berücksichtigung des Verhältnismäßigkeitsgrundsatzes voraussetze, dass mit ihr verbundene Härten nur unter Schwierigkeiten vermeidbar gewesen wären.

938 *Desens*, StuW 2016, 240 (245).

939 BVerfGE 90, 226 (239); 123, 1 (19); 137, 350 (375).

940 BVerfGE 137, 350 (375); 138, 136 (225); vgl. *Desens*, StuW 2016, 240 (245).

941 BVerfGE 135, 126 (148 ff.).

942 BVerfGE 63, 119 (128); 84, 348 (360); 126, 233 (63).

943 BVerfGE 84, 348 (360); 103, 310 (319).

944 BVerfGE 122, 210 (232); 126, 268 (279).

945 stRspr. BVerfGE 112, 268 (280 f.); 116, 164 (182); 122, 210 (233); 126, 268 (279).

Das Verfassungsgericht hat in diesem Zusammenhang weiterhin festgestellt, dass der Norm möglichst breite, empirisch gefestigte Erkenntnisse zugrunde liegen müssen.[946] Für die unbeabsichtigt durch die Typisierung erfassten Fälle, darf der Verstoß gegen den Gleichheitssatz „nicht sehr intensiv“ sein.[947] Sofern durch die Typisierung Einzelfälle auch intensiv benachteiligt werden, kann eine Härte- oder Billigkeitsklausel erforderlich sein.[948] Insgesamt darf „die wirtschaftlich ungleiche Wirkung auf die Steuerzahler [...] ein gewisses Maß nicht übersteigen“.[949] Die steuerlichen Vorteile der Typisierung müssen vielmehr „im rechten Verhältnis zu der mit der Typisierung notwendigerweise verbundenen Ungleichbehandlung stehen“.[950]

(3) Missbrauchsbekämpfung

Das Bundesverfassungsgericht erkennt das Ziel der Missbrauchsbekämpfung grundsätzlich als Rechtfertigungsgrund an.[951] Gleichwohl sind die Urteile, in denen das Gericht ausdrücklich zu den verfassungsrechtlichen Grenzen spezialgesetzlicher Missbrauchsvorschriften Stellung nimmt, noch überschaubar.[952]

Was die Ausgestaltung spezialgesetzlicher Missbrauchsvorschriften betrifft, so verlangt das Bundesverfassungsgericht jedenfalls, dass die gewählte Missbrauchskonstellation im Tatbestand Niederschlag findet.[953] Problematisch ist auch hier die Frage, wann von einem „Missbrauch“ auszugehen

946 So hatte das BVerfG im Hinblick auf die Entfernungspauschale eine zulässige Typisierung verneint, da die Regelung sich nicht „an einem empirisch begründeten Regelfall“ orientierte, BVerfGE 122, 210 (240); vgl. hierzu *Eckhoff*, Rechtsanwendungsgleichheit, S. 91 ff.

947 Allgemein BVerfGE 26, 265, (276); speziell zu steuerrechtlichen Regelungen BVerfGE 84, 348 (360); 103, 310 (319); 133, 377 (413); vgl. hierzu *Eckhoff*, Rechtsanwendungsgleichheit, S. 95 ff.

948 BVerfGE 60, 16 (51 f.); 68, 155 (173); Vgl. *Eckhoff*, Rechtsanwendungsgleichheit, S. 95.

949 BVerfGE 123, 1 (19); 117, 1 (31).

950 BVerfGE 110, 274 (292); 117, 1 (31); 120, 1 (30); 123, 1 (19).

951 Vgl. BVerfGE 13, 290 (316); 99, 88 (97); 127, 224 (257); 145, 106 (153); 148, 217 (247).

952 Vgl. *Hey*, StuW 2008, 167 (173 f.); *dies*., DStJG 33 (2010), 139 (167); *Gabel*, S. 99.

953 Vgl. BVerfGE 145, 106 (154) wo die Rechtfertigung unter dem Missbrauchsvermeidungszweck im Ergebnis scheiterte, weil die Missbrauchskonstellation „im Tatbestand des § 8c S. 1 KStG keinen Niederschlag gefunden“ hat.

ist.[954] Das Bundesverfassungsgericht gibt dabei keine Missbrauchsdefinition vor. Gleichwohl versucht das Gericht einer allzu inflationären Annahme von „Missbrauch" durch den Gesetzgeber entgegenzuwirken. So lässt sich aus der Rechtsprechung des Verfassungsgerichts zunächst das Erfordernis ableiten, dass der gegenüber Missbräuchen abgesicherte Bereich auch tatsächlich missbrauchsanfällig ist.[955] So schloss das Gericht in seiner Entscheidung zum Lastenausgleichsgesetz eine Rechtfertigung unter dem Missbrauchsbekämpfungszweck aus, weil die „Gefahr des Mißbrauchs [...] nicht so groß" war.[956] Auch im Rahmen der sog. Segelyacht-Entscheidung stellte das Gericht im Zusammenhang mit § 22 Nr. 3 EStG fest, dass „nicht erkennbar [sei], daß Einkünfte aus Leistungen typischerweise für unerwünschte Steuergestaltungen genutzt werden, die in einem stärkeren Maße eingedämmt werden müßten als bei den übrigen Einkünften".[957]

Der Gesetzgeber darf den Missbrauchsfall in typisierender Weise erfassen.[958] Der Rechtfertigungsgrund der Missbrauchsbekämpfung ist damit eng mit dem der Typisierung verknüpft.[959] Soweit der Gesetzgeber den Missbrauchsfall in typisierender Weise erfasst, sind die Anforderungen, die das Bundesverfassungsgericht an Typisierungen stellt,[960] zu beachten. Insbesondere darf die zum Zwecke der Missbrauchsbekämpfung gewählte Typisierung keinen atypischen Fall als Leitbild wählen, sondern muss sich realitätsgerecht am typischen Missbrauchsfall orientieren.[961] Auch in seinen neueren Entscheidungen stellt das Bundesverfassungsgericht klar, dass der Gesetzgeber an Umstände anknüpfen muss, die für sich genommen eine missbräuchliche Gestaltung indizieren.[962] Die Grenzen zulässiger Ty-

954 Vgl. hierzu *Drüen*, StuW 2008, 3 (13) wonach der Gesetzgeber einer Missbrauchsphobie ausgesetzt scheint.

955 Vgl. *Gabel*, StuW 2011, 3 (8); ähnlich auch *Drüen*, StuW 2008, 3 (13) wonach die Befugnisse zur typisierenden Missbrauchsabwehr überschritten sind, wenn sich keine realen Missbrauchsszenarien erkennen lassen; vgl. auch *Seiler*, DStJG 34 (2011), 60 (71) wonach sich die Missbrauchstypisierung auf eine „hinreichend belegte Annahme tatsächlicher Steuerumgehung stützten" lassen muss.

956 BVerfGE 35, 324 (342).

957 BVerfGE 99, 88 (97).

958 Vgl. etwa BVerfGE 145, 106 (151 ff.) wenngleich dort die Grenzen zulässiger Typisierung überschritten waren; *Seiler*, DStJG 34 (2011), 60 (71).

959 *Drüen*, StuW 2008, 3 (13).

960 Vgl. Abschnitt C. II. 1. d) bb) (2).

961 BVerfGE 145, 106 (153); vgl. auch BVerfGE 127, 223 (259 ff.).

962 Vgl. BVerfGE 145, 106 (154) wonach eben der Erwerb einer Beteiligung von mehr als 25 % an einer Kapitalgesellschaft nicht allein eine missbräuchliche Gestaltung indiziert.

pisierung werden überschritten, wenn der Gesetzgeber eine abstrakte Missbrauchsgefahr zum Anlass für eine vom typischen Missbrauchsfall losgelöste und über diesen hinausgehende generelle Regelung nimmt.[963]

Ein Großteil der Literatur spricht sich außerdem dafür aus, Missbrauchsregelungen grundsätzlich einer strengen Verhältnismäßigkeitsprüfung zu unterziehen.[964] Die Erfassung nicht missbräuchlicher Konstellationen müsse auf Einzelfälle beschränkt sein und so schonend wie möglich ausgestaltet werden.[965] Das Bundesverfassungsgericht zeigt sich insoweit – insbesondere was die Anerkennung von Typisierungen betrifft[966] – eher großzügig.[967] Insbesondere verlangt das Gericht – jedenfalls bislang – auch im Hinblick auf die Missbrauchsbekämpfung nicht, dass die gewählte Typisierung widerlegbar sein muss.[968] Gleichwohl kann eine solche Gegenbeweismöglichkeit geeignet sein, die Verhältnismäßigkeit der Regelung sicherzustellen.[969]

(4) Förderungs- und Lenkungszwecke

Rechtfertigende Wirkung können auch außerfiskalische Förderungs- und Lenkungsziele entfalten. Dabei wird der Bürger zwar nicht rechtsverbindlich zu einem bestimmten Verhalten verpflichtet, erhält aber durch Sonderbelastung eines unerwünschten oder durch steuerliche Verschonung eines erwünschten Verhaltens ein finanzwirtschaftliches Motiv, sich für ein bestimmtes Tun oder Unterlassen zu entscheiden.[970]

Die Literatur stellt insoweit teilweise strenge Rechtfertigungsanforderungen auf.[971] So wird verlangt, dass der außerfiskalische Förder- und Lenkungszweck einen verfassungsrechtlich bedeutsamen Stellenwert aufweist.[972] Andere dagegen verlangen Deckungsgleichheit zwischen verfolg-

---

963 BVerfGE 145, 106 (153); vgl. auch *Schmehl*, in: FS Bryde, 457 (461).
964 *Hey*, StuW 2008, 167 (176); *Seiler*, DStJG 34 (2011), 60 (71); *Gabel*, StuW 2011, 3 (10 ff.).
965 *Hey*, StuW 2008, 167 (176); *Thiel*, FR 2007, 729 (730).
966 Vgl. *Desens*, StuW 2016, 240 (245 ff.).
967 *Hey*, StBJB 2007/2008, 19 (42).
968 Vgl. hierzu *Hey*, StuW 2008, 167 (176).
969 Vgl. *Drüen*, StuW 2008, 3 (13).
970 BVerfGE 110, 274 (292); 117, 1 (31 f.); 122, 210 (231).
971 Vgl. *Desens*, StuW 2016, 240 (245).
972 *Birk/Desens/Tappe*, Steuerrecht, Rn. 197.

tem Lenkungszweck und Ausgestaltung des Lenkungstatbestandes.[973] Das Bundesverfassungsgericht ist insoweit weit weniger streng.[974] So verlangt das Gericht lediglich, dass die Lenkung bzw. Förderung aus Gründen des Gemeinwohls erfolgt.[975] Dabei ist der Gesetzgeber in seiner Entscheidung, welche Sachverhalte, Personen oder Unternehmen gefördert werden sollen, weitgehend frei.[976] Der Lenkungszweck muss jedoch von einer erkennbaren gesetzgeberischen Entscheidung getragen[977] und seinerseits gleichheitsgerecht ausgestaltet sein.[978] In Bezug auf die gleichheitsgerechte Umsetzung verlangt das Gericht ein Mindestmaß zweckgerechter Ausgestaltung.[979] Schließlich muss das Lenkungsziel auch nicht in jedem Fall erreicht werden. Die Lenkung ist lediglich ein Instrument zur Annäherung an ein Ziel.[980]

cc) Heranzuziehende Rechtfertigungsgründe

Im Hinblick auf die Prüfung der Rechtfertigung, stellt sich die Frage, ob diese auf jene Gründe beschränkt ist, auf die sich der Gesetzgeber selbst berufen hat, oder ob darüber hinaus sämtliche objektiv in Betracht kommende sachliche Gründe herangezogen werden können. Die Praxis des Bundesverfassungsgerichts spricht für Letzteres. So hatte das Bundesverfassungsgericht in seiner Entscheidung zu den Jubiläumsrückstellungen offengelassen, ob die vom Gesetzgeber genannten fiskalischen Gründe zur Rechtfertigung ausreichen.[981] Denn jedenfalls „objektiv [wurden] die ausdrücklichen gesetzgeberischen Gründe […] durch weitere sachliche Gründe ergänzt".[982] Damit macht das Gericht deutlich, dass eine Norm

---

973 *Wernsmann*, Verhaltenslenkung, 245.

974 Vgl. auch *Desens*, StuW 2016, 240 (255) der den vom BVerfG zur Rechtfertigung außerfiskalischer Lenkungsnormen angelegten Maßstab als zu großzügig empfindet.

975 BVerfGE 93, 121 (147); 99, 280 (296); 117, 1 (32); 138, 136 (182).

976 BVerfGE 117, 1 (32); 110, 274 (293); 138, 136 (182); vgl. *Desens*, StuW 2016, 240 (246).

977 BVerfGE 105, 73 (112); 110, 274 (293); 116, 164 (182); 117, 1 (32); 122, 210 (232); 126, 268 (281).

978 BVerfGE 93, 121 (148); 99, 280 (296); 110, 274 (293); 116, 164 (182); 122, 210 (232).

979 BVerfGE 105, 73 (113); 117, 1 (33); vgl. *Desens*, StuW 2016, 240 (246).

980 Vgl. BVerfGE 117, 1 (32).

981 BVerfGE 123, 111 (126).

982 BVerfGE 123, 111 (126) [Klammerzusätze durch die Verfasserin eingefügt].

durch objektiv sachliche Gründe gerechtfertigt werden kann, auf die sich der Gesetzgeber bei Schaffung der Norm nicht berufen hatte. *Klaus-Dieter Drüen* stellt insoweit fest, dass das Gesetz folglich klüger sein könne als der Gesetzgeber.[983] Eine Ausnahme gilt lediglich für die außerfiskalischen Förderungs- und Lenkungszwecke, die von einer *erkennbaren* gesetzgeberischen Entscheidung getragen sein müssen.[984]

2. Vereinbarkeit des § 4j EStG mit den gleichheitsrechtlichen Vorgaben

Nachdem im vorherigen Abschnitt die gleichheitsrechtlichen Maßstäbe für die Ausgestaltung von Steuernormen aufgezeigt wurden, wird im Folgenden überprüft, inwiefern die Lizenzschranke diesen gleichheitsrechtlichen Vorgaben entspricht.

a) Durchbrechung des objektiven Nettoprinzips

aa) Abzugsbeschränkung als rechtfertigungsbedürftige Ungleichbehandlung

Eine rechtfertigungsbedürftige Durchbrechung des objektiven Nettoprinzips liegt vor, soweit erwerbsbedingte bzw. betrieblich veranlasste Aufwendungen nicht zum Abzug zugelassen werden. Denn in diesem Fall liegt eine rechtfertigungsbedürftige Ungleichbehandlung gegenüber anderen Steuerpflichtigen vor, die ebenfalls erwerbsbezogene Aufwendungen getätigt haben und diese nach allgemeinen Regeln steuermindernd berücksichtigen können.[985]

Lizenzaufwendungen sind betrieblich veranlasste Aufwendungen und damit nach Maßgabe von § 4 Abs. 4 EStG (ggf. i.V.m. § 8 Abs. 1 S. 1 KStG) abzugsfähig,[986] sodass das objektive Nettoprinzip Anwendung findet. Da § 4j EStG für diese Aufwendungen ein (Teil-)Abzugsverbot enthält, greift die Regelung in das objektive Nettoprinzip ein.[987]

---

983 *Drüen*, JZ 2010, 91 (94); a.A. *Wernsmann*, NvWZ 2000, 1360 (1362 ff.).

984 Vgl. BVerfGE 123, 111 (126).

985 *Wernsmann*, Beihefter zu DStR 2009 (Heft 34), 101 (101).

986 *Gosch*, in: Kirchhof/Seer, § 4j EStG, Rn. 6.

987 gl.A. *Loschelder*, in: Schmidt, § 4j EStG, Rn. 4; *Gosch*, in: Kirchhof/Seer, § 4j EStG, Rn. 6; *Hagemann/Kahlenberg*, in: H/H/R, § 4j EStG, Rn. 4; *Benz/Böhmer*, DB 2017, 206 (211); *Adrian/Tigges*, StuB 2017, 228 (233); *Jochimsen/Zinow-*

bb) Kein Systemwechsel

Der Gesetzgeber ist jedenfalls nicht von Verfassungs wegen an einem Systemwechsel gehindert.[988] Ob ein Prinzipien- bzw. Systemwechsel auch eine Abkehr vom objektiven Nettoprinzip zulässt, wurde durch das Bundesverfassungsgericht bislang nicht entschieden.[989] Jedenfalls aber zeigt die Einführung der Abgeltungsteuer – über deren verfassungsrechtliche Zulässigkeit das Gericht jedoch ebenfalls noch nicht entschieden hat – dass sich jedenfalls für einzelne Einkunftsarten, also für Schedulen, eine Abkehr vom objektiven Nettoprinzip erreichen lässt.[990] Die Lizenzschranke könnte, indem sie speziell an Lizenzeinkünfte anknüpft und damit nur bestimmte Einkunftsbestandteile erfasst, tatsächlich in Richtung einer Schedulenbesteuerung für Lizenzeinkünfte gehen.[991] Wäre dem so, dann könnte der Gesetzgeber insoweit von der folgerichtigen Umsetzung des objektiven Nettoprinzips entbunden und § 4j EStG von vornherein nicht an diesem zu messen sein.

Allerdings knüpft das Bundesverfassungsgericht die Möglichkeit eines Systemwechsels an strenge Voraussetzungen und verlangt insbesondere ein Mindestmaß an neuer Systemorientierung.[992] Schon die Gesetzesbegründung zu § 4j EStG liefert keinen Hinweis darauf, dass der Gesetzgeber hier einen Systemwechsel angestrebt hätte. § 4j EStG führt auch nur zu einer punktuell abweichenden Belastungsentscheidung für Lizenzeinkünfte, nämlich die insoweit beschränkte Abziehbarkeit von Lizenzaufwendungen. Sonstige Änderungen in Bezug auf die steuerliche Behandlung von Lizenzeinkünften sieht § 4j EStG gerade nicht vor. Die mit der Lizenzschranke verbundene punktuell abweichende Belastungsentscheidung begründet damit keinen Systemwechsel.

---

sky/Schraud, IStR 2017, 593 (599); *van Lück*, IStR 2017, 388 (389); *Ditz/Quilitzsch*, DStR 2017, 1561 (1566); *Max/Thiede*, StB 2017, 175 (181); *Ritzer/Stangl/Karnath*, DK 2017, 68 (78); *Schneider/Junior*, DStR 2017, 417 (425).

988 Vgl. BVerfGE 122, 210 (242); *Eckhoff*, FR 2007, 989 (994); *Birk*, StuW 2000, 328 (334); *Jachmann*, BB 2003, 2712 (2716).

989 Dies verneinend *Hey*, in: Tipke/Lang, § 8 Rn. 55; *Englisch*, Beihefter zu DStR 34 (2009), 92 (96); *Tipke*, BB 2007, 1525 (1528); a.A. *Droege*, StuW 2011, 105 (109).

990 Vgl. *Eckhoff*, in: Leitgedanken des Rechts II, § 148 Rn. 8 Fn. 35.

991 *Jochimsen/Bildstein*, Ubg 2014, 299 (306).

992 BVerfGE 122, 210 (242).

Dagegen könnte ein Besteuerungssystem für Lizenzeinkünfte entsprechend der von den USA im Zuge der US-Steuerreform[993] eingeführten Base Erosion and Anti-Abuse Tax („BEAT") einen solchen Systemwechsel darstellen. Denn bei der „BEAT" handelt es sich um ein neuartiges Besteuerungskonzept, durch das eine übermäßige Minderung der steuerlichen Bemessungsgrundlage einer US-Gesellschaft an im Ausland ansässige nahestehende Personen verhindert werden soll.[994] Hierzu wurden besondere Regeln für die Berechnung des sog. Modified Taxable Income, welches insbes. auch Lizenzzahlungen umfasst, sowie ein spezieller auf dieses modifizierte Einkommen anzuwendender BEAT-Steuersatz eingeführt.[995] Im Ergebnis führt die BEAT zu einer Mindestkörperschaftsteuer.[996] Die BEAT zielt speziell auf schädliche Zahlungen an nahestehende Personen ab[997] und ähnelt damit der Zielsetzung der Lizenzschranke, die unangemessene Lizenzzahlungen zwischen nahestehenden Personen einschränken soll. Der deutsche Gesetzgeber hat sich aber gerade nicht für ein umfassendes Mindestbesteuerungskonzept nach Vorbild der US-amerikanischen BEAT entschieden, sondern schränkt lediglich punktuell die Abziehbarkeit von Lizenzaufwendungen ein. Ein Systemwechsel wurde damit nicht vollzogen.

cc) Zwischenergebnis

Die Abzugsbeschränkung der Lizenzschrankenregelung führt zu einem Eingriff in das objektive Nettoprinzip. Der Gesetzgeber hat mit der Einführung der Lizenzschranke auch keinen Prinzipien- bzw. Systemwechsel vollzogen, sodass er im Hinblick auf § 4j EStG auch nicht von der Beachtung des objektiven Nettoprinzips entbunden ist.

---

993 „Tax Cuts and Jobs Act", 115th United States Congress, Public Law 115–97 vom 22.12.2017.

994 *Linn*, DStR 2018, 321 (324); *Dölker*, BB 2019, 476 (479).

995 *Schönfeld/Zinowsky/Rieck*, IStR 2018, 127 (132); *Linn*, DStR 2018, 321 (324).

996 OECD (2018), Steuerliche Herausforderungen der Digitalisierung – Zwischenbericht 2018: Inclusive Framework on BEPS, OECD/G20 Projekt Gewinnverkürzung und Gewinnverlagerung, S. 145, Rn. 366; *Dölker*, BB 2019, 476 (479).

997 *Dölker*, BB 2019, 476 (479).

b) Rechtfertigung der Durchbrechung

Im Folgenenden ist zu untersuchen, inwieweit die Beeinträchtigung des objektiven Nettoprinzips verfassungsrechtlich gerechtfertigt werden kann. Die Rechtfertigung orientiert sich dabei an den Zielen, die der Gesetzgeber mit der Lizenzschranke verfolgt.[998]

Bei der Prüfung einer möglichen Rechtfertigung sollen insbesondere auch die Vorlagebeschlüsse des Bundesfinanzhofs zur Verfassungsmäßigkeit der Zinsschranke[999] – welche erhebliche Parallelen zur Lizenzschranke aufweist[1000] – herangezogen und geprüft werden, inwiefern sich die Erwägungen des Bundesfinanzhofs zur Zinsschranke, auch auf die Regelung des § 4j EStG übertragen lassen.

aa) Sicherung des Besteuerungssubstrats

Der Gesetzgeber verfolgt mit § 4j EStG zunächst fiskalische Interessen.[1001] So soll die Lizenzschranke im Wesentlichen der Sicherung des bestehenden Steueraufkommens dienen, aber auch zu – wenngleich überschaubaren – steuerlichen Mehreinnahmen führen.[1002] Dieser allgemeine Fiskalzweck der Einnahmenerzielung (vgl. § 3 Abs. 1 AO) vermag jedoch einen Verstoß gegen das objektive Nettoprinzip nicht zu rechtfertigen.[1003]

(1) Sicherung des bestehenden Steuersubstrats gegen konzerninterne Gewinnverlagerungen als qualifizierter Fiskalzweck?

Eine Rechtfertigung von § 4j EStG kommt jedoch grundsätzlich in Betracht, soweit es dem Gesetzgeber nicht um eine Steigerung der Steuereinnahmen, sondern um die Sicherung des bestehenden Besteuerungssub-

---

998 Vgl. hierzu Abschnitt B. II.

999 BFHE 252, 44.

1000 *Ditz/Quilitzsch*, DStR 2017, 1561 (1566); *van Lück*, IStR 2017, 388 (389); vgl. auch *Reimer*, der davon ausgeht, dass die Überlassung von Immaterialgüterrechten an ein inländisches Unternehmen eine Sonderform der Fremdfinanzierung ist, also einer Darlehensgewährung ähnelt, Stellungnahme BT-Drucks. 18/11233, v. 29.03.2017, S. 1.

1001 Vgl. Abschnitt B. II. 1.

1002 Vgl. BT-Drucks. 18/11233, S. 2 und 10.

1003 Vgl. schon Abschnitt C. II. 1. D) aa) (1).

strats vor Gewinnverlagerung ins Ausland geht.[1004] So finden sich in neuerer Zeit Ansätze, die eine Rechtfertigung einer Norm durch einen sog. „qualifizierten Fiskalzweck" in Betracht ziehen.[1005] Insbesondere gibt es Stimmen, die eine Rechtfertigung unter dem qualifizierten Fiskalzweck dann annehmen, wenn die entsprechende Norm das inländische Besteuerungssubstrat sichern soll, indem sie zielgerichtet Gewinnverlagerungen im Konzern einschränkt.[1006] Auch die Lizenzschranke soll konzerninterne Gewinnverlagerungen unterbinden.[1007] Aus diesem Grund wird auch in Bezug auf die Lizenzschranke eine Rechtfertigung durch einen sog. qualifizierten Fiskalzweck erwogen.[1008] Das Bundesverfassungsgericht hat sich jedoch bislang nicht zur Frage der Anerkennung eines qualifizierten Fiskalzwecks geäußert.

(2) Übergriff in fremdes statt Sicherung des bestehenden Steuersubstrats

Die Frage, ob ein qualifizierter Fiskalzweck in Form der Sicherung des bestehenden Steuersubstrats gegen konzerninterne Gewinnverlagerungen als Rechtfertigungsgrund grundsätzlich anzuerkennen ist, soll an dieser Stelle zunächst noch dahinstehen.[1009] Denn es zeigt sich, dass die Lizenzschranke keineswegs (nur) auf die Sicherung des bestehenden Besteuerungssubstrats angelegt ist, sondern vielmehr sogar einen Übergriff in fremdes Besteuerungssubstrat bewirkt.[1010] Dies gilt jedenfalls soweit es um das Besteuerungssubstrat geht, das aus der Verwertung der geschaffenen IP-Rechte resultiert, welches der Gesetzgeber bei Schaffung des § 4j EStG offensichtlich auch im Blick gehabt hat.[1011] So wird in der Gesetzesbegründung angeführt, dass die Steuern dem Staat zustehen sollen, in dem

---

1004 Vgl. BT-Drucks. 18/11233, S. 1 f.

1005 *Desens*, FR 2011, 745 (749); *Heuermann*, DB 2014, Heft 50, M5.

1006 Vgl. *Heuermann*, DB 2014, Heft 50, M5; *ders.*, DStR 2013, 1 (3); *Pötsch*, DStR 2018, 761 (762); *Illing*, in: Beck´sches Steuer- und Bilanzrechtslexikon, Kap. L., Lizenzschranke, Rn. 20.

1007 Vgl. Abschnitt B. II. 4.

1008 So zumindest *Pötsch*, DStR 2018, 761 (763); *Illing*, in: Beck´sches Steuer- und Bilanzrechtslexikon, Kap. L., Lizenzschranke, Rn. 20.

1009 Vgl. hierzu Abschnitt E. II. 2. a).

1010 *Ditz/Quilitzsch*, DStR 2017, 1561 (1567); *Gosch*, in: Kirchhof/Seer, § 4j EStG, Rn. 2; *Pinkernell*, Stellungnahme zu BT-Drucks. 18/11233, S. 3 und 4; *van Lück*, IStR 2017, 388 (390).

1011 Vgl. *Burwitz/Rüll*, NZG 2017, 414 (416); vgl. auch *Holle/Weiss*, FR 2017, 217 (219); *Schönhaus*, GRUR-Prax 2017, 93 (93).

die der Wertschöpfung zugrunde liegende Aktivität stattfindet, und nicht dem Staat, der den höchsten Steuerrabatt bietet.[1012] Gleichwohl zielt § 4j EStG nicht nur auf die Erfassung des durch den Wertschöpfungsprozess auf deutschem Hoheitsgebiet erzielten Besteuerungssubstrats ab. Denn § 4j EStG ist tatbestandlich gerade nicht auf solche Fälle beschränkt, in denen der Wertschöpfungsprozess in Deutschland stattgefunden hat.[1013] Vielmehr findet die Vorschrift auch dann Anwendung, wenn die dem Wertschöpfungsprozess zugrunde liegende Aktivität – was regelmäßig der Fall sein dürfte[1014] – in einem Drittstaat stattgefunden hat. Wenn aber etwa eine US-Muttergesellschaft ihr geistiges Eigentum in eine ausländische IP-Box übertragen hat, ist kein deutsches Besteuerungssubstrat betroffen.[1015] Inländisches Steuersubstrat ist vielmehr nur dann betroffen, wenn das immaterielle Wirtschaftsgut zuvor in Deutschland geschaffen und anschließend in eine ausländische Lizenzbox transferiert wurde.[1016] In einem solchen Fall würden etwaige Wertzuwächse aber ohnehin über die Regelungen der Entstrickungsbesteuerung steuerlich abgeschöpft.[1017] Lediglich in den Fällen der Auftragsforschung wäre es damit denkbar, dass in Deutschland Wertzuwächse generiert werden, ohne dass diese auch in Deutschland besteuert würden. Gleichwohl ist § 4j EStG nicht auf derartige Fälle beschränkt. Sofern das immaterielle Wirtschaftsgut nicht in Deutschland, sondern in einem Drittstaat entwickelt wurde, ist nicht einzusehen, weshalb gerade Deutschland berechtigt sein soll, mit § 4j EStG eine Ersatzbesteuerung beim inländischen Schuldner vorzunehmen.[1018]

Weiterhin findet § 4j EStG auch Anwendung, wenn ein deutsches Besteuerungsrecht an den in das Ausland fließenden Lizenzzahlungen nicht erst durch DBA oder die Zins- und LizenzRL ausgeschlossen wird, sondern von vornherein nie bestand. Es sind nämlich Fälle denkbar, in denen der ausländische Lizenzgläubiger durch die Rechteüberlassung an einen

---

1012 BT-Drucks. 18/11233, S. 1.

1013 Vgl. *Holle/Weiss*, FR 2017, 217 (219); *Burwitz/Rüll*, NZG 2017, 414 (416).

1014 Vgl. *Pinkernell*, Stellungnahme zum Gesetzesentwurf v. 23.03.2017, S. 5; ähnlich auch *Geberth*, DB 2017, Heft 6, M5 „nicht so seltenen Anwendungsfall".

1015 *Geberth*, DB 2017, Heft 6, M5.

1016 *Pinkernell*, Stellungnahme zum Gesetzesentwurf v. 23.03.2017, S. 5.

1017 *Hagemann/Kahlenberg*, in: H/H/R, § 4j EStG, Rn. 3.

1018 *Pinkernell*, Stellungnahme zum Gesetzesentwurf v. 23.03.2017, S. 5; *van Lück/Niemeyer*, IWB 2017, 440 (444).

inländischen Lizenzschuldner keine inländischen Einkünfte erzielt.[1019] In diesen Fällen dient § 4j EStG aber gerade nicht dazu, das deutsche (Quellen-)Besteuerungsrecht an den ins Ausland fließenden Lizenzzahlungen zu bewahren. Vielmehr führt § 4j EStG in den Fällen, in denen nie ein solches Besteuerungsrecht bestand, zu einer Erweiterung des deutschen Besteuerungsrechts auch auf auslandsradizierte Einkünfte des Lizenzgebers.[1020] Damit geht es aber nicht mehr um die Sicherung des *bestehenden* eigenen Besteuerungssubstrats.[1021] Vielmehr erfasst § 4j EStG auch ausländisches Steuersubstrat im Wege einer abschöpfenden Ersatzbesteuerung und verfolgt insoweit rein fiskalische Zwecksetzungen.[1022] Eine Rechtfertigung durch einen qualifizierten Fiskalzweck scheidet damit von vornherein aus.[1023]

bb) Typisierende Missbrauchsabwehr

Der Gesetzgeber verfolgt mit der Lizenzschranke weiterhin auch das Ziel der Bekämpfung missbräuchlicher Steuergestaltungen im Zusammenhang mit Rechteüberlassungen.[1024] Hierzu wird durch § 4j EStG die Abzugsfähigkeit der entsprechenden aus der Rechteüberlassung resultierenden Aufwendungen eingeschränkt. Der Gesetzgeber ist grundsätzlich auch befugt den Abzug besonders missbrauchsanfälliger Aufwendungen – auch durch eine typisierende Regelung – einzuschränken.[1025]

Wie bereits aufgezeigt, können konzerninterne Lizenzierungen grundsätzlich so gestaltet werden, dass sie einen Gestaltungsmissbrauch nach nationalem Verständnis darstellen.[1026] Welches Ausmaß die praktizierten

---

1019 Insbesondere wenn der inländische Lizenzschuldner das überlassene IP im Ausland nutzt, ausführlich *Pinkernell*, Stellungnahme zum Gesetzesentwurf v. 23.03.2017, S. 6 mit Fn. 12.

1020 *Pinkernell*, Stellungnahme zum Gesetzesentwurf v. 23.03.2017, S. 6.

1021 Ähnlich auch *Holle/Weiss*, FR 2017, 217 (219) das Ziel der Sicherung des bestehenden Steuersubstrats wird „übererfüllt"; vgl. auch *Geberth*, DB 2017, Heft 6, M5.

1022 *Ditz/Quilitzsch*, DStR 2017, 1561 (1567).

1023 i.E. gl. A. *Jochimsen/Zinowsky/Schraud*, IStR 2017, 593 (599); *Hagemann/Kahlenberg*, FR 2017, 1125 (1126); *dies.*, in: H/H/R, § 4j EStG, Rn. 4; a.A. *Pötsch*, DStR 2018, 761 (762 f.); *Illing*, in: Beck´sches Steuer- und Bilanzrechtslexikon, Kap. L., Lizenzschranke, Rn. 20.

1024 Vgl. Abschnitt B. II. 2.

1025 Vgl. *Seiler*, DStJG 34 (2011), 61 (71).

1026 Vgl. Abschnitt A. II. 2. c) cc).

Lizenzgestaltungen aber tatsächlich angenommen haben, lässt sich nur schwer abschätzen. Neuere empirische Studien legen zwar nahe, dass das Ausmaß von BEPS weit weniger groß ist als ursprünglich angenommen.[1027] Gleichwohl lässt sich der Umstand, *dass* es multinationalen Unternehmen mittels Lizenzierungsgestaltungen gelingen kann, Gewinne zu verlagern und ihre Gesamtsteuerbelastung erheblich zu minimieren, kaum leugnen. So legen mehrere empirische Studien nahe, dass immaterielle Wirtschaftsgüter (insbes. Patente) eine entscheidende Rolle bei Gewinnverlagerungsgestaltungen multinationaler Konzerne spielen und regelmäßig in Niedrigsteuerländer verlagert werden.[1028]

Dies lässt den Schluss zu, dass konzerninterne Lizenzgestaltungen zumindest grundsätzlich auch tatsächlich missbrauchsanfällig sind.[1029] Da die Lizenzschranke gerade auch solche Missbrauchsfälle eindämmen soll, ist sie grundsätzlich zur Missbrauchsbekämpfung geeignet. Gleichwohl muss die Regelung den verfassungsrechtlichen Anforderungen an eine spezialgesetzliche Missbrauchstypisierung genügen.

(1) Grundtatbestand und Rechtsfolge

(a) Allgemeines

Die Regelung des § 4j EStG erstreckt sich auf sämtliche Aufwendungen, die als wirtschaftliche Gegenleistung für eine Rechteüberlassung gezahlt werden und wirkt damit in sachlicher Hinsicht zunächst recht weit.

In personeller Hinsicht ist die Lizenzschranke auf nahestehende Personen und damit auf Konzernfälle beschränkt.[1030] Rechtsverhältnisse zwischen nahestehenden Personen sind ein häufiges mittels spezialgesetzlicher Missbrauchsnormen bekämpftes Missbrauchskonzept.[1031] Das Anknüpfen an nahestehende Personen ist hier auch sachgerecht, da sich eine Steuerminimierung durch Lizenzgestaltungen eben gerade dadurch erreichen lässt, dass Gewinne durch entsprechende Gestaltungen auf niedrig besteuerte Konzerngesellschaften verlagert werden.[1032] Lizenzverhältnisse

---

1027 *Dharmapala*, Fiscal Studies, vol. 35, no. 4 (2014), 421 (421).

1028 Vgl. *Karkinsky/Riedel*, Journal of International Economics 88 (2012), 176 (185); *Dischinger/Riedel*, Journal of Public Economics 95 (2011), 691 (700).

1029 Vgl. auch Abschnitt C. III. c) cc).

1030 Vgl. Abschnitt B. III. 1.

1031 *Gabel*, S. 20; *dies.*, StuW 2013, 3 (4).

1032 Vgl. Abschnitt A. II. 1.

zwischen fremden Dritten sind dagegen im Regelfall nicht steuerlich, sondern betriebswirtschaftlich motiviert[1033], sodass insoweit von vornherein kein Missbrauch vorliegt.

(b) Steuerliche Präferenzregime als Missbrauchsindikator

Die Abzugsbeschränkung greift nach § 4j Abs. 1 S. 1 EStG nur, soweit die den Aufwendungen des inländischen Steuerpflichtigen entsprechenden Einnahmen auf Seiten des Gläubigers einer von der Regelbesteuerung abweichenden niedrigeren Besteuerung (sog. Präferenzregelung) gemäß § 4j Abs. 2 EStG unterliegen. Der Missbrauchsvorwurf wird somit pauschal in all jenen Fällen erhoben, in denen die Lizenzzahlungen beim Gläubiger einer von der Regelbesteuerung abweichenden Besteuerung von weniger als 25 % unterliegen. Damit wird bereits deutlich, dass der Missbrauchsvorwurf an einen vom inländischen Steuerpflichtigen nicht unmittelbar beeinflussbaren Umstand, nämlich die Steuerbelastung des ausländischen Gläubigers, geknüpft wird.[1034]

(aa) Niedrigbesteuerungsschwelle von 25 Prozent

Dabei wird der Missbrauchstatbestand zunächst recht weit gezogen, wird doch die den Missbrauchsvorwurf auslösende Niedrigbesteuerungsschwelle mit 25 % recht hoch angesetzt. Denn vor dem Hintergrund des allgemein – insbesondere auch in der europäischen Union – deutlich gesunkenen Körperschaftsteuerniveaus ist eine steuerliche Belastung von weniger als 25 % keine Seltenheit, sondern eher der Regelfall. So liegt der durchschnittliche Regelsteuersatz in Europa bei 21,5 %.[1035] Auf Ebene der OECD-Mitgliedsstaaten wird der durchschnittliche Steuersatz im Jahr 2020 im Schnitt bei 23,4 % liegen.[1036] Der Gesetzgeber hat sich bei Schaffung des § 4j EStG offensichtlich an § 8 Abs. 3 AStG orientiert,[1037] der eine

1033 *Hagemann/Kahlenberg*, ISR 2018, 413 (416).
1034 Vgl. *Lüdicke*, DB 2017, 1482 (1482); *Hagemann/Kahlenberg*, in: H/H/R, § 4j EStG, Rn. 4.
1035 Vgl. *Evers/Miller/Spengel*, Int Tax Public Finance 2015, 502 (506); *Ritzer/Stangl/Karnath*, DK 2017, 68 (73).
1036 Wissenschaftlicher Beirat des Bundesfinanzministeriums, Stellungnahme 01/2019 zur US-Steuerreform 2018, S. 9.
1037 Vgl. BT-Drucks 18/11233, S. 15; *Ditz/Quilitzsch*, DStR 2017, 1561 (1564).

Niedrigbesteuerung ab einer Ertragsteuerbelastung von weniger als 25 % annimmt. Die 25 %-Schwelle wird jedoch auch im Zusammenhang mit § 8 Abs. 3 AStG kritisch gesehen.[1038] Insgesamt ist die Schädlichkeitsschwelle von 25 % vor dem Hintergrund des durchschnittlichen Körperschaftsteuerniveaus in den EU- und OECD-Staaten deutlich zu hoch angesetzt[1039] und dürfte keinerlei tatbestandsbegrenzende Wirkung haben.[1040]

Zielgenauer fällt insoweit die österreichische Lizenzschrankenregelung aus, die erst eingreift, wenn die entsprechenden Einnahmen beim Empfänger einer Besteuerung von unter 10 % unterliegen.[1041] Teils wird daher eine entsprechende Absenkung der Niedrigbesteuerungsschwelle nach dem Vorbild Österreichs gefordert.[1042]

(bb) Beschränkung auf grenzüberschreitende Sachverhalte

Gleichzeitig wird der Missbrauchstatbestand in § 4j EStG durch das Anknüpfen an die steuerliche Präferenzregelung wieder deutlich eingeschränkt. Zunächst führt das Erfordernis einer steuerlichen Präferenzregelung für Einnahmen aus Rechteüberlassungen im Ergebnis dazu, dass § 4j EStG faktisch auf Auslandssachverhalte beschränkt ist. Denn in Deutschland existieren derzeit keine derartigen Präferenzregelungen. Auch die steuerliche Forschungszulage nach dem FZulG stellt – wie bereits aufgezeigt – keine Präferenzregelung im Sinne des § 4j EStG dar.[1043]

Der Bundesfinanzhof hatte im Hinblick auf die Zinsschranke die Grenzen der Typisierungsbefugnis bereits deshalb als überschritten angesehen, weil die Zinsschrankenregelung nicht auf Auslandssachverhalte beschränkt ist und deshalb auch im reinen Inlandsfall Anwendung findet, obwohl insoweit eine das deutsche Besteuerungssubstrat gefährdende Gewinnverlagerung ausgeschlossen ist.[1044] Dieser Vorwurf kann der im rei-

---

1038 Vgl. *Vogt*, in: Brandis/Heuermann, § 8 AStG, Rn. 181.

1039 Zur Kritik an der 25 %-Schwelle, vgl. *Ditz/Quilitzsch*, DStR 2017, 1561 (1564); *Schnitger*, IStR 2017, 214 (223); *Loschelder*, in: Schmidt, § 4j EStG, Rn. 9; *Ritzer/Stangl/Karnath*, DK 2017, 68 (73).

1040 *Schneider/Junior*, DStR 2017, 417 (421); *Hagemann/Kahlenberg*, in: H/H/R, § 4j EStG, Rn. 47.

1041 Vgl. *Hemmerich*, IStR 2019, 294 (297).

1042 *Max/Thiede*, StB 2017, 175 (181); vgl. auch *Schneider/Junior*, DStR 2017, 417 (421) mit Fn. 45.

1043 Vgl. Abschnitt B. III. 2. b) aa) (2) (a).

1044 BFHE 252, 44 (60 f.).

nen Inlandsfall nicht zur Anwendung kommenden Lizenzschranke jedenfalls nicht entgegengehalten werden. Insoweit scheint die Lizenzschranke im Hinblick auf das Ziel, das inländische Steuersubstrat vor missbräuchlichen Gewinnverlagerungen ins Ausland zu schützen, zielgenau ausgestaltet.

(cc) Keine Erfassung von Oasen-Fällen

Eine weitere wesentliche Beschränkung erfährt der Missbrauchstatbestand des § 4j EStG dadurch, dass die Abzugsbeschränkung durch das Anknüpfen an steuerliche Präferenzregelungen nur greift, soweit sich die niedrigere Steuerlast erst aus einer besonderen Besteuerungsregelung und nicht bereits aus einem allgemein niedrigen Besteuerungsniveau ergibt. Dies erscheint zwar auf den ersten Blick angemessen, da ansonsten die Abzugsbeschränkung bereits dann eingreifen würde, wenn der Lizenzgläubiger – was regelmäßig der Fall sein dürfte – in einem Staat mit einer regulären Körperschaftsteuerbelastung von unter 25 % ansässig ist.

Gleichzeitig aber führt das Anknüpfen an eine von der Regelbesteuerung abweichende Präferenzregelung dazu, dass die Fälle, in denen der Lizenzgläubiger in einem Staat mit einer extrem geringen oder gar keiner (Unternehmens-)Besteuerung (sog. Steueroase)[1045] ansässig ist, nicht erfasst werden.[1046] Betrachtet man jedoch die prominent gewordenen Steuervermeidungs- bzw. Gewinnverlagerungsgestaltungen namhafter Konzerne, so wird deutlich, dass diese Gestaltungen keineswegs ausschließlich durch Inanspruchnahme steuerlicher Präferenzregelungen für IP-Einkünfte zustande kamen. Vielmehr werden IP-Rechte, die später an Konzerngesellschaften lizenziert werden, oftmals auch in Staaten angesiedelt, in denen generell keine oder nur eine geringe Besteuerung erfolgt. So hatten etwa IT-Konzerne wie Microsoft und Google einen Teil ihrer IP-Rechte auf Konzerngesellschaften in Bermuda übertragen.[1047] Bermuda verfügt zwar nicht über eine steuerliche Präferenzregelung für IP-Einkünfte, erhebt aber

1045 Vgl. *Fehling/Schmid*, IStR 2015, 493 (494).

1046 *Heil/Pupeter*, BB 2017, 795 (796); vgl. auch *Lüdicke*, DB 2017, 1482 (1482); *Ritzer/Stangl/Karnath*, DK 2017, 401 (402).

1047 Vgl. *Pinkernell*, IStR 2013, 180 (182 f.) mwN.; ausführlich Abschnitt A. II. d) aa).

generell keine Körperschaftsteuer.[1048] Diese Fälle werden – mangels Präferenzregelung – nicht von der Lizenzschranke erfasst.

Der typische Missbrauchsfall der Gewinnverlagerung durch Lizenzgestaltungen ist somit dadurch gekennzeichnet, dass die Zahlungen an nahestehende Personen erfolgen, die in niedrig oder gar nicht besteuernden Ländern steuerpflichtig sind, wobei die in Deutschland an sich anfallende Quellensteuer mittels Durchleitung durch quellensteuerfreie EU-Staaten unter Inanspruchnahme der Zins- und LizenzRL bzw. entsprechender DBA vermieden werden kann.[1049] Ob der Empfänger deshalb niedrig besteuert wird, weil er von einer Präferenzreglung für IP-Einkünfte profitiert oder weil im Ansässigkeitsstaat generell ein niedriges Besteuerungsniveau herrscht, ist insoweit irrelevant. Gleichwohl werden Steueroasen-Fälle von § 4j EStG von vornherein nicht erfasst.[1050] Es fehlt an einer „Präferenzregelung". Die Lizenzschranke entfernt sich insoweit jedoch bereits vom „typischen" Missbrauchsfall. Soweit der Gesetzgeber Gewinnverlagerung durch unangemessene Lizenzierungsgestaltungen bekämpfen will, wäre es nur konsequent, den Anwendungsbereich des § 4j EStG auch auf Steueroasen-Fälle zu erweitern.[1051] Stattdessen beschränkt sich der Gesetzgeber mit der Lizenzschranke von vornherein auf einen Randbereich der Problematik und erfasst nicht den typischen Missbrauchsfall.[1052]

Freilich könnte man dies mit dem parallel verfolgten Ziel der Bekämpfung schädlichen Steuerwettbewerbs durch steuerliche Präferenzregelungen erklären. Diese Erwägung kann jedoch nicht überzeugen, denn auch ein Verzicht auf jegliche Körperschaftsbesteuerung ist letztlich nichts anders als (schädlicher) Steuerwettbewerb und damit nicht minder bekämpfungswürdig, als eine steuerliche Präferenzregelung für IP-Einkünfte.

Zielgenauer erscheint auch hier wieder die österreichische Lizenzschranke, bei der das Abzugsverbot unter anderem dann Anwendung findet, wenn der Steuersatz weniger als 10 % beträgt, vgl. § 12 I Nr. 10 Buchst c) ÖKStG. Damit werden auch Oasen-Fälle erfasst. Vorzugswürdig wäre vor diesem Hintergrund auch der Vorschlag der Fraktion BÜNDNIS 90/DIE

1048 Vgl. *Pinkernell*, StuW 2012, 369 (372); Vgl. auch Grundsätze zur Anwendung des AStG, Anlage 1.

1049 Vgl. *Heil/Pupeter*, BB 2017, 1947 (1951).

1050 Vgl. *Gosch*, in: Kirchhof/Seer, § 4j EStG, Rn. 6a mit dem Hinweis, dass insoweit nur spezifische Instrumentarien wie § 160 AO und §§ 7 ff. AStG verbleiben.

1051 Vgl. *Hagemann/Kahlenberg*, in: H/H/R, § 4j EStG, Rn. 4; ähnlich auch *Heil/Pupeter*, BB 2017, 795 (800).

1052 Vgl. *Heil/Pupeter*, BB 2017, 1947 (1951); *Pung/Benz*, StbJb 2017/2018, 181 (197) wonach der Gesetzgeber den „atypischen" Fall gewählt hat.

GRÜNEN gewesen, wonach die Abzugsbeschränkung für Lizenzaufwendungen greifen sollte, sobald die effektive Steuerbelastung auf den Lizenzertrag im ausländischen Staat weniger als 15 % beträgt.[1053]

(c) Rechtsfolge

Die Lizenzschranke ordnet eine Abzugsbeschränkung für Lizenzaufwendungen an, deren konkrete Höhe sich durch eine Berechnung im jeweiligen Einzelfall ergibt, § 4j Abs. 1 S. 1 i.V.m. Abs. 3 EStG.[1054]

(aa) 25 Prozent als Referenzrahmen

Der Umfang der Abzugsbeschränkung ergibt sich in proportionaler Abhängigkeit zur Ertragsteuerbelastung des Gläubigers. Dabei wählt der Gesetzgeber in § 4j Abs. 3 EStG – wie auch schon für die Schädlichkeitsschwelle in § 4j Abs. 2 EStG – die Größe von 25 % als Referenzrahmen.[1055] Die Höhe der Abzugsbeschränkung ermittelt sich damit nicht in Relation zur *tatsächlichen* Regelbesteuerung des ausländischen Gläubigers, sondern immer in Relation zum Referenzrahmen von 25 %. Der Unterschied lässt sich anhand des folgenden Beispiels verdeutlichen:

> Die X-SE ist in einem Staat ansässig, in dem die Regelbesteuerung für Unternehmen bei 15 % liegt. Aufgrund einer steuerlichen Präferenzregelung i.S.d. § 4j Abs. 2 EStG werden die Einnahmen, die die X-SE aus der Rechteüberlassung erzielt, mit 10 % besteuert. Nach § 4j Abs. 3 EStG sind die entsprechenden Aufwendungen beim inländischen Lizenzgläubiger gem. § 4j Abs. 3 EStG zu 60 % nicht abziehbar [(25 % – 10 %)./. 25 %]. Würde man dagegen – anstatt pauschal auf 25 % abzustellen – die tatsächliche Ertragsteuerbelastung beim ausländischen Gläubiger ins Verhältnis zur Regelbesteuerung im entsprechenden Staat setzen, wären die entsprechenden Aufwendungen beim inländischen Lizenzgläubiger zu 33 % nicht abziehbar [(15 % – 10 %)./. 15 %].

Der Gesetzgeber knüpft den Missbrauchsvorwurf an die Inanspruchnahme einer steuerlichen Präferenzregelung, die eine von der Regelbesteuerung

1053 BT-Drucks. 18/9043, S. 2.
1054 Ausführlich Abschnitt B. III. 4.
1055 Vgl. hierzu *Hagemann/Kahlenberg*, in: H/H/R, § 4j EStG, Rn. 66.

abweichende Besteuerung gewährt. Dagegen werden Steueroasen-Fälle von der Abzugsbeschränkung des § 4j EStG nicht erfasst. Dies zeigt, dass es dem Gesetzgeber bei § 4j EStG nicht generell die Kompensation einer Niedrigbesteuerung geht, sondern um die Kompensation steuerlicher Präferenzregelungen. Dann erscheint es aber auch nur konsequent, wenn sich die Höhe des Abzugsverbots nicht in Abhängigkeit zu einer vom Gesetzgeber pauschal festgesetzten „Unschädlichkeitsschwelle" errechnet, sondern in Abhängigkeit zur tatsächlichen Regelbesteuerung im jeweiligen Staat.[1056] Der Gesetzgeber wählt als Missbrauchsindikator die von der Regelbesteuerung abweichende niedrige Besteuerung, sodass bei zielgerichteter Umsetzung dieses Missbrauchsfalls auch im Rahmen der Berechnung der Höhe des Abzugsverbots eben diese Regelbesteuerung als Referenzgröße hätte gewählt werden müssen.[1057]

(bb) Strukturelle Überkompensation steuerlicher Vorteile

Anders als die österreichische Lizenzschranke, sieht die deutsche Regelung ein partielles Abzugsverbot vor. Da die österreichische Lizenzschranke den Abzug der Lizenzaufwendungen vollständig versagt, führt die österreichische Regelung insoweit zu einer höheren ökonomischen Belastung als die deutsche Regelung.[1058] Gleichwohl führt aber auch die in § 4j Abs. 3 EStG gewählte Berechnungsmethode strukturell zu einer Überkompensation, da die steuerliche Mehrbelastung des inländischen Lizenzschuldners durch die Lizenzschranke, die steuerlichen Vorteile, die der ausländische Gläubiger aus der Inanspruchnahme der Präferenzregelung erzielt, regelmäßig übersteigt.[1059] Diese überkompensatorische Wirkung lässt sich anhand des folgenden Beispiels verdeutlichen:[1060]

1056 Ähnlich *Hagemann/Kahlenberg*, in: H/H/R, § 4j EStG, Rn. 66; *Schneider/Junior*, DStR 2017, 417 (421).

1057 i.E. gl. A. *Jochimsen/Zinowsky/Schraud*, IStR 2017, 593 (600); in diese Richtung auch *Hagemann/Kahlenberg*, in: H/H/R, § 4j EStG, Rn. 66 mit dem Hinweis, dass der 25 %-Referenzrahmen aus diesem Grund eine überschießende Wirkung hat.

1058 Vgl. hierzu *Hemmerich*, IStR 2019, 294 (297 f.).

1059 Vgl. *Schneider/Junior*, DStR 2017, 417 (421); *Ritzer/Stangl/Karnath*, DK 2017, 68 (75 f.).

1060 Vgl. auch die ausführliche Berechnung bei *Schneider/Junior*, DStR 2017, 417 (421 f.).

Der ausländische Gläubiger erhält aus der Rechteüberlassung eine Vergütung von 400, wobei ihm Aufwendungen von 200 entstehen. Die Regelbesteuerung liegt bei 15 %, wobei jedoch die Netto-Erträge aus der Rechteüberlassung im Rahmen einer IP-Box-Regelung nur zu 10 % besteuert werden. Der ausländische Gläubiger würde nach der Regelbesteuerung im Ansässigkeitsstaat einer Steuerbelastung von 30 unterliegen [(400 – 200) * 15 %]. Durch die IP-Box erliegt er einer Steuerbelastung von 20 [(400 – 299) * 10 %] und zielt damit einen Steuervorteil von 10.

Die Einnahmen von 400 sind beim inländischen Gläubiger gem. § 4j Abs. 3 EStG zu 40 % nicht als Betriebsausgaben abziehbar [(25 % – 15 %)./. 25 %]. Damit kann der inländische Steuerpflichtige nur 240 als Betriebsausgaben [400 * 60 %] abziehen. Ohne § 4j EStG wären es 400. Damit wirken sich die Aufwendungen bei einem Regelsteuersatz von 30 % nur zu 72 [240 * 30 %] statt zu 120 [400 * 30 %] aus. Damit entsteht beim inländischen Lizenzschuldner eine steuerliche Mehrbelastung von 48 [120 – 72], die den Steuervorteil beim ausländischen Gläubiger in Höhe von 10 deutlich übersteigt.

Angesichts der vielfach unter 25 % liegenden Regelsteuersätze führt § 4j EStG damit regelmäßig zu einer Überkompensation der durch die Präferenzregelung erzielten Steuervorteile.[1061] Dieser Überkompensationseffekt könnte deutlich abgemildert werden, entweder indem die Referenzschwelle in § 4 Abs. 3 EStG abgesenkt würde, oder indem statt einer pauschalen Prozentschwelle auf die jeweilige Regelbesteuerung des betreffenden Staates abgestellt würde.[1062]

(cc) Kein Anknüpfen an einen „Lizenzsaldo" und drohende Substanzbesteuerung

Im Rahmen der Lizenzschranke unterliegen sämtliche Aufwendungen für Rechteüberlassungen dem Abzugsverbot. Anders stellt sich dies im Rahmen der sog. Zinsschranke dar. Dort unterliegt nur der Zinssaldo,

1061 Vgl. *Hagemann/Kahlenberg*, in: H/H/R, § 4j EStG, Rn. 66; *Schneider/Junior*, DStR 2017, 417 (421).

1062 Vgl. für diesen Effekt bereits das Beispiel in Abschnitt C. II. 2. b) bb) (1) (c) (aa); gl. A. *Schneider/Junior*, DStR 2017 417 (421); vgl. auch *Ritzer/Stangl/Karnath*, DK 2017, 68 (76); *Holle/Weiss*, FR 2017, 217 (220).

d.h. die den Zinsertrag übersteigenden Zinsaufwendungen, der Abzugsbeschränkung.[1063] Der Zinssaldo ist dann lediglich bis zur Höhe des verrechenbaren sog. EBITDA („earnings before interest, tax, depreciation and amortization") abziehbar, § 4h Abs. 1 S. 1 EStG.[1064] Die Lizenzschranke des § 4j EStG unterwirft dagegen pauschal sämtliche Lizenzaufwendungen der Abzugsbeschränkung, unabhängig davon, ob auch Lizenzeinnahmen erzielt werden.[1065] An einen Lizenzsaldo, d.h. einen Überschuss der Lizenzaufwendungen über die Lizenzeinnahmen, wird gerade nicht angeknüpft. Dadurch kann die Abzugsbeschränkung der Lizenzschranke sogar zu einer Substanzbesteuerung führen.[1066] Eine solche droht insbes. bei Unterlizenzierungen, was sich anhand des folgenden Beispiels verdeutlichen lässt:[1067]

> Der ausländische Lizenzgeber ist in einem Staat ansässig, in dem eine Präferenzregelung nach § 4j Abs. 2 EStG besteht. Der inländische Lizenznehmer nutzt das Recht nur in geringem Umfang selbst und lizenziert das Recht weiter an einen Dritten. Der inländische Lizenznehmer muss die Lizenzeinnahmen, die er von dem Dritten erhält voll versteuern, während die Lizenzaufwendungen, die er an den ausländischen Lizenzgeber zahlt, wegen § 4j EStG nur zum Teil abziehbar sind. Soweit die insgesamt anfallende Steuer den Saldo aus den inländischen steuerpflichtigen Lizenzeinnahmen und -ausgaben übersteigt, geht es an die Substanz des inländischen Steuerpflichtigen.

Der Gesetzgeber verfolgt mit § 4j EStG das Ziel der Bekämpfung unangemessener Lizenzgestaltungen und will gerade eine *angemessene* Steuerwirkung der Lizenzausgaben sicherstellen.[1068] Von einer „angemessenen" Steuerwirkung kann jedoch im Falle einer Substanzbesteuerung kaum noch die Rede sein.[1069] Durch die fehlende Anknüpfung an einen „Lizenzsaldo" führt § 4j EStG insoweit sogar zu einem tiefgreifenden Einschnitt in das objektive Nettoprinzip, als die Zinsschranke.[1070]

1063 Vgl. *Hey*, in: Tipke/Lang, § 11 Rn. 51.

1064 Ausführlich *Hick*, in: H/H/R, § 4h EStG, Rn. 20 ff.

1065 Vgl. *Jochimsen/Zinowsky/Schraud*, IStR 2017, 593 (598).

1066 *Jochimsen/Zinowsky/Schraud*, IStR 2017, 593 (598).

1067 Angelehnt an *Jochimsen/Zinowsky/Schraud*, IStR 2017, 593 (598).

1068 Vgl. BT-Drucks. 18/11233, S. 9.

1069 Ähnlich *Jochimsen/Zinowsky/Schraud*, IStR 2017, 593 (598) wonach diese drohende Substanzbesteuerung im „krassen Widerspruch" zu der mit der Lizenzschranke angestrebten fairen Besteuerung steht.

1070 *Jochimsen/Zinowsky/Schraud*, IStR 2017, 593 (599).

(dd) Kein Vortrag nicht abziehbarer Aufwendungen

Während die Zinsschrankenregelung für den nicht-abziehbaren Teil der Zinsaufwendungen die Möglichkeit eines Zinsvortrages für die nachfolgenden Wirtschaftsjahre vorsieht,[1071] findet sich im Rahmen der Lizenzschranke keine derartige Vortragsmöglichkeit. Das Teilabzugsverbot des § 4j EStG hat damit definitive Wirkung, was wiederum die Schwere des Eingriffs in das objektive Nettoprinzip verstärkt.[1072]

(d) Zwischenergebnis

Schon der Grundtatbestand des § 4j EStG lässt Zweifel an der realitätsgerechten Abbildung des typischen Missbrauchsfalls aufkommen. So erscheint der Missbrauchstatbestand insoweit zu eng, als dass Steueroasen-Fälle von vornherein aus dem Anwendungsbereich des § 4j EStG ausgeschlossen werden. Zum anderen erscheint die gewählte Missbrauchstypisierung insoweit zu weit, als dass der Missbrauchsverdacht pauschal in all jenen Fällen erhoben wird, in denen konzerninterne Lizenzzahlungen beim ausländischen Gläubiger in Folge der Inanspruchnahme einer steuerlichen Präferenzregelung zu einer Besteuerung von weniger als 25 % führt. Weder das Anknüpfen an konzerninterne Lizenzzahlungen noch die Inanspruchnahme einer steuerlichen Begünstigung lassen für sich betrachtet pauschal den Rückschluss auf einen Missbrauch zu. Zwar kann auch eine Niedrigbesteuerung ein Indiz für eine missbräuchliche Gestaltung liefern.[1073] Die Niedrigbesteuerungsschwelle von 25 % scheint jedoch deutlich zu hoch angesetzt und trägt daher nicht dazu bei, den Missbrauchsfall realitätsgerecht vom nicht-Missbrauchsfall abzugrenzen.

Daneben deutet auch die Ausgestaltung des Abzugsverbots auf Rechtsfolgenseite auf die mangelnde Zielgenauigkeit und insgesamt überschießende Ausgestaltung der Regelung hin. Insbesondere die im Regelfall bestehende überkompensatorische Wirkung und die in bestimmten Fällen drohende Substanzbesteuerung sprechen für eine überschießende Ausge-

---

1071 Vgl. *Hick*, in: H/H/R, § 4h EStG, Rn. 1.

1072 *Hagemann/Kahlenberg*, in: H/H/R, § 4j EStG, Rn. 4; *Heil/Pupter*, BB 2017, 795 (800); Vgl. auch *Schneider/Junior*, DStR 2017, 417 (425).

1073 EuGH, C-135/17 (X), ECLI:EU:C:2019:136, Rn. 85; vgl. auch schon *Wassermeyer/Schönfeld*, GmbHR 2006, 1065 (1067).

staltung. Eine die Abzugsbeschränkung abmildernde Möglichkeit eines Betriebsausgabenvortrags besteht nicht.

All dies legt den Schluss nahe, dass der Gesetzgeber mit § 4j EStG die Grenzen zulässiger Missbrauchstypisierung überschritten hat. Es bleibt daher weiter zu untersuchen, inwiefern dieser Befund durch die vorgesehenen Rückausnahmen, gestützt oder widerlegt werden kann.

(2) Rückausnahme bei Umsetzung des Nexus-Ansatzes

Die Abzugsbeschränkung des § 4j EStG greift nach Abs. 1 S. 4 nicht, soweit die ausländische Präferenzregelung dem sog. Nexus-Ansatz entspricht, d.h. die Privilegierung an gewisse Substanzerfordernisse geknüpft wird.[1074]

(a) Beschränkung der Rückausnahme auf IP-Boxen

Der Gesetzgeber beschränkt den Grundtatbestand des § 4j ESG auf Fälle, in denen der ausländische Gläubiger einer besonderen Präferenzregelung unterliegt. Damit erscheint es zunächst zielgenau, wenn der Gesetzgeber auch im Rahmen der Rückausnahme eine Exkulpation nur dann erlaubt, wenn eben diese Präferenzregelung den Vorgaben des Nexus-Ansatzes entspricht.

Gleichwohl zeigt sich, dass diese Rückausnahme unzureichend ist. Denn ausgehend vom Wortlaut des § 4j EStG muss nach der hier vertretenen Auffassung davon ausgegangen werden, dass sich die Regelung in ihrem Grundtatbestand auf sämtliche Präferenzregelungen erstreckt, unabhängig davon, ob diese auf Lizenz- bzw. IP-Einkünfte beschränkt sind oder nicht.[1075] Die Rückausnahme von der Abzugsbeschränkung knüpft jedoch an die Vorgaben des Nexus-Ansatzes an und gilt damit ausschließlich für steuerliche Präferenzregelungen für IP-Einkünfte.[1076] Damit ist der Anwendungsbereich des Grundtatbestands des § 4j EStG von vornherein

---

1074 Vgl. *Schneider/Junior,* DStR 2017, 417 (419) „Substanzausnahme".

1075 gl. A. *Heil/Pupeter*, BB 2017, 795 (796); vgl. ausführlich Abschnitt B. III. b) aa) (2).

1076 *Heil/Pupeter*, BB 2017, 1947 (1948); denn soweit es im OECD-Aktionsplan um den Nexus-Ansatz geht, wird ausdrücklich nur auf IP-Regelungen abgestellt, vgl. OECD (2016), Wirksamere Bekämpfung schädlicher Steuerpraktiken unter Berücksichtigung von Transparenz und Substanz, Aktionspunkt 5 – Abschlussbericht 2015, Rn. 27 ff.

weiter als der Anwendungsbereich der Rückausnahme. Während nämlich Präferenzregelungen, die nicht ausschließlich auf IP-Einkünfte beschränkt sind, zwar in den Grundtatbestand der Abzugsbeschränkung fallen, scheidet insoweit eine Exkulpation durch die Rückausnahme des § 4j Abs. 1 S. 4 EStG von vornherein aus. Dadurch dass § 4j EStG jene Fälle mit dem Missbrauchsvorwurf behaftet, sie dann aber von vornherein aus dem Anwendungsbereich der Rückausnahme ausgenommen werden, erscheint die Regelung wiederum überschießend ausgestaltet.

Zu beachten ist weiterhin, dass die Abzugsbeschränkung des § 4j EStG auch auf die Überlassung von Markenrechten Anwendung findet. Da jedoch nach dem Nexus-Ansatz Markenrechte nicht begünstigungsfähig sind,[1077] scheidet eine Rückausnahme von der Abzugsbeschränkung von vornherein aus, wenn die in Anspruch genommene Präferenzregel eine Begünstigung für Markenrechte vorsieht. Als Grund für den Ausschluss einer Exkulpation bei der Lizenzierung von Markenrechten mag man vielleicht den Umstand anführen können, dass eben gerade solche Marken-Lizenzierungen einigen der medial bekanntgewordenen Steuergestaltungen zugrunde lagen (z.B. Starbucks und IKEA).[1078] Weshalb aber bei der Schaffung von Patenten eigene Ausgaben für Forschung- und Entwicklung eine wesentliche Geschäftstätigkeit indizieren und damit einen Missbrauch ausschließen können, bei der Schaffung von Marken aber nicht, bleibt letztlich unklar.[1079] Außerdem führt die im Rahmen der Rückausnahme des § 4j Abs. 1 S. 4 EStG vorzunehmende abstrakte Betrachtungsweise[1080] dazu, dass eine Exkulpation auch dann ausscheidet, wenn dem konkreten Lizenzverhältnis gar keine Markenrechtsüberlassung zugrunde liegt. Sofern also die ausländische Präferenzregelung eine Begünstigung für Markenrechte vorsieht, wäre die gewählte Lizenzgestaltung zwangsläufig mit dem Missbrauchsvorwurf belegt, auch wenn der konkreten Gestaltung gar keine Überlassung eines Markenrechts zugrunde liegt.[1081] Auch hier zeigt sich die überschießende Tendenz der Regelung.

1077 Vgl. Abschnitt B. III. 5. b).

1078 *Frase*, KÖSDI 2017, 20497 (20501).

1079 *Ditz/Quilitzsch*, DStR 2017, 1561 (1565); kritisch auch *Heidecke/Holst*, IWB 2017, 128 (135).

1080 Vgl. Abschnitt B. III. 5. c).

1081 Vgl. *Adrian/Tigges*, StuB 2017, 228 (233); *Ditz/Quilitzsch*, DStR 2017, 1561 (1565).

(b) Keine einzelfallbezogene Escape-Möglichkeit

Nach dem Nexus-Ansatz sind solche IP-Regelungen unschädlich, die die Begünstigung vom Vorliegen einer „wesentlichen Geschäftstätigkeit“ – und damit von gewissen Substanzerfordernissen – abhängig machen. Indem der Gesetzgeber die Rückausnahme an diesen Nexus-Ansatz anknüpft, möchte er folglich den Missbrauchsfall vom Nicht-Missbrauchsfall danach abgrenzen, ob die steuerliche Begünstigungsregelung, die der Gläubiger in Anspruch nimmt, an hinreichende Substanzerfordernisse geknüpft ist.

Substanzerfordernisse sind grundsätzlich zur Identifikation von Missbrauchsfällen geeignet.[1082] Allerdings führt das Anknüpfen an den Nexus-Ansatz dazu, dass die Substanzfrage ausschließlich abstrakt in Bezug auf die vom Lizenzgläubiger in Anspruch genommene Besteuerungsregelung beurteilt wird. Entscheidend ist ausschließlich, ob die ausländische Präferenzregelung Nexus-konform ausgestaltet ist und an eine wesentliche Geschäftstätigkeit anknüpft. Ob der Lizenzgläubiger im Einzelfall eine wesentliche Geschäftstätigkeit im jeweiligen Ansässigkeitsstaat nachweisen kann, bleibt im Rahmen der Lizenzschranke unberücksichtigt. Soweit jedoch der Nachweis einer hinreichenden Substanz gelingt, liegt gerade kein Missbrauch vor. Gleichwohl werden diese Fälle von der Abzugsbeschränkung des § 4j EStG erfasst, sofern nicht auch die in Anspruch genommene Präferenzregelung hinreichende Substanzkriterien vorsieht. Einen einzelfallbezogenen Escape, d.h. die Möglichkeit zum Nachweis einer hinreichenden Substanz im jeweiligen Einzelfall, sieht die Lizenzschranke gerade nicht vor.[1083]

Im Ergebnis erfasst § 4j EStG auch ökonomisch begründete und damit nicht missbräuchliche Lizenzverhältnisse.[1084] Letztlich unterstellt der Gesetzgeber in all jenen Fällen, in denen eine ausländische Präferenzregelung keine Substanzerfordernisse im Sinne des Nexus-Ansatzes aufweist, die Missbräuchlichkeit der gewählten Gestaltung. Die bloße Inanspruchnahme einer (ausländischen) Besteuerungsregelung, die grundsätzlich missbrauchsanfällig ist, rechtfertigt jedoch für sich betrachtet noch nicht die pauschale Annahme eines Missbrauchs. Der Gesetzgeber schließt inso-

---

1082 Vgl. BFH, I R 39/01, BFH/NV 2003, 289 (290); *Ratschow*, in: Klein, § 42 AO, Rn. 139.

1083 Vgl. *Gosch*, in: Kirchhof/Seer, § 4j EStG, Rn. 2.

1084 Vgl. *Hagemann/Kahlenberg*, in: H/H/R, § 4j EStG, Rn. 4; *Adrian/Tigges*, StuB 2017, 228 (233); *Heil/Pupeter*, BB 2017, 1947 (1951).

weit von der abstrakten Missbrauchsgefahr, auf das Vorliegen eines Missbrauchs und nimmt allein diese abstrakte Missbrauchsgefahr zum Anlass für das Abzugsverbot.[1085] Eine solche abstrakte Missbrauchsgefahr reicht aber nach der Auffassung des Bundesverfassungsgerichts gerade nicht aus, um ein generalisierendes Abzugsverbot zu rechtfertigen.[1086] Diese Auffassung erscheint auch zustimmungswürdig, da grundsätzlich davon auszugehen ist, dass eine jede Norm in unangemessener Weise umgangen oder in ungerechtfertigter Weise in Anspruch genommen werden kann. Die lediglich abstrakte Gefahr des Missbrauchs dürfte damit grundsätzlich einer jeden Norm innewohnen und kann deshalb für sich betrachtet nicht ausreichen, um eine typisierende Missbrauchsbekämpfungsnorm zu rechtfertigen.

Es lässt sich also insoweit festhalten, dass auch die Rückausnahme in § 4j Abs. 1 S. 4 EStG nicht zu einer zielgenaueren Erfassung des typischen Missbrauchsfalls beiträgt.[1087]

(3) Zusammenfassende Bewertung

Die Lizenzschranke knüpft den Missbrauchsvorwurf an die Inanspruchnahme einer steuerlichen Präferenzregelung durch den Lizenzgläubiger und dessen daraus resultierender Niedrigbesteuerung. Die Abzugsbeschränkung des § 4j EStG trifft jedoch den Lizenzschuldner und knüpft die Differenzierung an Merkmale, die für diesen nicht beeinflussbar sind. Der Lizenznehmer hat im Regelfall keinen Einfluss auf das Besteuerungsregime, dem der Lizenzgeber unterliegt und kann sich den Gestaltungen des Gläubigers grundsätzlich auch nicht entziehen.[1088] Erst jüngst hatte das Bundesverfassungsgericht in seiner Entscheidung zu § 8c KStG klargestellt, dass der Umstand der mangelnden Verfügbarkeit des Unterscheidungskriteriums für eine strenge Verhältnismäßigkeitsprüfung der gesetzgeberi-

1085 i.E. auch *Heil/Pupeter*, BB 2017, 1947 (1951).

1086 BVerfGE 145, 106 (153).

1087 Gl. A. *Hagemann/Kahlenberg*, ISR 2017, 413 (417); *Heil/Pupeter*, BB 2017, 1947 (1950); a.A. *Pötsch*, DStR 2018, 761 (763).

1088 *Hagemann/Kahlenberg*, in: H/H/R, § 4j EStG, Rn. 4; *Titgemeyer*, DStZ 2017, 745 (750); *Schneider/Junior*, DStR 2017, 417 (425); *Lüdicke*, DB 2017, 1482 (1482).

schen Differenzierung spricht.[1089] Die Rechtfertigungsanforderungen an § 4j EStG sind dementsprechend hoch.[1090]

Schon der Grundtatbestand der Lizenzschranke zeigt jedoch, dass eine realitätsgerechte Abbildung des typischen Missbrauchsfalls nicht gelingt. Und auch die Rückausnahme in § 4j Abs. 1 S. 4 EStG, welche an den Nexus-Ansatz anknüpft, kann nicht zur zielgenauen Ausgestaltung beitragen. Denn auch im Rahmen dieser Rückausnahme finden die konkreten Umstände des jeweiligen Einzelfalls keine Berücksichtigung. Vielmehr zeigt auch der Nexus-Ansatz, dass der Gesetzgeber hier eine abstrakte Missbrauchsgefahr zum Anlass für eine generelle Abzugsbeschränkung nimmt. Einen einzelfallbezogenen Escape sieht die Lizenzschranke nicht vor. Zwar verlangt das Bundesverfassungsgericht nicht, dass dem Steuerpflichtigen in jedem Fall eine Gegenbeweismöglichkeit zur Widerlegung des Missbrauchsvorwurfs eingeräumt werden muss. Doch zum einen gelten hier aufgrund der mangelnden Verfügbarkeit des Differenzierungskriteriums erhöhte Rechtfertigungsanforderungen. Zum anderen werden die Gegebenheiten des Einzelfalls weder im Grundtatbestand noch im Rahmen der Rückausnahme berücksichtigt.

Die Lizenzschranke ist auch insgesamt überschießend ausgestaltet. Zwar lässt das nur partiell wirkende Abzugsverbot die Regelung auf den ersten Blick noch verhältnismäßig erscheinen. Allerdings ist auch insoweit zu beachten, dass bereits der Umstand der mangelnden Verfügbarkeit des Unterscheidungskriteriums hier für eine strenge Verhältnismäßigkeitsprüfung spricht.[1091] Weiterhin ist festzustellen, dass der Abzugsbeschränkung aufgrund der mangelnden Möglichkeit zum Vortrag nicht abziehbarer Lizenzaufwendungen definitive Wirkung und damit eine besondere Eingriffsschwere zukommt. Außerdem führt die in § 4j Abs. 3 EStG zugrunde gelegte Berechnungsformel zu einer strukturellen Überkompensation der durch die ausländische Präferenzregelung erzielten Vorteile und in bestimmen Konstellationen auch zur Substanzbesteuerung.

Dem Gesetzgeber gelingt es mit § 4j EStG also weder, den typischen Missbrauchsfall realitätsgerecht abzubilden, noch die Regelung insgesamt

---

1089 BVerfGE 145, 106 (150).

1090 *Hagemann/Kahlenberg*, in: H/H/R, § 4j EStG, Rn. 4; *Titgemeyer*, DStZ 2017, 745 (750); *Heil/Pupeter*, BB 2017, 795 (800); *Schneider/Junior*, DStR 2017, 417 (425); i.E. auch *Lüdicke*, DB 2017, 1482 (1482).

1091 BVerfG 145E, 106 (150).

verhältnismäßig auszugestalten. Eine Rechtfertigung unter dem Ziel der typisierenden Missbrauchsabwehr scheidet damit aus.[1092]

cc) Bekämpfung von schädlichem Steuerwettbewerb

Der Gesetzgeber verfolgt mit § 4j EStG auch das Ziel, ausländische Staaten noch vor Ablauf der Übergangsfrist bis 2021 dazu zu animieren, ihre als schädlich einzustufenden Präferenzregelungen an den Nexus-Ansatz anzupassen.[1093] Dieses Ziel kann jedoch nicht unter dem Aspekt eines „Lenkungszwecks" rechtfertigende Wirkung entfalten. Denn Lenkungsnormen sollen das Verhalten einzelner Steuerpflichtiger erfassen und lenken, nicht dagegen das Verhalten ausländischer Staaten.[1094] Eine Ungleichbehandlung einzelner Steuerpflichtiger kann somit nicht durch das Ziel, ausländische Staaten zu einem bestimmten Handeln zu veranlassen, gerechtfertigt werden.[1095]

Die Lizenzschranke zielt gerade auf die Bekämpfung jener IP-Regelungen ab, die nicht dem Nexus-Ansatz entsprechen und damit als Maßnahme des schädlichen Steuerwettbewerbs eingestuft werden. Die Frage nach der verfassungsmäßigen Bewertung gesetzgeberischer Reaktionen auf internationalen und europäischen Steuerwettbewerb ist zwar noch nicht abschließend geklärt.[1096] Einen Rechtfertigungsgrund der „Bekämpfung schädlichen Steuerwettbewerbs" kennt die verfassungsgerichtliche Rechtsprechung aber bislang nicht. Damit kommt jedenfalls nach aktuellem Stand der verfassungsgerichtlichen Rechtsprechung eine Rechtfertigung unter diesem Aspekt nicht in Betracht.

1092 i.E. gl. A. *Hagemann/Kahlenberg* FR 2017, 1125 (1126).
1093 Vgl. Abschnitt B. II. 2.
1094 Vgl. *Heil/Pupeter*, BB 2017, 1947 (1950).
1095 In diese Richtung *Heil/Pupeter*, BB 2017, 1947 (1950).
1096 Vgl. *Hey*, StBJb 2007/2008, 19 (43f.).

dd) Die Lizenzschranke als umgekehrte Hinzurechnungsbesteuerung

Teilweise wird vertreten, die Lizenzschranke diene der Sicherstellung einer Einmalbesteuerung.[1097] Dem kann jedoch nicht gefolgt werden.[1098] Das Eingreifen der Abzugsbeschränkung sowie deren konkrete Höhe bestimmen sich zwar in Korrespondenz zum Umfang der Ertragsteuerbelastung im Ansässigkeitsstaat des Lizenzgläubigers.[1099] Allerdings kommt § 4j EStG dann zur Anwendung, soweit in jenem Ansässigkeitsstaat tatsächlich eine Besteuerung erfolgt, diese jedoch aufgrund einer steuerlichen Präferenzregelung unter 25 % liegt. Die Lizenzschranke setzt daher in jedem Fall voraus, dass eine – privilegierte – Besteuerung im Ansässigkeitsstaat erfolgt. Die Lizenzzahlungen werden durch § 4j EStG steuerlich also nicht einmal, sondern zweimal erfasst:[1100] im Ansässigkeitsstaat des Gläubigers im Rahmen der privilegierten Besteuerung und im Ansässigkeitsstaat des Schuldners durch die Abzugsbeschränkung des § 4j EStG. Umgekehrt greift die Lizenzschranke nicht in jenen Fällen, in denen im Ansässigkeitsstaat des Gläubigers tatsächlich keine Besteuerung erfolgt (Oasen-Fälle).[1101] Gerade in diesen Fällen würde § 4j EStG aber eine Einmalbesteuerung sicherstellen.

§ 4j EStG knüpft an die Niedrigbesteuerung von ins Ausland fließenden Lizenzzahlungen an. Grundsätzlich begegnet der deutsche Steuergesetzgeber Fällen, in denen sich Besteuerungsinkongruenzen daraus ergeben, dass Zahlungen einer inländischen Konzerngesellschaft an eine niedrigbesteuerte Konzerngesellschaft fließen, mit der Hinzurechnungsbesteuerung.[1102] Sofern die Voraussetzungen der Hinzurechnungsbesteuerung vorliegen, werden die Einkünfte der ausländischen Gesellschaft der inländischen Besteuerung zugänglich gemacht, indem die passiven Einkünfte dem inländischen Gesellschafter durch eine fiktive Ausschüttung hinzurechnet

---

1097 Vgl. *Staccioli*, in: Frotscher/Geurts, § 4j EStG, Rn. 10 wonach die Lizenzschranke „weiße Lizenzeinkünfte" verhindern soll; ähnlich *Benz/Böhmer*, DB 2017, 206 (211) wonach die Lizenzschranke eine „Einmalbesteuerung i.H.v. 25 %" sicherstellt; Einschränkender *Reimer*, Stellungnahme zum Entwurf eines Gesetzes gegen schädliche Steuerpraktiken im Zusammenhang mit Rechteüberlassungen vom 29.03.2017, S. 2 Rn. 17 „hinreichende" Einmalbesteuerung.

1098 gl. A. *Grotherr*, Ubg 2017, 233 (244 und 246).

1099 Vgl. Abschnitt D. III. 5.

1100 Vgl. *Grotherr*, Ubg 2017, 233 (246).

1101 Vgl. bereits Abschnitt C. II. 2. bb) (1) (b) (cc).

1102 Vgl. hierzu Abschnitt A. III. 1. b).

werden.[1103] § 4j EStG knüpft ebenfalls – wie die Hinzurechnungsbesteuerung – an konzerninterne Leistungsbeziehungen an und greift ebenfalls nur dann sein, wenn die Lizenzeinkünfte beim Lizenzgläubiger einer Niedrigbesteuerung von unter 25 % unterliegen. Anders als die Hinzurechnungsbesteuerung macht § 4j EStG jedoch gerade nicht die ausländischen Einkünfte einer Besteuerung im Inland zugänglich. Vielmehr knüpft § 4j EStG umgekehrt an die Aufwendungen des inländischen Lizenzschuldners an und stellt einen deutschen Steuerzugriff dadurch sicher, dass diese Aufwendungen nur begrenzt zum Abzug zugelassen werden. Letztlich wird damit eine umgekehrte Hinzurechnungsbesteuerung geschaffen.[1104] Diese Regelungstechnik, wonach sich die Höhe der Abzugsbeschränkung nach dem Umfang der Besteuerung dieser Einkünfte im Ausland bemisst, stellt ein Novum im deutschen Steuerrecht dar.[1105]

Es stellt sich jedoch die Frage, inwieweit sich eine derartige Regelung in die Systematik des geltenden Einkommensteuerrechts einfügen lässt. Insoweit könnte der Vorlagebeschluss des Bundesfinanzhofs zur Zinsschranke Aufschluss bieten. Die Zinsschranke dient ebenfalls der Sicherung des inländischen Steuersubstrats.[1106] Nach der Zinsschranke sind Zinsaufwendungen nur in Höhe des Zinsertrags desselben Wirtschaftsjahres abziehbar. Übersteigen die Zinseinnahmen die Zinserträge, so ist der übersteigende Betrag (Zinssaldo) lediglich bis zur Höhe des verrechenbaren sog. EBITDA abziehbar.[1107] Der Bundesfinanzhof hatte in der Zinsschranke ein „Konzept der Mindestbesteuerung"[1108] gesehen, welches im reinen Inlandsfall nicht zur Rechtfertigung eines Besteuerungszugriffs herhalten kann.[1109] Das Gericht führt hierzu weiter aus:

> *„Insbesondere kann es aber auch keine von der individuellen Ertragskraft abhängige "angemessene" Höhe der Besteuerungsgrundlage für eine wirtschaftende Tätigkeit des steuerpflichtigen Unternehmens (als Schuldner aus den Finanzierungsvereinbarungen) geben, wenn eine Abweichung den Tat-*

1103 Vgl. *Hey*, in: Tipke/Lang, § 1 Rn. 89.

1104 Vgl. *Benz/Böhmer*, DB 2017, 206 (211) „umgekehrtes AStG".

1105 Vgl. *Reimer*, Stellungnahme zum Entwurf eines Gesetzes gegen schädliche Steuerpraktiken im Zusammenhang mit Rechteüberlassungen vom 29.03.2017, S. 3 Rn. 15; *Grotherr*, Ubg 2017, 233 (245 f.) wonach die Regelung als „Blaupause" für Nachfolgeregelungen bei anderen Einkünftekategorien (z.B. Zinszahlungen) dienen könnte; vgl. auch *Höreth/Stelzer*, DStZ 2017, 270 (270).

1106 BT-Drucks. 16/4841, S. 48.

1107 Ausführlich *Hick*, in: H/H/R, § 4h EStG, Rn. 1 und 20 ff.

1108 BFHE 252, 44 (58), Rn. 37; so auch *Hick*, in: H/H/R, § 4h EStG, Rn. 5.

1109 BFHE 252, 44 (58), Rn. 38.

bestand einer nicht abzugsfähigen Betriebsausgabe auslöst. Ein solches Konzept findet in der bisher geltenden Deutung des Ertragsteuerrechts keine Grundlage. Es ist in der Konsequenz ein punktueller Paradigmenwechsel, der die Struktur der Ertragsteuer als "Ist-Ertragsteuer" (objektives Nettoprinzip) insoweit zerstört und in eine für den Bereich Einkommensteuer/Körperschaftsteuer systemfremde "Soll-Ertragsteuer" überführt“[1110]

Die Zinsschranke unterscheidet sich jedoch in einem wesentlichen Punkt von der Lizenzschranke. So findet die Zinsschranke unabhängig von der Besteuerung des Zinsgläubigers Anwendung. Die Lizenzschranke setzt dagegen eine Niedrigbesteuerung des Lizenzgläubigers voraus. Die Lizenzschranke weist eben deshalb Parallelen zur Hinzurechnungsbesteuerung auf. Die Erwägungen des Bundesfinanzhofs zur Zinsschranke lassen sich damit nicht vorbehaltlos auf die Lizenzschranke übertragen. Gleichwohl zielt auch die Lizenzschranke darauf ab, eine „angemessene“ Steuerwirkung der Lizenzaufwendungen,[1111] d.h. eine „angemessene Höhe der Besteuerungsgrundlage“, sicherzustellen. Und auch die Lizenzschranke führt, indem sie den Abzug von Betriebsaufwendungen einschränkt, zu einem „punktuellen Paradigmenwechsel“, da sie insoweit von der Struktur der Ertragsteuer als „Ist-Ertragsteuer“ (objektives Nettoprinzip) abweicht und eine „Soll-Ertragsteuer“ begründet. Allerdings ist ein solcher „punktueller Paradigmenwechsel“ einer jeden Beschränkung des objektiven Nettoprinzips immanent. Dies bedeutet nicht, dass eine Regelung zwangsläufig verfassungswidrig ist. Erforderlich ist ein sachlicher Grund für den Verstoß gegen das objektive Nettoprinzip, d.h. für den punktuellen Paradigmenwechsel.

Der Gesetzgeber ist damit nicht von vornherein daran gehindert, eine Art „umgekehrte Hinzurechnungsbesteuerung“ in das Ertragsteuersystem zu implementieren, auch wenn er damit punktuell vom Charakter der Ist-Besteuerung abweicht. Gegen die Regelungstechnik als solche ist damit nichts einzuwenden,[1112] solange der Bruch mit geltenden Prinzipien, insbes. dem objektiven Nettoprinzip, gerechtfertigt werden kann. Eine solche Rechtfertigung gelingt jedoch in Bezug auf die Lizenzschranke nicht.

1110 BFHE 252, 44 (58), Rn. 38.

1111 BT-Drucks. 18/11233, S. 9.

1112 So wohl auch *Reimer*, Stellungnahme zum Entwurf eines Gesetzes gegen schädliche Steuerpraktiken im Zusammenhang mit Rechteüberlassungen vom 29.03.2017, S. 3 Rn. 15.

3. Zwischenergebnis zur Vereinbarkeit mit den gleichheitsrechtlichen Anforderungen

Die Lizenzschranke führt zu einer Beeinträchtigung des objektiven Nettoprinzips. Eine Rechtfertigung kommt jedenfalls nach dem aktuellen Stand der verfassungsgerichtlichen Rechtsprechung nicht in Betracht. Insgesamt lässt sich damit festhalten, dass § 4j EStG die Vorgaben des allgemeinen Gleichheitssatzes durchbricht und damit verfassungswidrig ist.[1113]

III. Verstoß gegen das Individualsteuerprinzip

1. Verfassungsrechtliche Maßstäbe

a) Begriff und verfassungsrechtliche Absicherung

Der sog. „Grundsatz der Individualbesteuerung" taucht erstmals im Jahr 1957 in der Judikatur des Bundesverfassungsgerichts auf. So stellte das Gericht im Rahmen seiner Entscheidung zum Ehegattensplitting fest, dass das System des modernen Einkommensteuerrechts auf dem Grundsatz der Individualbesteuerung beruhe.[1114] Inzwischen wird der Begriff des Individualsteuerprinzips in Literatur[1115] und Rechtsprechung[1116] oft betont, jedoch ohne dass dessen Konturen im Einzelnen geklärt wären.[1117] Unklarheiten ergeben sich bereits in terminologischer Hinsicht. So ist etwa vom „Grundsatz der Individualbesteuerung"[1118], dem „Individualsteu-

1113 gl. A.: *Loose*, RIW 2017, 655 (659); *Heil/Pupeter*, BB 2017, 1947 (1950); *dies.*, BB 2017, 795 (800); *Schneider/Junior*, DStR 2017, 417 (425); *van Lück*, IStR 2017, 388 (392); a.A.: *Pötsch*, DStR 2018, 761 (765); *Illing*, in: Beck'sches Steuer und Bilanzrechtslexikon, Lizenzschranke, Rn. 20; *Link*, DB 2017, 2372 (2376 f.); wohl ebenfalls a.A. *Pung/Benz*, StbJb 2017/2018, 181 (197).

1114 BVerfGE 6, 55 (67).

1115 Vgl. *Hey*, DStJG 24 (2001), 155 (200); *Danz*, FR 2018, 160 (160); *Siegel*, FR 2011, 45 (46).

1116 BFHE 87, 380 (382); 128, 533 (536); 157, 312 (315); BVerfGE 9, 3 (12); 9, 237 (243); 14, 34 (38).

1117 Vgl. *Hey*, in: Kernfragen des Unternehmensteuerrechts, 1 (1).

1118 BVerfGE 6, 55 (67); 9, 3 (12); 9, 237 (243); 14, 34 (38); BFHE 256, 143 (147); 128, 533 (536); 157, 312 (315); *Jochum*, FR 2011, 497 (498); *Musil*, in: H/H/R, § 2 Rn. 15.

erprinzip“[1119], dem „Prinzip der Individualbesteuerung“[1120], dem „Individualprinzip“[1121], aber auch von „Subjektsteuerprinzip“[1122], „Subjektprinzip“[1123] oder auch „Steuersubjektprinzip“[1124] die Rede.

Umstritten ist weiterhin die Frage nach dem Verfassungsrang des Individualsteuerprinzips. Teils wird dem Prinzip unmittelbare verfassungsrechtliche Geltung zugesprochen.[1125] So geht etwa *Johanna Hey* davon aus, dass das Individualsteuerprinzip unmittelbar aus dem Leistungsfähigkeitsprinzip und Art. 3 Abs. 1 GG abzuleiten sei.[1126] Ähnlich könnte auch die Auffassung des Bundesfinanzhofs zu deuten sein, der davon ausgeht, dass die Einkommensteuer vom Grundsatz der Individualbesteuerung und vom Prinzip der Besteuerung nach der individuellen Leistungsfähigkeit beherrscht wird.[1127] Die personale Anknüpfung des Einkommensteuergesetzes garantiere dabei die Verwirklichung des verfassungsrechtlich fundierten Gebots der Besteuerung nach der wirtschaftlichen Leistungsfähigkeit.[1128]

Das Bundesverfassungsgericht hat sich bislang nicht zu der Frage geäußert, ob dem Grundsatz der Individualbesteuerung Verfassungsrang zukommt.[1129] Vielmehr beschränkt sich das Gericht auf die Feststellung,

---

1119 *Hey*, in: Kernfragen des Unternehmensteuerrechts, 1 (1) synonym mit „Subjektsteuerprinzip“; *dies.*, GmbHR 2001, 993 (997).

1120 BFHE 87, 380 (382); *Rödder*, in: R/H/vL, Einf. Umwandlungssteuerrecht, Rn. 1; *Jochum*, FR 2011, 497 (498).

1121 *Jochum*, FR 2011, 497 (502); *Thiel/Rödder*, FR 1998, 401 (412).

1122 *Hey*, in: Kernfragen des Unternehmensteuerrechts, 1 (1); *Mutscher*, in: FS Frotscher, 479 (479); *Danz*, FR 2018, 160 (160); *Siegel*, FR 2011, 45 (46); *Weber-Grellet*, Steuern im modernen Verfassungsstaat, S. 178.

1123 *Böhme/Forster*, BB 2003, 1979 (1980); *Crezelius*, FR 2002, 805 (811); *Weber-Grellet*, BB 1999, 2659 (2662); *Thiel/Rödder*, FR 1998, 401 (412); *Tipke*, DStJG 4 (1981), 1 (10).

1124 *Kloster/Kloster*, GmbHR 2002, 717 (718).

1125 *Hey*, in: H/H/R, Einf. ESt., Rn. 46; *dies.*, in: GS Trzaskalik, 219 (221); *Müller-Franken*, StuW 2004, 109 (117) *Mutscher*, in: FS Frotscher, 479 (479 und 488).

1126 *Hey*, in: H/H/R, Einf. ESt., Rn. 46; *dies.*, in: GS Trzaskalik, 219 (221) „verfassungskräftiges Subprinzip“ des Leistungsfähigkeitsprinzips; gl. A. *Mutscher*, in: FS Frotscher, 479 (488); ähnlich auch *Müller-Franken*, StuW 2004, 109 (117) wonach das Prinzip der Individualbesteuerung das Leistungsfähigkeitsprinzip konkretisiere und mit diesem funktional in Zusammenhang steht; ebenso auch *Müller*, Das interpersonale Korrespondenzprinzip, S. 27; *Weber-Grellet*, Steuern im modernen Verfassungsstaat, S. 178; a.A. *Ratschow*, in DStJG 34, (2011), 35 (48).

1127 BFHE 220, 129 (137).

1128 BFHE 220, 129 (137 f.).

1129 Vgl. *Ratschow*, DStJG 34 (2011), 35 (39).

dass das moderne Einkommensteuerrecht auf dem Grundsatz der Individualbesteuerung beruhe.[1130] Damit liegt jedoch die Annahme nahe, dass das Verfassungsgericht den Grundsatz der Individualbesteuerung als eine vom Gesetzgeber bei Schaffung des Einkommensteuerrechts getroffene Grundentscheidung ansieht. Da jedoch der Gesetzgeber seine einmal getroffenen Grundentscheidungen folgerichtig umsetzen muss, ist der Grundsatz der Individualbesteuerung jedenfalls über das Folgerichtigkeitsgebot mittelbar verfassungsrechtlich abgesichert.[1131] Damit bedürfen Abweichungen von der folgerichtigen Umsetzung dieser gesetzgeberischen Grundentscheidung für eine Individualbesteuerung eines besonderen sachlichen Grundes.[1132] Insoweit kommen insbesondere Vereinfachungs- und Missbrauchsvermeidungszwecke in Betracht.[1133]

b) Inhalt und Bedeutung für die Besteuerung von Unternehmen

Aus dem Individualsteuerprinzip folgt zunächst, dass das einzelne Steuersubjekt Zurechnungsobjekt der Besteuerung ist.[1134] Einkunftsquellen sind, ebenso wie einzelne Einnahmen und Ausgaben, individuell zuzuordnen.[1135] Aus dem Individualsteuerprinzip folgt weiterhin, dass der einzelne Steuerpflichtige selbst den Tatbestand verwirklichen muss,[1136] ihm also nicht beliebig von ihm nicht beeinflussbare Handlungen Dritter zugeordnet werden können.[1137] Praktische Bedeutung erlangt das Individualsteuerprinzip insbesondere auch für die Frage der Zuordnung stiller Reser-

---

1130 BVerfGE 6, 55 (67); 9, 237 (243).

1131 Vgl. *Riedel*, FR 2012, 1109 (1112); *Jochum*, FR 2011, 497 (498); vgl. auch *Ratschow*, DStJG 34, (2011), 35 (48) wonach es sich bei dem Grundsatz der Individualbesteuerung nicht um eine Ableitung aus dem Prinzip der Besteuerung nach der Leistungsfähigkeit, sondern um die Folge einer weitgehend unabhängigen Festlegung handle.

1132 Vgl. BVerfGE 105, 73 (126); 107, 27 (47); 116, 164 (180 f.); 117, 1 (31); 122, 210 (231); 126, 268 (278).

1133 Vgl. *Hey*, in: GS Trazskalik, 219 (230 ff.).

1134 BVerfGE 6, 55 (67); 9, 237 (243); 14, 34 (38 ff.); *Hey*, in: Kernfragen des Unternehmensteuerrechts, 1 (7); vgl. auch *Danz*, FR 2018, 160 (163); *Jochum*, FR 2011, 497 (498).

1135 *Hey*, in: Kernfragen des Unternehmensteuerrechts, 1 (7).

1136 *Weber-Grellet*, Steuern im modernen Verfassungsstaat, S. 178; *Hey*, in: Kernfragen des Unternehmensteuerrechts, 1 (7); *Hey*, in: H/H/R, Einf. ESt., Rn. 46.

1137 *Hey*, in: H/H/R, Einf. ESt., Rn. 46; vgl. auch *Crezelius*, FR 2002, 805 (811).

ven,[1138] der Vererbbarkeit von Verlusten,[1139] wie auch für die Frage der Abziehbarkeit von Drittaufwand.[1140]

Da es sich bei der Körperschaftsteuer letztlich um eine Einkommensteuer für juristische Personen handelt, kommt das Individualsteuerprinzip auch im Bereich der Besteuerung von Körperschaften zur Anwendung.[1141] Zurechnungssubjekt im Rahmen der Körperschaftsteuer ist also die einzelne juristische Person und zwar auch bei organschaftlicher Zusammenfassung der einzelnen juristischen Personen.[1142]

Neben dem Individualsteuerprinzip ist im Rahmen der Besteuerung von Körperschaften außerdem das Trennungsprinzip zu berücksichtigen. Aus der gesetzgeberischen Grundentscheidung für das Trennungsprinzip folgt, dass die Kapitalgesellschaft und die dahinterstehenden Anteilseigner als jeweils selbstständige Steuersubjekte anzusehen und steuerlich getrennt zu behandeln sind.[1143] Aus dem Individualsteuerprinzip folgt damit für Körperschaften zunächst, dass die einzelne Körperschaft jeweils als eigenständiges Steuersubjekt anzusehen ist. Aus dem Trennungsprinzip folgt weiter, dass eine Körperschaft auch gegenüber den Anteilseignern als selbstständiges Steuersubjekt anzusehen ist.

c) Auswirkungen auf die Zulässigkeit steuerlicher Korrespondenzregelungen

Steuerliche Korrespondenzregelungen geraten dann in Konflikt mit dem Individualsteuerprinzip, wenn es sich um sog. intersubjektive Korrespondenzregelungen[1144] handelt. Solche Regelungen richten den Blick auf zwei verschiedene Steuerrechtssubjekte, zwischen denen Zahlungen erfolgen,

---

1138 Vgl. hierzu BFHE 207, 120 (123 ff.); *Hey*, in: Kernfragen des Unternehmensteuerrechts, 1 (7); *dies.*, in: H/H/R, Einf. ESt., Rn. 46; *Danz*, FR 2018, 160 (160 ff.).

1139 Vgl. hierzu BFHE 220, 129 (137 ff.); *Weber-Grellet*, Steuern im modernen Verfassungsstaat, S. 178.

1140 Vgl. hierzu *Hey*, in: H/H/R, Einf. ESt., Rn. 46; *Bode*, in: Kirchhof/Seer, § 4 Rn. 171 f.; *Weber-Grellet*, Steuern im modernen Verfassungsstaat, S. 178.

1141 Vgl. *Hey*, in: Kernfragen des Unternehmensteuerrechts, 1 (16); *Englisch*, Dividendenbesteuerung, 165.

1142 Vgl. *Hey*, in: Kernfragen des Unternehmensteuerrechts, 1 (17); *dies.*, FR 2012, 994 (995).

1143 Vgl. BVerfGE 145, 106 (147 f.); *Desens*, in: H/H/R, Einf. KStG, Rn. 90; *Hey*, in: Tipke/Lang, § 11 Rn. 1.

1144 Vgl. *Hey*, in: Tipke/Lang, § 8 Rn. 24; *Müller* spricht dagegen von „interpersonaler Korrespondenz", vgl. *Müller*, Das interpersonale Korrespondenzprinzip, S. 5.

die auf beiden Seiten hinsichtlich ihrer Abzugsfähigkeit und Steuerbarkeit entsprechend behandelt werden.[1145] Es handelt sich dabei insbesondere um Regelungen, bei denen die Abzugsfähigkeit von Zahlungen auf Seiten des Leistenden versagt wird, wenn nicht die entsprechenden Einnahmen auf Seiten des Empfängers besteuert werden.[1146] Das Individualsteuerprinzip verlangt jedoch gerade, dass die steuerliche Behandlung isoliert mit Blick auf den individuellen Steuerpflichtigen, also das individuelle Steuerrechtssubjekt, erfolgt. Deshalb ist eine intersubjektive Korrespondenz steuerabzugsfähiger Ausgaben und zu versteuernder Einnahmen nicht mit dem Individualsteuerprinzip vereinbar, da die Abzugsfähigkeit von Ausgaben allein bei der Person zu beurteilen ist, die den Einkommensteuertatbestand verwirklicht.[1147]

Mit Blick auf das Individualsteuerprinzip unproblematisch sind jedoch solche steuerlichen Korrespondenzregelungen, die lediglich die steuerliche Behandlung ein und desselben Steuerpflichtigen in den Fokus rücken. So etwa § 4i EStG, der einen Sonderbetriebsausgabenabzug dann versagt, wenn diese Aufwendungen bereits im Ausland als Sonderbetriebsausgaben die Bemessungsgrundlage gemindert haben. Insoweit wird lediglich eine Sachkorrespondenz dahingehend implementiert, dass eine sachlich korrespondierende Behandlung der Aufwendungen im In- und Ausland erfolgt.[1148]

Daneben können Korrespondenzregelungen in Konflikt mit dem körperschaftsteuerlichen Trennungsprinzip geraten, soweit durch die Korrespondenzregelung die steuerliche Behandlung der Kapitalgesellschaft mit der steuerlichen Behandlung der dahinterstehenden Gesellschafter verknüpft wird. Beispielhaft ist etwa § 8b Abs. 1 S. 2 KStG der das körperschaftsteuerliche Trennungsprinzip durchbricht, indem die Steuerbefreiung von Bezügen auf Ebene der empfangenden Körperschaft nur erfolgt, wenn diese zuvor das Einkommen der leistenden Gesellschaft nicht gemindert haben.[1149]

1145 *Müller*, Das interpersonale Korrespondenzprinzip, S. 5.

1146 Vgl. *Müller*, Das interpersonale Korrespondenzprinzip, S. 5 ff. der diese Fälle unter dem Begriff „negative Korrespondenz“ zusammenfasst.

1147 *Hey*, in: Tipke/Lang, § 8 Rn. 24; ebenso *Müller*, Das interpersonale Korrespondenzprinzip, S. 37 ff.

1148 *Gosch*, in: Kirchhof/Seer, § 4i EStG, Rn. 6; *Blumenberg/Oertl*, StbJb 2017/2018, 453 (467).

1149 *Blumenberg/Oertl*, StbJb 2017/2018, 453 (458); *Gosch*, in: Gosch, § 8b KStG, Rn. 103.

2. Vereinbarkeit von § 4j EStG mit dem Individualsteuerprinzip

a) Beeinträchtigung des Individualsteuerprinzips durch intersubjektive Korrespondenz

Wie bereits aufgezeigt, liegt der Lizenzschranke eine doppelte Korrespondenzregelung zugrunde, da sowohl das Eingreifen der Abzugsbeschränkung, als auch die Höhe der Abzugsbeschränkung von der korrespondierenden Besteuerung des Lizenzgebers abhängig gemacht wird.[1150]

Dabei handelt es sich jedoch beim ausländischen Lizenzgeber und beim inländischen Lizenznehmer um zwei selbstständige Steuersubjekte. Unerheblich ist dabei, dass es sich nach dem Grundtatbestand des § 4j Abs. 1 S. 1 EStG um verbundene Unternehmen handeln muss. Die konzernmäßige Verbundenheit zweier Gesellschaften ändert nichts an deren Eigenständigkeit als Steuersubjekt.[1151] Dies ergibt sich schon daraus, dass im Körperschaftsteuerrecht auch bei konzernmäßiger Verbundenheit mehrerer Gesellschaften, immer noch die einzelne Gesellschaft und nicht der Konzern besteuert wird (vgl. § 1 KStG).[1152] Soweit also § 4j EStG die steuerliche Behandlung der Aufwendungen auf Seiten des Lizenznehmers von der ertragsteuerlichen Behandlung des Lizenzgebers abhängig macht, wird eine intersubjektive Korrespondenz[1153] hergestellt, die mit dem Individualsteuerprinzip nicht vereinbar ist.[1154] Hinzu kommt, dass der inländische Lizenzschuldner regelmäßig keinen Einfluss auf die Besteuerung des ausländischen Lizenzgläubigers hat.[1155]

1150 Vgl. Abschnitt B. III. 4.

1151 Vgl. *Pinkernell*, Stellungnahme zum Gesetzesentwurf, S. 9.

1152 *Haarmann*, BB 2017, Nr. 22 – die erste Seite.

1153 *Geurts/Staccioli*, IStR 2017, 514 (516) sprechen insoweit von einem „internationalen“ Korrespondenzprinzip.

1154 Eine Beeinträchtigung des Individualsteuerprinzips durch § 4j EStG ebenfalls bejahend *van Lück/Niemeyer*, IWB 2017, 440 (444); *Lück*, IStR 2017, 388 (390); i.E. gl.A. aber terminologisch unzutreffend von einer Verletzung des sog. „Trennungsprinzips“ ausgehend *Schneider/Junior*, DStR 2017, 417 (424 f.); *Benz/Böhmer*, DB 2017, 206 (211); *Kußmaul/Ditzler*, StB 2018, 126 (127); *Geurts/Staccioli*, IStR 2017, 514 (516); *Titgemeyer*, DStZ 2017, 745 (750).

1155 *Hagemann/Kahlenberg*, in: H/H/R, § 4j EStG, Rn. 4; *Titgemeyer*, DStZ 2017, 745 (750); *Schneider/Junior*, DStR 2017, 417 (425).

b) Keine Rechtfertigung

Eine Rechtfertigung der intersubjektiven Korrespondenz und damit der Beeinträchtigung des Individualsteuerprinzips kommt zwar grundsätzlich durch den mit § 4j EStG verfolgten Zweck der Bekämpfung missbräuchlicher Gewinnverlagerungsgestaltungen in Betracht. Dabei scheidet eine solche Rechtfertigung jedoch auch insoweit von vornherein aus, wenn der typische Missbrauchsfall im Tatbestand nicht realitätsgerecht abgebildet wurde.[1156] Dies ist, wie bereits festgestellt, im Hinblick auf § 4j EStG der Fall. Weiterhin ist die Norm überschießend ausgestaltet. Dies gilt umso mehr, wenn man mit *Johanna Hey* annimmt, dass eine Zurechnung von Drittverhalten unter dem Ziel der Missbrauchsvermeidung nur dann zuzulassen sei, wenn die jeweiligen Steuersubjekte kollusiv zusammenwirken.[1157] Ein solches Zusammenwirken setzt § 4j EStG nicht voraus. Im Gegenteil: die konkreten Gegebenheiten des Einzelfalls, insbes. die Motivlage des Steuerpflichtigen, blendet die Regelung des § 4j EStG vollständig aus.

Auch im Übrigen scheidet – wie vorab dargestellt – eine Rechtfertigung durch die in Betracht kommenden anerkannten Rechtfertigungsgründe aus.

3. Zwischenergebnis

Dass sich die Höhe der Abzugsbeschränkung für erwerbsbedingte Aufwendungen in Korrespondenz zur Behandlung der entsprechenden Einnahmen errechnet, stellt ein Novum im deutschen Ertragsteuerrecht dar und könnte auch als Vorbild für andere Einkünftekategorien, z.B. Zinszahlungen, dienen.[1158] Gleichwohl muss der Gesetzgeber insoweit das Individualsteuerprinzip achten. Dieses ist jedoch beeinträchtigt, soweit der Betriebsausgabenabzug beim Schuldner von der steuerlichen Behandlung des Gläubigers abhängig gemacht wird. Diese Abweichung von der folgerichtigen Umsetzung des Individualsteuerprinzips bedarf insoweit eines besonderen rechtfertigenden Grundes, welcher im Hinblick auf die Lizenzschranke jedoch nicht gegeben ist.

1156 Vgl. BVerfGE 145, 106 (154).
1157 Vgl. *Hey*, in: GS Trzaskalik, 219 (230).
1158 *Grotherr*, Ubg 2017, 233 (245 f.).

IV. Ergebnis zur verfassungsrechtlichen Würdigung

Die in § 4j Abs. 1 S. 4 EStG enthaltene statische Verweisung ist verfassungsrechtlich nicht zu beanstanden. Dagegen verletzt die von § 4j EStG angeordnete Teilabzugsbeschränkung das objektive Nettoprinzip. Da § 4j EStG ein System der intersubjektiven Korrespondenz implementiert, wird weiterhin auch das Individualsteuerprinzip in nicht zu rechtfertigender Weise beeinträchtigt. Die Lizenzschranke ist damit aufgrund des Verstoßes gegen das objektive Nettoprinzip und das Individualsteuerprinzip verfassungswidrig.

D. Unionsrechtliche Würdigung der Lizenzschranke

I. Verhältnis von nationalem Steuerrecht zum Unionsrecht

Dem Unionsrecht wird inzwischen ein noch weitreichenderer Einfluss auf das deutsche Steuerrecht zugeschrieben, als dem Verfassungsrecht.[1159]

Im Rahmen der direkten Steuern sind es vor allem die primärrechtlichen Vorgaben, und dabei insbesondere die Grundfreiheiten, die das nationale Steuerrecht beeinflussen.[1160] Den Grundfreiheiten kommt – wie dem gesamten Primärrecht – ein Anwendungsvorrang gegenüber jeglicher Art von nationalen Normen zu.[1161] Sofern eine nationale Rechtsvorschrift gegen die grundfreiheitlichen Vorgaben verstößt, wird diese nicht nichtig.[1162] Vielmehr bleibt die entsprechende Norm zwar gültig, aber in gemeinschaftsrelevanten Sachverhalten unanwendbar.[1163]

Das Primärrecht steht auch über dem Sekundärrecht.[1164] Im Bereich des Sekundärrechts sind für das Steuerrecht vor allem die Richtlinien von Bedeutung.[1165] Die Richtlinien gelten nicht unmittelbar, sondern müssen gem Art. 288 Abs. 3 AEUV durch die Mitgliedsstaaten in nationales Recht umgesetzt werden.[1166] Finanzgerichte und Finanzverwaltung müssen steuerrechtliche Normen, die in Umsetzung von Richtlinien erlassen wurden,

---

1159 Vgl. *Birk*, DStR 2009, 877 (877).

1160 Vgl. *Musil*, in: Musil/Weber-Grellet, Europäisches Steuerrecht, Einführung, Rn. 15.

1161 Grundlegend EuGH, C-6/64 (Costa/Enel), ECLI:C:1964:66, Celex-Nr. 61964CJ0006, 1259 (1269 ff.); Vgl. auch *Reimer*, in: Europäisches Steuerrecht, Rn. 7.15; einschränkend *Musil*, in: Musil/Weber-Grellet, Europäisches Steuerrecht, Einführung, Rn. 39 mit dem Hinweis, dass insbes. das BVerfG auf einem partiellen Vorrang des Verfassungsrechts vor dem Europarecht beharrte.

1162 EuGH, C-413/08 (Filipiak), ECLI:EU:C:2009:719, Rn. 82; *Reimer*, in: Europäisches Steuerrecht, Rn. 7.15.

1163 EuGH, C-413/08 (Filipiak), ECLI:EU:C:2009:719, Rn. 82; vgl. *Reimer*, in: Europäisches Steuerrecht, Rn. 7.15; *Englisch*, in: Tipke/Lang, § 4 Rn. 26.

1164 *Kokott*, Das Steuerrecht der EU, § 1 Rn. 4; *Oppermann/Classen/Nettesheim*, Europarecht, § 10 Rn. 39.

1165 Vgl. *Kokott*, Das Steuerrecht der EU, § 1 Rn. 19.

1166 Vgl. *Englisch*, in: Tipke/Lang, § 4 Rn. 30 mit dem Hinweis, dass dem nationalen Gesetzgeber aufgrund der Regelungsdichte und Detailliertheit der Richtlinien vielfach kaum noch ein Umsetzungsspielraum verbleibe.

soweit als möglich richtlinienkonform auslegen.[1167] Richtlinienwidrige Steuernormen sind im konkreten Fall nur zulasten des Steuerzahlers unanwendbar und gelten im Übrigen fort.[1168]

II. Vereinbarkeit der Lizenzschranke mit dem Primärrecht

1. Primärrechtliche Maßstäbe

a) Steuerrechtliche Regelungen in den europäischen Verträgen

Zum europäischen Primärrecht zählen nicht nur die europäischen Verträge, sondern etwa auch die Charta der Grundrechte, das ungeschriebene Gewohnheitsrecht oder auch die allgemeinen Rechtsgrundsätze des Unionsrechts.[1169] Für das Steuerrecht sind vor allem der Vertrag über die Europäische Union (EUV) und der Vertrag über die Arbeitsweise der Europäischen Union (AEUV) von Bedeutung.[1170] Dabei beziehen sich die steuerrechtlichen Vorschriften in den genannten Verträgen in erster Linie auf den Bereich der indirekten Steuern. Aber auch wenn es im Bereich der direkten Steuern – abgesehen von der allgemeinen Harmonisierungskompetenz des Art. 115 AEUV – an einer spezifischen Harmonisierungskompetenz fehlt und die Zuständigkeit folglich bei den Mitgliedsstaaten verbleibt, hindert dies den Europäischen Gerichtshof nicht daran, steuerliche Regelungen der Mitgliedsstaaten am Unionsrecht zu messen.[1171] So stellt der Gerichtshof insoweit klar: „Die direkten Steuern fallen zwar in die Zuständigkeit der Mitgliedsstaaten, doch müssen diese ihre Zuständigkeit unter Wahrung des Gemeinschaftsrechts ausüben".[1172] Dabei werden in erster Linie die Grundfreiheiten als Prüfungsmaßstab herangezogen.[1173]

1167 *Englisch*, in: Tipke/Lang, § 4 Rn. 31.
1168 Vgl. *Englisch*, in: Tipke/Lang, § 4 Rn. 34 f. „Rosinentheorie".
1169 Vgl. *Schaumburg*, in: Europäisches Steuerrecht, Rn. 3.4. f.
1170 Vgl. *Englisch*, in: Tipke/Lang, § 4 Rn. 2.
1171 Vgl. *Kokott*, in: Grundfreiheiten, 1 (4).
1172 EuGH, C-264/96 (ICI), ECLI:EU:C:1998:370, Rn. 19 mwN.
1173 *Weber-Grellet*, DStR 2009, 1229 (1229) spricht insoweit von einer „Instrumentalisierung der Grundfreiheiten".

b) Grundfreiheiten als Prüfungsmaßstab für das Steuerrecht

Die Grundfreiheiten[1174] bilden das Fundament des Binnenmarktes und des gemeinsamen Europas der Bürger.[1175] Auf dem Gebiet der direkten Steuern sind vor allem die Arbeitnehmerfreizügigkeit (Art. 45 AEUV), die Niederlassungsfreiheit (Art. 49 AEUV), die Dienstleistungsfreiheit (Art. 56 AEUV) und die Freiheit des Kapitalverkehrs (Art. 63 Abs. 1 AEUV) von Bedeutung.[1176] Daneben ist auch das allgemeine Diskriminierungsverbot des Art. 18 Abs. 1 AEUV zu beachten.[1177]

Der Europäische Gerichtshof prüft die Vereinbarkeit einer mitgliedsstaatlichen Maßnahme mit den Grundfreiheiten grundsätzlich nach einem dreistufigen Prüfungsmuster:[1178] Zunächst muss auf erster Stufe der Anwendungsbereich einer oder mehrerer Grundfreiheiten eröffnet sein. Sind im konkreten Fall mehrere Grundfreiheiten einschlägig, so nimmt der Gerichtshof bereits an dieser Stelle eine Klärung der Grundfreiheitskonkurrenzen vor.[1179] In einem zweiten Schritt wird eine mögliche Beeinträchtigung der Grundfreiheiten geprüft. Kann eine solche bejaht werden, so ist weiter zu prüfen, ob diese gerechtfertigt werden kann. Dieser dreistufige Prüfungsansatz wird vom Europäischen Gerichtshof jedoch nicht immer konsequent umgesetzt. So fasst der Gerichtshof die Prüfung des Anwendungsbereichs und die Feststellung einer Beeinträchtigung der Grundfreiheit regelmäßig in einem Schritt zusammen und prüft dann in einem zweiten Schritt eine mögliche Rechtfertigung.[1180]

Es ist jedoch zu beachten, dass sich die steuerrechtliche EuGH-Judikatur in weiten Teilen von der allgemeinen Grundrechtsdogmatik losgelöst hat, sodass diese nur zum Teil herangezogen werden kann.[1181] Dabei

---

1174 Zum Begriff vgl. *Reimer*, in: Europäisches Steuerrecht, Rn. 7.3 m.w.N.; *ders.*, in: Grundfreiheiten, 39 (40).

1175 *Kokott/Ost*, EuZW 2011, 496 (496).

1176 *Schaumburg*, in: Europäisches Steuerrecht, Rn. 3.4.

1177 Vgl. hierzu etwa EuGH, C-403/03 (Schempp), ECLI:EU:C:2005:446, Rn. 14 ff.

1178 *Englisch*, in: Tipke/Lang, § 4 Rn. 79; *Gröpl*, in: Dauses/Ludwigs, EU-Wirtschaftsrecht, J Rn. 99; *Pötsch*, IStR 2018, 417 (417); Vgl. auch *Kingreen*, in: Calliess/Ruffert, Art. 36 AEUV, Rn. 28 ff.

1179 Vgl. etwa EuGH, C-440/17 (GS), ECLI:EU.C:2018:437, Rn. 59 ff.; C-164/12 (DMC), ECLI:EU:C:2014:20, Rn. 28 ff.; C-182/08 (Glaxo Wellcome), ECLI:EU:C:2009:559, Rn. 36 ff.; vgl. auch *Englisch*, in: Tipke/Lang, § 4 Rn. 79.

1180 Vgl. EuGH, C-318/10 (SIAT), ECLI:EU:C:2012:415, Rn. 18 ff; vgl. auch *Weber-Grellet*, DStR 2009, 1229 (1230); *Gröpl*, in: Dauses/Ludwigs, EU-Wirtschaftsrecht, J Rn. 99.

1181 Vgl. *Englisch*, DStJG 41 (2018), 273 (275).

scheint die zu der grundfreiheitlichen Kontrolle nationaler Steuerrechtsordnungen entwickelte Dogmatik stellenweise noch unausgereift. Aber auch wenn dem Gerichtshof teilweise tatsächlich eine gewisse „Orientierungslosigkeit" vorgeworfen werden kann,[1182] so lassen sich doch bereits einige dogmatische Ansätze und teils mehr oder weniger konkretisierte Maßstäbe erkennen.

aa) Allgemeiner Anwendungsbereich der Grundfreiheiten und Grundfreiheitskonkurrenzen

Die deutschsprachige Literatur differenziert grundsätzlich zwischen dem sachlichen und dem persönlichen Anwendungsbereich.[1183] Daneben wird teils auch noch auf den territorialen Anwendungsbereich der Grundfreiheiten abgestellt.[1184] In der EuGH-Judikatur findet sich eine entsprechende Terminologie erst in den jüngeren Entscheidungen, wobei der Gerichtshof primär die Begriffe sachlicher,[1185] persönlicher[1186] und territorialer[1187] „Geltungsbereich[1188] verwendet.[1189]

1182 So *Englisch*, DStJG 41 (2018), 273 (275).

1183 *Kokott*, Das Steuerrecht der EU, § 3 Rn. 82 ff.; vgl. auch *Cordewener*, DStJG 41 (2018), 195 (198) Fn. 16 mit dem Hinweis, dass die nicht-deutschsprachige Literatur regelmäßig nicht klar zwischen persönlichem und sachlichem Anwendungsbereich unterscheidet; teils wird zusätzlich auch ein „räumlicher" und „zeitlicher" Binnenmarktbezug gefordert, vgl. *Reimer*, in: Europäisches Steuerrecht, Rn. 7.26 ff.

1184 Vgl. *Cordewener*, DStJG 41 (2018), 195 (250 ff.).

1185 EuGH, C-524/04 (Test Claimants in the Thin Cap Group Litigation), ECLI:EU:C:2007:161, Rn. 27; C-196/04 (Cadbury Schweppes), ECLI:EU:C:2006:544, Rn. 31; C-400/02 (Merida), ECLI:EU:C:2004:537, Rn. 20; C-182/08 (Glaxo Wellcome), ECLI:EU:C:2009:559, Rn. 47; C-492/04 (Lasertec), ECLI:EU:C:2007:273, Rn. 20.

1186 EuGH, C-560/13 (Wagner-Raith), ECLI:EU:C:2015:347, Rn. 38; C-70/95 (Sodemare), ECLI:EU:C:1997:301, Rn. 25.

1187 EuCH, C-560/13 (Wagner-Raith), ECLI:EU:C:2015:347, Rn. 38; C-190/12 (Emerging Markets), ECLI:EU:C:2014:249, Rn. 31; C-282/12 (Itelcar), ECLI:EU:C:2013:629, Rn. 24.

1188 EuGH, C-524/04 (Test Claimants in the Thin Cap Group Litigation), ECLI:EU:C:2007:161, Rn. 27; C-196/04 (Cadbury Schweppes), ECLI:EU:C:2006:544, Rn. 31; C-400/02 (Merida), ECLI:EU:C:2004:537, Rn. 20; C-182/08 (Glaxo Wellcome), ECLI:EU:C:2009:559, Rn. 47; C-492/04 (Lasertec), ECLI:EU:C:2007:273, Rn. 20.

1189 Vgl. *Cordewener*, DStJG 41 (2018), 195 (199).

Anwendung finden die Grundfreiheiten zunächst nur dann, wenn es sich um einen grenzüberschreitenden Sachverhalt handelt.[1190] Der sachliche Anwendungsbereich gibt vor, welche Vorgänge und Verhaltensweisen von der jeweiligen Grundfreiheit geschützt werden.[1191] Sein konkreter Inhalt hängt von der jeweiligen Grundfreiheit ab und ergibt sich aus dem Wortlaut der jeweiligen Grundfreiheitsnormen und der jeweils dazu ergangenen Rechtsprechung.[1192] Dabei prüft der Europäische Gerichtshof den sachlichen Schutzbereich regelmäßig ausgehend vom Tatbestand, an den die ungleiche Besteuerungsfolge anknüpft und nicht ausgehend von den Motiven des Steuerpflichtigen.[1193]

Mit Ausnahme der Kapitalverkehrsfreiheit weisen die Freizügigkeitsrechte auch einen persönlichen Anwendungsbereich auf, wobei dieser entweder an die Ansässigkeit innerhalb der Europäischen Union oder die Staatsangehörigkeit eines Mitgliedsstaats in der EU anknüpft.[1194]

Beim territorialen Anwendungsbereich geht es um die Frage, welche Voraussetzungen in räumlicher Hinsicht erfüllt sein müssen, damit eine Grundfreiheit anwendbar ist.[1195] Relevant ist dies vor allem in Bezug auf die Kapitalverkehrsfreiheit, da diese auch in Drittstaatenfällen zur Anwendung kommt.[1196]

Sofern es um die Frage der im konkreten Einzelfall einschlägigen Grundfreiheit geht, kommt es nach Auffassung des Europäischen Gerichtshofs auf den Gegenstand der betreffenden Regelung an.[1197] Wie sich schon aus dem Wortlaut des Art. 18 Abs. 1 AEUV ergibt, gehen die speziellen

1190 Vgl. EUGH, C-268/15 (Ullens de Schooten), ECLI:EU:C:2016:874, Rn. 47 ff.; C-18/95 (Terhoeve), ECLI:EU:C:1999:22, Rn. 26 f.; *Kokott*, Das Steuerrecht der EU, § 3 Rn. 80; die Literatur betrachtet dieses Erfordernis teils isoliert, teils wird es jedoch auch dem sachlichen oder dem territorialen Anwendungsbereich zugeordnet, vgl. *Cordewener*, DStJG 41 (2018), 195 (205); *Reimer*, in: Europäisches Steuerrecht, Rn. 7.30.

1191 *Cordewener*, DStJG 41 (2018), 195 (201); *Ehlers*, in: Ehlers (Hrgs), Europäische Grundrechte und Grundfreiheiten § 7 Rn. 74.

1192 *Cordewener*, DStJG 41 (2018), 195 (201).

1193 *Englisch*, in: Tipke/Lang, § 4 Rn. 80.

1194 *Englisch*, in: Tipke/Lang, § 4 Rn. 81.

1195 *Cordewener*, DStJG 41 (2018), 195 (250).

1196 Vgl. EuGH, C-282/12 (Intelcar), ECLI:EU:C:2013:629, Rn. 23 ff.; C-157/05 (Holböck), ECLI:EU:C:2007:297, Rn. 31 ff.; C-446/04 (FII Group Litigation I), ECLI:EU:C:2006:774, Rn. 165 ff.; *Cordewener*, DStJG 41 (2018), 195 (256 ff.); *Englisch*, in Tipke/Lang, § 4 Rn. 81.

1197 EuGH, C-440/17 (GS), ECLI:EU.C:2018:437, Rn. 60; C-164/12 (DMC), ECLI:EU:C:2014:20, Rn. 29; C-182/08 (Glaxo Wellcome), ECLI:EU:C:2009:559, Rn. 36; C-157/05 (Holböck), ECLI:EU:C:C2007:297, Rn. 22.

Grundfreiheiten dem allgemeinen Diskriminierungsverbot vor.[1198] Weiterhin ist die Dienstleistungsfreiheit, wie sich aus Art. 57 Abs. 1 AEUV ergibt, gegenüber den übrigen Grundfreiheiten subsidiär. Gleichwohl wendet der Gerichtshof die Dienstleistungsfreiheit regelmäßig parallel an, ohne einen Vorrang zu bestimmen.[1199] Schließlich gilt noch die allgemeine Abgrenzungsregel, dass die eigenständige Prüfung einer Grundfreiheit unterbleibt, soweit deren Beschränkung lediglich die unvermeidliche Folge der Beschränkung einer anderen Grundfreiheit ist.[1200]

bb) Gewährleistungsgehalt und Beeinträchtigung der Grundfreiheiten

(1) Grundfreiheiten als Diskriminierungsverbote im Bereich der direkten Steuern

Wann eine Grundfreiheitsbeeinträchtigung vorliegt, hängt vom Gewährleistungsgehalt der Grundfreiheiten ab. Dabei versteht der Europäische Gerichtshof die Grundfreiheiten zunächst als Diskriminierungsverbote, die jede unmittelbare und mittelbare Diskriminierung auf Grund der Staatsangehörigkeit oder des Unternehmenssitzes verbieten.[1201] Unmittelbare Diskriminierungen knüpfen direkt an die Staatsangehörigkeit oder den Unternehmenssitz an. Dagegen handelt es sich bei mittelbaren Diskriminierungen auf den ersten Blick um neutrale Regelungen, die jedoch die benachteiligte Gruppe überproportional treffen.[1202]

Darüber hinaus versteht der Gerichtshof die Grundfreiheiten grundsätzlich auch als Beschränkungsverbote.[1203] Damit stehen die Grundfreiheiten

---

1198 EuGH, C-193/94 (Skanavi und Chryssanthakopoulos), ECLI:EU:C:1996:70, Rn. 22; vgl. *Cordewener*, DStJG 41 (2018), 195 (259).

1199 Vgl. hierzu *Kokott*, Das Steuerrecht der EU, § 3 Rn. 91 mwN.

1200 EuGH, C-48/15 (NN (L) International), ECLI:EU:C:2016:356, Rn. 39 mwN; C-53/13 (Strojirny Prostejow und ACI Industries Tabor), ECLI:EU:C:2014:2011, Rn. 30 mwN; C-524/04 (Test Claimants in the Thin Cap Group Litigation), ECLI:EU:C:2007:161, Rn. 34 mwN; vgl. *Kokott*, Das Steuerrecht der EU, § 3 Rn. 92.

1201 Vgl. EuCH, C-384/08 (Attanasio Group), ECLI:EU:C:2010:133, Rn. 31; C-264/96 (ICI), ECLI:EU:C:1998:370, Rn. 20; *Kokott/Ost*, EuZW 2011, 496 (496 f.); *Haratsch/Koenig/Pechstein*, Europarecht, Rn. 851.

1202 *Kokott*, Das Steuerrecht der EU, § 3 Rn. 102.

1203 Vgl. EuGH, C-415/93 (Bosmann), ECLI:EU:C:1995:463, Rn. 96; *Cordewener*, Europäische Grundfreiheiten und nationales Steuerrecht, S. 104 ff.; vgl. auch *Kokott*, Das Steuerrecht der EU, § 3 Rn. 81 zugleich mit dem Hinweis auf die

auch jenen nationalen Regelugen entgegen, die – ohne eine Diskriminierung nach der Staatsangehörigkeit zu enthalten – die Ausübung der Grundfreiheiten verbieten, behindern oder weniger attraktiv machen.[1204] Dabei genügt es sogar, dass die Regelung grundsätzlich geeignet ist, die Ausübung der Grundfreiheit zu beschränken, ohne dass es des Nachweises bedürfe, dass die Rechtsvorschrift tatsächlich diese Wirkung hat.[1205] Der Begriff der „Beeinträchtigung" bietet sich vor diesem Hintergrund als Oberbegriff für Diskriminierungen und Beschränkungen der Grundfreiheiten an.[1206]

Bei genauerer Betrachtung zeigt sich jedoch, dass der Gerichtshof die Grundfreiheiten auf dem Gebiet der direkten Steuern bislang ausschließlich als Diskriminierungsverbote zu verstehen scheint.[1207] Zwar spricht der Gerichtshof auch insoweit teilweise ausdrücklich von „Beschränkung[en]".[1208] Gleichwohl beschränkt sich der Gerichtshof auch in den Fällen, in denen er von „Beschränkungen" spricht, auf die Prüfung einer unterschiedlichen Behandlung des inländischen Sachverhalts gegenüber dem grenzüberschreitenden Sachverhalt.[1209] Dagegen hat das Gericht im Bereich der direkten Steuern – soweit ersichtlich – noch nie geprüft, ob eine Vorschrift in anderer Weise, als durch eine Diskriminierung, die Aus-

---

Fragwürdigkeit eines diskriminierungsfreien Beschränkungsverbotes im Steuerrecht.

1204 Vgl. EuGH, C-285/01 (Burbaud), ECLI:EU:C:2003:432, Rn. 95; C-442/02 (CaixaBank France), ECLI:EU:C:2004:586, Rn. 11 mwN.; *Kokott/Ost*, EuZW 2011, 496 (498).

1205 EuGH, C-231/05 (Oy AA), ECLI:EU:C:2007:439, Rn. 42; C-524/04 (Test Claimants in the Thin Cap Group Litigation), ECLI:EU:C:2007:161, Rn. 62.

1206 *Kokott*, Das Steuerrecht der EU, § 3 Rn. 101; *dies.*, in: FS für den BFH, 735 (739).

1207 Vgl. *Kokott/Dobratz*, in: Grundfragen des Europäischen Steuerrechts, 25 (32); *Reimer*, in: Europäisches Steuerrecht, Rn. 7.42; *M. Lang*, IStR 2010, 570 (572); *Kube*, EuGH-Rechtsprechung zum direkten Steuerrecht, S. 36; *Henze*, in: FS Gosch, 137 (139 und 148); *Dobratz*, DStJG 39 (2016), 145 (151).

1208 Vgl. EuGH, C-318/10 (SIAT), ECLI:EU:C:2012:415, Rn. 34; C-524/04 (Test Claimants in the Thin Cap Group Litigation), ECLI:EU:C:2007:161, Rn. 62; C-231/05 (Oy AA), ECLI:EU:C:2007:439, Rn. 42.

1209 Vgl. EuGH, C-440/17 (GS), ECLI:EU.C:2018:437, Rn. 73 ff.; C-524/04 (Test Claimants in the Thin Cap Group Litigation), ECLI:EU:C:2007:161, Rn. 62 ff.; C-231/05 (Oy AA), ECLI:EU:C:2007:439, Rn. 42 f.; C-318/10 (SIAT), ECLI:EU:C:2012:415, Rn. 31 f.; nach *Kokott/Ost*, EuZW 2011, 496 (498) kann der Begriff „Beschränkung" im Bereich der direkten Steuern letztlich als Oberbegriff für Diskriminierungen und sonstige Beschränkungen angesehen werden.

übung der Grundfreiheiten weniger attraktiv macht.[1210] Vielmehr verneint der Gerichtshof eine rechtfertigungsbedürftige Beschränkung der Grundfreiheiten auch dann, wenn eine Ungleichbehandlung nicht festgestellt werden kann, von der in Rede stehenden Norm aber in anderweitiger Form Hemmnisse für die Ausübung der Grundfreiheiten ausgehen.[1211] Dies mag sich jedoch damit erklären lassen, dass jegliche noch so geringe Besteuerung die Ausübung der Grundfreiheiten weniger attraktiv machen und deshalb eine Beschränkung der Grundfreiheiten darstellen würde.[1212]

Festhalten lässt sich also, dass der europäische Gerichtshof eine rechtfertigungsbedürftige Beeinträchtigung der Grundfreiheiten durch steuerrechtliche Regelungen nur dann annimmt, wenn diese zu einer Ungleichbehandlung des grenzüberschreitenden gegenüber einem inländischen Sachverhalt führen.[1213]

(2) Vergleichbarkeit

Eine Ungleichbehandlung ist nur dann auch eine verbotene Diskriminierung, wenn unterschiedliche Vorschriften auf vergleichbare Situationen oder dieselbe Vorschrift auf unterschiedliche Situationen angewandt wird.[1214] Die Vergleichbarkeit ist damit Voraussetzung für das Vorliegen einer Diskriminierung. Gleichwohl spricht der Gerichtshof die Vergleichbarkeit in seinen jüngeren Entscheidungen teilweise erst im Rahmen der Rechtfertigung an. So beschränkt sich das Gericht oftmals zunächst auf die Feststellung einer „Ungleichbehandlung" oder „Beschränkung", die jedoch nur dann statthaft sei, wenn sie Situationen betrifft, die nicht

1210 Vgl. *Kokott/Ost*, EuZW 2011, 496 (498) mit dem Hinweis, dass jede Steuererhebung die Ausübung der Grundfreiheiten weniger attraktiv macht und somit bei Anwendung des Beschränkungsverbots im Steuerrecht auch auf diskriminierungsfrei geltende Regelungen, die direkten Steuern einer sehr weitgehenden Kontrolle ausgesetzt wären.

1211 Vgl. *Englisch*, DStJG 41 (2018), 273 (278) mit Hinweis u.a. auf EuGH, C-298/05 (Coumbus Container), ECLI:EU:C:2007:754, Rn. 40.

1212 *Kokott*, Das Steuerrecht der EU, § 3 Rn. 117; *dies.*, in: FS für den BFH, 735 (737); *M. Lang*, IStR 2010, 570 (572).

1213 Vgl. etwa EuGH, C-298/05 (Columbus Container), ECLI:EU:C:2007:754, Rn. 40; vgl. auch *Englisch*, DStJG 41 (2018), 273 (277 f. mwN); *Kokott*, in: FS für den BFH, 735 (738).

1214 Vgl. EuGH, C-279/93 (Schumacker), ECLI:EU:C:1995:31, Rn. 30; C-282/07 (Truck Center), ECLI:EU:C:2008:762, Rn. 37; vgl. *Kokott/Ost*, EuZW 2011, 496 (497); *Englisch*, in: Tipke/Lang, § 4 Rn. 86.

objektiv miteinander vergleichbar sind, oder wenn sie durch einen zwingenden Grund des Allgemeininteresses gerechtfertigt ist.[1215] In anderen Entscheidungen spricht der Gerichtshof dagegen die Vergleichbarkeit bereits im Zusammenhang mit dem Vorliegen einer „Ungleichbehandlung“ bzw. „Beschränkung“ an.[1216]

Was die Vergleichbarkeitsprüfung anbelangt, so variiert nicht nur ihr Prüfungsort. Auch inhaltlich verläuft die Prüfung keineswegs einheitlich. Teilweise lässt der Gerichtshof die Vergleichbarkeitsprüfung gänzlich unter den Tisch fallen.[1217] An anderen Stellen wird die Vergleichbarkeit ohne eingehende Prüfung unterstellt[1218] oder abgelehnt.[1219] Damit lassen sich keine einheitlichen Kriterien für die Prüfung der Vergleichbarkeit ausmachen.[1220]

Grundsätzlich setzt eine Vergleichbarkeitsprüfung das Bilden eines Vergleichspaares sowie die Festlegung eines Vergleichskriteriums voraus. Als Vergleichspaar stellt der Gerichtshof regelmäßig den grenzüberschreitenden Sachverhalt mit Gemeinschaftsbezug dem reinen Inlandssachverhalt gegenüber.[1221]

1215 Vgl. EuGH, C-440/17 (GS), ECLI:EU.C:2018:437, Rn. 73; C-388/14 (Timac Agro Deutschland), ECLI:EU:C:2015:829, Rn. 26; C-48/13 (Nordea Bank), ECLI:EU:C:2014:2087, Rn. 23; C-18/11 (Philips Electronics UK), ECLI:EU:C:2012:532, Rn. 17; C-337/08 (X Holding), ECLI:EU:C:2010:89, Rn. 20; Vgl. auch die Analyse bei *Kokott/Ost*, EuZW 2011, 496 (498).

1216 EuGH, C-657/13 (Verder Lab Tec), ECLI:EU:C:2015:331, 38 f.; C-164/12 (DMC), ECLI:EU:C:2014:20, Rn. 42 f.; C-318/10 (SIAT), ECLI:EU:C:2012:415, Rn. 32 f.; C-371/10 (National Grid Indus), ECLI:EU:C:2011:785, Rn. 36 ff; C-418/07 (Papillon), ECLI:EU:C:2008:659, Rn. 27 ff.

1217 Vgl. EuGH, C-157/07 (Krankenheim Ruhesitz am Wannsee), ECLI:EU:C:2008:588, Rn. 27 ff.; C-470/04 (N), ECLI:EU:C:2006:525, Rn. 33 ff.; C-35/98 (Verkooijen), ECLI:EU:C:2000:294, Rn. 35 f.; vgl. hierzu *Englisch*, DStJG 41 (2018), 273 (279 ff.).

1218 Vgl. EuGH, C-414/06 (Lidl Belgium), ECLI:EU:C:2008:278, Rn. 23 ff.

1219 Vgl. EuGH, C-388/14 (Timac Agro Deutschland), ECLI:EU:C:2015:829, Rn. 27; vgl. hierzu *Kokott*, Das Steuerrecht der EU, § 3 Rn. 128.

1220 *Juliane Kokott* spricht sich jedenfalls für eine „mitgliedsstaatenfreundliche Vergleichbarkeitsprüfung“ aus, die nur zur Ausscheidung von Evidenzfällen dienen soll, vgl. *Kokott* in: FS für den BFH, 735 (740).

1221 Vgl. EuGH, C-18/11 (Philips Electronics UK), ECLI:EU:C:2012:532, Rn. 17 ff.; C-253/09 (Kommission/Ungarn), ECLI:EU:C:2011:795, Rn. 61 ff.; C-337/08 (X Holding), ECLI:EU:C:2010:89, Rn. 22; C-418/07 (Papillon), ECLI:EU:C:2008:659, Rn. 27; ausführlich zur Vergleichspaarbildung *Reimer*, in: Europäisches Steuerrecht, Rn. 7.128 ff.; *ders.*, in: Grundfreiheiten, 39 (45 ff.).

Bei der Bestimmung des Vergleichskriteriums wechselt der Gerichtshof zwischen verschiedenen Ansätzen.[1222] Jedenfalls in seinen jüngeren Entscheidungen bestimmt der Gerichtshof den Vergleichsmaßstab zunehmend anhand des mit der Regelung verfolgten Ziels.[1223] So sei „die Vergleichbarkeit eines Sachverhalts mit Gemeinschaftsbezug mit einem innerstaatlichen Sachverhalt unter Berücksichtigung des mit den fraglichen nationalen Bestimmungen verfolgten Ziels zu prüfen."[1224] Der Gerichtshof ermittelt den Vergleichsmaßstab – nach Art eines allgemeinen Gleichheitssatzes – somit also kontext- und bereichsspezifisch.[1225]

cc) Rechtfertigung von Beschränkungen

Ein Verstoß gegen eine Grundfreiheit liegt nur vor, wenn die zuvor festgestellte Ungleichbehandlung oder Beschränkung nicht ausnahmsweise gerechtfertigt werden kann.[1226] Insoweit prüft der Gerichtshof, ob ein Rechtfertigungsgrund in Betracht kommt und ob die Maßnahme auch verhältnismäßig ist.

(1) Geschriebene und ungeschriebene Rechtfertigungsgründe

Als Rechtfertigungsgründe kommen sowohl die in der AEUV niedergelegten geschriebenen Rechtfertigungsgründe, aber auch ungeschriebe-

---

1222 Ausführlich zu den verschiedenen Ansätzen *Englisch*, DStJG 41 (2018), 273 (281 ff.).

1223 Vgl. EuGH, C-87/13 (X), ECLI:EU:C:2014:2459, Rn. 27; C-318/10 (SIAT), ECLI:EU:C:2012:415, Rn. 30 ff.; C-18/11 (Philips Electronics UK), ECLI:EU:C:2012:532, Rn. 17 ff.; C-253/09 (Kommission/Ungarn), ECLI:EU:C:2011:795, Rn. 61 ff.; C-337/08 (X Holding), ECLI:EU:C:2010:89, Rn. 22 ff.; C-418/07 (Papillon), ECLI:EU:C:2008:659, Rn. 27; C-319/02 (Manninen), ECLI:EU:C:2004:484, Rn. 32 ff.

1224 EuGH, C-18/11 (Philips Electronics UK), ECLI:EU:C:2012:532, Rn. 17 ff.; C-253/09 (Kommission/Ungarn), ECLI:EU:C:2011:795, Rn. 61 ff.; C-337/08 (X Holding), ECLI:EU:C:2010:89, Rn. 22; C-418/07 (Papillon), ECLI:EU:C:2008:659, Rn. 27.

1225 *Englisch*, DStJG 41 (2018), 273 (287.); dies wird in der Literatur jedoch vielfach kritisch betrachtet, vgl. *Englisch*, DStJG 41 (2018), 273 (287 ff.); *Reimer*, in: Europäisches Steuerrecht, Rn. 7.131 ff.; zur Diskussion alternativer Prüfungsansätze siehe *Englisch*, DStJG 41 (2018), 273 (296 ff.).

1226 Vgl. *Reimer*, in: Europäisches Steuerrecht, Rn. 7.48.

ne Rechtfertigungsgründe in Betracht. Zu den geschriebenen Rechtfertigungsgründen zählen etwa die öffentliche Sicherheit und Ordnung, sowie die Gesundheit, vgl. Art. 36, 45 Abs. 3, Art. 52, Art. 62 AEUV. Diese geschriebenen Rechtfertigungsgründe blieben für das Steuerrecht jedoch weitgehend bedeutungslos.[1227] Im Bereich der Kapitalverkehrsfreiheit können die in Art. 65 AEUV geregelten, speziell das Steuerrecht betreffenden Rechtfertigungsgründe relevant werden.[1228]

Daneben erkennt der Europäische Gerichtshof ausdrücklich auch ungeschriebene Rechtfertigungsgründe an. So stellt das Gericht in inzwischen stetiger Rechtsprechung fest, dass nationale die Grundfreiheiten beeinträchtigende Maßnahmen aus einem „zwingenden Grund des Allgemeininteresses gerechtfertigt“ sein können.[1229] Diese „rule of reason“ dient auf dem Gebiet des Steuerrechts dem Ausgleich zwischen der Realisierung des Binnenmarkts auf der einen Seite, und der Berücksichtigung der Besonderheiten der direkten Steuern, insbesondere der Steuersouveränität der Mitgliedsstaaten, auf der anderen Seite.[1230] Soweit es sich jedoch um eine unmittelbare Diskriminierung handelt, kommt eine Rechtfertigung nur durch die ausdrücklich in den Verträgen enthaltenen Rechtfertigungs-

---

1227 Was vor allem daran liegt, dass der EuGH den Anwendungsbereich dieser Rechtfertigungsgründe jeweils auf bestimmte, für das Steuerrecht regelmäßige irrelevante Formen der Diskriminierung begrenzt und die Rechtfertigungsgründe dazu auch jeweils eng auslegt, *Englisch*, in: Europäisches Steuerrecht, Rn. 7.200; vgl. auch *Frotscher*, Internationales Steuerrecht, Rn. 120; *Englisch*, DStJG 41 (2018), 273 (306).

1228 Vgl. hierzu *Kokott*, Das Steuerrecht EU, § 3 Rn. 132; dagegen auch diese Rechtfertigungsgründe für rein deklaratorisch erachtend, *Englisch*, in: Europäisches Steuerrecht, Rn. 7.201.

1229 EuGH, C-593/14 (Masco Denmark und Damixa), ECLI:EU:C:2016:984, Rn. 28; C-388/14 (Timac Agro Deutschland), ECLI:EU:C:2015:829, Rn. 26; C-48/13 (Nordea Bank), ECLI:EU:C:2014:2087, Rn. 23; C-318/10 (SIAT), ECLI:EU:C:2012:415, Rn. 34; C-18/11 (Philips Electronics UK), ECLI:EU:C:2012:532, Rn. 22; C-371/10 (National Grid Indus), ECLI:EU:C:2011:785, Rn. 42; C-337/08 (X Holding), ECLI:EU:C:2010:89, Rn. 20; C-414/06 (Lidl Belgium), ECLI:EU:C:2008:278, Rn. 27; C-524/04 (Test Claimants in the Thin Cap Group Litigation), ECLI:EU:C:2007:161, Rn. 64; C-196/04 (Cadbury Schweppes), ECLI:EU:C:2006:544, Rn. 47; C-446/03 (Marks & Spencer), ECLI:EU:C:2005:763, Rn. 35; C-9/02 (De Lasteyrie du Saillant), ECLI:EU:C:2004:138, Rn. 49; C-324/00 (Lankhorst-Hohorst), ECLI:EU:C:2002:749, Rn. 33.

1230 Vgl. *Kokott/Ost*, EuZW 2011, 496 (503); *Englisch*, in: Europäisches Steuerrecht, Rn. 7.203; *Cordewener*, Europäische Grundfreiheiten und nationales Steuerrecht, S. 60 ff.; *Cordewener/Kofler/Thiel*, CMLR 46 (2009), 1951 (1951 ff.).

gründe, nicht aber durch die ungeschriebenen Rechtfertigungsründe in Betracht.[1231]

Inzwischen hat der Gerichtshof speziell im Steuerrecht einige ungeschriebene Rechtfertigungsgründe anerkannt.[1232] Gleichwohl lässt das Gericht im Bereich der direkten Steuern nicht beliebig neue Rechtfertigungsgründe zu und hat einigen von den Mitgliedsstaaten vorgebrachten Regelungszielen ausdrücklich keine rechtfertigende Wirkung zugesprochen.[1233] So hat das Gericht etwa die mangelnde Harmonisierung,[1234] drohende Steuermindereinnahmen[1235] oder das Ziel der Wirtschaftsförderung[1236] nicht als Rechtfertigungsgründe anerkannt.

(2) Verhältnismäßigkeit

Unabhängig von dem jeweilig in Betracht kommenden Rechtfertigungsgrund, stellt der Europäische Gerichtshof klar, dass eine Ungleichbehandlung durch einen zwingenden Grund des Allgemeininteresses nur dann gerechtfertigt ist, wenn diese Ungleichbehandlung zur Erreichung des angeführten Ziels geeignet ist und nicht über das hinausgeht, das hierzu erforderlich ist.[1237] Die Verhältnismäßigkeitsprüfung ist damit zweistufig

---

1231 Vgl. EuGH, C-344/13 (Blanco und Fabretti), ECLI:EU:C:2014:2311, Rn. 38; C-64/08 (Engelmann), ECLI:EU:C:2010:506, Rn. 34; C-153/08 (Kommission/Spanien, C-153/08), ECLI:EU:C:2009:618, Rn. 37; C-490/04 (Kommission/Deutschland), ECLI:EU:C:2007:430, Rn. 86; zustimmend *Englisch*, DStJG 41 (2018), 273 (304).

1232 Vgl. Abschnitt D. II 1. b) dd).

1233 Vgl. den Negativ-Katalog bei *Schaumburg*, in: Schaumburg, Internationales Steuerrecht, Rn. 4.19; vgl. *Englisch*, in: Europäisches Steuerrecht, Rn. 7.203 mit dem Hinweis, dass der EuGH jedoch oft nicht näher begründet, weshalb manche Rechtfertigungsgründe eine Beeinträchtigung der Grundfreiheiten zu legitimieren vermögen, andere dagegen nicht.

1234 EuGH, C-270/83 (Avoir Fiscal), ECLI:EU:C:1986:37, Rn. 24.

1235 EuGH, C-324/00 (Lankhorst-Hohorst), ECLI:EU:C:2002:749, Rn. 36; C-35/95 (Verkooijen), ECLI:EU:C:2000:294, Rn. 59; C-264/96 (ICI), ECLI:EU:C:1998:370, Rn. 28.

1236 EuGH, C-35/95 (Verkooijen), ECLI:EU:C:2000:294, Rn. 47 f.

1237 EuGH, C-593/14 (Masco Denmark und Damixa), ECLI:EU:C:2016:984, Rn. 33; C-388/14 (Timac Agro Deutschland), ECLI:EU:C:2015:829, Rn. 29; C-48/13 (Nordea Bank), ECLI:EU:C:2014:2087, Rn. 25; C-318/10 (SIAT), ECLI:EU:C:2012:415, Rn. 34; C-18/11 (Philips Electronics UK), ECLI:EU:C:2012:532, Rn. 22; C-371/10 (National Grid Indus), ECLI:EU:C:2011:785, Rn. 42; C-337/08 (X Holding), ECLI:EU:C:2010:89,

aufgebaut und teilt sich in die Prüfung der „Geeignetheit" und der „Erforderlichkeit" auf.[1238] Eine Prüfung der Verhältnismäßigkeit im engeren Sinne, d.h. eine Abwägung zwischen den Binnenmarktanforderungen des Art. 26 AEUV einerseits und dem vom betroffenen Mitgliedsstaat verfolgten Regelungsziel andererseits, nimmt der Gerichtshof nicht vor.[1239]

Im Hinblick auf die Geeignetheit lässt es der Gerichtshof grundsätzlich ausreichen, wenn das angestrebte Ziel grundsätzlich gefördert wird.[1240] Was dagegen die Prüfung der Erforderlichkeit betrifft, so zeigt sich der Gerichtshof grundsätzlich strenger.[1241] Insoweit prüft das Gericht insbesondere auch, ob eine weniger einschneidende Regelung möglich gewesen wäre.[1242] Im Hinblick auf solche weniger beeinträchtigenden Alternativen räumt der Gerichtshof den Mitgliedsstaaten oftmals nur ein begrenztes Wertungsermessen ein und erklärt insbesondere verwaltungstechnische Nachteile oft für Unbeachtlich.[1243] Im Einzelnen unterscheiden sich die Anforderungen an die Verhältnismäßigkeit nach den jeweils einschlägigen Rechtfertigungsgründen.

Rn. 26; C-414/06 (Lidl Belgium), ECLI:EU:C:2008:278, Rn. 27; C-524/04 (Test Claimants in the Thin Cap Group Litigation), ECLI:EU:C:2007:161, Rn. 64; C-196/04 (Cadbury Schweppes), ECLI:EU:C:2006:544, Rn. 47; C-446/03 (Marks & Spencer), ECLI:EU:C:2005:763, Rn. 35; C-9/02 (De Lasteyrie du Saillant), ECLI:EU:C:2004:138, Rn. 49; C-324/00 (Lankhorst-Hohorst), ECLI:EU:C:2002:749, Rn. 33.

1238 *Englisch*, DStJG 41 (2018), 273 (343).

1239 Vgl. *Englisch*, DStJG 41 (2018), 273 (344 ff.) der sich zugleich für eine „klassische" dreistufige Verhältnismäßigkeitsprüfung ausspricht; *ders.*, in: Europäisches Steuerrecht, Rn. 7.199 und 7.206.

1240 Vgl. *Kingreen*, in: Calliess/Ruffert, Art. 36 AEUV, Rn. 92; *Englisch*, in: Europäisches Steuerrecht, Rn. 7.205; *ders.* DStJG 41 (2018), 273 (343).

1241 *Englisch*, in: Europäisches Steuerrecht, Rn. 7.205; *ders.* DStJG 41 (2018), 273 (344); Ähnlich auch *Epiney*, in: FS Müller-Graff, 467 (473).

1242 Vgl. EuGH, C-591/13 (Kommission/Deutschland), ECLI:EU:C:2015:230, Rn. 67 ff.; C-155/09 (Kommission/Griechenland), ECLI:EU:C:2011:22, Rn. 57 f.; C-371/10 (National Grid Indus), ECLI:EU:C:2011:785, Rn. 65 ff.; C-132/10 (Halley u.a.), ECLI:EU:C:2011:586, Rn. 36 ff.; C-334/02 (Kommission/Frankreich), ECLI:EU:C:2004:129, Rn. 29 ff.

1243 *Englisch*, in: Europäisches Steuerrecht, Rn. 7.205 mwN; vgl. EuGH, C-334/02 (Kommission/Frankreich), ECLI:EU:C:2004:129, Rn. 29, C-386/04 (Stauffer), ECLI:EU:C:2005:568, Rn. 48.

dd) Anerkannte ungeschriebene Rechtfertigungsgründe

Gerade im Bereich des Steuerrechts finden sich inzwischen zahlreiche ausdrücklich vom Europäischen Gerichtshof anerkannte ungeschriebene Rechtfertigungsgründe, die den Besonderheiten der direkten Steuern und der Zuständigkeit der Mitgliedsstaaten Rechnung tragen.[1244] Dazu gehören die Verhinderung von Steuerumgehung und Steuerflucht (Missbrauch),[1245] die Sicherung der Steueraufsicht,[1246] die Effizienz der Steuerbeitreibung,[1247] die Wahrung der Kohärenz des Steuersystems[1248] und die Wahrung der ausgewogenen Aufteilung der Besteuerungsbefugnisse.[1249] Einmal anerkannte Rechtfertigungsgründe werden vom Gerichtshof fallgruppenspezifisch fortentwickelt, was jedoch auch dazu führt, dass sich bis heute keine allgemein gültige Rechtfertigungsdogmatik entwickelt

---

1244 Vgl. *Kokott/Ost*, EuZW 2011, 496 (503); *Müller-Graff*, in: Streinz, Art. 49 AEUV, Rn. 87.

1245 EuGH, C-135/17 (X), ECLI:EU:C:2019:136, Rn. 73; C-388/14 (Timac Agro Deutschland), ECLI:EU:C:2015:829, Rn. 42; C-322/11 (K), ECLI:EU:C:2013:716, Rn. 61; C-318/10 (SIAT), ECLI:EU:C:2012:415, Rn. 40; C-524/04 (Test Claimants in the Thin Cap Group Litigation), ECLI:EU:C:2007:161, Rn. 74; C-196/04 (Cadbury Schweppes), ECLI:EU:C:2006:544, Rn. 55; C-446/03 (Marks & Spencer), ECLI:EU:C:2005:763, Rn. 49; C-9/02 (De Lasteyrie du Saillant), ECLI:EU:C:2004:138, Rn. 51; C-324/00 (Lankorst-Hohorst), ECLI:EU:C:2002:749, Rn. 37; C-264/96 (ICI), ECLI:EU:C:1998:370, Rn. 26.

1246 EuGH, C-135/17 (X), ECLI:EU:C:2019:136, Rn. 74; C-386/04 (Stauffer), ECLI:EU:C:2006:568, Rn. 47; C-55/98 (Vestergaard), ECLI:EU:C:1999:533, Rn. 25; C-250/95 (Futura Participations), ECLI:EU:C:1997:239, Rn. 31.

1247 EuGH, C-290/04 (Scorpio), ECLI:EU:C:2006:630, Rn. 35; vgl. jedoch *Müller-Graff*, in: Streinz, Art. 49 AEUV, Rn. 87 Fn. 455 mit dem Hinweis, dass dieses Problem mittlerweile sekundärrechtlich durch die Richtlinie 2008/55/EG geregelt ist.

1248 EuGH, C-388/14 (Timac Agro Deutschland), ECLI:EU:C:2015:829, Rn. 39; C-322/11 (K), ECLI:EU:C:2013:716, Rn. 65; C-418/07 (Papillon), ECLI:EU:C:2008:659, Rn. 43; C-324/00 (Lankhorst-Hohorst), ECLI:EU:C:2002:749, Rn. 40 ff.; C-204/90 (Bachmann), ECLI:EU:1992:35, Rn. 21; C-300/90 (Kommission/Belgien), ECLI:EU:C:1992:37, Rn. 14.

1249 EuGH, C-135/17 (X), ECLI:EU:C:2019:136, Rn. 72; C-593/14 (Masco Denmark und Damixa), ECLI:EU:C:2016:984, Rn. 35; C-388/14 (Timac Agro Deutschland), ECLI:EU:C:2015:829, Rn. 34; C-322/11 (K), ECLI:EU:C:2013:716, Rn. 50; C-524/04 (Test Claimants in the Thin Cap Group Litigation), ECLI:EU:C:2007:161, Rn. 75; C-231/05 (Oy AA), ECLI:EU:C:2007:439, Rn. 51; C-196/04 (Cadbury Schweppes), ECLI:EU:C:2006:544, Rn. 56; C-446/03 (Marks & Spencer), ECLI:EU:C:2005:763, Rn. 43 ff.

hat.[1250] Im nachfolgen Teil sollen die wichtigsten und mit Blick auf die Lizenzschranke bedeutsamen Rechtfertigungsgründe einer genaueren Betrachtung unterzogen werden.

(1) Kohärenz des Steuersystems

Der Kohärenz-Gedanke lässt sich auf die Entscheidungen in den Rechtssachen *Bachmann*[1251] und *Kommission/Belgien*[1252] aus dem Jahr 1992 zurückführen[1253] und ist nach inzwischen gefestigter Rechtsprechung ein anerkanntes legitimes Ziel, das eine Beschränkung von Grundfreiheiten zu rechtfertigen vermag.[1254] In beiden Urteilen ging es um belgische Regelungen, die einen Abzug von Versicherungsbeiträgen nur zuließen, wenn diese Beiträge auch in Belgien gezahlt wurden. Der Europäische Gerichtshof folgerte insoweit aus der Notwendigkeit, die Kohärenz der Steuerregelungen zu wahren, dass ein Staat den Abzug dieser Versicherungsbeiträge nur zulassen muss, wenn er umgekehrt auch die später, d.h. bei Eintritt des Versicherungsfalls, von den Versicherern zu zahlenden Beiträge besteuern darf.[1255]

Im Kern geht es bei der Kohärenz-Rechtfertigung um den inneren Zusammenhang zwischen einem steuerlichen Nachteil mit einem steuerlichen Vorteil.[1256] Es wird gewissermaßen ein gedanklicher Vor- und Nachteilsausgleich vorgenommen, um zu verhindern, dass der Steuerpflichtige durch die Inanspruchnahme der Grundfreiheiten in den Genuss steuerlicher Vorteile gelangt, ohne zugleich auch damit verbundene Nachteile auf sich zu nehmen.[1257] Der Steuerpflichtige soll im Binnenmarkt zwar „Free Mover“ sein, ohne dabei jedoch zum „Free Rider“ zu werden.[1258] Die Ko-

---

1250 *Englisch*, in: Europäisches Steurrecht, Rn. 7.203; *Cordewener*, DStR 2004, 6 (8).

1251 EuGH, C-204/90 (Bachmann), ECLI:EU:1992:35.

1252 EuGH, C-300/90 (Kommission/Belgien), ECLI:EU:C:1992:37.

1253 Vgl. auch *Seiler/Axer*, IStR 2008, 838 (839).

1254 Vgl. aus jüngerer Zeit EuGH, C-388/144 (Timac Agro), ECLI:EU:C:2015:829, Rn. 39; C-322/11 (K), ECLI:EU:C:2013:716, Rn. 65.

1255 Vgl. EuGH, C-204/90 (Bachmann), ECLI:EU:1992:35, Rn. 21 ff.; C-300/90 (Kommission/Belgien), ECLI:EU:C:1992:37, Rn. 14 ff.

1256 *Staringer*, DStJG 41 (2018), 365 (367); vgl. auch *Englisch*, in: Europäisches Steuerrecht, Rn. 7.279.

1257 *Staringer*, DStJG 41 (2018), 365 (367).

1258 *Englisch*, in: Europäisches Steuerrecht, Rn. 7.283; *Staringer*, DStJG 41 (2018), 365 (368); *Schön*, in: Grundfragen des Europäischen Steuerrechts, 109 (127).

härenz-Rechtfertigung dient letztendlich dem Schutz der konzeptionellen Integrität der nationalen Steuersysteme.[1259]

(a) Das Kriterium des unmittelbaren Zusammenhangs

Der Schutz der Integrität der Steuersysteme darf jedoch nicht dazu führen, dass die europäische Integration am Binnenmarkt behindert wird.[1260] Der Europäische Gerichtshof lässt eine Kohärenz-Rechtfertigung deshalb nur unter strengen Voraussetzungen zu. So verlangt der Gerichtshof in inzwischen ständiger Rechtsprechung, dass der steuerliche Vorteil und der Ausgleich dieses Vorteils durch eine bestimmte steuerliche Belastung in einem unmittelbaren Zusammenhang stehen.[1261] Die Unmittelbarkeit dieses Zusammenhangs muss anhand des mit der fraglichen Regelung verfolgten Ziels beurteilt werden.[1262]

Dabei versteht der Gerichtshof die Kohärenz nicht system-, sondern einzelfallbezogen.[1263] So hatte das Gericht einen unmittelbaren Zusammenhang bejaht, wenn der steuerliche Vor- und Nachteil bei *ein und demselben Steuerpflichtigen* eintritt und es sich um *dieselbe Steuer* handelt.[1264] Das Gericht verlangt also, soweit es darauf abstellt, dass der steuerliche Vor- und

1259 *Staringer*, DStJG 41 (2018), 365 (368); *Weber-Grellet*, DStR 2009, 1229 (1231); in diese Richtung auch *Kokott/Ost*, EuZW 2011, 496 (500).

1260 Vgl. Schlussantrag des Generalanwalts Poiares Maduro in der Rs. *Marks & Spencer*, wonach die steuerliche Kohärenz die Integrität der Steuersysteme nur unter der Voraussetzung schützen soll, dass sie die Integration dieser Systeme im Binnenmarkt nicht behindert, vgl. C-446/03, ECLI:EU:C:2005:201, Rn. 66; vgl. auch *Weber-Grellet*, DStR 2009, 1229 (1231).

1261 EuGH, C-559/13 (Grünewald), ECLI:EU:C:2015:109, Rn. 48; C-388/144 (Timac Agro), ECLI:EU:C:2015:829, Rn. 39; C-211/13 (Kommission/Deutschland), ECLI:EU:C:2014:2148, Rn. 55; C-322/11 (K), ECLI:EU:C:2013:716, Rn. 66; C-524/04 (Test Claimants in the Thin Cap Group Litigation), ECLI:EU:C:2007:161, Rn. 68; C-319/02 (Manninen), ECLI:EU:C:2004:484, Rn. 42; C-324/00 (Lankhorst-Hohorst), ECLI:EU:C:2002:749, Rn. 24; C-264/96 (ICI), ECLI:EU:C:1998:370, Rn. 29.

1262 EuGH, C-559/13 (Grünewald), ECLI:EU:C:2015:109, Rn. 48; C-388/144 (Timac Agro), ECLI:EU:C:2015:829, Rn. 39; C-322/11 (K), ECLI:EU:C:2013:716, Rn. 66; C-418/07 (Papillon), ECLI:EU:C:2008:659, Rn. 44; C-319/02 (Manninen), ECLI:EU:C:2004:484, Rn. 43; C-211/13 (Kommission/Deutschland), ECLI:EU:C:2014:2148, Rn. 55.

1263 Vgl. *Seiler/Axer*, IStR 2008, 838 (839); *Staringer*, DStJG 41 (2018), 364 (369).

1264 EuGH, C-322/11 (K), ECLI:EU:C:2013:716, Rn. 69 f.; C-250/08 (Kommission/Belgien), ECLI:EU:C:2011:793, Rn. 76; C-168/01 (Bosal),

Nachteil bei demselben Steuerpflichtigen eintreten, einen unmittelbaren persönlichen Zusammenhang.[1265] Ein bloß mittelbarer Zusammenhang zwischen der steuerlichen Besserstellung eines Steuerpflichtigen und der steuerlichen Benachteiligung eines anderen Steuerpflichtigen kann dagegen eine diskriminierende steuerliche Regelung grundsätzlich nicht rechtfertigen.[1266]

Eine gewisse Lockerung dieser an den unmittelbaren Zusammenhang zu stellenden Anforderungen hat der Gerichtshof in seiner Entscheidung in der Rs. *Manninen* vorgenommen.[1267] Hier hatte das Gericht den erforderlichen Zusammenhang bejaht, obwohl der Steuervorteil in Form einer Steuergutschrift dem Anteilseigner und der Nachteil in Form einer Zusatzsteuer auf Ebene der Gesellschaft eintrat.[1268] Der Gerichtshof hat damit sein restriktives Verständnis des unmittelbaren Zusammenhangs etwas gelockert, indem er diesen unter bestimmten Umständen auch dann bejaht, wenn der steuerliche Vorteil und der entsprechende Nachteil bei verschiedenen Steuerpflichtigen eintreten.[1269] Voraussetzung hierfür ist jedoch, dass diese in einem engen wirtschaftlichen Zusammenhang stehen, was insbesondere der Fall ist, wenn es sich wirtschaftlich um dasselbe Steuersubstrat oder dieselbe wirtschaftliche Aktivität handelt.[1270] Außerdem muss gewährleistet sein, dass der Steuervorteil dem begünstigten Steuerpflichtigen nur gewährt wird, wenn der Nachteil bei dem anderen Steuerpflichtigen auch tatsächlich und in korrespondierendem Umfang eingetreten ist.[1271]

ECLI:EU:C:2003:479, Rn. 29 f.; C-35/98 (Verkooijen), ECLI:EU:C:2000:294, Rn. 57 f.

1265 *Kokott/Ost*, EuZW 2011, 496 (501) sprechen insoweit von „Steuersubjektidentität“.

1266 Vgl. *Englisch*, in: Europäisches Steuerrecht, Rn. 7.279; EuGH, C-35/98 (Verkooijen), ECLI:EU:C:2000:294, Rn. 57 f.; C-484/93 (Svensson und Gustavsson), ECLI:EU:C:1995:379, Rn. 18.

1267 Vgl. EuGH, C-319/02 (Manninen), ECLI:EU:C.2004:484, Rn. 45 ff. wenngleich auch hier eine Rechtfertigung durch das Kohärenz-Argument im Ergebnis am Kriterium der „Erforderlichkeit“ scheiterte; vgl. auch *Kokott/Ost*, EuZW 2011, 496 (501).

1268 EuGH, C-319/02 (Manninen), ECLI:EU:C.2004:484, Rn. 44 f.

1269 Vgl. *Kokott/Ost*, EuZW 2011, 496 (501).

1270 *Englisch*, in: Europäisches Steuerrecht, Rn. 7.280; *Kokott/Ost*, EuZW 2011, 496 (501); *Staringer*, DStJG 41 (2018), 365 (369); vgl. auch *Seiler/Axer*, IStR 2008, 838 (840).

1271 Generalanwältin Kokott, Schlussanträge vom 18.03.2004 in der Rs. *Manninen*, C-319/02, ECLI:EU:C:2004:164, Rn. 61; *Kokott/Ost*, EuZW 2011, 496 (501);

(b) Renaissance der Kohärenz

Trotz zwischenzeitlicher Lockerungen der Anforderungen an den unmittelbaren Zusammenhang, führte der Kohärenz-Gedanke erst sechzehn Jahre nach seiner erstmaligen Anwendung wieder zu einer erfolgreichen Rechtfertigung.[1272] Den Beginn dieser – in der Literatur vielfach als „Renaissance“ des Kohärenz-Gedankens wahrgenommenen[1273] – Entwicklung markiert die Entscheidung in der Rs. *Krankenheim Ruhesitz am Wannsee*. Dort ging es um die Berücksichtigung von Verlusten einer ausländischen – im konkreten Fall in Österreich belegenen – Betriebsstätte. Deutschland hatte aufgrund des einschlägigen DBA zwar kein Besteuerungsrecht an den von der österreichischen Betriebsstätte erzielten positiven Einkünfte, ließ allerdings aufgrund von § 2a Abs. 3 EStG die von der österreichischen Betriebsstätte erzielten Verluste in Deutschland zum Abzug zu. Als die österreichische Betriebsstätte jedoch Gewinne erzielte, wurden die zunächst zum Abzug zugelassenen ausländischen Betriebsstättenverluste dem zu versteuernden Einkommen des inländischen Stammhauses wieder hinzugerechnet.[1274] Der Gerichtshof ließ insoweit eine Rechtfertigung durch das Erfordernis der Kohärenz des Steuersystems zu und bejahte insoweit einen direkten, persönlichen und sachlichen Zusammenhang zwischen Hinzurechnung der Verluste und der vorangegangenen Berücksichtigung dieser Verluste.[1275] Die Hinzurechnung bilde das logische Pedant zum vorher gewährten Abzug. Die Regelung sei zur Zielerreichung auch geeignet, da sie vollkommen symmetrisch vorgeht, indem nur die in Abzug gebrachten Verluste wieder hinzugerechnet werden.[1276] Die Rechtfertigung stützt

---

Englisch, in: Europäisches Steuerrecht, Rn. 7.280; *Müller-Graff*, in: Streinz, Art. 49 AEUV, Rn. 88.

1272 Vgl. *Kokott/Ost*, EuZW 2011, 496 (501).

1273 *Rust*, EWS 2004, 450 (450 – Überschrift); *Albath/Wunderlich*, EWS 2006, 205 (207); *Seiler/Axer*, IStR 2008, 838 (839); *Schönfeld*, StuW 2005, 158 (164); vgl. auch *Musil/Fähling*, DStR 2010, 1501 (1502) „Wiederbelebung des Rechtfertigungsgrundes der Kohärenz“; *Kokott/Ost*, EuZW 2011, 496 (501) „Wiederaufleben der Kohärenz“; *Hohenwarter*, S. 320 „Totgesagte leben länger“; vgl. *Weber-Grellet*, DStR 2009, 1229 (1230) der allgemein von einer Renaissance der Rechtfertigungsgründe spricht.

1274 Vgl. EuGH, C-157/07 (Krankenheim Ruhesitz am Wannsee), ECLI:EU:C:2008:588, Rn. 1 ff.

1275 EuGH, C-157/07 (Krankenheim Ruhesitz am Wannsee), ECLI:EU:C:2008:588, Rn. 42.

1276 EuGH, C-157/07 (Krankenheim Ruhesitz am Wannsee), ECLI:EU:C:2008:588, Rn. 44.

sich insoweit also hauptsächlich auf den Symmetrie-Gedanken, wonach der Nichtabzug von Auslandsverlusten in engem Zusammenhang damit zu sehen ist, dass auch entsprechende Auslandsgewinne nicht berücksichtigt werden.[1277] Diese Rechtsprechungslinie hat der Gerichtshof noch in einigen weiteren Entscheidungen betreffend Regelungen zur grenzüberschreitenden Verlustberücksichtigung bestätigt.[1278]

(c) Verbleibende Unklarheiten

Insgesamt sind die genauen Anforderungen, die an den „unmittelbaren Zusammenhang" zu stellen sind, noch nicht abschließend geklärt. Unklar ist insbesondere, ob und inwieweit ein persönlicher Zusammenhang zu fordern ist, oder ob auch ein systematischer personenübergreifender Zusammenhang zwischen verschiedenen Steuerpflichtigen ausreichen kann.[1279] So hatte der Gerichtshof in der Entscheidung in der Rs. *Krankenhaus Ruhesitz am Wannsee* eine Rechtfertigung unter dem Kohärenz-Argument bejaht und dabei einen „direkte[n], persönliche[n] und sachliche[n] Zusammenhang" zwischen den streitigen Steuerregelungen festgestellt.[1280] Kurze Zeit später hatte das Gericht dann aber in seiner Entscheidung in der Rs. *Papillon* das Erfordernis des unmittelbaren Zusammenhangs bejaht, ohne auf das Kriterium des persönlichen Zusammenhangs überhaupt einzugehen. Dies spricht zunächst dafür, dass das Kriterium des persönlichen Zusammenhangs tatsächlich – wie schon in der Entscheidung *Manninen* angedeutet – zu relativieren ist.[1281] In seinen Folgeentscheidun-

1277 Vgl. C-388/14 (Timac Agro Deutschland), ECLI:EU:C:2015:829, Rn. 35; C-322/11 (K), ECLI:EU:C:2013:716, Rn. 51; vgl. auch *Weber-Grellet*, DStR 2009, 1229 (1231 f.); *Staringer*, DStJG 41 (2018), 365 (371).

1278 EuGH, C-388/14 (Timac Agro Deutschland), ECLI:EU:C:2015:829, Rn. 39 ff.; C-322/11 (K), ECLI:EU:C:2013:716, Rn. 64 ff; C-250/08 (Kommission/Belgien), ECLI:EU:C:2011:793, Rn. 70 ff; C-253/09 (Kommission/Ungarn), ECLI:EU:C:2011:795, Rn. 70 ff.; vgl. auch ECLI:EU:C:2018:424 (Bevola und Jens W. Trock), Rn. 44 ff. wo der Ausschluss des Verlustabzugs jedenfalls zur Wahrung der Kohärenz geeignet ist, wenngleich die Verhältnismäßigkeit in Zweifel gezogen wird.

1279 Vgl. schon *Musil/Fähling*, DStR 2010, 1501 (1503); *Hahn*, IStR 2009, 198 (201) der von der Kohärenz als „nach wie vor unbekannte[m] Wesen" spricht.

1280 EuGH, C-157/07 (Krankenheim Ruhesitz am Wannsee), ECLI:EU:C:2008:588, 42 f. [Klammerzusätze von der Verfasserin eingefügt].

1281 Vgl. *Kokott/Ost*, EuZW 2011, 496 (502) die jedoch zugleich darauf hinweisen, dass man das Kriterium des „unmittelbaren Zusammenhangs" in der Rs. *Papil-*

gen stellte der Gerichtshof teilweise ausdrücklich fest, dass die beiden Voraussetzungen, derselbe Steuerpflichtige und dieselbe Besteuerung, „ausreichend" für den Nachweis eines unmittelbaren Zusammenhangs sind.[1282] Auch dies ließe sich so verstehen, dass es sich jedenfalls nicht zwingend um denselben Steuerpflichtigen handeln muss. Anders liest sich jedoch die Entscheidung in der Rs. *Grünewald* aus dem Jahr 2015. Dort stellte der Gerichtshof ausdrücklich fest, dass der unmittelbare Zusammenhang „unter anderem" dann fehle, wenn es um verschiedene Steuern oder die steuerliche Behandlung verschiedener Steuerpflichtiger geht.[1283] Dabei hatte die deutsche Regierung in der Rs. *Grünewald* sogar ausdrücklich darauf hingewiesen, dass Vorteils- und Nachteilsempfänger „quasi als wirtschaftliche Einheit" anzusehen seien, da dort ein „Transfer wirtschaftlicher Leistungsfähigkeit stattfinde".[1284] Der Gerichtshof hat dieses Argument zurückgewiesen, ohne jedoch dazu Stellung zu nehmen, ob bei Vorliegen einer wirtschaftlichen Einheit der unmittelbare Zusammenhang hätte bejaht werden können.[1285]

Ungeachtet etwaiger Lockerungen im Hinblick auf das Kriterium des „persönlichen Zusammenhangs" zeigt sich aber, dass der Gerichtshof nach wie vor grundsätzlich strenge Maßstäbe an das Erfordernis des unmittelbaren Zusammenhangs stellt.[1286]

(2) Missbrauchsbekämpfung

Eine Rechtfertigung grundfreiheitsbeeinträchtigender Regelungen kommt weiterhin auch unter dem Ziel der Bekämpfung missbräuchlicher Steuerpraktiken in Betracht.[1287] Der Gerichtshof spricht insoweit vom Ziel der

---

lon auch als erfüllt hätte ansehen können, weil es bei der Gruppenbesteuerung im Grunde darum geht, mehrere Steuersubjekte wie ein einziges zu behandeln.

1282 EuGH, C-250/08 (Kommission/Belgien), ECLI:EU:C:2011:793, Rn. 76; in diesem Sinne auch C-168/01 (Bosal), ECLI:EU:C:2003:479, Rn. 29 f.; C-35/98 (Verkooijen), ECLI:EU:C:2000:294, Rn. 58.

1283 EuGH, C-559/13 (Grünewald), ECLI:EU:C:2015:109, Rn. 49.

1284 EuGH, C-559/13 (Grünewald), ECLI:EU:C:2015:109, Rn. 50.

1285 EuGH, C-559/13 (Grünewald), ECLI:EU:C:2015:109, Rn. 50.

1286 *Staringer*, DStJG 41 (2018), 365 (368 f.); Vgl. auch *Kube*, EuGH-Rechtsprechung zum direkten Steuerrecht, S. 9.

1287 EuGH, C-388/14 (Timac Agro Deutschland), ECLI:EU:C:2015:829, Rn. 42; C-322/11 (K), ECLI:EU:C:2013:716, Rn. 61; C-318/10 (SIAT), ECLI:EU:C:2012:415, Rn. 40; C-524/04 (Test Claimants in the Thin Cap Group Litigation), ECLI:EU:C:2007:161, Rn. 74; C-196/04 (Cad-

„Bekämpfung missbräuchlicher Praktiken“ oder auch von der „Bekämpfung von Steuerhinterziehung und Steuerumgehung“, ohne dabei jedoch eine inhaltliche Abgrenzung vorzunehmen.[1288] Der Begriff „Missbrauch“ wird im Folgenden als Oberbegriff für diese Praktiken verwendet.[1289]

(a) Missbrauch auf Tatbestands- und Rechtfertigungsebene

Der Missbrauchsgedanke kann sowohl auf Rechtfertigungsebene wie auch bereits auf Tatbestandsebene relevant werden. So stellt der Gerichtshof fest, dass die Angehörigen eines Mitgliedsstaates nicht versuchen dürfen, sich der Anwendung ihres nationalen Rechts unter Missbrauch der durch den Vertrag geschaffenen Erleichterungen zu entziehen.[1290] Sie können sich nicht missbräuchlich oder betrügerisch auf Vorschriften des Gemeinschaftsrechts berufen.[1291] Sofern also eine missbräuchliche Gestaltung gewählt wird, könnte dies bereits dazu führen, dass schon eine Berufung auf die Grundfreiheiten ausgeschlossen ist. Wäre aber bei Vorliegen eines Missbrauchs stets schon der Anwendungsbereich der Grundfreiheiten nicht eröffnet, entfiele die Prüfung einer Rechtfertigung durch den Missbrauchsbekämpfungszweck.[1292]

Der Umstand, dass der Europäische Gerichtshof dennoch regelmäßig eine Rechtfertigung unter dem Zweck der Missbrauchsbekämpfung prüft und in diesen Fällen nicht bereits das Eingreifen der Grundfreiheiten auf Tatbestandsebene verneint, zeigt, dass das Gericht von einem unterschiedlichen Missbrauchsverständnis auf Tatbestands- und Rechtfertigungsebene ausgeht.[1293] Dabei geht es auf Tatbestandsebene maßgeblich um die Frage,

---

bury Schweppes), ECLI:EU:C:2006:544, Rn. 55; C-446/03 (Marks & Spencer), ECLI:EU:C:2005:763, Rn. 49; C-9/02 (De Lasteyrie du Saillant), ECLI:EU:C:2004:138, Rn. 51; C-324/00 (Lankorst-Hohorst), ECLI:EU:C:2002:749, Rn. 37; C-264/96 (ICI), ECLI:EU:C:1998:370, Rn. 26.

1288 Vgl. hierzu bereits Abschnitt A. II. 2. b) (3).

1289 Der Begriff der „Steuerflucht“ wird im Zusammenhang mit der Wahrung der ausgewogenen Aufteilung der Besteuerungsbefugnisse erörtert, vgl. Abschnitt D. II. 1. dd) (3) (b) (cc).

1290 EuGH, C-196/04 (Cadbury Schweppes), ECLI:EU:C:2006:544, Rn. 35.

1291 EuGH, C-196/04 (Cadbury Schweppes), ECLI:EU:C:2006:544, Rn, 35; C-212/97 (Centros), ECLI:EU:C:1999:126, Rn. 24; C-115/78 (Knoors), ECLI:EU:C:1979:31, Rn. 24; C-61/89 (Bouchoucha), ECLI:EU:C:1990:343, 61/89, Rn. 14.

1292 Vgl. *Böing*, EWS 2007, 55 (59).

1293 Kritisch *Englisch*, in: Europäisches Steuerrecht, Rn. 7.254.

geht ob die *Inanspruchnahme der Grundfreiheiten selbst* missbräuchlich ist, während es auf Rechtfertigungsebene um die Frage geht, ob die *nationalen Gesetze in missbräuchlicher Weise umgangen* werden.[1294] So stellt der Gerichtshof auf Tatbestandsebene fest, dass alleine die Absicht, von der in einem anderen Mitgliedsstaat als dem der Ansässigkeit geltenden Steuerrechtslage zu profitieren, noch nicht dazu führt, dass sich der Gemeinschaftsangehörige nicht auf die Grundfreiheiten berufen kann.[1295] Alleine die Absicht, von einer ausländischen Steuerrechtslage zu profitieren, stellt also auf Tatbestandsebene für sich Betrachtet keinen Missbrauch dar. Insbesondere reicht auch allein der Umstand, dass eine Gesellschaft in einem Mitgliedsstaat mit dem Ziel gegründet worden ist, in den Genuss vorteilhafter Rechtsvorschriften zu kommen, für sich nicht aus, um auf eine missbräuchliche Ausnutzung dieser Freiheit zu schließen.[1296] Sofern die Gestaltung jedoch gerade auch bezweckt, sich der Anwendung der Rechtsvorschriften des nationalen Steuerrechts, d.h. dem Steuerrecht des Ansässigkeitsstaates, zu entziehen, kann dies auf Rechtfertigungsebene grundsätzlich eine missbräuchliche Gestaltung darstellen, die eine Beschränkung der Grundfreiheiten legitimiert.[1297]

Die grundsätzliche Verlagerung des Missbrauchs auf Rechtfertigungsebene scheint auch geboten, da insoweit die Staaten die Darlegungs- und Beweislast für das Vorliegen von Missbrauch tragen.[1298]

(b) Anforderungen auf Rechtfertigungsebene

Der Europäische Gerichtshof stellt grundsätzlich strenge Anforderungen an den Rechtfertigungsgrund der Missbrauchsabwehr.

1294 In diese Richtung *Sumalvico*, S. 173.

1295 EuGH, C-196/04 (Cadbury Schweppes), ECLI:EU:C:2006:544, Rn. 36; C-364/01 (Barbier), ECLI:EU:C:2003:665, Rn. 71.

1296 EuGH, C-196/04 (Cadbury Schweppes), ECLI:EU:C:2006:544, Rn. 37; C-167/01 (Inspire Art), ECLI:EU:C:2003:512, Rn. 96; C-212/07 (Centros), ECLI:EU:C:1999:126, Rn. 27.

1297 Vgl. EuGH, C-196/04 (Cadbury Schweppes), ECLI:EU:C:2006:544, Rn. 51; vgl. auch *Staringer*, DStJG 41 (2018), 365 (375) mit dem Hinweis, dass es freilich nicht zwingend war, die Abwehr missbräuchlicher, d.h. rein künstlicher Gestaltungen, als Rechtfertigungsgrund zu konstruieren. Der EuGH hätte ebenso gut auch in diesen Fällen eine Berufung auf die Grundfreiheiten ausschließen können.

1298 *Kokott*, ISR 2017, 395 (397).

(aa) Begrenzung auf rein künstliche Gestaltungen

Eine Rechtfertigung nach dem Missbrauchsbekämpfungszweck gelingt nach gefestigter Rechtsprechung des Europäischen Gerichtshofs nur, wenn das spezifische Ziel der in Rede stehenden Maßnahme in der Bekämpfung rein künstlicher, jeder wirtschaftlichen Realität baren Konstruktionen, deren Zweck darin besteht die Steuer zu umgehen, die normalerweise auf die durch Tätigkeiten im Inland erzielte Gewinne zu zahlen ist, liegt.[1299] Nur wenn sich die Regelung speziell auf „rein künstliche Konstruktionen" bezieht, kommt eine Rechtfertigung unter dem Ziel der Missbrauchsbekämpfung in Betracht.

Was die inhaltliche Präzisierung des Topos der „rein künstlichen Gestaltung" betrifft, stellt der Gerichtshof seit der Entscheidung in der Rs. *Cadbury Schweppes* klar, dass eine rein künstliche Gestaltung dann nicht vorliegt, wenn die Gründung der ausländischen Gesellschaft, ungeachtet des Vorhandenseins von Motiven steuerlicher Art, mit einer „wirtschaftlichen Realität" zusammenhängt.[1300]

Soweit es um grenzüberschreitende Leistungsbeziehungen zwischen verbundenen Unternehmen bzw. nahestehenden Personen geht, kommt als Kriterium für das Vorliegen einer rein künstlichen Gestaltung außerdem der Fremdvergleichsgrundsatz in Betracht.[1301] Liegt einer Gestaltung eine Vereinbarung zugrunde, die die betreffen Gesellschaften unter Bedingungen des freien Wettbewerbs nicht vereinbart hätten, indiziert dies ebenfalls das Vorliegen einer rein künstlichen Gestaltung.[1302]

1299 EuGH, C-593/14 (Masco Denmark und Damixa), ECLI:EU:C:2016:984, Rn. 44; EuGH, C-388/14 (Timac Agro Deutschland), ECLI:EU:C:2015:829, Rn. 42; C-322/11 (K), ECLI:EU:C:2013:716, Rn. 61; C-318/10 (SIAT), ECLI:EU:C:2012:415, Rn. 40; C-311/08 (SGI), ECLI:EU:C:2010:26, Rn. 65; C-524/04 (Test Claimants in the Thin Cap Group Litigation), ECLI:EU:C:2007:161, Rn. 72 und 74; C-196/04 (Cadbury Schweppes), ECLI:EU:C:2006:544, Rn. 55; C-264/96 (ICI), ECLI:EU:C:1998:370, Rn. 26.

1300 EuGH, C-196/04 (Cadbury Schweppes), ECLI:EU:C:2006:544, Rn. 65; ausführlich Abschnitt A. II. 2. b) bb) (2) (b) (bb) (i).

1301 Ausführlich Abschnitt A. II. 2. b) bb) (2) (b) (bb) (ii).

1302 Vgl. C-382/16 (Hornbach-Baumarkt), ECLI:EU:C:2018:366, Rn. 49; C-318/10 (SIAT), ECLI:EU:C:2012:415, Rn. 42; C-524/04 (Test Claimants in the Thin Cap Group Litigation), ECLI:EU:C:2007:161, Rn. 81.

(bb) Anforderungen an eine verhältnismäßige Ausgestaltung

Eine nationale Regelung, die die Bekämpfung missbräuchlicher Steuerpraktiken bezweckt, muss sowohl im Hinblick auf den Tatbestand, wie auch wie im Hinblick auf die Ausgestaltung der Rechtsfolge den Verhältnismäßigkeitserwägungen genügen.

(i) Enge Grenzen für Missbrauchstypisierungen

Bei der Ausgestaltung nationaler Missbrauchsvorschriften zeigt sich der Gerichtshof grundsätzlich streng. Allgemeine Missbrauchsvermutungen sind unzulässig.[1303] Dies bedeutet jedoch nicht, dass der Gerichtshof Missbrauchstypisierungen gänzlich verbieten würde.[1304] Das Vorliegen einer rein künstlichen Gestaltung kann tatbestandlich typisierend an objektiv nachprüfbare Umstände geknüpft werden.[1305] Bei der Anerkennung geeigneter objektiv nachprüfbarer Umstände zeigt sich der Gerichtshof aber wiederum streng und hat eine Reihe von Anknüpfungskriterien ausdrücklich für unzureichend erklärt.[1306] Nicht ausreichend ist etwa, dass die Dienste eines ausländischen Dienstleistungsempfängers in Anspruch genommen werden,[1307] dass eine Konzerngesellschaft – aus welchem Grund auch immer – ihren Sitz außerhalb der Bundesrepublik hat,[1308] oder dass der Steuerpflichtige seinen Wohn- bzw. Gesellschaftssitz ins Ausland verlegt hat.[1309]

1303 Vgl. EuGH, C-440/17 (GS), ECLI:EU.C:2018:437 Rn. 44; C-685/16 (EV), ECLI:EU:C:2018:743, Rn. 96; C-504/16 und C-613/16 (Deister-/Juhler-Holding), ECLI:EU:C:2017:1009, Rn. 61; C-6/16 (Eqiom und Enka), ECLI:EU:C:2017:641, Rn. 31; C-318/10 (SIAT), ECLI:EU:C:2012:415, Rn. 38 mwN.; C-433/04 (Kommission/Belgien), ECLI:EU:C:2006:702, Rn. 35.

1304 Vgl. *Kokott*, Das Steuerercht der EU, § 5 Rn. 77; *Oellerich*, in: Musil/Weber-Grellet, Europäisches Steuerrecht, § 4j EStG, Rn. 23.

1305 Vgl. EuGH, C-196/04 (Cadbury Schweppes), ECLI:EU:C:2006:544, Rn. 66 f.; In diese Richtung auch *Englisch*, in: Europäisches Steuerrecht, Rn. 7.257.

1306 Vgl. auch *Kokott*, Das Steuerrecht der EU, § 5 Rn. 78.

1307 EuGH, C-318/10 (SIAT), ECLI:EU:C:2012:415, Rn. 38; C-524/04 (Test Claimants in the Thin Cap Group Litigation), ECLI:EU:C:2007:161, Rn. 73; C-105/07 (Lammers und Van Cleff), ECLI:EU:C:2008:24, Rn. 27.

1308 EuGH, C-324/00 (Lankhorst-Hohorst), ECLI:EU:C:2002:749, Rn. 37; C-436/00 (X und Y), ECLI:EU:C:2002:704, Rn. 62.

1309 EuGH, C-371/10 (National Grid Indus), ELCI:EU:C:2011:785, Rn. 84 mwN.; C-9/02 (De Lasteyrie du Saillant), ECLI:EU:C:2004:138, Rn. 50 f.

(ii) Unzulässigkeit unwiderlegbarer Vermutungen

Eine Regelung geht nur dann nicht über das zum Zwecke der Bekämpfung missbräuchlicher Gestaltungen Erforderliche hinaus, wenn dem Steuerpflichtigen auch die Möglichkeit zum Gegenbeweis eröffnet wird. Dem Steuerpflichtigen muss also stets die Möglichkeit gegeben werden, im Einzelfall Beweise dafür vorzubringen, dass es sich nicht um eine rein künstliche Gestaltung ausschließlich zum Zwecke der Erzielung eines Steuervorteils handelt, sondern, dass der Gestaltung vielmehr auch wirtschaftliche Gründe zugrunde liegen.[1310] Dabei hat der Gerichtshof in seinen jüngeren Entscheidungen klargestellt, dass im Rahmen der Einzelfallprüfung nicht nur die den jeweiligen Steuerpflichtigen unmittelbar betreffenden Umstände berücksichtigt werden müssen. Vielmehr müssen auch die organisatorischen, wirtschaftlichen oder sonst beachtlichen Merkmale der Unternehmensgruppe, zu der die betreffende Gesellschaft gehört, sowie die Strukturen und Strategien dieser Gruppe berücksichtigt werden.[1311] Unwiderlegbare Vermutungen sind damit stets unzulässig. Eine widerlegbare Vermutung ist außerdem nur zulässig, wenn die damit einhergehende Beweislastumkehr,[1312] nicht zu übermäßigen Verwaltungszwängen für den Steuerpflichtigen führt.[1313]

(iii) Einschränkungen auf Rechtsfolgenebene

Schließlich stellt der Gerichtshof auch Anforderungen an die verhältnismäßige Ausgestaltung der durch die Missbrauchsnorm angeordnete Rechtsfolge. So darf auch die Rechtsfolge nicht über das zur Missbrauchsbekämpfung Erforderliche hinausgehen. Soweit eine Regelung die steuer-

---

1310 EuGH, C-382/16 (Hornbach-Baumarkt), ECLI:EU:C:2018:366, Rn. 49; C-318/10 (SIAT), ECLI:EU:C:2012:415, Rn. 50; C-524/04 (Test Claimants in the Thin Cap Group Litigation), ECLI:EU:C:2007:161, Rn. 82; C-282/12 (Itelcar), ECLI:EU:C:2013:629, Rn. 37.

1311 EuGH, C-440/17 (GS), ECLI:EU:C:2018:437, Rn. 79 i.V.m Rn. 57; C-504/16 und C-613/16 (Deister Holding und Juhler Holding), ECLI:EU:C:2017:1009, Rn. 74.

1312 Vgl. *Drüen*, StuW 2008, 154 (163 f.); *Englisch*, in: Europäisches Steuerrecht, Rn. 7.258; *Hey*, in: Wo steht das deutsche Internationale Steuerrecht?, 137 (167).

1313 EuGH, C-318/10 (SIAT), ECLI:EU:C:2012:415, Rn. 50; C-524/04 (Test Claimants in the Thin Cap Group Litigation), ECLI:EU:C:2007:161, Rn. 82; C-282/12 (Itelcar), ECLI:EU:C:2013:629, Rn. 37.

liche Berichtigung eines Vorgangs bezweckt, der über das hinausgeht, was die betreffenden Gesellschaften unter Bedingungen des freien Wettbewerbs vereinbart hätten, darf auch die Berichtigung nicht über das hinausgehen, was unter derartigen Umständen vereinbart worden wäre.[1314]

(3) Wahrung der ausgewogenen Aufteilung der Besteuerungsbefugnis zwischen den Mitgliedsstaaten

Nach ständiger Rechtsprechung des Europäischen Gerichtshofs können drohende Steuermindereinnahmen eine Beeinträchtigung von Grundfreiheiten nicht rechtfertigen.[1315] Etwas anderes gilt jedoch, soweit es um die Sicherung der nationalen Steuerhoheiten der Mitgliedsstaaten geht.[1316] So erkennt der Gerichtshof das Ziel der Wahrung der ausgewogenen Aufteilung der Besteuerungsbefugnisse zwischen den Mitgliedsstaaten in inzwischen gefestigter Rechtsprechung ausdrücklich als Rechtfertigungsgrund für Grundfreiheitsbeeinträchtigungen an.[1317]

Die Wahrung der ausgewogenen Aufteilung der Besteuerungsbefugnisse ist Ausfluss des Territorialitätsprinzips.[1318] Erstmalige Anwendung fand dieser Rechtfertigungsgrund in der Rechtssache *Marks & Spencer* aus dem Jahr 2005.[1319] Diese Entscheidung markiert den von der Literatur vielfach

---

1314 EuGH, C-382/16 (Hornbach-Baumarkt), ECLI:EU:C:2018:366, Rn. 43; C-318/10 (SIAT), ECLI:EU:C:2012:415, Rn. 52; C-311/08 (SGI), ECLI:EU:C:2010:26, Rn. 72; C-524/04 (Test Claimants in the Thin Cap Group Litigation), ECLI:EU:C:2007:161, Rn. 83; vgl. *Englisch*, in: Europäisches Steuerrecht, Rn. 7.255.

1315 EuGH, C-446/03 (Marks & Spencer), ECLI:EU:C:2005:763, Rn. 44 mwN; C-324/00 (Lankhorst-Hohorst), ECLI:EU:C:2002:749, Rn. 36.

1316 Vgl. *Englisch*, in: Europäisches Steuerrecht, Rn. 7.225; *Kokott*, Das Steuerrecht der EU, § 5 Rn. 2.

1317 EuGH, C-593/14 (Masco Denmark und Damixa), ECLI:EU:C:2016:984, Rn. 35; C-388/14 (Timac Agro Deutschland), ECLI:EU:C:2015:829, Rn. 34; C-322/11 (K), ECLI:EU:C:2013:716, Rn. 50; C-524/04 (Test Claimants in the Thin Cap Group Litigation), ECLI:EU:C:2007:161, Rn. 75; C-231/05 (Oy AA), ECLI:EU:C:2007:439, Rn. 51; C-196/04 (Cadbury Schweppes), ECLI:EU:C:2006:544, Rn. 56; C-470/04 (N), ECLI:EU:C:2006:525, Rn. 42; C-446/03 (Marks & Spencer), ECLI:EU:C:2005:763, Rn. 43 ff.

1318 Vgl. EuGH, C-371/10 (National Grid Indus), ECLI:EU:C:2011:785, Rn. 46; C-470/04 (N), ECLI:EU:C:2006:525, Rn. 41; vgl. auch *Müller-Graff*, in: Streinz, Art. 49 AEUV, Rn. 89.

1319 Vgl. EuGH, C-446/03 (Marks & Spencer), ECLI:EU:C:2005:763, Rn. 43 ff.; *Staringer*, DStJG 41 (2018), 365 (371); wobei *Musil/Fähling*, DStR 2010, 1501

als Beginn einer Trendwende des Gerichtshofs von einer zunächst binnenmarktfreundlichen Rechtsprechungslinie hin zu einer stärker an den Interessen der Mitgliedsstaaten orientierten Rechtsprechung.[1320]

(a) Angemessene Aufteilung der Besteuerungsbefugnisse

Eine Rechtfertigung unter dem Ziel, die ausgewogene Aufteilung der Besteuerungsbefugnisse zwischen den Mitgliedsstaaten zu wahren, kommt in Betracht, wenn mit der in Rede stehenden Regelung Verhaltensweisen verhindert werden sollen, die geeignet sind, das Recht eines Mitgliedsstaats auf Ausübung seiner Besteuerungszuständigkeit für die in seinem Hoheitsgebiet durchgeführten Tätigkeiten zu gefährden.[1321] Der Rechtfertigungsgrund setzt damit voraus, dass zunächst eine Aufteilung der Besteuerungsbefugnisse zwischen den Mitgliedsstaaten vorgenommen wurde. Diese Zuordnung von Besteuerungsrechten wird dabei grundsätzlich nicht vom Europäischen Gerichtshof, sondern von den Mitgliedsstaaten selbst vorgenommen.[1322] So betont das Gericht in ständiger Rechtsprechung, dass die Mitgliedsstaaten in Ermangelung unionsrechtlicher Vereinheitlichungs- oder Harmonisierungsmaßnahmen befugt bleiben, die Kriterien für eine Aufteilung ihrer Steuerhoheit vertraglich (insbes. durch DBA) oder einseitig festzulegen.[1323]

Grundvoraussetzung für eine Rechtfertigung ist weiterhin, dass die vorgenommene Aufteilung der Besteuerungsbefugnisse auch „angemessen“ ist.[1324] Die setzt jedoch voraus, dass der Gerichtshof auch eine Bewertung der vorgenommenen Aufteilung vornimmt, diese also nicht völlig in das

(1503) zutreffend darauf hinweisen, dass der EuGH bereits in der Rs. *Gilly* aus dem Jahre 1998 betont hatte, dass die Mitgliedsstaaten die alleinige Kompetenz besäßen, ihre Besteuerungssphären voneinander abzugrenzen.

1320 Vgl. *Musil/Fähling*, DStR 2010, 1501 (1502 ff.); *Seiler/Axer*, IStR 2008, 838 (839 ff.); *Weber-Grellet*, DStR 2009, 1229 (1230 ff.); *Staringer*, DStJG 41 (2018), 365 (371); *M. Lang*, in: FS Wacker, 365 (365 ff.); *ders.*, in: FS Spindler, 297 (309 ff.); *Musil*, in: Musil/Weber-Grellet, Europäisches Steuerrecht, Einführung, Rn. 112.

1321 EuGH, C-593/14 (Masco Denmark und Damixa), ECLI:EU:C:2016:984, Rn. 35; C-123/11 (A), ECLI:EU:C:2013:84, Rn. 41 mwN.

1322 Vgl. hierzu *Kokott*, Das Steuerrecht der EU, § 5 Rn. 21.

1323 EuGH, C-48/13 (Nordea Bank Danmark), ECLI:EU:C:2014:2087, Rn. 27; C-371/10 (National Grid Indus), ECLI:EU:C:2011:785, Rn. 45; C-540/07 (Kommission/Italien), ECLI:EU:C:2009:717, Rn. 29 mwH.

1324 Vgl. *Englisch*, in: Europäisches Steuerrecht, Rn. 7.227.

Belieben der Mitgliedsstaaten gestellt wird.[1325] Insoweit hat der Gerichtshof festgestellt, dass es nicht sachfremd sei, sich an der internationalen Praxis und den von der Organisation für wirtschaftliche Zusammenarbeit und Entwicklung (OECD) erarbeiteten Musterabkommen zu orientieren.[1326]

(b) Fallgruppenspezifische Voraussetzungen

Relevant wurde der Rechtfertigungsgrund der Wahrung der ausgewogenen Aufteilung der Besteuerungsbefugnisse im Wesentlichen in drei Fallgruppen: in den Fällen der Verlustberücksichtigung, der Besteuerung von stillen Reserven bei drohender Steuerentstrickung durch Wegzug oder Verlagerung von Wirtschaftsgütern und in den Fällen der Bekämpfung von Steuerflucht und Steuerumgehung.[1327] Innerhalb dieser Fallgruppen stellt der Gerichtshof teils unterschiedliche Wertungen an, sowohl was die Möglichkeit einer Rechtfertigung dem Grunde nach, als auch die Anforderungen an eine verhältnismäßige Ausgestaltung betrifft.[1328]

(aa) Verlustberücksichtigung

Die erste Entscheidung zum Rechtfertigungsgrund der Wahrung der ausgewogenen Aufteilung der Besteuerungsbefugnisse betraf die Verlustberücksichtigung. So ging es in der Rs. *Marks & Spencer* um eine Regelung des Vereinigten Königreichs, wonach Verluste ausländischer Tochtergesellschaften nicht bei der inländischen Konzernmutter zum Abzug zugelassen wurden. Der Gerichtshof stellte insoweit klar, dass es zur Wahrung der Aufteilung der Besteuerungsbefugnisse erforderlich sein kann, auf die Tätigkeit der in einem dieser Staaten niedergelassenen Gesellschaften sowohl in Bezug auf Gewinne als auch in Bezug auf Verluste nur dessen Steuerrecht anzuwenden.[1329] Bezweckt wird damit die Wahrung der Sym-

1325 *Kokott*, Das Steuerrecht der EU, § 5 Rn. 21; a.A.: *Staringer*, DStJG 41 (2018), 365 (372) der davon ausgeht, dass der EuGH die Ausgewogenheit der vorgenommenen Aufteilung nicht überprüfe und hierzu auch gar keine Kompetenz habe.

1326 EuGH, C-470/04 (N), ECLI:EU:C:2006:525, Rn. 45.

1327 Vgl. *Staringer*, DStJG 41 (2018), 365 (372); *Englisch*, in: Europäisches Steuerrecht, Rn. 7.226.

1328 Vgl. *Englisch*, in: Europäisches Steuerrecht, Rn. 7.225.

1329 EuGH, C-446/03 (Marks & Spencer), ECLI:EU:C:2005:763, Rn. 45; C-593/14 (Masco Denmark und Damixa), ECLI:EU:C:2016:984, Rn. 36; C-388/14

metrie zwischen dem Recht zur Besteuerung der Gewinne und der Möglichkeit, Verluste in Abzug zu bringen.[1330] Die Nichtberücksichtigung von Auslandsverlusten durch eine nationale Regelung ist also grundsätzlich gerechtfertigt, soweit dem jeweiligen Staat auch kein Besteuerungsrecht an den entsprechenden Auslandsgewinnen zusteht.[1331]

(bb) Besteuerung stiller Reserven

Im Rahmen der Entscheidungen zur Wegzugsbesteuerung bzw. Verlagerung von Wirtschaftsgütern stellt der Gerichtshof fest, dass die Mitgliedsstaaten grundsätzlich das Besteuerungsrecht an den auf ihrem Hoheitsgebiet erzielten Wertzuwächsen haben. Maßnahmen, die eine Beschränkung dieses Besteuerungsrechts verhindern, können dabei aus Gründen zur Wahrung der Aufteilung der Besteuerungsbefugnis zwischen den Mitgliedstaaten gerechtfertigt sein.[1332] Gerechtfertigt werden können also Regelungen, die bei Wegzug oder Verlagerung von Wirtschaftsgütern eine Besteuerung der auf dem Gebiet des betreffenden Mitgliedsstaats entstandenen stillen Reserven sicherstellen.

Im Hinblick auf die Verhältnismäßigkeit differenziert der EuGH ausdrücklich zwischen der Festsetzung und der Erhebung der Steuer.[1333] So sei die Festsetzung der Steuer durch einen Mitgliedsstaat auf die in

---

(Timac Agro Deutschland), ECLI:EU:C:2015:829, Rn. 34; C-322/11 (K), ECLI:EU:C:2013:716, Rn. 50; C-377/08 (X-Holding), ECLI:EU:C:2010:89, Rn. 28; C-414/06 (Lidl-Belgium), ECLI:EU:C:2008:278, Rn. 31.

1330 EuGH, C-48/13 (Nordea Bank Danmark), ECLI:EU:C:2014:2087, Rn. 32; C-388/14 (Timac Agro Deutschland), ECLI:EU:C:2015:829, Rn. 35; C-322/11 (K), ECLI:EU:C:2013:716, Rn. 51; C-18/11 (Philips Electronics UK), ECLI:EU:C:2012:532, Rn. 24; C-414/06 (Lidl-Belgium), ECLI:EU:C:2008:278, Rn. 33.

1331 Vgl. *Englisch*, in: Europäisches Steuerrecht, Rn. 7.239; Eine Ausnahme besteht insoweit aber für sog. finale Verluste, d.h. auslandsradizierte Verluste eines Unternehmens, die sich weder im laufenden Veranlagungszeitraum noch zu einem späteren Zeitpunkt durch Verlustvortrag im Quellenstaat auswirken können, vgl. *Englisch*, in: Europäisches Steuerrecht, Rn. 7.244 mwN; EuGH, C-446/03 (Marks & Spencer), ECLI:EU:C:2005:763, Rn. 55.

1332 EuGH, C-657/13 (Verder LabTec), ECLI:EU:C:2015:331, Rn. 43; C-371/10 (National Grid Indus), ECLI:EU:C:2011:785, Rn. 46; C-311/08 (SGI), ECLI:EU:C:2010:26, Rn. 60.

1333 Vgl. C-657/13 (Verder LabTec), ECLI:EU:C:2015:331, Rn. 48 f.; C-164/12 (DMC), ECLI:EU:C:2014:20, Rn. 60 ff.; C-371/10 (National Grid Indus), ECLI:EU:C:2011:785, Rn. 51.

seinem Hoheitsgebiet entstandenen stillen Reserven verhältnismäßig, um die Ausübung seiner Steuerhoheit zu sichern, sobald seine Steuerbefugnis in Bezug auf die betroffenen Wirtschaftsgüter endet.[1334] Was die Erhebung dieser Steuer betrifft, so muss dem Steuerpflichtigen grundsätzlich die Wahl zwischen der sofortigen Zahlung der Steuer und dem Aufschub der Zahlung, d.h. also der Stundung der Steuerschuld, gegeben werden.[1335] Für den Fall der Stundung hat der Gerichtshof eine Staffelung der Zahlung auf fünf Jahresraten für angemessen und verhältnismäßig erachtet.[1336]

(cc) Bekämpfung von Steuerflucht

Die dritte Fallgruppe betrifft nationale Regelungen zur Bekämpfung von Gestaltungen, die zu einer unangemessenen Aushöhlung der nationalen Besteuerungsbefugnisse führen, indem sie „künstlich" innerstaatlich erwirtschaftetes Steuersubstrat bzw. Gewinne ins Ausland verschieben.[1337] Regelmäßig geht es um nationale Regelungen zur Unterkapitalisierung, zu Verrechnungspreiskorrekturen oder zur Hinzurechnungsbesteuerung.[1338] Diese Fälle der Steuerflucht wurden vor Anerkennung des Rechtfertigungsgrundes der Wahrung der Aufteilung der Besteuerungsbefugnisse ausschließlich im Rahmen des Rechtfertigungsgrunds der Bekämpfung missbräuchlicher Steuerpraktiken behandelt. Inzwischen behandelt der Gerichtshof diese Missbrauchskategorie der Steuerflucht als Unterfall der Aufteilung der Besteuerungsbefugnisse.[1339]

1334 EuGH, C-657/13 (Verder LabTec), ECLI:EU:C:2015:331, Rn. 48; C-164/12 (DMC), ECLI:EU:C:2014:20, Rn. 60.

1335 EuGH, C-657/13 (Verder LabTec), ECLI:EU:C:2015:331, Rn. 49; vgl. auch, C-164/12 (DMC), ECLI:EU:C:2014:20, Rn. 61; C-371/10 (National Grid Indus), ECLI:EU:C:2011:785, Rn. 73.

1336 EuGH, C-164/12 (DMC), ECLI:EU:C:2014:20, Rn. 62 und 64; vgl. auch C-657/13 (Verder LabTec), ECLI:EU:C:2015:331, Rn. 52.

1337 *Englisch*, in: Europäisches Steuerrecht, Rn. 7.226 und 7.250.

1338 EuGH, C-318/10 (SIAT), ECLI:EU:C:2012:415, Rn. 37 ff.; C-311/08 (SGI), ECLI:EU:C:2010:26, Rn. 60; C-524/04 (Test Claimants in the Thin Cap Group Litigation), ECLI:EU:C:2007:161, Rn. 74 ff.; C-196/04 (Cadbury Schweppes), ECLI:EU:C:2006:544, Rn. 56 ff.; vgl. *Englisch*, in: Europäisches Steuerrecht, Rn. 7.226.

1339 *Staringer*, DStJG 41 (2018), 365 (376); ähnlich aber auch schon *Musil/Fähling*, DStR 2010, 1501 (1504) wonach die Missbrauchsabwehr in Konstellationen – in denen auch eine Rechtfertigung unter dem Ziel der Aufteilung der Besteuerungsbefugnisse in Betracht kommt – gewissermaßen in dem umfassenderen

Nach dem früheren Ansatz konnten nationale Regelungen zur Bekämpfung von Steuerflucht nur unter dem Aspekt der Missbrauchsbekämpfung und damit nur gerechtfertigt werden, soweit sich die Regelung *speziell* auf die Bekämpfung rein künstlicher Gestaltungen beschränkte. Dieses Erfordernis hat der Gerichtshof gelockert, wenn und soweit zugleich ein Zusammenhang mit dem Rechtfertigungsgrund der Wahrung der Aufteilung der Besteuerungsbefugnisse besteht.[1340] So hatte das Gericht in seiner Entscheidung in der Rs. *OY AA* im Jahr 2007 eine Rechtfertigung unter den beiden Gesichtspunkten der Notwendigkeit der Wahrung einer ausgewogenen Aufteilung der Besteuerungsbefugnisse zusammen mit der Verhinderung einer Steuerumgehung geprüft und insgesamt eine Rechtfertigung bejaht, obwohl die im „Ausgangsverfahren streitige Regelung *nicht* speziell bezweckt, rein künstliche, jeder wirtschaftlichen Realität baren Gestaltungen, […]“ zu bekämpfen.[1341] Als ausreichend wurde hier angesehen, dass die Regelung „in einem angemessenen Verhältnis zu den angestrebten Zielen, in ihrer Gesamtheit betrachtet“, steht.[1342] Diese Sichtweise bestätigte das Gericht auch in seiner Entscheidung in der Rs. *SGI*. Dort stellte das Gericht fest, dass auch eine nationale Regelung, die nicht speziell auf rein künstliche, jeder wirtschaftlichen Realität bare Gestaltungen zugeschnitten ist „gleichwohl durch das Ziel der Verhütung von Steuerumgehungen bei einer Gesamtbetrachtung mit dem Ziel der Wahrung der ausgewogenen Aufteilung der Besteuerungsbefugnis zwischen den Mitgliedsstaaten gerechtfertigt sein“ kann.[1343] Damit kann also allein der Verlust von Besteuerungssubstrat Maßnahmen rechtfertigen, die das Unterlaufen der nationalen Steuerhoheit verhindern, ohne dass es hierfür erforderlich wäre, dass der Steuerpflichtige eine rein künstliche Gestaltung einsetzt.[1344]

Was die Verhältnismäßigkeit der weiteren Ausgestaltung betrifft, muss jedoch beachtet werden, dass der Gerichtshof auch weiterhin eine Rechtfertigung nur zulässt, wenn dem Steuerpflichtigen die Möglichkeit zum

---

Aspekt der Aufteilung der Besteuerungsbefugnisse aufgeht, mit weiterem Hinweis auf die Schlussanträge von GA *Kokott* v. 19.11.2009, C-337/08 (X Holding), ECLI:EU:C:2009:721, Rn. 71.

1340 Vgl. etwa *Musil/Fähling*, DStR 2010, 1501 (1504).

1341 EuGH, C-231/05 (OY AA), ECLI:EU:C:2007:439, Rn. 63 [Klammerzusätze von der Verfasserin eingefügt].

1342 EuGH, C-231/05 (OY AA), ECLI:EU:C:2007:439, Rn. 63.

1343 EuGH, C-311/08 (SGI), ECLI:EU:C:2010:26, Rn. 66.

1344 Vgl. *Staringer*, DStJG 41 (2018), 365 (371).

Gegenbeweis eröffnet wird.[1345] Eine Bekämpfung von Steuerflucht durch unwiderlegbare Typisierungen ist damit auch unter dem Aspekt der Wahrung der ausgewogenen Aufteilung der Besteuerungsbefugnisse unzulässig.

(4) Verhältnis der Rechtfertigungsgründe

Der Gerichtshof prüft die einzelnen ungeschriebenen Rechtfertigungsgründe im Regelfall nicht von Amts wegen, sondern nur, soweit diese von den Verfahrensbeteiligten bzw. dem vorlegenden Gericht angesprochen wurden.[1346]

Eine inhaltliche Abgrenzung zwischen den einzelnen Rechtfertigungsgründen der Kohärenz der Steuersysteme, der Bekämpfung missbräuchlicher Steuerpraktiken und der Wahrung der ausgewogenen Aufteilung der Besteuerungsbefugnisse scheint dabei oftmals nur schwerlich möglich. Regelmäßig werden alle drei Rechtfertigungsgründe angesprochen und teils ineinander geprüft.[1347] So hatte der Gerichtshof etwa in der Entscheidung *Timac Agro* zunächst festgestellt, dass all diese drei Gründe in Betracht kommen und dann – ohne zwischen diesen Gründen inhaltlich zu differenzieren – einheitlich geprüft, ob die betreffende Regelung über das hinausgeht was zur Erreichung ihrer Ziele erforderlich ist.[1348] Wenn sich der Gerichtshof überhaupt zum Verhältnis dieser Rechtfertigungsgründe äußert, dann indem er dieses vage umschreibt. So hat er etwa festgestellt, dass die Rechtfertigungsgründe der Wahrung einer ausgewogenen Aufteilung der Besteuerungsbefugnisse zwischen den Mitgliedsstaaten und der Vermeidung von Steuerumgehung miteinander verknüpft sind.[1349] In Be-

---

1345 Vgl. EuGH, C-318/10 (SIAT), ECLI:EU:C:2012:415, Rn. 50; C-311/08 (SGI), ECLI:EU:C:2010:26, Rn. 71 f.; C-524/04 (Test Claimants in the Thin Cap Group Litigation), ECLI:EU:C:2007:161, Rn. 82; *Musil/Fähling*, DStR 2010, 1501 (1504).

1346 Vgl. EuGH, C-487/08 (Kommission/Spanien), ECLI:EU:C:2010:310, Rn. 68; C-56/09 (Zanotti), ECLI:EU:C:2010:288, Rn. 44; *Englisch*, in: Europäisches Steuerrecht, Rn. 7.202; Weshalb die Verfahrensbeteiligten regelmäßig zahlreiche Rechtfertigungsgründe vorbringen, um nur nicht den „richtigen" auszulassen, vgl. *Staringer*, DStJG 41 (2018), 365 (377).

1347 Vgl. *Staringer*, DStJG 41 (2018), 365 (377).

1348 Vgl. EuGH, C-388/14 (Timac Agro Deutschland), ECLI:EU:C:2015:829, Rn. 34 ff.

1349 Vgl. EuGH, C-388/14 (Timac Agro Deutschland), ECLI:EU:C:2015:829, Rn. 47; C-231/05 (Oy AA), ECLI:EU:C:2007:439, Rn. 62 mwN.

zug auf die Gründe der ausgewogenen Aufteilung der Besteuerungsbefugnisse und der steuerlichen Kohärenz stellt das Gericht wiederum fest, dass sich diese Anliegen „decken“[1350] bzw. dass die Anforderungen an diese beiden Rechtfertigungsgründe deckungsgleich sein können.[1351] Teilweise scheint es ganz so, als ginge es dem Gerichtshof letztendlich nur darum, ob eine bestimmte nationale Regelung im Ergebnis gerechtfertigt ist oder nicht, wobei die Frage, welcher Rechtfertigungsgrund ausschlaggebend ist, von untergeordneter Bedeutung ist.[1352]

2. Vereinbarkeit der Lizenzschranke mit dem Primärrecht

Zunächst stellt sich die Frage, inwiefern § 4j EStG mit den grundfreiheitlichen Vorgaben vereinbar ist.

a) Bestimmung der anzuwendenden Grundfreiheiten

aa) Inhalt und Anwendungsbereich der in Betracht kommenden Grundfreiheiten

In Bezug auf die Lizenzschranke kommt sowohl eine Anwendung der Niederlassungs- oder Kapitalverkehrsfreiheit,[1353] wie auch der Dienstleistungsfreiheit[1354] in Betracht.

1350 EuGH, C-388/14 (Timac Agro Deutschland), ECLI:EU:C:2015:829, Rn. 47; C-371/10 (National Grid Indus), ECLI:EU:C:2011:785, Rn. 80.

1351 EuGH, C-322/11 (K), ECLI:EU:C:2013:716, Rn. 72.

1352 Vgl. *Staringer*, DStJG 41 (2018), 365 (377 ff.) der auch auf die Wichtigkeit einer inhaltlichen Trennung der einzelnen Rechtfertigungsgründe eingeht.

1353 Vgl. *Pötsch*, IStR 2018, 417 (418); *Link*, DB 2017, 2372 (2374); *Jochimsen/Zinowsky/Schraud*, IStR 2017, 593 (598); *Drummer*, IStR 2017, 602 (603); *Pohl*, in: Brandis/Heuermann, § 4j EStG, Rn. 18; *Adrian/Tigges*, StuB 2017, 228 (233).

1354 Vgl. *Hagemann/Kahlenberg*, in: H/H/R, § 4j EStG, Rn. 5; *van Lück*, IStR 2017, 338 (391); *Benz/Böhmer*, DB, 2017, 206 (210); *Adrian/Tigges*, StuB 2017, 228 (233); *Pohl*, in: Brandis/Heuermann, § 4j EStG, Rn. 18; *Schneider/Junior*, DStR 2017, 417 (425); *Oellerich*, in: Musil/Weber-Grellet, Europäisches Steuerrecht, § 4j EStG, Rn. 9; *Link*, DB 2017, 2372 (2374).

(1) Dienstleistungsfreiheit

Die in Art. 56 AEUV geregelte Dienstleistungsfreiheit setzt in sachlicher Hinsicht das Erbringen einer „Dienstleistung" voraus. Art. 57 AEUV verlangt dabei zunächst, dass es sich um eine Leistung handeln muss, welche gegen Entgelt erbracht wird. Anders als die Warenverkehrsfreiheit, erfasst die Dienstleistungsfreiheit ausschließlich unkörperliche Gegenstände.[1355] In Abgrenzung zur Niederlassungsfreiheit findet die Dienstleistungsfreiheit regelmäßig dann Anwendung, wenn es um eine Erwerbstätigkeit ohne eine auf Dauer angelegte Präsenz im Bestimmungsland geht.[1356] Geschützt ist ausschließlich der grenzüberschreitende Dienstleistungsverkehr, sodass die Dienstleistungsfreiheit nur Anwendung findet, wenn Dienstleistender und Dienstleistungsempfänger in verschiedenen Mitgliedsstaaten ansässig sind.[1357]

Die Dienstleistungsfreiheit steht der Anwendung einer nationalen Regelung entgegen, die die Erbringung von Dienstleistungen zwischen den Mitgliedsstaaten gegenüber der Erbringung von Dienstleistungen innerhalb nur eines Mitgliedsstaats erschwert.[1358] Dabei liegt eine Beschränkung der Dienstleistungsfreiheit insbesondere vor, wenn die Steuervorschriften eines Mitgliedstaats, die auf grenzüberschreitende wirtschaftliche Tätigkeiten anwendbar sind, weniger günstig sind als diejenigen, die auf eine innerhalb der Grenzen dieses Mitgliedstaats ausgeübte wirtschaftliche Tätigkeit anwendbar sind.[1359]

(2) Niederlassungsfreiheit

Die in Art. 49 AEUV geregelte Niederlassungsfreiheit ist zu der für die Unternehmensbesteuerung wichtigsten Grundfreiheit geworden.[1360] Zentrale Elemente der Niederlassungsfreiheit sind die „selbstständige Erwerbstätig-

1355 *Randelzhofer/Forsthoff*, in: Grabitz/Hilf/Nettesheim, Art. 56, 57 AEUV, Rn. 35.

1356 EuGH, C-171/02 (Kommission/Portugal), ECLI:EU:C:2004:270, Rn. 25; *Englisch*, in: Tipke/Lang, § 4 Rn. 80; *Cordewender*, DStJG 41 (2018), 195 (220).

1357 *Schaumburg*, in: Schaumburg, Internationales Steuerecht, Rn. 4.30; *Müller-Graff*, in: Streinz, Art. 56 AEUV, Rn. 31.

1358 EuGH, C-314/08 (Filipiak), ECLI:EU:C:2009:719, Rn. 61; C-318/05 (Kommission/Deutschland), ECLI:EU:C:2007:495, Rn. 81; C-281/06 (Jundt), ECLI:EU:C:2007:816, Rn. 52 mwN.

1359 EuGH, C-314/08 (Filipiak), ECLI:EU:C:2009:719, Rn. 62.

1360 Vgl. *Reimer*, in: Europäisches Steuerrecht, Rn. 7.71.

keit" sowie die Begründung einer „Niederlassung" für diese Tätigkeit, vgl. Art. 49 Abs. 1 und 2 AEUV.[1361] Dabei setzt der Begriff der Erwerbstätigkeit eine Teilnahme am Wirtschaftsleben zur Verfolgung eines Erwerbszwecks voraus, ohne dass mit der Tätigkeit ein Gewinn erzielt werden müsste.[1362]

Das Vorliegen einer Niederlassung setzt die Möglichkeit, in stabiler und kontinuierlicher Weise am Wirtschaftsleben eines anderen Mitgliedsstaats als des Herkunftsstaats teilzunehmen, voraus.[1363] Hierfür verlangt der Gerichtshof grundsätzlich die tatsächliche Ausübung einer wirtschaftlichen Tätigkeit mittels einer festen Einrichtung in diesem Staat auf unbestimmte Zeit.[1364] Insgesamt betrifft die Niederlassungsfreiheit also in erster Linie die Besteuerung von Betrieb und Betriebsstätten sowie auch die Besteuerung von Einkünften aus solchen unternehmerischen Beteiligungen, oder aus Vorgängen zwischen verbundenen Unternehmen.[1365] Eine Beeinträchtigung der Niederlassungsfreiheit liegt vor, wenn die in Rede stehende Regelung die Ausübung der Niederlassungsfreiheit unterbindet, behindert oder weniger attraktiv macht.[1366]

(3) Kapitalverkehrsfreiheit

Unter Kapitalverkehr fällt jede über die Grenzen eines Mitgliedsstaats der Gemeinschaft hinweg stattfindende Übertragung von Geld- oder Sachkapital, die primär zu Anlagezwecken erfolgt.[1367] Die Kapitalverkehrsfreiheit erfasst somit in sachlicher Hinsicht grenzüberschreitende Geld- und Wertpapierinvestitionen und deckt dabei nahezu alle Investitionsformen und

---

1361 Vgl. *Cordewener*, DStJG 41 (2018), 195 (213).

1362 Vgl. *Schlag*, in: Schwarze, Art. 49, AEUV, Rn. 22; *Müller-Graff*, in: Streinz, Art. 49 AEUV, Rn. 12 f.

1363 EuGH, C-179/14 (Kommission/Ungarn), ECLI:EU:C:2016:108, Rn. 48; C-196/04 (Cadbury Schweppes), ECLI:EU:C:2006:544, Rn. 53.

1364 EuGH, C-196/04 (Cadbury Schweppes), ECLI:EU:C:2006:544, Rn. 54 mwN; Vgl. *Müller-Graff*, in: Streinz, Art. 56 AEUV, Rn. 16 f.

1365 *Englisch*, in: Tipke/Lang, § 4 Rn. 80.

1366 Vgl. EuGH, C-440/17 (GS), ECLI:EU:C:2018:437, Rn. 69; C-371/10 (National Grid Indus), ECLI:EU:C:2011:785, Rn. 34 mwN; C-446/03 (Marks & Spencer), ECLI:EU:C:2005:763, Rn. 33 f.; C-324/00 (Lankhorst-Hohorst), ECLI:EU:C:2002:749, Rn. 32.

1367 *Bröhmer*, in: Callliess/Ruffert, Art. 63 AEUV, Rn. 10; *Lübke*, in: Müller-Graff, Europäisches Wirtschaftsordnungsrecht, § 5 Rn. 25.

-arten ab.[1368] Eine Besonderheit weist die Kapitalverkehrsfreiheit insoweit auf, als dass sie auch auf Drittenstaatenfälle Anwendung findet.[1369]

(4) Abgrenzung zwischen Niederlassungs- und Kapitalverkehrsfreiheit

Von zentraler Bedeutung ist die Abgrenzung zwischen Niederlassungs- und Kapitalverkehrsfreiheit insbesondere soweit es um Regelungen geht, die eine Beteiligung an einer Gesellschaft voraussetzen. Der Gerichtshof nimmt die Abgrenzung danach vor, inwieweit die von der Regelung vorausgesetzte Beteiligung einen gesicherten Einfluss auf die Gesellschaft zulässt. So ist die Niederlassungsfreiheit dann anwendbar, wenn die nationale Regelung ausschließlich an solche Beteiligungen anknüpft, die dem Beteiligungsinhaber ermöglichen, einen bestimmenden Einfluss auf die Entscheidungen der Gesellschaft auszuüben und deren Tätigkeiten zu bestimmen.[1370] Erfasst die Regelungen dagegen ausschließlich solche Beteiligungen, die keinen sicheren Einfluss auf die Gesellschaft ermöglichen – also Streubesitzbeteiligungen[1371] bzw. Portfolioinvestitionen[1372] – so kommt die Kapitalverkehrsfreiheit zur Anwendung.[1373] Erfasst die nationale Regelung dagegen sowohl Beteiligungen, die einen sicheren Einfluss ermöglichen, als auch solche, die einen gesicherten Einfluss nicht ermöglichen, kommen sowohl die Niederlassungs- wie auch die Kapitalverkehrsfreiheit in Betracht.[1374] In derartigen Fällen stellt der Gerichtshof zur Abgrenzung

1368 *Reimer*, in: Europäisches Steuerrecht, Rn. 7.100.

1369 *Bröhmer*, in: Callliess/Ruffert, Art. 64 AEUV, Rn. 1.

1370 EuGH, C-440/17 (GS), ECLI:EU.C:2018:437, Rn. 61; C-524/04 (Test Claimants in the Thin Cap Group Litigation), ECLI:EU:C:2007:161, Rn. 27; C-231/05 (Oy AA), ECLI:EU:C:2007:439, Rn. 20; C-196/04 (Cadbury Schweppes), ECLI:EU:C:2006:544, Rn. 31; C-436/00 (X und Y), ECLI:EU:C:2002:704, Rn. 37; C-251/98 (Baars), ECLI:EU:C:2000:205, Rn. 22.

1371 Vgl. *Reimer*, in: Europäisches Steuerrecht, Rn. 7.100.

1372 *Bröhmer*, in: Callliess/Ruffert, Art. 46 AEUV, Rn. 28.

1373 EuGH, C-686/13 (X), ECLI:EU:C:2015:375, Rn. 19; C-35/11 (Test Claimants in the FII Group Litigation), ECLI:EU:C:2012:707, Rn. 92; C-310/09 (Accor), ECLI:EU:C:2011:581, Rn. 32; C-31/11 (Scheunemann), ECLI:EU:C:2012:481, Rn. 23.

1374 EuGH, C-164/12 (DMC), ECLI:EU:C:2014:20, Rn. 31; C-182/08 (Glaxo Wellcome), ECLI:EU:C:2009:559, Rn. 24 f.; C-543/08 (Kommission/Portugal), ECLI:EU:C:2010:669, Rn. 43.

teils auf die tatsächlichen Gegebenheiten des konkreten Falls,[1375] teils aber auch auf den Gegenstand der jeweiligen Norm ab.[1376] So hatte der Gerichtshof etwa in der Rs. *DMC* eine Abgrenzung danach vorgenommen, ob die fragliche Regelung mehr den „Vorgang der Niederlassung“ oder den „Vorgang der Übertragung von Vermögen“ betrifft.[1377]

Die Frage, wann eine Beteiligung dem Beteiligungsinhaber eine gesicherte Einflussmöglichkeit einräumt, hängt vom anwendbaren Gesellschaftsrecht und von der konkreten Ausgestaltung der nationalen Regelung ab und lässt sich damit nicht pauschal beantworten.[1378] Bejaht hatte der Gerichtshof eine gesicherte Einflussmöglichkeit etwa bei Vorschriften, die eine Beteiligung von 75 %[1379] oder 50 %[1380] vorsahen. Dagegen ist der Gerichtshof bei einer Beteiligung von 10 %[1381], 15 %[1382] und auch von 20 %[1383] jedenfalls nicht per se von einer gesicherte Einflussnahmemöglichkeit ausgegangen.[1384]

bb) Festlegung der auf § 4j EStG anzuwendenden Grundfreiheiten

Die Lizenzschranke knüpft tatbestandlich an Lizenzzahlungen zwischen nahestehenden Personen an, weshalb zunächst die Niederlassungs- wie auch die Kapitalverkehrsfreiheit Anwendung finden könnte.[1385] Die Abgrenzung richtet somit danach, ob die von § 4j EStG vorausgesetzte Be-

---

1375 EuGH, C-6/16 (Eqiom und Enka), ECLI:EU:C:2017:641, Rn. 44; C-504/16 und C-613/16 (Deister/Juhler Holding), ECLI:EU:C:2017:1009, Rn. 8; C-251/98 (Baars), ECLI:EU:C:2000:205, Rn. 21 f.

1376 Vgl. EuGH, C-164/12 (DMC), ECLI:EU:C:2014:20, Rn. 37; C-182/08 (Glaxo Wellcome), ECLI:EU:C:2009:559, Rn. 49 ff.; Ausführlich zu beiden Ansätzen *Reimer*, in: Europäisches Steuerrecht, Rn. 7.91 ff., Rn. 7.94.

1377 EuGH, C-164/12 (DMC), ECLI:EU:C:2014:20, Rn. 37.

1378 Vgl. *Reimer*, in: Europäisches Steuerrecht, Rn. 7.97.

1379 EuGH, C-524/04 (Test Claimants in the Thin Cap Group Litigation), ECLI:EU:C:2007:161, Rn. 28 ff.

1380 EuGH, C-196/04 (Cadbury Schweppes), ECLI:EU:C:2006:544, Rn. 6 i.V.m. Rn. 32.

1381 EuGH, C-440/17 (GS), ECLI:EU.C:2018:437, Rn. 62; C-47/12 (Kronos International), ECLI:EU:C:2014:2200, Rn. 33 ff.

1382 EuGH, C-504/16 und C-613/16 (Deister/Juhler Holding), ECLI:EU:C:2017:1009, Rn. 79 f.

1383 EuGH, C-6/16 (Eqiom und Enka), ECLI:EU:C:2017:641, Rn. 42 f.

1384 Vgl. auch *Ernst/Farinato/Würstlin*, IStR 2019, 6 (9).

1385 Vgl. *Pötsch*, IStR 2018, 417 (418); *Link*, DB 2017, 2372 (2373); *Jochimsen/Zinowsky/Schraud*, IStR 2017, 593 (598); *Drummer*, IStR 2017, 602 (603).

teiligung dem Beteiligungsinhaber einen gesicherten Einfluss auf die Gesellschaft erlaubt. Die Lizenzschranke knüpft tatbestandlich an § 1 Abs. 2 AStG an. § 1 Abs. 2 AStG setzt wiederum eine Beteiligung von mindestens einem Viertel (wesentliche Beteiligung), oder die Möglichkeit zur beherrschenden Einflussnahme voraus. Der Europäische Gerichtshof geht jedenfalls ab einer Schwelle von mindestens 26,5 % „unstreitig" von einer gesicherten Einflussnahmemöglichkeit aus.[1386] Es ist also zu klären, ob auch die Einflussnahmemöglichkeit von 25 Prozent nach § 1 Abs. 2 AStG eine solche gesicherte Einflussnahmemöglichkeit verschafft. Dafür spricht, dass der Bundesfinanzhof bereits ab einer Beteiligung von 10 % von einer gesicherten Einflussnahmemöglichkeit und damit von der Anwendbarkeit der Niederlassungsfreiheit ausgeht.[1387] Erst recht muss dann bei einer Beteiligungsschwelle von 25 %, die im deutschen Gesellschaftsrecht jedenfalls eine Sperrminorität verschafft, von einer gesicherten Einflussnahmemöglichkeit ausgegangen werden. Durch das Zusammenspiel mit § 1 Abs. 2 AStG findet § 4j EStG im Ergebnis also nur Anwendung, wenn der inländische Steuerpflichtige an der ausländischen Lizenzgläubigergesellschaft in einer Weise beteiligt ist, die ihm eine bestimmende Einflussmöglichkeit verschafft.[1388] Damit fällt die Lizenzschranke in den Anwendungsbereich der Niederlassungsfreiheit.[1389] Soweit damit eine Beschränkung der Kapitalfreiheit einhergeht, ist dies lediglich eine unvermeidbare Konsequenz der Beschränkung der Niederlassungsfreiheit und rechtfertigt keine Prüfung der Kapitalverkehrsfreiheit.[1390]

§ 4j EStG setzt tatbestandlich weiterhin auch eine Leistungsbeziehung, konkret eine Rechteüberlassung, voraus. Die Regelung findet damit ausschließlich auf den Austausch unkörperlicher Leistungen Anwendung. Indem § 4j EStG an die entsprechenden Aufwendungen anknüpft, setzt die Regelung auch die Entgeltlichkeit dieser Rechteüberlassung voraus. § 4j

---

1386 EuGH, C-504/16 und C-613/16 (Deister/Juhler Holding), ECLI:EU:C:2017:1009, Rn. 82.

1387 BFHE 239, 45 (50 f.); gl. A. *Schaumburg*, in: Schaumburg, Internationales Steuerrecht, Rn. 4.34; a.A. *Reimer*, in: Europäisches Steuerrecht, Rn. 7.97 wonach in Bezug auf das deutsche Aktienrecht Beteiligungen bis zu max. 25 % noch unter die Kapitalverkehrsfreiheit fallen.

1388 Vgl. *Pötsch*, IStR 2018, 417 (418); *Kühbacher*, DStZ 2017, 829 (830).

1389 i.E. gl. A. *Kühbacher*, DStZ 2017, 829 (830).

1390 Vgl. EuGH, C-524/04 (Test Claimants in the Thin Cap Group Litigation), ECLI:EU:C:2007:161, Rn. 34; C-196/04 (Cadbury Schweppes), ECLI:EU:C:2006:544, Rn. 33; *Pötsch*, IStR 2018, 417 (418); *Hagemann/Kahlenberg*, in: H/H/R, § 4j EStG, Rn. 5.

EStG bezieht sich damit auf eine Dienstleistung im Sinne des Art. 56 AEUV. Damit ist auch der Anwendungsbereich der Dienstleistungsfreiheit eröffnet. Zwar ist bei einer Rechteüberlassung regelmäßig davon auszugehen, dass nur die Dienstleistung die mitgliedsstaatlichen Grenzen überschreitet, nicht aber der Dienstleistende oder der Dienstleistungsempfänger. Allerdings steht dies der Anwendbarkeit der Dienstleistungsfreiheit nicht entgegen.[1391]

Zwar stellt der Europäische Gerichtshof grundsätzlich klar, dass die Dienstleistungsfreiheit keine eigenständige Prüfung erfährt, sofern eine Beschränkung der Dienstleistungsfreiheit nur die unvermeidliche Konsequenz einer Beschränkung der Niederlassungsfreiheit ist.[1392] Da jedoch die Abzugsbeschränkung des § 4j EStG ausdrücklich auch an die Erbringung einer Dienstleistung anknüpft, ist eine Beschränkung der Dienstleistungsfreiheit nicht lediglich die unvermeidbare Konsequenz einer Beschränkung der Niederlassungsfreiheit. Vielmehr knüpft § 4j EStG in tatbestandlicher Hinsicht gleichermaßen an das Vorliegen einer einflussverschaffenden Beteiligung, wie auch an das Vorliegen einer Dienstleistung an, sodass die Niederlassungs- und Dienstleistungsfreiheit gleichermaßen betroffen sind.[1393] Insoweit kommen beide Grundfreiheiten nebeneinander zur Anwendung.[1394]

1391 EuGH, C-243/01 (Gambelli), ECLI:EU:C:2003:597, Rn. 53 mwN; *Müller-Graff*, in: Streinz, Art. 56, AEUV Rn. 40; *Randelzhofer/Forsthoff*, in: Grabitz/Hilf/Nettesheim, Art. 56, 57 AEUV, Rn. 54.

1392 Vgl. EuGH, C-196/04 (Cadbury Schweppes), ECLI:EU:C:2006:544, Rn. 33 mwN.

1393 i.E. gl.A. *Loschelder*, in: Schmidt, § 4j EStG, Rn. 4; *Oellerich*, in: Musil/Weber-Grellet, Europäisches Steuerrecht, § 4j EStG, Rn. 22.

1394 Vgl. EuGH, C-314/08 (Filipiak), ECLI:EU:C:2009:719, Rn. 54 ff. wo es um eine Gesellschaftsbeteiligung, die eine beherrschende Stellung ermöglichte, und zugleich um die Erbringung von Dienstleistungen an die beherrschte Gesellschaft ging; der EuGH hat insoweit sowohl die Anwendung der Niederlassungs- als auch der Dienstleistungsfreiheit bejaht; vgl. auch *Hagemann/Kahlenberg*, in: H/H/R, § 4j EStG, Rn. 5 mit dem Hinweis, dass sich eine Abgrenzung zwischen Niederlassungs- und Dienstleistungsfreiheit auch aufgrund des identischen Schutzbereichs erübrigt.

cc) Keine missbräuchliche Berufung auf Grundfreiheiten

Angehörige eines Mitgliedsstaates können sich nicht missbräuchlich oder betrügerisch auf das Gemeinschaftsrecht berufen.[1395] Vor diesem Hintergrund wäre es grundsätzlich denkbar, dass die Lizenzschranke von vornherein nur solche Konstellationen erfasst, in denen eine Berufung auf die Grundfreiheiten ohnehin missbräuchlich wäre, sodass die Grundfreiheiten letztlich nicht zur Anwendung kämen. So knüpft § 4j EStG daran an, dass bei verbundenen Unternehmen der Empfänger der Lizenzzahlungen eine begünstigende Besteuerungsregelung (Präferenzregelung) in Anspruch nimmt und deshalb einer niedrigen Besteuerung unterliegt. Allerdings hat der Gerichtshof insoweit ausdrücklich klargestellt, dass natürlichen oder juristischen Personen eine Berufung auf die Grundfreiheiten nicht deshalb verwehrt werden kann, weil sie beabsichtigen von der in einem anderen Mitgliedsstaat geltenden vorteilhafteren Steuerrechtslage zu profitieren.[1396] Damit genügt auch im Hinblick auf die Lizenzschranke die Inanspruchnahme einer steuerlichen Präferenzregelung durch eine ausländische verbundene Gesellschaft nicht, um eine missbräuchliche Inanspruchnahme der Grundfreiheiten zu begründen.[1397] Die Grundfreiheiten finden also auf die von § 4j EStG erfassten Fälle grundsätzlich Anwendung.

b) Beeinträchtigung der Niederlassungs- und Dienstleistungsfreiheit

Kommen im Hinblick auf eine konkrete Regelung sowohl die Niederlassungs- wie auch die Dienstleistungsfreiheit zur Anwendung, so nimmt der Europäische Gerichtshof grundsätzlich eine einheitliche Prüfung der Grundfreiheiten vor.[1398] Aus diesem Grund wird auch im Folgenden eine einheitliche Prüfung der einschlägigen Niederlassungs- und Dienstleistungsfreiheit vorgenommen.

1395 EuGH, C-196/04 (Cadbury Schweppes), ECLI:EU:C:2006:544, Rn. 35; C-61/89 (Bouchoucha), ECLI:EU:C:1990:343, Rn. 14; C-212/97 (Centros), ECLI:EU:C:1999:126, Rn. 24 mwN.

1396 EuGH, C-196/04 (Cadbury Schweppes), ECLI:EU:C:2006:544, Rn. 35.

1397 i.E. gl. A. *Kußmaul/Ditzler*, StB 2018, 126 (130); *Jochimsen/Zinowsky/Schraud*, IStR 2017, 597 (599).

1398 Vgl. EuGH, C-314/08 (Filipiak), ECLI:EU:C:2009:719, Rn. 58 ff.

aa) Vorliegen einer Diskriminierung

Der Gerichtshof versteht die Grundfreiheiten im Bereich der direkten Steuern grundsätzlich als Diskriminierungsverbote, die jede unmittelbare und mittelbare Diskriminierung aufgrund des Unternehmenssitzes verbieten.[1399] Die Lizenzschranke knüpft jedenfalls nicht ausdrücklich an die Staatsangehörigkeit bzw. das Kriterium des Unternehmenssitzes an, sodass eine unmittelbare Diskriminierung ausscheidet.[1400] Allerdings greift § 4j EStG nur, wenn der Lizenzgläubiger eine steuerliche Präferenzregelung im Sinne des § 4j Abs. 2 EStG in Anspruch nimmt. Da eine solche in Deutschland nicht existiert, findet § 4j EStG im Ergebnis nur Anwendung, wenn der Lizenzgläubiger seinen Sitz außerhalb der Bundesrepublik hat.[1401] Im Übrigen ergibt sich auch aus der Gesetzesbegründung, dass der Gesetzgeber mit § 4j EStG in erster Linie auf grenzüberschreitende Sachverhalte abzielt. So soll § 4j EStG verhindern, dass es multinationalen Unternehmen gelingt, Gewinne durch Lizenzzahlungen auch in solche Staaten zu verlagern, die über eine nicht dem Nexus-Ansatz entsprechende Lizenzboxregelung verfügen.[1402] Da § 4j EStG im Ergebnis nur auf grenzüberschreitende Sachverhalte Anwendung findet, liegt eine mittelbare Diskriminierung vor.[1403]

Die Lizenzschranke enthält eine Abzugsbeschränkung, welche grenzüberschreitende Lizenzgestaltungen trifft, soweit der Ansässigkeitsstaat des Lizenzgebers eine steuerliche Präferenzregelung für Lizenzeinkünfte vorsieht. Damit könnten inländische Gesellschaften davon abgehalten werden, in anderen Mitgliedsstaaten mit einer solchen Präferenzregelung Tochtergesellschaften zu gründen oder zu halten. Umgekehrt könnten in derartigen Staaten ansässige Gesellschaften davon abgehalten werden, eine Niederlassung in Deutschland zu begründen.[1404] Dabei genügt es für die

---

1399 Vgl. Abschnitt D. II. 1. b) bb) (1).

1400 Vgl. *Schnitger*, DB 2018, 147 (148); *Kußmaul/Ditzler*, StB 2018, 126 (130).

1401 Vgl. *Loschelder*, in: Schmidt, § 4j EStG, Rn. 6; *Hagemann/Kahlenberg*, in: H/H/R, § 4j EStG, Rn. 6; *Adrian/Tigges*, StuB 2017, 228 (232); *Benz/Böhmer*, DB 2017, 206 (207); *Ditz/Quilitzsch*, DStR 2017, 1561 (1567); *Höreth/Stelzer*, DStZ 2017, 270 (272); *Grotherr*, Ubg 2017, 233, (238); *Schneider/Junior*, DStR 2017, 417 (420); *Geurts/Staccioli*, IStR 2017, 514 (518); *Oellerich*, in: Musil/Weber-Grellet, Europäisches Steuerrecht, § 4j EStG, Rn. 9.

1402 BT-Drucks. 18/11233, S. 1.

1403 Vgl. *Schneider/Junior*, DStR 2017, 1561 (1567); *Schnitger*, DB 2018, 147 (148); *Kußmaul/Ditzler*, StB 2018, 126 (130); *Ditz/Quilitzsch*, DStR 2017, 1561 (1567); *Pohl*, in: Brandis/Heuermann, § 4j EStG, Rn. 18.

1404 Vgl. *Drummer*, IStR 2017, 602 (603).

Annahme einer Beeinträchtigung der Niederlassungsfreiheit auch, dass die Lizenzschranke grundsätzlich geeignet ist, diese beschränkende Wirkung zu entfalten, ohne dass es des Nachweises bedürfte, dass der Regelung tatsächlich diese Wirkung zukommt.[1405]

Weiterhin treffen die mit § 4j EStG verbundenen nachteiligen Folgen ausschließlich die grenzüberschreitende Rechteüberlassung. Damit werden Lizenznehmer, die ihre Lizenzen aus dem Ausland beziehen, nachteilig behandelt, sodass auch eine Beschränkung der Dienstleistungsfreiheit vorliegt.[1406]

bb) Vergleichbarkeit

Eine Ungleichbehandlung stellt jedoch nur dann eine unzulässige Diskriminierung dar, wenn die unterschiedlich behandelten Sachverhalte auch vergleichbar sind.

Bei „klassischen" Abzugsbeschränkungen stellt der Europäische Gerichtshof grundsätzlich isoliert auf den Schuldner ab.[1407] Insoweit wäre also im Rahmen des § 4j EStG der inländische Lizenzschuldner dem ausländischen Lizenzschuldner gegenüberzustellen. § 4j EStG ist jedoch keine „klassische" Abzugsbeschränkung, sondern macht die steuerliche Abziehbarkeit von Lizenzaufwendungen beim Lizenzschuldner von der Besteuerung des Lizenzgläubigers abhängig und implementiert damit eine korrespondierende Betrachtungsweise. Bei Korrespondenzregelungen hat der Gerichtshof jedoch auch eine personenübergreifende Betrachtung vorgenommen.[1408] Vor diesem Hintergrund ist auch im Hinblick auf § 4j EStG eine personenübergreifende, d.h. den Lizenzschuldner und -gläubiger miteinbeziehende Betrachtungsweise angezeigt. Im Rahmen der Vergleichbarkeit ist also der Fall, dass ein inländischer Lizenzschuldner eine Lizenz von einem inländischen Lizenzgläubiger bezieht dem Fall gegen-

---

1405 Vgl. EuGH, C-524/04 (Test Claimants in the Thin Cap Group Litigation), ECLI:EU:C:2007:161, Rn. 62.

1406 Vgl. *van Lück*, IStR 2017, 388 (391); *van Lück/Niemeyer*, IWB 2017, 440 (444 f); i.E. auch *Adrian/Tigges*, StuB 2017, 288 (233).

1407 EuGH, C-324/00 (Lankhorst-Hohorst), ECLI:EU:C:2002:749, Rn. 28; C-524/04 (Test Claimants in the Thin Cap Group Litigation), ECLI:EU:C:2007:161, Rn. 59 ff.; C-282/12 (Intelcar), ECLI:EU:C:2013:629, Rn. 30; *Hagemann/Kahlenberg*, in: H/H/R, § 4j EStG, Rn. 5; *Kahlenberg/Vogel*, StuW 2016, 288 (298).

1408 EuGH, C-403/03 (Schempp), ECLI:EU:C:2005:446, Rn. 29; vgl. auch *Hagemann/Kahlenberg*, in: H/H/R, § 4j EStG, Rn. 5.

überzustellen, in dem der inländische Lizenzschuldner die Lizenz von einem ausländischen Lizenzgläubiger bezieht.[1409]

Auch wenn sich in Bezug auf § 4j EStG ein Vergleichspaar finden lässt, wird die Vergleichbarkeit dennoch teilweise mit Hinweis auf die EuGH-Entscheidung in der Rs. *Schempp* in Zweifel gezogen.[1410] In dieser Entscheidung ging es um einen in Deutschland ansässigen Steuerpflichtigen, der seine Unterhaltszahlungen an seine in Österreich lebende geschiedene Ehefrau gemäß § 1a Abs. 1 Nr. 1 S. 3 EStG steuerlich nicht zum Abzug bringen konnte, während er diese in voller Höhe hätte abziehen können, wenn die geschiedene Ehefrau ihren Wohnsitz ebenfalls in Deutschland gehabt hätte.[1411] Nach § 1a Abs. 1 Nr. 1 S. 3 EStG sind Unterhaltsleistungen an einen in einem anderen Mitgliedsstaat lebenden Empfänger in Deutschland nur zum Abzug zuzulassen, wenn sie in dem anderen Mitgliedsstaat besteuert werden.[1412] Der Europäische Gerichtshof hatte die Vergleichbarkeit von Unterhaltsleistungen an einen in Deutschland wohnenden Empfänger mit Unterhaltsleistungen an einen in Österreich wohnenden Empfänger verneint, da der Empfänger in beiden Fällen, was die Besteuerung der Unterhaltsleistungen betrifft, unterschiedlichen Regelung unterliegen (In Deutschland: Steuerbarkeit der Unterhaltsleistungen; in Österreich: keine Steuerbarkeit der Unterhaltsleistungen).[1413] Es kann nicht geleugnet werden, dass – wie in dem der Rs. *Schempp* zugrunde liegenden Sachverhalt – auch bei § 4j EStG die Abziehbarkeit der Zahlung letztlich von der korrespondierenden Besteuerung des Zahlungsempfängers abhängig gemacht wird.[1414] Und freilich erscheint es auf den ersten Blick auch nachvollziehbar, entsprechend zur *Schempp*-Entscheidung auch bei § 4j EStG eine Vergleichbarkeit von Lizenzzahlungen an inländische Empfänger, mit Lizenzzahlungen an in einem anderen Mitgliedsstaat ansässige Empfänger zu verneinen, soweit die Lizenzzahlungen beim jeweiligen Empfänger einer unterschiedlichen steuerlichen Behandlung unterliegen. Allerdings dürften die in der Rs. *Schempp* aufgestellten Grundsätze nur für solche Vorschriften gelten, die – wie die dort in Rede stehende – die Nutzung von Qualifikationskonflikten bekämpfen

---

1409 *Hagemann/Kahlenberg*, in: H/H/R, § 4j EStG, Rn. 5; *Kraft*, in: K/K/B, § 4j, Rn. 16 ff.

1410 *Pötsch*, IStR 2018, 417 (419 f.); *Link*, DB 2017, 2372 (2374 f.) der eine Vergleichbarkeit aber letztendlich doch bejaht.

1411 EuGH, C-403/03 (Schempp), ECLI:EU:C:2005:446, Rn. 8f.

1412 EuGH, C-403/03 (Schempp), ECLI:EU:C:2005:446, Rn. 30.

1413 Vgl. EuGH, C-403/03 (Schempp), ECLI:EU:C:2005:446, Rn. 35.

1414 Vgl. *Link*, DB 2017, 2372 (2374 f).

sollen.[1415] Denn letztlich fand das in der Rs. *Schempp* zur Entscheidung stehende Abzugsverbot nur Anwendung, wenn die Unterhaltsleistungen – abweichend zum deutschen Besteuerungssystem – als nicht steuerpflichtig qualifiziert wurden. Derartige Situationen, in denen die Steuersysteme unterschiedlich ausgestaltet sind, sind aber von den Fällen abzugrenzen, in denen im Ausland ein geringerer Steuersatz oder eine Steuerbegünstigung zur Anwendung kommt.[1416] Denn dass allein ein niedrigerer Steuersatz oder eine steuerliche Begünstigung noch nicht die Ablehnung der Vergleichbarkeit rechtfertigt, zeigt die später ergangene Entscheidung in der Rs. *SIAT*.[1417] Dieser Entscheidung liegt eine belgische Regelung zugrunde, nach der die Abzugsfähigkeit von Zinsen und Lizenzgebühren von zusätzlichen Voraussetzungen abhängig gemacht wurde, sofern die entsprechenden Einkünfte beim Zahlungsempfänger keiner Einkommens- oder Körperschaftsteuer oder einem für solche Einkünfte erheblich vorteilhafteren Besteuerungssystem unterliegen, als dem diese Einkünfte in Belgien unterliegen.[1418] In diesem Fall hatte der Gerichtshof ausdrücklich festgestellt, dass sich an der Situation des in Belgien ansässigen Dienstleistungsempfängers in Bezug auf die Abziehbarkeit der gezahlten Vergütungen als Betriebsausgaben nichts ändert, gleichgültig, ob der Dienstleister im selben Mitgliedsstaat ansässig ist oder nicht, und ob dieser Dienstleister in einem anderen Mitgliedsstaat einer günstigen oder weniger günstigen steuerlichen Behandlung unterliegt.[1419]

Im Ergebnis muss man nach der hier vertretenen Auffassung – wie in der Rs. *SIAT* – auch bei § 4j EStG davon ausgehen, dass sich an der Situation des in Deutschland ansässigen Lizenznehmers, in Bezug auf die Abziehbarkeit der Lizenzaufwendungen nichts ändert, unabhängig davon, ob der Lizenzgeber in einem anderen Mitgliedsstaat einer günstigeren steuerlichen Behandlung unterliegt oder nicht. Die Vergleichbarkeit ist damit zu bejahen.[1420]

1415 Vgl. *Schnitger*, DB 2018, 147 (148).

1416 *Schnitger*, DB 2018, 147 (148).

1417 Vgl. *Schnitger*, DB 2018, 147 (148 f). a.A. *Pötsch*, IStR 2018, 417 (420) ohne sich jedoch endgültig festzulegen; offenlassend *Link*, DB 2017, 2372 (2374 f).

1418 EuGH, C-318/10 (SIAT), ECLI:EU:C:2012:415, Rn. 6.

1419 EuGH, C-318/10 (SIAT), ECLI:EU:C:2012:415, Rn. 31.

1420 i.E. gl.A. *Schnitger*, DB 2018, 147 (148 f.); *Kußmaul/Ditzler*, StB 2018, 126 (129); i.Ü. geht die Literatur ganz überwiegend von einer rechtfertigungsbedürftigen mittelbaren Diskriminierung aus, ohne die Problematik der Vergleichbarkeit zu vertiefen.

c) Rechtfertigung

Im Folgenden soll untersucht werden, ob die festgestellte Beeinträchtigung der Niederlassungs- und Dienstleistungsfreiheit mit Blick auf die vom Gesetzgeber mit der Lizenzschranke verfolgten Ziele gerechtfertigt werden kann.

aa) Kohärenz

Eine Rechtfertigung kommt zunächst durch das Argument der Kohärenz in Betracht. Die Lizenzschranke macht die Höhe der Abzugsbeschränkung von der Ertragsteuerbelastung der entsprechenden Zahlungen beim Gläubiger abhängig. Im Ergebnis zielt die Regelung also darauf ab, die aufgrund der Inanspruchnahme einer steuerlichen Präferenzregelung nur niedrige oder gar nicht erfolgende Besteuerung der Lizenzeinnahmen auf Seiten des Gläubigers (= Vorteil) durch eine Abzugsbeschränkung für die entsprechenden Lizenzzahlungen auf Seiten des Schuldners (= Nachteil) auszugleichen. Durch diesen Vor- und Nachteilsausgleich, soll eine „angemessene Steuerwirkung der Lizenzausgaben" sichergestellt werden.[1421] Eine Rechtfertigung der Grundfreiheitsbeeinträchtigung durch das Ziel, die Kohärenz des nationalen Steuersystems zu wahren, setzt jedoch voraus, dass der steuerliche Vorteil und der Ausgleich dieses Vorteils durch eine bestimmte steuerliche Belastung in einem unmittelbaren Zusammenhang stehen.[1422]

(1) Intersubjektiver Vor- und Nachteilsausgleich

Das Abzugsverbot des § 4j EStG trifft zwar den Schuldner der Lizenzgebühren, greift jedoch nur, wenn der Lizenzgläubiger einen steuerlichen Vorteil in Form einer präferenziellen Niedrigbesteuerung erzielt. Damit gleicht § 4j EStG gerade nicht den Vorteil des Lizenz*schuldners*,[1423] sondern einen Vorteil des Lizenzgläubigers aus. Das der Lizenzschranke zugrunde liegende intersubjektive Korrespondenzprinzip[1424] zielt letztend-

1421 BT-Drucks. 18/11233, S. 9.
1422 Vgl. Abschnitt D. II. 1. b) dd) (1) (a).
1423 Vgl. *Hagemann/Kahlenberg*, in: H/H/R, § 4j EStG, Rn. 5.
1424 Vgl. bereits Abschnitt B. III. 4.

lich auf einen intersubjektiven Vor- und Nachteilsausgleich zwischen Lizenzgläubiger und Lizenzschuldner ab. Damit fehlt es aber an dem vom Gerichtshof grundsätzlich geforderten unmittelbaren persönlichen Zusammenhang,[1425] da der steuerliche Vorteil und der damit verbundene Nachteil gerade nicht bei ein und demselben Steuerpflichtigen eintreten.[1426]

Allerdings ist nicht abschließend geklärt, inwiefern der unmittelbare persönliche Zusammenhang auch dann bejaht werden kann, wenn es sich um verschiedene Steuerpflichtige handelt.[1427] Die Rechtsprechung des Gerichtshofs weist insoweit noch keine klare Linie auf. Jedenfalls wird man bei verschiedenen Steuerpflichtigen zumindest einen engen wirtschaftlichen Zusammenhang fordern müssen, welcher insbesondere dann besteht, wenn es sich wirtschaftlich um dasselbe Steuersubstrat oder dieselbe wirtschaftliche Aktivität handelt.[1428]

Die Lizenzschranke findet nur auf verbundene Unternehmen Anwendung, sodass zwischen Lizenzschuldner und -gläubiger grundsätzlich eine wirtschaftliche Verbundenheit besteht. Da der steuerliche Vorteil an die Lizenzeinnahmen auf Seiten des Lizenzgläubigers und der Nachteil an die korrespondierenden Lizenzausgaben auf Seiten des Lizenzschuldners anknüpft, handelt es sich auch um dasselbe Besteuerungssubstrat. Damit könnte ein unmittelbarer persönlicher Zusammenhang im Hinblick auf § 4j EStG zumindest dann angenommen werden, wenn der Gerichtshof tatsächlich bei seinem zwischenzeitlich relativierten Verständnis des persönlichen Zusammenhangs[1429] bleibt.[1430] Gegen eine derartige Sichtweise sprechen aber die jüngeren Entscheidungen des Gerichtshofs, in denen das Gericht in Bezug auf den unmittelbaren Zusammenhang wieder ausdrücklich auf die Steuersubjektidentität abstellt.[1431] Damit dürfte – jedenfalls bei restriktiver Interpretation der Rechtsprechung – ein unmittelbarer per-

1425 Vgl. *van Lück*, IStR 2017, 388 (391 f.).

1426 Vgl. EuGH, C-599/13 (Grünewald), ECLI:EU:C:2015:109, Rn. 49.

1427 Vgl. Abschnitt D. II. 1. b) dd) (1).

1428 Vgl. Abschnitt D. II. 1. b) dd) (1) (a).

1429 Vgl. EuGH, C-319/02 (Manninen), ECLI:EU:C:2004:484, Rn. 45. f.

1430 In diese Richtung *Link*, DB 2017, 2372 (2375 f.).

1431 EuGH, C-250/08 (Kommission/Belgien), ECLI:EU:C:2011:793, Rn. 76; in diesem Sinne auch C-168/01 (Bosal), ECLI:EU:C:2003:479, Rn. 29 f.; C-35/98 (Verkooijen), ECLI:EU:C:2000:294, Rn. 58; vgl. auch Abschnitt D. I. 1. b) dd) (1) (c).

sönlicher Zusammenhang zu verlangen sein, der in Bezug auf § 4j EStG jedoch gegeben ist.[1432]

(2) De facto grenzüberschreitender Vor- und Nachteilsausgleich

Die Lizenzschranke kommt im Ergebnis nur in grenzüberschreitenden Sachverhalten zur Anwendung. Damit führt die Regelung letztlich dazu, dass ein nach ausländischem Steuerrecht erzielter Steuervorteil, durch einen nach nationalem Steuerrecht anzuordnenden Nachteil (= Abzugsbeschränkung nach der Lizenzschranke) kompensiert wird. Die Lizenzschranke zielt damit auf einen grenzüberschreitenden Vor- und Nachteilsausgleich ab. Die Prüfung der Kohärenz muss jedoch mit Blick auf *ein und dasselbe* Steuersystem durchgeführt werden.[1433] Eine grenz- bzw. steuerordnungsüberschreitende Betrachtungsweise scheidet damit grundsätzlich aus.[1434]

(3) Unzulässigkeit eines typisierenden Nachteilsausgleichs

Weiterhin lässt eine Rechtfertigung durch das Kohärenz-Argument nur einen beitragsmäßig genauen,[1435] nicht aber einen typisierenden Nachteilsausgleich zu.[1436] Die Ausgestaltung der Rechtsfolge der Lizenzschranke bewirkt jedoch gerade nicht, dass das Abzugsverbot auf Seiten des Lizenzschuldners beitragsmäßig genau der Höhe des Steuervorteils auf Seiten des

---

1432 i.E. gl. A. *Schnitger*, DB 2018, 147 (150); *Hagemann/Kahlenberg*, in: H/H/R, § 4j EStG, Rn. 5; *van Lück*, IStR 2017, 388 (392); *Kühbacher*, DStZ 2017, 829 (836); *Hagemann/Kahlenberg*, FR 2017, 1125 (1130).

1433 So ausdrücklich der EuGH in C-190/12 (Emerging Markets), ECLI:EU:C:2014:249, Rn. 94.

1434 Vgl. *Kokott*, Das Steuerrecht der EU, § 5 Rn. 83; *Schön*, in: Grundfragen des Europäischen Steuerrechts, 109 (127); *Musil*, in: Musil/Weber-Grellet, Europäisches Steuerrecht, Einführung, Rn. 125.

1435 Vgl. EuGH, C-319/02 (Manninen), ECLI:EU:C:2004:484, Rn. 46; Generalanwältin *Kokott*, Schlussanträge vom 18.03.2004 in der Rs. Manninen (C-319/02), ECLI:EU:C:2004:164, Rn. 63 f. *Hagemann/Kahlenberg*, in: H/H/R, § 4j EStG, Rn. 5.

1436 *Kokott/Ost*, EuZW 2011, 496 (501); *Englisch*, in: Europäisches Steuerrecht, Rn. 7.281; *Müller-Graff*, in: Streinz, Art. 49 AEUV, Rn. 88; kritisch *Schön*, IStR 2008, 882 (885).

Lizenzgläubigers entspricht.[1437] Vielmehr kommt es regelmäßig zu einer Überkompensation des steuerlichen Vorteils.[1438]

(4) Zwischenergebnis

Bei restriktiver Interpretation der EuGH-Rechtsprechung scheidet eine Rechtfertigung aus Gründen der Kohärenz bereits aufgrund des fehlenden unmittelbaren persönlichen Zusammenhangs aus.[1439] In jedem Fall scheitert eine Rechtfertigung daran, dass die Kohärenz-Rechtfertigung keinen grenzüberschreitenden Vor- und Nachteilsausgleich zulässt. Im Übrigen wäre die Regelung insoweit auch überschießend ausgestaltet.

bb) Missbrauchsbekämpfung

(1) Geeignetheit zur Missbrauchsbekämpfung

Der Gesetzgeber verfolgt mit der Lizenzschranke auch das Ziel der Bekämpfung missbräuchlicher Lizenzgestaltungen. Wie bereits dargestellt, besteht grundsätzlich die Gefahr, dass Steuerpflichtige mittels konzerninterner Leistungsbeziehungen in missbräuchlicher Weise Gewinne auf eine Gesellschaft mit Sitz in einem (Mitglieds-)Staat verlagern, in denen diese niedrig oder gar nicht besteuert werden.[1440] Indem § 4j EStG auch in solchen Fällen den Abzug der vom inländischen Steuerpflichtigen zu zahlenden Lizenzgebühren beschränkt, ist die Regelung auch grundsätzlich zur Eindämmung missbräuchlicher Lizenzgestaltungen geeignet.[1441]

1437 Vgl. *Hagemann/Kahlenberg*, in: H/H/R, § 4j EStG, Rn. 5; *dies.*, FR 2017, 1125 (1130).

1438 Vgl. Abschnitt C. II. 2. b) bb) (c) (bb).

1439 So i.E. *van Lück*, IStR 2017, 388 (391); *Hagemann/Kahlenberg*, in: H/H/R, § 4j EStG, Rn. 5; *dies.* FR 2017, 1125 (1130); *Kühbacher*, DStZ 2017, 829 (836); *Oellerich*, in: Musil/Weber-Grellet, Europäisches Steuerrecht, Rn. 25; *Ditz/Quilitzsch*, DStR 2017, 1561 (1567).

1440 Vgl. Abschnitt A. II. 2. c) cc).

1441 Vgl. *Kühbacher*, DStZ 2017, 829 (833); *Pötsch*, IStR 2018, 417 (420 f.).

(2) Verhältnismäßige Ausgestaltung: Beschränkung auf das zur Missbrauchsbekämpfung Erforderliche

Eine Rechtfertigung durch den Zweck, missbräuchliche Lizenzgestaltungen zu verhindern, gelingt jedoch nur, wenn § 4j EStG in tatbestandlicher Hinsicht auf die Verhinderung rein künstlicher, jeder wirtschaftlichen Realität baren Konstruktionen beschränkt ist.[1442]

(a) Grundtatbestand

(aa) Begrenzung auf nahestehende Personen

Der Anwendungsbereich der Lizenzschranke ist auf nahestehende Personen im Sinne des § 1 Abs. 2 AStG und damit auf konzerninterne Lizenzverhältnisse beschränkt. Dies erscheint insoweit sachgerecht, als dass eine Gewinnverlagerung durch Lizenzgestaltungen gerade in Konzernfällen möglich ist. Allerdings stellen solche Näheverhältnisse nach Auffassung des Gerichtshofs für sich betrachtet kein taugliches Kriterium dar, welches das Vorliegen einer missbräuchlichen Gestaltung indizieren würde. Insbesondere begründet allein die Beteiligung an einer gebietsfremden Konzerngesellschaft noch nicht das Vorliegen einer rein künstlichen, jeder wirtschaftlichen Realität baren Konstruktion.[1443]

(bb) Anknüpfen an eine präferenzielle Niedrigbesteuerung

Weiterhin setzt die Anwendbarkeit der Lizenzschranke die Inanspruchnahme einer steuerlichen Präferenzregelung im Sinne des § 4j Abs. 2 EStG voraus, was im Ergebnis dazu führt, dass die Regelung nur Anwendung findet, sobald der Lizenzgläubiger seinen Sitz im Ausland hat. Allerdings erlaubt auch der Umstand, dass eine (Konzern-)Gesellschaft ihren Sitz im Ausland hat, noch nicht die Annahme einer rein künstlichen Konstrukti-

1442 Vgl. Abschnitt D. II. 1. b) dd) (2) (b) (aa).

1443 EuGH, C-135/17 (X), ECLI:EU:C:2019:136, Rn. 80; C-440/17 (GS), ECLI:EU:C:2018:437, Rn. 48; C-504/16 und C-613/16 (Deister Holding und Juhler Holding), ECLI:EU:C:2017:1009, Rn. 64 f.; C-324/00 (Lankhorst-Hohorst), ECLI:EU:C:2002:749, Rn. 37.

on zu ausschließlich steuerlichen Zwecken.[1444] Der Gesetzgeber ging bei Schaffung zwar offenbar auch davon aus, dass diese steuerlichen Präferenzregelungen – insbes. IP-Boxen – sogar gezielt dazu führen, dass Steuerpflichtige ihren Sitz in ein Land mit einer derartigen Präferenzreglung verlegen, um in den Genuss dieser Vergünstigung zu gelangen.[1445] Allerdings rechtfertigt auch dies noch nicht die Vermutung einer rein künstlichen und damit missbräuchlichen Gestaltung.[1446]

§ 4j Abs. 2 EStG verlangt weiterhin auch eine durch die Präferenzregelung ausgelöste Niedrigbesteuerung der Lizenzeinnahmen auf Seiten des Gläubigers. Zwar hatte der Gerichtshof jüngst in dem Kriterium der Niedrigbesteuerung ein Indiz für das Vorliegen einer missbräuchlichen Gestaltung gesehen.[1447] Gleichzeitig rechtfertigt dieser Umstand aber für sich betrachtet noch nicht die Annahme einer missbräuchlichen Gestaltung. Insbesondere gibt ein steuerlicher Vorteil in Form einer relativ geringen steuerlichen Belastung einer Tochtergesellschaft mit Sitz in einem anderen Mitgliedsstaat, als dem in dem die Muttergesellschaft gegründet wurde, als solcher dem letztgenannten nicht das Recht, diesen Vorteil durch eine weniger günstige steuerliche Behandlung der Muttergesellschaft auszugleichen.[1448] Der Umstand, dass andere Staaten steuerliche Präferenzregelungen für IP-Einkünfte geschaffen haben, gibt dem deutschen Gesetzgeber damit noch nicht das Recht, die dadurch erzielten Vorteile durch Auferlegung eines (Teil-)Abzugsverbots auszugleichen.

1444 EuGH, C-135/17 (X), ECLI:EU:C:2019:136, Rn. 80; C-440/17 (GS), ECLI:EU:C:2018:437, Rn. 48; C-504/16 und C-613/16 (Deister Holding und Juhler Holding), ECLI:EU:C:2017:1009, Rn. 64 f.; C-524/04 (Test Claimants in the Thin Cap Group Litigation), ECLI:EU:C:2007:161, Rn. 79; C-324/00 (Lankhorst-Hohorst), ECLI:EU:C:2002:749, Rn. 37; in diese Richtung auch EuGH, C-318/10 (SIAT), ECLI:EU:C:2012:415, Rn. 38.

1445 Vgl. BT-Drucks. 18/11233, S. 1.

1446 Vgl. etwa EuGH, C-371/10 (National Grid Indus), ECLI:EU:C:2011:785, Rn. 84 mwN; Vgl. auch *Gosch*, DStJG 36 (2013), 201 (216).

1447 Vgl. EuGH, C-135/17 (X), ECLI:EU:C:2019:136, Rn. 86.

1448 EuGH, C-318/10 (SIAT), ECLI:EU:C:2012:415, Rn. 39 mwN; C-196/04 (Cadbury Schweppes), ECLI:EU:C:2006:544, Rn. 49; C-294/97 (Eurowings Luftverkehr), ECLI:EU:C:1999:524, Rn. 44; C-422/01 (Skandia und Ramstedt), ECLI:EU:C:2003:380, Rn. 52.

(b) Rückausnahme: Nexus-Ansatz

(aa) Grundsätzliche Eignung des Substanzerfordernisses zur Feststellung der Künstlichkeit

Im Hinblick auf konzerninterne Lizenzverhältnisse wird man – vor dem Hintergrund der durch § 4j EStG auch betroffenen Niederlassungsfreiheit – dann von einer rein künstlichen und damit missbräuchlichen Gestaltung ausgehen müssen, wenn eine Tochtergesellschaft oder Betriebsstätte speziell in einem Land mit einer steuerlichen Präferenzregelung gegründet wird und es sich hierbei um eine fiktive Ansiedlung ohne wirtschaftliche Substanz handelt.[1449] Diesen Gedanken scheint auch die Lizenzschranke aufzugreifen, indem sie in § 4j Abs. 1 S. 4 EStG eine Rückausnahme von der Abzugsbeschränkung für den Fall enthält, dass die Präferenzregelung den im Nexus-Ansatz niedergelegten Substanzerfordernissen entspricht. Der Europäische Gerichtshof sieht in dem Kriterium der „wirtschaftlichen Realität", das wiederum durch gewisse Substanzkriterien konkretisiert wird, ein taugliches Kriterium zur Identifikation rein künstlicher Gestaltungen.[1450] Damit könnten auch die Substanzanforderungen des Nexus-Ansatzes jedenfalls grundsätzlich zur Feststellung der Künstlichkeit der entsprechenden Lizenzgestaltung geeignet sein.[1451]

(bb) Unzureichende Umsetzung des Substanzkriteriums

Der Nexus-Ansatz bleibt jedoch deutlich hinter den vom Europäischen Gerichtshof definierten Substanzanforderungen zurück.[1452] So stellt der Gerichtshof im Hinblick auf das Kriterium der wirtschaftlichen Realität, auf das Vorliegen einer „wirklichen wirtschaftlichen Tätigkeit" ab.[1453] Dabei muss die ausländische Gesellschaft greifbar vorhanden sein, etwa in Form von Geschäftsräumen, Personal und Ausrüstungsgegenständen.[1454] Zwar

---

1449 Vgl. *Kühbacher*, DStZ 2017, 829 (833); vgl. EuGH, C-196/04 (Cadbury Schweppes), ECLI:EU:C:2006:544, Rn. 68.

1450 Vgl. EuGH, C-196/04 (Cadbury Schweppes), ECLI:EU:C:2006:544, Rn. 65 ff.

1451 Deshalb einen Verstoß gegen die Grundfreiheiten verneinend *Brandt*, DB 2017, Heft 19, M5.

1452 In diese Richtung *Hagemann/Kahlenberg*, in: H/H/R, § 4j EStG, Rn. 5; a.A. *Brandt*, DB 2017, Heft 19, M5; wohl ebenfalls a.A. *Pötsch*, IStR 2018, 417 (420).

1453 EuGH, C-196/04 (Cadbury Schweppes), ECLI:EU:C:2006:544, Rn. 66.

1454 EuGH, C-196/04 (Cadbury Schweppes), ECLI:EU:C:2006:544, Rn. 67.

verlangt auch der Nexus-Ansatz eine substanzielle wirtschaftliche Aktivität zur Erzielung der Einkünfte, die unter das Vorzugsregime fallen.[1455] Allerdings werden als Maßstab für die wesentliche Geschäftstätigkeit nur diejenigen Ausgaben des betreffenden Unternehmens erfasst, die direkt mit der Entwicklungstätigkeit verknüpft sind (sog. qualifizierte Ausgaben).[1456] Es sind also lediglich die qualifizierten Ausgaben, die „als Hilfsvariable für die substanzielle Geschäftstätigkeit" fungieren.[1457] Andere Kriterien, wie etwa Geschäftsräume, Personal oder Ausrüstung, finden sich im Nexus-Ansatz dagegen nicht.

Der Nexus-Ansatz ist damit gerade keine Substanzausnahme, wie etwa die Regelung des § 8 Abs. 2 AStG.[1458] Diese enthält eine Rückausnahme für den Fall, dass die Gesellschaft einer „tatsächlichen wirtschaftlichen Tätigkeit" nachgeht. Damit liegt § 8 Abs. 2 AStG grundsätzlich auf einer Linie mit den Anforderungen des Europäischen Gerichtshofs.[1459] Dagegen stellt der Nexus-Ansatz gerade nicht darauf ab, ob die begünstigte Gesellschaft einer wirklichen wirtschaftlichen Tätigkeit nachgeht, sondern allein darauf, ob die Gesellschaft eine bestimmte Art von Ausgaben getätigt hat. Dabei kann eine Lizenzgeber-Gesellschaft, welche über Geschäftsräume und Personal verfügt, eine *wirkliche* wirtschaftliche Tätigkeit entfalten, auch wenn sie die lizenzierten Immaterialgüter nicht selbst entwickelt und somit keine qualifizierten Ausgaben getätigt hat. Dies gilt umso mehr, als dass an eine solche, auf die Erzielung passiver Einkünfte ausgerichtete Gesellschaft, ohnehin geringere Substanzanforderungen zu stellen sein dürften.[1460] Außerdem liegt nach Auffassung des Bundesfinanzhofs eine rein künstliche Gestaltung im Sinne der EuGH-Rechtsprechung nicht schon dann vor, wenn eine Gesellschaft ihr operatives Geschäft auf eine andere Konzerngesellschaft ausgelagert hat.[1461] Vor diesem Hintergrund

1455 OECD (2016), Wirksamere Bekämpfung schädlicher Steuerpraktiken unter Berücksichtigung von Transparenz und Substanz, Aktionspunkt 5 – Abschlussbericht 2015, S. 25 ff.; *Gosch*, in: Kirchhof/Seer, § 4j EStG, Rn. 15.

1456 OECD (2016), Wirksamere Bekämpfung schädlicher Steuerpraktiken unter Berücksichtigung von Transparenz und Substanz, Aktionspunkt 5 – Abschlussbericht 2015, S. 27, Rn. 29; *Loschelder*, in: Schmidt, § 4j EStG, Rn. 18.

1457 OECD (2016), Wirksamere Bekämpfung schädlicher Steuerpraktiken unter Berücksichtigung von Transparenz und Substanz, Aktionspunkt 5 – Abschlussbericht 2015, S. 27, Rn. 29.

1458 Dies aber wohl annehmend *Max/Thiede*, StB 2017, 175 (179); *van Lück/Niemeyer*,.IWB 2017, 440 (446).

1459 Vgl. hierzu Abschnitt A. III. 1. b) bb).

1460 Vgl. *Kühbacher*, DStZ 2017, 829 (833).

1461 BFHE 231, 152 (157 f.).

wird man es im Hinblick auf Lizenzverhältnisse für die Bejahung einer wirklichen wirtschaftlichen Tätigkeit der Lizenzgläubiger-Gesellschaft ausreichen lassen müssen, wenn die maßgebliche Geschäftsführung und tatsächliche Disposition bezüglich einer Lizenzeinräumung und -verwaltung vor Ort durchgeführt wird, auch wenn wesentliche Funktionen – insbesondere die Entwicklung der lizenzierten Immaterialgüterrechte – an andere Konzerngesellschaften ausgelagert wurden.[1462] Folglich kann auch die wirtschaftliche Verwertung erworbener oder durch konzerninterne Auftragsforschung entwickelter Patente und Lizenzen im Einzelfall mit einer wirklichen wirtschaftlichen Tätigkeit der Lizenzgeber-Gesellschaft verbunden sein.[1463] Beide Konstellationen sind jedoch nach dem Nexus-Ansatz – mangels qualifizierter Ausgaben für Forschung und Entwicklung – nicht begünstigungsfähig,[1464] sodass eine Exkulpation nach § 4j Abs. 1 S. 4 EStG in solchen Fällen von vornherein ausscheidet.

Es zeigt sich, dass die im Nexus-Ansatz gewählten Substanzkriterien für sich betrachtet schon unzureichend sind, um zu beurteilen, ob die Lizenzgläubigergesellschaft einer „wirklichen wirtschaftlichen Tätigkeit" nachgeht und „greifbar vorhanden" ist.[1465] Dies liegt aber vor allem daran, dass der im Rahmen des BEPS-Projekts erarbeitete Nexus-Ansatz auch nicht darauf abzielt, rein künstliche Gestaltungen zu identifizieren. Der Nexus-Ansatz soll vielmehr Kriterien dafür vorgeben, wie eine steuerliche Forschungsförderung ausgestaltet sein muss, um als unschädlich eingestuft zu werden. Der Nexus-Ansatz ist also allenfalls geeignet, schädliche von unschädlichen steuerlichen Begünstigungsregelungen abzugrenzen. Zur Abgrenzung realer wirtschaftlicher Geschäftstätigkeiten von rein künstlichen Gestaltungen ist der Nexus-Ansatz nicht geeignet.[1466]

1462 *Kühbacher*, DStZ 2017, 829 (833); *Hagemann/Kahlenberg*, in: H/H/R, § 4j EStG, Rn. 5.

1463 So i.E. auch *Kühbacher*, DStZ 2017, 829 (833); *Hagemann/Kahlenberg*, in: H/H/R, § 4j EStG, Rn. 5.

1464 OECD (2016), Wirksamere Bekämpfung schädlicher Steuerpraktiken unter Berücksichtigung von Transparenz und Substanz, Aktionspunkt 5 – Abschlussbericht 2015, S. 33 f., Rn. 49 ff.

1465 In diese Richtung *Hagemann/Kahlenberg*, in: H/H/R, § 4j EStG, Rn. 5; a.A. *Brandt*, DB 2017, Heft 19, M5; wohl ebenfalls a.A. *Pötsch*, IStR 2018, 417 (420).

1466 Vgl. *Gosch*, in: Kirchhhof, § 4j EStG, Rn. 2.

(cc) Kein einzelfallbezogener Substanztest

Im Rahmen der Rückausnahme des § 4j Abs. 1 S. 4 EStG wird rein abstrakt beurteilt, ob die steuerliche Präferenzregelung, die die Lizenzgläubigergesellschaft in Anspruch nimmt, an solche Substanzerfordernisse geknüpft ist, die dem Nexus-Ansatz entsprechen. Die Rückausnahme lässt jedoch keine Berücksichtigung der tatsächlichen Verhältnisse im jeweiligen Einzelfall zu. So greift die Rückausnahme dann nicht, wenn die steuerliche Präferenzregelung nicht den Substanzerfordernissen des Nexus-Ansatzes entspricht, der Lizenzgläubiger aber tatsächlich eine hinreichende Substanz – sei es in Form eigener qualifizierter Forschungsaufwendungen, oder in Form von Geschäftsräumen, Personal oder Ausrüstungsgegenständen – nachweisen kann.[1467] Diese Fälle sind jedoch nach den vom Europäischen Gerichtshof erarbeiteten Grundsätzen nicht als rein künstliche Gestaltungen und damit auch nicht als Missbrauchsgestaltungen anzusehen. Damit verhindert die Rückausnahme in § 4j Abs. 1 S. 4 EStG nicht, dass die Lizenzschranke auch auf nicht missbräuchliche Gestaltungen Anwendung findet.[1468]

(c) Rückausnahme: Hinzurechnungsbesteuerung

Dass die Lizenzschranke auch dann Anwendung findet, wenn keine rein künstliche Gestaltung vorliegt, zeigt auch die in § 4j Abs. 1 S. 5 EStG angeordnete Rückausnahme. Bei konzerninternen Lizenzierungen kommt eine Hinzurechnungsbesteuerung dann in Betracht, wenn die ausländische Lizenzgebergesellschaft einer Besteuerung von unter 25 % unterliegt und zugleich nicht den Substanzerfordernissen des § 8 Abs. 2 EStG entspricht. Wenn die ausländische Gesellschaft keine „tatsächliche wirtschaftliche Tätigkeit" nachweisen kann, kommt die Hinzurechnungsbesteuerung zur Anwendung. In solchen Fällen liegt folglich keine hinreichende Substanz und damit eine rein künstliche Gestaltung vor. Gleichwohl kommt die Lizenzschranke insoweit gerade nicht zur Anwendung, denn sie wird von der Hinzurechnungsbesteuerung verdrängt, vgl. § 4j Abs. 1 S. 5 EStG. Um-

---

1467 Vgl. *Hagemann/Kahlenberg*, in: H/H/R, § 4j EStG, Rn. 5; *Dies.*, FR 2017, 1125 (1128); *Loose*, RIW 2017, 655 (659).

1468 i.E. gl. A. *Hagemann/Kahlenberg*, ISR 2017, 413 (417); *Gosch*, in: Kirchhof/Seer, § 4j EStG, Rn. 2; *Kühbacher*, DStZ 2017, 829 (833 f.); *Oellerich*, in: Musil/Weber-Grellet, Europäisches Steuerrecht, Rn. 23.

gekehrt kommt die Lizenzschranke aber dann zur Anwendung, wenn die ausländische Gesellschaft eine tatsächliche wirtschaftliche Tätigkeit nachweisen kann. Denn gelingt der Nachweis nach § 8 Abs. 2 AStG, so ist die Hinzurechnungsbesteuerung ausgeschlossen und die Lizenzschranke ist wieder anwendbar.[1469] Sobald jedoch der Nachweis gelingt, liegt aber keine rein künstliche Gestaltung vor. Gerade in diesen Fällen kommt die Lizenzschranke zur Anwendung. Auch hier zeigt sich, dass § 4j EStG nicht, wie vom Gerichtshof im Hinblick auf Missbrauchsregelungen verlangt, auf rein künstliche Gestaltungen beschränkt ist.

(d) Kein Anknüpfen an die Motivlage des Steuerpflichtigen

Eine missbräuchliche Gestaltung liegt aber auch dann nicht vor, wenn der Steuerpflichtige – trotz fehlender Substanz – sonstige hinreichende außersteuerliche Motive für die entsprechende Gestaltung vorbringen kann.[1470] Der Europäische Gerichtshof verlangt deshalb für die Annahme eines Missbrauchsfalls grundsätzlich auch ein subjektives Element, das in dem Streben nach einem steuerlichen Vorteil liegt,[1471] wobei diesem Erfordernis tatbestandlich dadurch Rechnung getragen werden kann, dass dem Steuerpflichtigen die Möglichkeit gegeben werden muss, Beweise für etwaige wirtschaftliche Motive vorzulegen.[1472] Einen solchen Motivtest sieht § 4j EStG jedoch gerade nicht vor und ist auch unter diesem Gesichtspunkt als unverhältnismäßig einzustufen.[1473]

(3) Zwischenergebnis

Der Gesetzgeber knüpft die Annahme einer missbräuchlichen Gestaltung daran, dass Lizenzen von einer konzernzugehörigen Gesellschaft bezogen werden und die entsprechenden Einnahmen aus der Lizenzierung auf Seiten der ausländischen Gläubigergesellschaft einer vorteilhaften Besteuerung unterliegen, welche in einer Niedrigbesteuerung resultiert. Diese Anhaltspunkte lassen jedoch weder für sich betrachtet, noch in Kumula-

---

1469 Vgl. *Hagemann/Kahlenberg*, in: H/H/R, § 4j EStG, Rn. 40.
1470 Vgl. *Hagemann/Kahlenberg*, in: H/H/R, § 4j EStG, Rn. 5.
1471 Vgl. EuGH, C-196/04 (Cadbury Schweppes), ECLI:EU:C:2006:544, Rn. 64.
1472 Vgl. Abschnitt A. II. 2. b) bb) (2) (b) (cc).
1473 Gl.A. *Kühbacher*, DStZ 2017, 829 (833).

tion Rückschlüsse für das Vorliegen einer rein künstlichen und damit missbräuchlichen Gestaltung zu.[1474] Daran ändert auch die Rückausnahme in Form des Nexus-Ansatzes nichts.[1475] Die tatbestandliche Ausgestaltung der Lizenzschranke führt jedoch gerade dazu, dass auch jene Gestaltungen, denen eine wirtschaftliche Realität zugrunde liegt, ebenso erfasst werden. Damit ist die Lizenzschranke schon nicht speziell auf die Erfassung rein künstlicher Gestaltungen ausgelegt.

Im Übrigen ist die Lizenzschranke als Missbrauchsvorschrift auch unverhältnismäßig ausgestaltet. Dies liegt insbesondere an der vom Europäischen Gerichtshof stets geforderten Gegenbeweismöglichkeit, welche die Lizenzschranke gerade nicht vorsieht. Eine Rechtfertigung durch den Missbrauchsbekämpfungszweck scheidet damit aus.[1476]

cc) Wahrung der Aufteilung der Besteuerungsbefugnisse

Der Gesetzgeber begründet die Einführung des § 4j EStG u.a. mit dem Zweck der Sicherung des bestehenden Steuersubstrats[1477] und damit, dass die Steuern dem Staat zustehen sollen, in dem die der Wertschöpfung zugrunde liegende Aktivität stattgefunden hat.[1478] Diesem Aspekt der Sicherung des bestehenden Steuersubstrats trägt das vom Europäischen Gerichtshof anerkannte Ziel der Wahrung der ausgewogenen Aufteilung der Besteuerungsbefugnisse Rechnung.[1479]

1474 Vgl. EuGH, C-135/17 (X), ECLI:EU:C:2019:136, Rn. 79 ff. wo eben diese Anknüpfungskriterien in ihrer Gesamtschau als nicht ausreichend für die Annahme einer rein künstlichen Gestaltung angesehen wurden.

1475 So i.E. auch *Jochimsen/Zinowsky/Schraud*, IStR 2017, 593 (598); *Kühbacher*, DStZ 2017, 829 (833 f.).

1476 i.E. gl. A. *Loschelder*, in: Schmidt, § 4j EStG, Rn. 4; *Jochimsen/Zinowsky/Schraud*, IStR 2017, 593 (598); *Ditz/Quilitzsch*, DStR 2017, 1561 (1567); *Hagemann/Kahlenberg*, in: H/H/R, § 4j EStG, Rn. 5; *Kühbacher*, DStZ 2017, 829 (833 f.); *Schnitger*, DB 2018, 147 (149 f.); *van Lück*, IStR 2017, 388 (391).

1477 BT-Drucks. 18/11233, S. 2.

1478 BT-Drucks. 18/11233, S. 1.

1479 Vgl. *Kokott*, Das Steuerrecht der EU, § 5 Rn. 2.

(1) Die Lizenzschranke als Maßnahme zur Verhinderung von Steuerflucht

Wie bereits aufgezeigt, können Lizenzgestaltungen von multinational aufgestellten Konzernen dazu genutzt werden, Gewinne und damit national erwirtschaftetes Besteuerungssubstrat ins Ausland zu verlagern.[1480] Indem § 4j EStG in den Fällen der konzerninternen Lizenzierung den Abzug der Lizenzaufwendungen auf Seiten des Schuldners beschränkt, ist die Regelung jedenfalls grundsätzlich geeignet, der konzerninternen Verlagerung von Besteuerungssubstrat entgegenzuwirken und damit die Wahrung der ausgewogenen Aufteilung der Besteuerungsbefugnisse sicherzustellen.[1481]

(a) Unschädlichkeit der fehlenden Eingrenzung auf rein künstliche Gestaltungen

Wie bereits festgestellt, ist die Lizenzschranke in tatbestandlicher Hinsicht gerade nicht auf die Bekämpfung rein künstlicher, jeder wirtschaftlichen Realität baren Konstruktionen ausgerichtet, weshalb eine Rechtfertigung allein unter dem Missbrauchsbekämpfungszweck ausscheidet.[1482] Das Erfordernis der Beschränkung auf „rein künstliche Gestaltungen" wurde vom Gerichtshof jedoch gelockert, soweit die Regelung – wie im Falle der Lizenzschranke – auch der Wahrung der ausgewogenen Aufteilung der Besteuerungsbefugnis zwischen den Mitgliedsstaaten dient.[1483] Eine Rechtfertigung kommt also durch eine Gesamtbetrachtung dieser beiden Regelungsziele in Betracht, ohne dass es erforderlich wäre, dass § 4j EStG speziell auf die Bekämpfung rein künstlicher Gestaltungen ausgerichtet ist.[1484]

1480 Vgl. Abschnitt A. II. 1. c) und d).

1481 Vgl. *Hagemann/Kahlenberg*, in: H/H/R, § 4j EStG, Rn. 5; *dies.* FR 2017, 1125 (1128).

1482 Vgl. Abschnitt D. II. 2. c) bb).

1483 Vgl. Abschnitt D. II. 1. b) dd) (3) (cc).

1484 EuGH, C-311/08 (SGI), ECLI:EU:C:2010:26, Rn. 66; C-231/05 (OY AA), ECLI:EU:C:2007:439, Rn. 63.

(b) Unverhältnismäßige Ausgestaltung: fehlende Gegenbeweismöglichkeit und überschießende Rechtsfolge

Gleichwohl darf § 4j EStG wiederum nicht über das hinausgehen, was zur Erreichung dieser Regelungsziele erforderlich ist. Auch insoweit stellt der Gerichtshof klar, dass dem Steuerpflichtigen die Möglichkeit eingeräumt wird, Beweise für etwaige wirtschaftliche Gründe für den Abschluss des Geschäfts vorzubringen.[1485] Eine solche Entlastungsmöglichkeit sieht § 4j EStG jedoch gerade nicht vor, sodass die Regelung auch insoweit als unverhältnismäßig einzustufen ist.

(c) Unterlaufen der vorgenommenen Aufteilung der Besteuerungsbefugnisse für Lizenzeinkünfte

Im Übrigen setzt die Wahrung der Aufteilung der Besteuerungsbefugnisse immer voraus, dass eine solche Aufteilung von den Mitgliedsstaaten einseitig oder vertraglich vorgenommen wurde. Im Hinblick auf das Besteuerungsrecht an den Lizenzeinkünften wurde diese Aufteilung auch vorgenommen. So schließt die Zins- und LizenzRL ein Quellenbesteuerungsrecht an Lizenzgebühren grundsätzlich aus. Im Übrigen verzichtet Deutschland bereits im Rahmen der abgeschlossenen DBA regelmäßig auf ein vollumfängliches Quellenbesteuerungsrechtrecht. Die Aufteilung der Besteuerungsbefugnisse an grenzüberschreitenden Lizenzgebühren geht also dahin, dass regelmäßig dem Ansässigkeitsstaat des Lizenzgläubigers das Besteuerungsrecht eingeräumt wird, während ein Besteuerungsrecht des Quellenstaates grundsätzlich ausgeschlossen ist. Dieser fehlende Quellensteuerzugriff ist zwar ein wesentlicher Baustein, der die Gewinnverlagerung durch Lizenzgestaltungen erst ermöglicht. Doch bleibt festzuhalten, dass Deutschland auf das (Quellen-)Besteuerungsrecht an den ins Ausland fließenden Lizenzgebühren letztendlich bewusst verzichtet hat.[1486] Gleichwohl versucht der Gesetzgeber mit der Lizenzschranke den fehlenden deutschen Steuerzugriff auf die ins Ausland fließenden Lizenzgebühren dadurch zu kompensieren, dass ersatzweise der Schuldner der Lizenzgebühren belastet wird. Einem solchen Vorgehen hatte der Europäische

---

1485 Vgl. EuGH, C-318/10 (SIAT), ECLI:EU:C:2012:415, Rn. 50; C-311/08 (SGI), ECLI:EU:C:2010:26, Rn. 71; C-524/04 (Test Claimants in the Thin Cap Group Litigation), ECLI:EU:C:2007:161, Rn. 82.

1486 Vgl. *Kühbacher*, DStZ 2017, 829 (832).

Gerichtshof jedoch in seiner Entscheidung in der Rs. *Familienprivatstiftung Eisenstadt* eine Absage erteilt. Im konkreten Fall hatte Österreich im Rahmen eines DBA auf die (Quellen-)Besteuerung von Stiftungszuwendungen, die von österreichischen Privatstiftungen an einen in einem anderen DBA-Staat ansässigen Begünstigten bezahlt wurden, verzichtet, dann aber zum „Ersatz" der entgehenden Quellensteuer eine Steuer auf Ebene der Stiftung erhoben.[1487] Insoweit hatte der Gerichtshof ausdrücklich festgestellt, dass die Unmöglichkeit, einen Steuerpflichtigen zur Besteuerung heranzuziehen, nicht dadurch ausgeglichen werden kann, dass ein anderer Steuerpflichtiger zur Steuer herangezogen wird.[1488] Dies muss auch im Falle des § 4j EStG gelten. Der Verzicht auf das (Quellen-)Besteuerungsrecht und der damit unmögliche Steuerzugriff auf die ins Ausland fließenden Lizenzzahlungen, dürfen nicht dadurch kompensiert werden, dass ersatzhalber eine steuerliche Belastung auf Ebene des Lizenzschuldners erfolgt.[1489] Letztendlich führt die Lizenzschranke damit sogar dazu, dass die vertraglich vorgenommen Aufteilung der Besteuerungsrechte an grenzüberschreitenden Lizenzzahlungen wieder einseitig unterlaufen wird.

(2) Keine Sicherung des Besteuerungsrechts an entstandenen stillen Reserven

Soweit es dem Gesetzgeber mit der Lizenzschranke um eine Sicherung des deutschen Besteuerungsrechts an den in Deutschland erzielten Wertzuwächsen ginge, käme auch unter diesem Aspekt eine Rechtfertigung durch das Ziel der Wahrung einer ausgewogenen Aufteilung der Besteuerungsbefugnisse in Betracht. Die Formulierung in der Gesetzesbegründung, wonach „Steuern […] dem Staat zustehen [sollen], in dem die der Wertschöpfung zugrunde liegende Aktivität stattfindet" mag zwar einen solchen Gedanken nahelegen.[1490] Allerdings setzt die Lizenzschranke kein steuerverstricktes inländisches IP-Recht voraus. Die Abzugsbeschränkung greift unabhängig davon, ob das lizenzierte IP-Recht zuvor in Deutschland entwickelt wurde. Die Lizenzschranke ist keine Entstrickungsregelung und

---

1487 EuGH, C-589/13 (Familienprivatstiftung Eisenstadt), ECLI:EU:C:2015:612, Rn. 3 ff.; vgl. auch *Staringer*, DStJG 41 (2018), 365 (374).

1488 EuGH, C-589/13 (Familienprivatstiftung Eisenstadt), ECLI:EU:C:2015:612 Rn. 73.

1489 Vgl. *Kühbacher*, DStZ 2017, 829 (832).

1490 BT-Drucks. 18/11233, S. 1 [Klammerzusätze durch die Verfasserin eingefügt].

zielt nicht auf die Erfassung von in Deutschland erzielten Wertzuwächsen ab. Vielmehr geht es bei der Lizenzschranke darum, die durch die Wegverlagerung der Einkunftsquelle resultierenden Steuerausfälle zu kompensieren.[1491] Dieses Anliegen kann jedoch eine Grundfreiheitsbeeinträchtigung nicht rechtfertigen.[1492]

d) Zwischenergebnis: Die Lizenzschranke verstößt gegen die Grundfreiheiten

Die Lizenzschranke beeinträchtigt die Niederlassungs- und Dienstleistungsfreiheit. Eine Rechtfertigung dieser Beeinträchtigung durch die anerkannten Rechtfertigungsgründen scheidet aus, sodass die Lizenzschranke als mit dem unionsrechtlichen Primärrecht unvereinbar einzustufen ist.[1493]

e) Rechtsfolgen der Unionsrechtswidrigkeit

Aufgrund des Anwendungsvorrangs der Grundfreiheiten vor dem nationalen Recht bleibt die gegen die grundfreiheitlichen Vorgaben verstoßende Lizenzschranke in grenzüberschreitenden Fällen mit Gemeinschaftsbezug grundsätzlich unanwendbar.[1494]

1491 *Kühbacher*, DStZ 2017, 829 (831 f.).

1492 EuGH, C-589/13 (Familienprivatstiftung Eisenstadt), ECLI:EU:C:2015:612, Rn. 76; C-136/00 (Danner), ECLI:EU:C:2002:558, Rn. 56; C-196/04 (Cadbury Schweppes), ECLI:EU:C:2006:544, Rn. 49; C-324/00 (Lankhorst-Hohorst), ECLI:EU:C:2002:749, Rn. 36.

1493 i.E. gl. A. *Kühbacher*, DStZ 2017, 829 (836); *van Lück*, IStR 2017, 388 (392); a.A. *Brandt*, DB 2017, Heft 19, M 5; *ders.*, DB 2017, 1483 (1483); *Link*, DB 2017, 2372 (2374 ff. und 2377); *Illing*, in: Beck´sches Steuer und Bilanzrechtslexikon, Lizenzschranke, Rn. 21; *Pötsch*, IStR 2018, 417 (421); *Pung/Benz*, StbJb 2017/2018, 181 (198).

1494 Vgl. Abschnitt D. I.

aa) Zur Möglichkeit einer geltungserhaltenden Reduktion unionsrechtswidriger Steuernormen

Soweit eine Regelung zwar ihrem Gesetzeszweck nach mit den grundfreiheitlichen Vorgaben vereinbar ist, eine Rechtfertigung aber im Ergebnis an der unverhältnismäßigen Ausgestaltung der Norm scheitert, stellt sich die Frage, ob und inwieweit der Norm im Wege der geltungserhaltenden Reduktion auch in grundrechtsrelevanten Fällen zur Anwendung verholfen werden kann.[1495] So hatte schon *Heike Jochum* im Anschluss an die Entscheidung des Europäischen Gerichtshofs in der Rs. *Marks & Spencer* die Frage aufgeworfen, ob das Gemeinschaftsrecht eine geltungserhaltende Reduktion des nationalen Steuerrechts gestatte und im Ergebnis verneint.[1496] Anders sah dies der Bundesfinanzhof, der inzwischen in gefestigter Rechtsprechung von der Möglichkeit zur geltungserhaltenden Reduktion Gebrauch macht.[1497] Dabei sind nach Auffassung des Bundesfinanzhofs die fehlenden gemeinschaftsrechtlichen Erfordernisse in die betreffenden Norm hineinzulesen.[1498] Dies gilt insbesondere für die Fälle, in denen eine Norm zwar grundsätzlich zur Missbrauchsbekämpfung geeignet ist, jedoch nicht die unionsrechtlich gebotene Möglichkeit eines Gegenbeweises enthält und deshalb als unverhältnismäßig anzusehen ist. In diesen Fällen liest der Bundesfinanzhof die fehlende Gegenbeweismöglichkeit in die Norm hinein.[1499]

Auch § 4j EStG dient dem Grunde nach der Missbrauchsbekämpfung, wenngleich eine Rechtfertigung insbesondere an der fehlenden Gegenbeweismöglichkeit scheitert. Vor diesem Hintergrund stellt sich die Frage, ob auch im Hinblick auf die Regelung des § 4j EStG eine geltungserhaltende Reduktion dahingehend möglich ist, dass die fehlende Gegenbeweismöglichkeit in die Norm hineingelesen wird. Dem Steuerpflichtigen würde auf diesem Wege die Möglichkeit eröffnet, die in der Regelung des § 4j EStG zum Ausdruck kommende Missbrauchsvermutung, durch das Vorbringen wirtschaftlicher Gründe für die gewählte Gestaltung zu widerlegen.

Bedenken gegen eine derartige Vorgehensweise ergeben sich zunächst in grundsätzlicher Hinsicht. So stellt *Heike Jochum* fest, dass es aus rechts-

---

1495 Vgl. hierzu *Gosch*, DStR 2007, 1553 (1554); *ders.*, Ubg 2009, 73 (77 f.).

1496 *Jochum*, IStR 2006, 621 (621 und 623).

1497 BFHE 262, 79 (88); 227, 64, (71 f.); 226, 296 (316); 216, 312 (318); 214, 496 (501).

1498 BFHE 262, 79 (88); 227, 64 (72); 226, 296 (316).

1499 Vg. BFHE 262, 79 (88); 227, 64 (72).

staatlicher Sicht nicht zufriedenstellend erscheint, wenn eine gesetzliche und damit geschriebene Regelung, im Wege der geltungserhaltenden Reduktion eine ungeschriebene Ausnahme erfährt.[1500] Dies führe zu Rechtsunsicherheit und der Gefahr einer uneinheitlichen Rechtsanwendung.[1501] Allerdings dürften sich diese Benken durch Erlass eines entsprechenden BMF-Schreibens weitgehend ausräumen lassen.[1502] Auch der Europäische Gerichtshof hält eine geltungserhaltende Reduktion grundsätzlich für möglich.[1503]

bb) Keine geltungserhaltende Reduktion der Lizenzschranke

Auch wenn man mit der Rechtsprechung[1504] und Teilen der Literatur[1505] davon ausgehen mag, dass eine geltungserhaltende Reduktion dem Grunde nach zulässig ist, erscheint eine solche im Fall des § 4j EStG nicht möglich. Denn eine solche geltungserhaltende Reduktion kann sich nur im Rahmen der durch die allgemeine Methodenlehre gezogenen Grenzen vollziehen.[1506] Insbesondere darf durch eine geltungserhaltende Reduktion nicht der Wortsinn der Vorschrift überschritten werden.[1507]

Im Wortlaut des § 4j EStG finden sich jedoch keinerlei Anhaltspunkte, an die eine einzelfallbezogene Gegenbeweismöglichkeit geknüpft werden könnte.[1508] Würde etwa die Lizenzschranke in tatbestandlicher Hinsicht an „missbräuchliche“ Rechteüberlassungen anknüpfen, so könnte ausgehend von diesem Kriterium eine Interpretation dahingehend vorgenommen werden, dass von einer „missbräuchlichen“ Rechteüberlassung aus-

---

1500 *Jochum*, IStR 2006, 621 (623).

1501 *Jochum*, IStR 2006, 621 (623).

1502 So geschehen etwa in Bezug auf § 8 Abs. 2 AStG a.F. (vgl. BMF-Schreiben v. 08.01.2007, BStBl I 2007, 99).

1503 Vgl. EuGH, C-10/97 und C-22/97 (IN. CO. GE.), ECLI:EU:C:1998:498, Rn. 21; C-34/67 (Lück), ECLI:EU:C:1968:24 – Ls. 3.

1504 BFHE 262, 79 (88); 227, 64, (71 f.); 226, 296 (316); 216, 312 (318); 214, 496 (501).

1505 Vgl. *Gosch*, DStR 2007, 1553 (1555); *Rust*, IStR 2009, 382 (384 ff.); differenzierter *Hey*, Stuw 2010, 301 (314).

1506 Vgl. *Englisch*, in: Tipke/Lang, § 4 Rn. 28; *Micker*, FR 2009, 409 (411).

1507 Vgl. *Jochum*, IStR 2006, 621 (623); *Englisch*, in: Tipke/Lang, § 5 Rn. 58; *Tipke*, StRO III, 1624.

1508 Vgl. *Jochum*, IStR 2006, 621 (623) die sich mit der gleichen Begründung gegen die geltungserhaltende Reduktion der britischen Verlustverrechnungsbeschränkung ausspricht.

gegangen werden kann, wenn der Steuerpflichtige im Einzelfall keine Beweise für die wirtschaftlichen Gründe des Geschäfts vorbringen kann. Eine solche Eingrenzung findet sich jedoch im Tatbestand nicht.

Denkbar wäre allenfalls, ausgehend von der Rückausnahme in § 4j Abs. 1 S. 4 EStG eine einzelfallbezogene Gegenbeweismöglichkeit in die Norm hineinzulesen. So sieht § 4j Abs. 1 S. 4 EStG eine *abstrakte* Rückausnahme für den Fall vor, dass die Präferenzregelung den Substanzanforderungen des Nexus-Ansatzes entspricht. Vorstellbar wäre, diese abstrakte Rückausnahme einzelfallbezogen zu interpretieren und zwar dahingehend, dass es darauf ankommt, ob die ausländische Lizenzgläubigergesellschaft – und eben nicht nur die ausländische Präferenzregelung – hinreichende Substanzerfordernisse vorweisen kann.[1509] Eine solche Auslegung dürfte aber für sich betrachtet schon schwer mit dem Wortlaut vereinbar sein und würde darüber hinaus noch nicht einmal zur Unionsrechtskonformität führen. Denn der Europäische Gerichtshof verlangt eine einzelfallbezogene Gegenbeweismöglichkeit für das Vorliegen sonstiger wirtschaftlicher Gründe gerade für den Fall, dass keine hinreichende Substanz nachgewiesen werden kann. Eine solche über das Substanzerfordernis hinausgehende motivbezogene Gegenbeweismöglichkeit findet aber in jedem Fall keinen Anklang mehr im Wortlaut des § 4j Abs. 1 S. 4 EStG. Anders formuliert: aus dem abstrakten Substanzerfordernis in § 4j Abs. 1 S. 4 EStG kann keine einzelfallbezogene über das Substanzerfordernis hinausgehende, motivbezogene Gegenbeweismöglichkeit abgeleitet werden. Der Wortlaut steht einer solchen Auslegung klar entgegen. Zwar hatte der Bundesfinanzhof in der Vergangenheit eine geltungserhaltende Reduktion sogar ausdrücklich gegen den „insofern entgegenstehenden Wortlaut“ vorgenommen,[1510] doch dürfte ein solches Vorgehen die Grenzen des Vertretbaren überschreiten.

Überdies darf eine geltungserhaltende Reduktion nicht dem erkennbaren Willen des Gesetzgebers zuwiderlaufen.[1511] Dass der Europäische Gerichtshof im Hinblick auf typisierende Missbrauchsvorschriften stets die Möglichkeit zum Gegenbeweis fordert, hatte das Gericht in vielbeachteten Entscheidungen über Jahre hinweg immer wieder bestätigt. Der Gesetzge-

---

1509 In diese Richtung wohl *Pötsch*, IStR 2017, 417 (420 f.).

1510 Vgl. BFHE 214, 496 (501).

1511 Vgl. dies gilt in methodologischer Hinsicht jedenfalls für die verfassungskonforme Auslegung [vgl. BVerfGE 112, 164 (183); 95, 64 (93); 99, 341 (358); 101, 312 (329)], wobei diese von den jeweiligen Mitgliedsstaaten praktizierten Methoden auch im Rahmen der unionsrechtskonformen Auslegung zu berücksichtigen sind, vgl. *Haratsch/Koenig/Pechstein*, Europarecht, Rn. 208.

ber dürfte sich also bei Schaffung des § 4j EStG darüber im Klaren gewesen sein, dass eine Rechtfertigung durch den Missbrauchsvermeidungszweck nur bei Implementierung einer Gegenbeweismöglichkeit gelingen kann. Wenn er sich dennoch gegen die Aufnahme der Gegenbeweismöglichkeit entschieden hat, dann wohl nur, weil eine solche gerade nicht gewollt war. Denkbar wäre aber auch, dass der Gesetzgeber schlichtweg darauf vertraut hatte, dass der Bundesfinanzhof im Zweifelsfall im Rahmen der geltungserhaltenden Reduktion für Unionsrechtskonformität sorgen würde, indem er die Gegenbeweismöglichkeit in die Norm hineinliest. Beides sollte meiner Einschätzung nach jedoch keinen Raum für eine geltungserhaltende Reduktion lassen.

Weiterhin ist zu beachten, dass die geltungserhaltende Reduktion dann praktiziert wurde, wenn die Folgen der Unanwendbarkeit der unionsrechtswidrigen Norm für die betreffenden Mitgliedsstaaten „fatale" Folgen hätten.[1512] So hatte der Bundesfinanzhof eine geltungserhaltende Reduktion vorgenommen, um zu verhindern, dass Betriebsstätten gänzlich unbesteuert bleiben[1513] oder um zu verhindern, dass von der Hinzurechnungsbesteuerung gänzlich abzusehen ist.[1514] Ein Zustand der gänzlichen Nichtbesteuerung droht aber auch bei der Unanwendbarkeit des § 4j EStG nicht. Denn § 4j EStG soll gerade nicht die Besteuerung sog. weißer Einkünfte und auch keine Einmalbesteuerung herstellen.[1515]

Im Ergebnis bleibt es mangels Möglichkeit zur geltungserhaltenden Reduktion bei der aus dem Anwendungsvorrang des Primärrechts resultierenden Unanwendbarkeit der Lizenzschranke in grundfreiheitsrelevanten Sachverhalten.

III. Vereinbarkeit mit der Zins- und Lizenzrichtlinie

§ 4j EStG könnte weiterhin auch mit dem europäischen Sekundärrecht, konkret mit der Zins- und LizenzRL[1516], unvereinbar sein. Als Ziel der Richtlinie wird allgemein das Bestreben gesehen, eine drohende Doppel-

---

1512 Vgl. *Gosch*, DStR 2007, 1553 (1554) wonach „mutatis mutandis eine Regelungslücke, ein Zustand absoluter Nichtbesteuerung", entstünde; *ders.*, Ubg 2009, 73 (77).

1513 BFHE 214, 496 (501).

1514 BFHE 227, 64 (72).

1515 Vgl. Abschnitt B, II. 2. bb) (5).

1516 RL 2003/49/EG vom 03. Juni 2003.

besteuerung von Zinsen und Lizenzgebühren zu vermeiden.[1517] Eine Doppelbesteuerung kann sich bei verbundenen Unternehmen dann ergeben, wenn die Zinsen und Lizenzgebühren sowohl im Ansässigkeitsstaat wie auch im Quellenstaat einer Besteuerung unterliegen. Als das geeignetste Mittel wird insoweit der Ausschluss der Quellenbesteuerung bei Zinsen und Lizenzgebühren zwischen verbundenen Unternehmen gesehen.[1518] Folglich schließt die Zins- und LizenzRL eine Besteuerung von Zinsen und Lizenzgebühren im Quellenstaat aus, vgl. Art. 1 Abs. 1 i.Vm. Abs. 2 Zins- und LizenzRL.

1. Das Problem der Vereinbarkeit von Abzugsbeschränkungen mit der Zins- und Lizenzgebührenrichtlinie

In der Literatur wurde in diesem Zusammenhang die Frage aufgeworfen, ob nicht Abzugsverbote bzw. -beschränkungen für Zinsen und Lizenzgebühren zu einem Verstoß gegen das Verbot einer Besteuerung im Quellenstaat und damit zu einem Verstoß gegen die Zins- und LizenzRL führen.[1519] Hintergrund ist die Erwägung, dass eine Abzugsbeschränkung letztlich dazu führt, dass der nicht abziehbare Teil der Zinsen oder Lizenzgebühren den Gewinn und damit die Ertragsteuerbelastung erhöht. Damit kommt einem Abzugsverbot bei wirtschaftlicher Betrachtung die Wirkung einer Besteuerung im Quellenstaat zu.[1520] Teilweise wird daher angenommen, die Zins- und LizenzRL verbiete nicht nur eine Besteuerung der Zins- und Lizenz*einkünfte* im Quellenstaat, sondern stehe auch Regelungen entgegen, die auf Schuldnerseite die Abziehbarkeit von Zins- und Lizenz*ausgaben* beschränken.[1521] Aus diesem Grund nahmen Teile der Literatur auch im Hinblick auf die Zinsschrankenregelung (§ 4h EStG), die eben eine Abzugsbeschränkung für Zinszahlungen enthält, einen Verstoß

1517 Vgl. RL 2003/49/EG vom 03. Juni 2003, Erwägungsgrund (2) wonach „die nationalen Steuervorschriften […] nicht immer die Beseitigung der Doppelbesteuerung gewährleisten“ können; *Reimer*, Beihefter zu DStR 2009 (Heft 34), 122 (124); *Fehling/Schmid*, IStR 2015, 493 (494); *Kofler*, in: Schaumburg/Englisch, Europäisches Steuerrecht, Rn. 15.1.

1518 Vgl. RL 2003/49/EG vom 03. Juni 2003, Erwägungsgrund (4).

1519 Vgl. *Kessler/Eicker/Schindler*, IStR 2004, 678 (680); *Hidien*, DStZ 2008, 130 (132 f.); *Homburg*, FR 2007, 717 (725).

1520 Vgl. *Reimer*, Beihefter zu DStR 2009 (Heft 34), 122 (124).

1521 *Hidien*, DStZ 2008, 130 (133); *Kessler/Eicker/Schindler*, IStR 2004, 678 (680); *a.A. Reimer*, Beihefter zu DStR 2009 (Heft 34), 122 (124).

gegen die Zins- und LizenzRL an.[1522] Das Problem stellt sich in gleicher Weise im Zusammenhang mit der Lizenzschranke. Auch hier führt die Abzugsbeschränkung für Lizenzgebühren auf Ebene des im Quellenstaates ansässigen Lizenzschuldners zu einer Erhöhung der Ertragsteuerbelastung, worin ein Verstoß gegen das Besteuerungsverbot im Quellenstaat der Zins- und LizenzRL gesehen werden könnte.[1523]

2. Das Urteil in der Rechtssache „Scheuten Solar Technology"

Auf eine Vorlage des Bundesfinanzhofs[1524] hin musste sich schließlich auch der Europäische Gerichtshof mit der Frage befassen, ob die Zins- und LizenzRL auch solchen Regelungen entgegensteht, die eine Abzugsbeschränkung für Zinsen und Lizenzgebühren vorsehen. Die Vorlage betraf die deutsche gewerbesteuerliche Hinzurechnungsbesteuerung, die in der damaligen Fassung unter anderem vorsah, dass die Hälfte der Entgelte für Schulden, d.h. insbes. Zinsen,[1525] dem Gewinn wieder hinzugerechnet werden müssen.[1526] In diesem Zusammenhang hat der Gerichtshof festgestellt, dass diese Regelung bei verbundenen Unternehmen nicht gegen die Zins- und LizenzRL verstößt.[1527]

Das Gericht hatte zunächst festgestellt, dass die Richtlinie ausschließlich die steuerliche Situation des Zins*gläubigers* betrifft[1528] und begründete dies mit dem Wortlaut und der Zielsetzung der Richtline. So stellt Art. 1 Abs. 1 der Richtlinie auf Zinsen und Lizenzgebühren ab. Der Gerichtshof weist in diesem Zusammenhang darauf hin, dass Art. 2 Buchst a. der RL Zinsen als „Einkünfte aus Forderungen jeder Art" definiere, wobei solche wiederum nur beim Nutzungsberechtigten – d.h. dem Gläubiger – anfallen können.[1529] Auch Art. 1 Abs. 10 der RL, der den Mitgliedsstaaten die

1522 Vgl. *Kraft/Bron*, EWS 2007, 487 (491 f.); *Homburg*, FR 2007, 717 (725); a.A. *Führich*, Ubg 2009, 30 (38).

1523 Vgl. *Haarmann*, BB 2017, Heft 22, Die erste Seite; *Hagemann/Kahlenberg*, in: H/H/R, § 4j EStG, Rn. 5.

1524 BFHE 226, 357 ff.

1525 Vgl. *Hofmeister*, in: Brandis/Heuermann, § 8 GewStG, Rn. 42.

1526 Vgl. § 8 Abs. 1 Nr. 1 GewStG in der Fassung von 2002; EuGH, C-397/09 (Scheuten Solar Technology), ECLI:EU:C:2011:499, Rn. 11.

1527 Vgl. EuGH, C-397/09 (Scheuten Solar Technology), ECLI:EU:C:2011:499, Rn. 3 ff.

1528 EuGH, C-397/09 (Scheuten Solar Technology), ECLI:EU:C:2011:499, Rn. 28.

1529 EuGH, C-397/09 (Scheuten Solar Technology), ECLI:EU:C:2011:499, Rn. 27.

Möglichkeit einräumt Ausnahmen von der Zins- und LizenzRL festzulegen, stellt auf die „Unternehmen eines anderen Mitgliedsstaats oder die Betriebsstätte eines Unternehmens eines anderen Mitgliedsstaats" und damit auf den Nutzungsberechtigen von Zinsen und Lizenzgebühren, nicht aber auf den Zins- bzw. Lizenzzahler, ab. Außerdem stellt das Gericht klar, dass die Zins- und LizenzRL zwar das Ziel der Verhinderung einer Doppelbesteuerung verfolgt.[1530] Allerdings handle es sich hierbei nur um eine „*rechtliche* Doppelbesteuerung".[1531] Von einer solchen rechtlichen Doppelbesteuerung kann jedoch nur ausgegangen werden, wenn die Besteuerung ein und desselben Steuerpflichtigen durch zwei Staaten erfolgt.[1532]

Weiterhin hat der Gerichtshof auch ausdrücklich klargestellt, dass die Berechnungsweise der Bemessungsgrundlage für die Besteuerung des Zinszahlers – etwa wie bestimmte Aufwendungen zu berücksichtigen seien – nicht Gegenstand der Richtlinie sei.[1533]

Der Gerichtshof hat den Anwendungsbereich der Zins- und LizenzRL damit in dreierlei Hinsicht eingegrenzt: 1) Die Richtlinie ist ausschließlich auf den Gläubiger der Zins- und Lizenzzahlungen anwendbar. 2) Sie findet ausschließlich auf Regelungen Anwendung, die eine rechtliche Doppelbesteuerung bewirken. 3) Sie ist ausdrücklich nicht auf Regelungen anzuwenden, die die Berechnung der steuerlichen Bemessungsgrundlage betreffen.

3. Übertragbarkeit des „Scheuten Solar Technology"-Urteils auf § 4j EStG

Wendet man diese Grundsätze auf die Lizenzschranke an, so muss davon ausgegangen werden, dass der Anwendungsbereich der Zins- und LizenzRL nicht eröffnet ist. Denn § 4j EStG trifft ausschließlich den Schuldner der Lizenzgebühren, und damit gerade nicht den Gläubiger dieser Zahlungen. Daran ändert auch der Umstand nichts, dass sich die Höhe der Abzugsbeschränkung korrespondierend zur Höhe der Ertragsteuerbelastung des Lizenzgläubigers errechnet.[1534] Denn die belastende Wirkung der Lizenzschranke trifft gleichwohl ausschließlich den Lizenzschuldner, der

---

1530 EuGH, C-397/09 (Scheuten Solar Technology), ECLI:EU:C:2011:499, Rn. 24.

1531 EuGH, C-397/09 (Scheuten Solar Technology), ECLI:EU:C:2011:499, Rn. 28; ähnlich auch schon *Reimer*, Beihefter zu DStR 34 (2009), 122 (124) „Doppelbesteuerung im technischen Sinne".

1532 Vgl. *Reimer*, Beihefter zu DStR 34 (2009), 122 (124).

1533 EuGH, C-397/09 (Scheuten Solar Technology), ECLI:EU:C:2011:499, Rn. 31.

1534 Diesen Einwand jedoch anstellend *Hagemann/Kahlenberg*, in: H/H/R, § 4j Rn. 5.

aber nicht in den Anwendungsbereich der Zins- und LizenzRL fällt. Außerdem bewirkt die Lizenzschranke auch keine rechtliche Doppelbesteuerung, da sie nicht zu einer Besteuerung ein und desselben Steuerpflichtigen durch zwei Staaten führt. Vielmehr führt sie dazu, dass ein und derselbe wirtschaftliche Vorgang – d.h. die Lizenzierung – doppelt steuererhöhend berücksichtigt wird, womit jedoch ausschließlich eine wirtschaftliche Doppelbelastung ausgelöst wird.[1535] Schließlich enthält § 4j EStG auch als Gewinnermittlungsvorschrift und damit als Vorschrift zur Berechnung der steuerlichen Bemessungsgrundlage nicht vom Anwendungsbereich der Zins- und LizenzRL umfasst.

Teils wird die Übertragbarkeit des Urteils in der Rs. *Scheuten Solar Technology* auf die Lizenzschranke jedoch mit der Begründung in Zweifel gezogen, dass sich die Lizenzschranke von der der Entscheidung zugrunde liegenden Regelung in einem wesentlichen Punkt abhebt.[1536] So war die in der Rs. *Scheuten Solar Technology* in Rede stehende Regelung zur gewerbesteuerlichen Hinzurechnung nicht speziell auf verbundene Unternehmen beschränkt. Dagegen findet die Lizenzschranke ausschließlich auf verbundene Unternehmen Anwendung, während die Zins- und LizenzRL eben gerade diese verbundenen Unternehmen entlasten möchte. Aus diesem Grund wird angenommen, die Lizenzschranke könne dem Ziel der Richtlinie widersprechen.[1537] Eine solche Argumentation kann jedoch nicht überzeugen. Freilich kann nicht geleugnet werden, dass die Zins- und LizenzRL speziell verbundene Unternehmen entlasten möchte. Dies macht schon der Anwendungsbereich der Richtlinie deutlich. Allerdings kann es für das Richtlinienziel keinen Unterschied machen, ob verbundene Unternehmen durch eine Regelung, die speziell auf verbundene Unternehmen beschränkt ist, doppelt belastet werden, oder durch eine Regelung, die *auch* auf verbundene Unternehmen Anwendung findet. Die Zins- und LizenzRL erfasst nationale Regelungen, die Zins- und Lizenzzahlungen zwischen verbundenen Unternehmen betreffen und zwar unabhängig davon, ob diese Regelung auf verbundene Unternehmen beschränk ist oder nicht. Aus diesem Grund ist davon auszugehen, dass es auch für die Übertragbarkeit der in der Rs. *Scheuten Solar Technology* aufgestellten Grundsätze

---

1535 Vgl. zum Vorliegen einer wirtschaftlichen Doppelbesteuerung *Mössner*, in: Mössner u.a., Steuerrecht international tätiger Unternehmen, Rn. 2.249 f.

1536 *Hagemann/Kahlenberg*, in: H/H/R, § 4j EStG, Rn. 5.

1537 *Hagemann/Kahlenberg*, in: H/H/R, § 4j EStG, Rn. 5; *Haarmann*, BB 2017, Heft 22, Die erste Seite.

nicht darauf ankommt, ob die Regelung auf verbundene Unternehmen beschränkt ist oder nicht.

Es ist damit von der Anwendbarkeit des Urteils in der Rs. *Scheuten Solar Technology* auf die Lizenzschranke auszugehen. Damit fällt die Lizenzschranke nicht in den Anwendungsbereich der Zins- und LizenzRL.[1538]

1538 i.E. gl. A. *Pohl*, in: Brandis/Heuermann, § 4j EStG, Rn. 17; *Benz/Böhmer*, DB 2017, 206 (210); *Heil/Pupeter*, BB 2017, 795 (800); *van Lück/Niemeyer*, IWB 2017, 440 (444); *Drummer*, IStR 2017, 602 (603); *Illing*, in: Beck´sches Steuer und Bilanzrechtslexikon, Lizenzschranke, Rn. 21; jedenfalls tendenziell einen Verstoß gegen die Zins- und LizenzRL verneinend *Schneider/Junior*, DStR 2017, 417 (425); *Loschelder*, in: Schmidt, § 4j EStG, Rn. 4; *Ditz/Quilitzsch*, DStR 2017, 1561 (1567 f.); *van Lück*, IStR 2017, 388 (390); *Max/Thiede*, StB 2017, 175 (180); *Oellerich*, in: Musil/Weber-Grellet, Europäisches Steuerrecht, Rn. 26; tendenziell a.A.: *Hagemann/Kahlenberg*, in: H/H/R, § 4j EStG, Rn. 5; *Haarmann*, BB 2017, Heft 22, Die erste Seite.

E. Möglichkeiten zur Herstellung der Verfassungs- und Unionsrechtskonformität der Lizenzschranke

Die Lizenzschranke kann nur dann dauerhaft zur Bekämpfung unerwünschter Lizenzgestaltungen und schädlicher Steuerpraktiken beibehalten werden, wenn sie auf das verfassungs- und unionsrechtlich gebotene Mindestmaß zurückgeführt wird.[1539] Insoweit sind zunächst die Möglichkeiten einer verfassungs- und unionsrechtskonformen Ausgestaltung unter Berücksichtigung der aktuell geltenden verfassungs- und unionsrechtlichen Vorgaben zu beurteilen. Im Anschluss daran sollen mit Blick auf die Lizenzschranke Perspektiven zur Weiterentwicklung der Rechtsprechungslinien des Bundesverfassungsgerichts und des Europäischen Gerichtshofs beleuchtet werden.

I. Handlungsoptionen unter Beachtung des status quo der höchstrichterlichen Rechtsprechung

Nach derzeitigem Stand der höchstrichterlichen Rechtsprechung kommt eine verfassungs- und unionsrechtliche Rechtfertigung der Lizenzschranke vor allem unter dem Aspekt der Missbrauchsbekämpfung in Betracht.[1540] Damit eine solche Rechtfertigung gelingen kann, muss die Lizenzschranke an die verfassungs- und unionsrechtlichen Anforderungen, die an spezialgesetzliche Missbrauchsnormen zu stellen sind, angepasst werden.

1. Einführung eines Substanztests entsprechend § 8 Abs. 2 AStG

Teils wird zum Zwecke der Herstellung der Unionsrechtskonformität gefordert, die Lizenzschranke um einen Substanztest entsprechend § 8 Abs. 2 AStG zu ergänzen.[1541] Die Regelung des § 8 Abs. 2 AStG sieht im Ergeb-

---

1539 Vgl. *Schnitger*, DB 2018, 147 (151).

1540 Vgl. in Bezug auf das Unionsrecht *Schnitger*, DB 2018, 147 (150).

1541 *Jochimsen/Zinowsky/Schraud*, IStR 2017, 593 (599); *Schnitger*, DB 2018, 147 (150); diese Überlegung in Bezug auf die Herstellung der Unionsrechtskonformität von § 50d Abs. 3 EStG anstellend *Schade*, S. 216 ff.

nis eine Rückausnahme von der Hinzurechnungsbesteuerung vor, wenn die EU/EWR-ausländische Gesellschaft nachweisen kann, dass die Gesellschaft insoweit einer „tatsächlichen wirtschaftlichen Tätigkeit in diesem Staat nachgeht". Bezogen auf § 4j EStG könnte ein solcher Substanztest beispielsweise in einem neu einzufügenden § 4j Abs. 1 S. 6 EStG aufgenommen werden und wie folgt formuliert sein: „S. 1 gilt nicht, wenn der Gläubiger einer tatsächlichen wirtschaftlichen Tätigkeit im Ansässigkeitsstaat nachgeht".

Das Anknüpfen an das Kriterium der „wirklichen" bzw. „tatsächlichen wirtschaftlichen Tätigkeit" ist nach Auffassung des Europäischen Gerichtshof jedenfalls geeignet, den Missbrauchstatbestand auf rein künstliche bzw. missbräuchliche Gestaltungen zu begrenzen.[1542] Und auch nach nationalem Missbrauchsverständnis sind insbesondere solche Gestaltungen als missbräuchlich einzustufen, denen keine wirtschaftliche Realität zugrunde liegt.[1543] Der Ausschluss der Lizenzschranke bei Vorliegen einer solchen „wirklichen" bzw. „tatsächlichen" wirtschaftlichen Tätigkeit könnte damit durchaus geeignet sein, den Anwendungsbereich der Regelung auf missbräuchliche Gestaltungen zurückzuführen.

Problematisch ist jedoch, dass der in § 8 Abs. 2 AStG enthaltene Substanztest als Gegenbeweismöglichkeit und damit als Rückausnahme ausgestaltet ist.[1544] Die Beweislast für das Vorliegen einer tatsächlichen wirtschaftlichen Tätigkeit trägt somit der Steuerpflichtige.[1545] Wäre die Norm dagegen schon in ihrem Anwendungsbereich von vornherein auf rein künstliche Gestaltungen begrenzt, indem im Grundtatbestand an die wirtschaftliche Realität angeknüpft würde, dann träfe die Beweislast insoweit die Finanzverwaltung. Ob ein Substanztest wie der des § 8 Abs. 2 AStG tatsächlich geeignet ist, die Unionsrechtskonformität einer typisierend ausgestalteten Regelung herzustellen, wird daher teilweise in Zweifel gezogen.[1546] Es stellt sich somit die Frage, ob eine Regelung, die in ihrem Anwendungsbereich sehr weit gefasst und gerade nicht „rein künstliche Gestaltungen" beschränkt ist, tatsächlich dadurch „geheilt" werden kann,

---

1542 EuGH, C-196/04 (Cadbury Schweppes), ECLI:EU:C:2006:544, Rn. 54.

1543 Vgl. BFHE 198, 506 (512); 168, 279 (281 f.); 166, 323 (326); *Ratschow*, in: Klein, § 42 AO, Rn. 139.

1544 Vgl. *Kraft*, in: Kraft, § 8 AStG, Rn. 797.

1545 *Vogt*, in: Brandis/Heuermann, § 8 AStG, Rn. 154; *Kraft*, in: Kraft, § 8 AStG, Rn. 797.

1546 *Haarmann*, IStR 2011, 565 (750); *Sedemund*, BB 2008, 696 (698 ff.); *Vogt*, in: Brandis/Heuermann, § 8 AStG, Rn. 154; *Kraft*, in: Kraft, § 8 AStG, Rn. 800; wohl a.A. *Hahn*, IStR 2006, 667 (669).

dass der Nachweis für sämtliche Umstände, die das Vorliegen einer solchen Gestaltung begründen, auf den Steuerpflichtigen abgewälzt wird.[1547]

Der Europäische Gerichtshof hat in seiner Entscheidung in der Rs. *Cadbury Schweppes* zwar zu verstehen gegeben, dass der ansässigen Gesellschaft, die hierzu am ehesten in der Lage ist, die Gelegenheit zu geben ist, Beweise für die tatsächliche Ansiedlung der beherrschten ausländischen Gesellschaft und deren tatsächlichen Betätigung vorzulegen.[1548] In den Folgeentscheidungen erkannte der Gerichtshof die Möglichkeit, die Beweislast auf den Steuerpflichtigen zu übertragen, dann nur noch im Zusammenhang mit dem Vorbringen etwaiger wirtschaftlicher Gründe für den Abschluss des betreffenden Geschäfts an. So stellte das Gericht immer wieder fest, dass der Steuerpflichtige, in die Lage versetzt werden muss, Anhaltspunkte für etwaige wirtschaftliche Gründe für den Abschluss des betreffenden Geschäfts beizubringen, ohne dabei übermäßigen Verwaltungszwängen unterworfen zu werden.[1549] Die Frage aber, ob auch die Feststellung einer wirklichen wirtschaftlichen Tätigkeit generell auf den Steuerpflichtigen abgewälzt werden kann, hat der Gerichtshof seit der Entscheidung in der Rs. *Cadbury Schweppes* nicht mehr aufgegriffen. Jedoch sprechen die jüngsten Entscheidungen des Gerichtshofs dafür, dass dies gerade nicht möglich ist. So hatte das Gericht in der Rs. *Deister Holding und Juhler Holding* festgestellt, dass „eine generelle Steuervorschrift, mit der bestimmte Gruppen von Steuerpflichtigen automatisch vom Steuervorteil ausgenommen werden, ohne dass die Steuerbehörde auch nur einen Anfangsbeweis oder ein Indiz für die Steuerhinterziehung oder den Missbrauch beizubringen hätte, [...] über das zur Verhinderung von Steuerhinterziehungen und Missbräuchen Erforderliche hinaus [ginge]“.[1550] Diesen Passus hatte der Gerichtshof auch in seiner darauffolgenden Entscheidung in der Rs. *GS* wortgleich wiederholt.[1551] Daraus folgt jedoch, dass die Finanzverwaltung die Existenz einer rein künstlichen Konstruktion nachweisen muss,[1552] indem sie diejenigen Anfangsbeweise und In-

---

1547 Vgl. *Eggeling*, Ubg 2011, 676 (680); *Schade*, S. 218.

1548 EuGH, C-196/04 (Cadbury Schweppes), ECLI:EU:C:2006:544, Rn. 70.

1549 EuGH, C-318/10 (SIAT), ECLI:EU:C:2012:415, Rn. 50; C-524/04 (Test Claimants in the Thin Cap Group Litigation), ECLI:EU:C:2007:161, Rn. 82; C-282/12 (Itelcar), ECLI:EU:C:2013:629, Rn. 37.

1550 EuGH, C-504/16 und C-613/16 (Deister Holding und Juhler Holding), ECLI:EU:C:2017:1009, Rn. 62 [Klammerzusätze durch die Verfasserin eingefügt].

1551 EuGH, C-440/17 (GS), ECLI:EU:C:2018:437, Rn. 45.

1552 *Kokott*, Das Steuerrecht der EU, § 5 Rn. 79.

dizien beizubringen hat, die auf das Vorliegen einer solchen schließen lassen. Im Regelfall dürfte gerade das Kriterium der „wirklichen wirtschaftlichen Tätigkeit" das zentrale Indiz für das Vorliegen einer rein künstlichen und damit missbräuchlichen Gestaltung sein. Damit hätte auch die Beibringung dieses Kriteriums durch die Finanzverwaltung zu erfolgen und könnte nicht von vornherein vollständig auf den Steuerpflichtigen abgewälzt werden. Lediglich dann, wenn der Tatbestand an solche Indizien anknüpft, die für sich betrachtet bereits das Fehlen einer wirklichen wirtschaftlichen Tätigkeit nahelegen, könnte die Beweislast dafür, dass doch eine wirkliche wirtschaftliche Tätigkeit und damit keine rein künstliche Gestaltung vorliegt, dem Steuerpflichtigen übertragen werden.[1553] Denn dann wäre, wie vom Gerichtshof gefordert, gewährleistet, dass die Finanzbehörden die Indizien und Anfangsbeweise für das Vorliegen einer künstlichen Gestaltung beibringen.

Eine Abwälzung der Beweislast für das Vorliegen einer wirklichen wirtschaftlichen Tätigkeit entsprechend § 8 Abs. 2 AStG kann der Lizenzschranke nach der hier vertretenen Auffassung nur dann zur Unionsrechtskonformität verhelfen, wenn bereits der Tatbestand des § 4j EStG an solche Indizien anknüpfen würde, die den Rückschluss auf eine rein künstliche Gestaltung zulassen. Wie jedoch bereits festgestellt, ist dies gerade nicht der Fall. Weder die Beteiligung an einer gebietsfremden Gesellschaft, noch die niedrige Besteuerung dieser Gesellschaft, noch der Umstand, dass passive Einkünfte erzielt werden, rechtfertigen für sich betrachtet oder in ihrer Zusammenschau, die Vermutung einer rein künstlichen Gestaltung.[1554]

2. Ausgestaltung als zielgenaue Missbrauchsvorschrift

Die Verfassungs- und Unionsrechtskonformität der Lizenzschranke könnte weiterhin dadurch hergestellt werden, dass die Regelung – entsprechend den verfassungs- und primärrechtlichen Vorgaben – zielgenau als spezialgesetzliche Missbrauchsvorschrift ausgestaltet wird.

1553 In diese Richtung auch *Haarmann*, IStR 2011, 565 (750); *Kraft*, in: Kraft, § 8 AStG, Rn. 801; *Schade*, S. 220; *Köhler/Eicker*, DStR 2007, 331 (334).

1554 Vgl. EuGH, C-135/17, ECLI:EU:C:2019:136, Rn. 80 i.V.m. Rn. 86.

a) Anpassungsbedarf in tatbestandlicher Hinsicht

Anpassungsbedarf ergibt sich zunächst in tatbestandlicher Hinsicht. Das Bundesverfassungsgericht verlangt im Hinblick auf spezialgesetzliche Missbrauchstypisierungen, dass der typische Missbrauchstatbestand realitätsgerecht im Tatbestand abgebildet wird. Der Europäische Gerichtshof verlangt, dass sich die Vorschrift speziell auf die Bekämpfung rein künstlicher, jeder wirtschaftlichen Realität baren Konstruktionen beschränkt.

Wie bereits festgestellt, können konzerninterne Lizenzgestaltungen grundsätzlich in missbräuchlicher Weise dazu verwendet werden, Gewinne auf niedrig besteuerte Konzerngesellschaften zu verlagern. Wesentliches Element ist dabei die Kumulation von IP in einer niedrig besteuerten IP-Holdinggesellschaft, welche später als Lizenzgläubigerin auftritt. Da jedoch diese IP-Holdinggesellschaft sowohl in einem Land mit einer entsprechenden steuerlichen Präferenzregelung für IP-Einkünfte oder aber auch in einem Land mit einem generell niedrigen Steuerniveau (Steueroase) angesiedelt werden kann, ist es nur realitätsgerecht, den Tatbestand der Lizenzschranke auch auf Oasengesellschaften zu erweitern. Nur dann kann die Lizenzschranke zu einem effektiven Mittel gegen missbräuchliche Lizenzgestaltungen werden. Anknüpfungsmerkmal für das Eingreifen der Lizenzschranke sollte daher der Umstand sein, dass die Lizenzeinnahmen auf Seiten des Lizenzgläubigers keiner oder nur einer niedrigen Besteuerung unterliegen, ohne dass dies zwingend die Folge einer steuerlichen Präferenzregelung sein müsste. Insoweit wird teilweise gefordert, die Lizenzschranke solle sich am österreichischen Vorbild orientieren und ebenfalls erst dann eingreifen, wenn die Einnahmen beim Empfänger einer Besteuerung von unter 10 % unterliegen.[1555] Da jedoch der durchschnittliche Regelsteuersatz in Europa bei 21,5 %[1556] liegt und auf Ebene der OECD-Mitgliedsstaaten im Jahr 2020 im Schnitt bei 23,4 %[1557] liegen wird, erscheint auch ein Anknüpfen an eine Niedrigbesteuerungsschwelle von 15 % vertretbar.

Da jedoch insbesondere allein der Umstand, dass die entsprechenden Einnahmen auf Seiten des Gläubigers einer niedrigen Besteuerung unter-

---

1555 ebenso *Max/Thiede*, StB 2017, 175 (181); Vgl. auch *Schneider/Junior*, DStR 2017, 417 (421) mit Fußn. 45.

1556 Vgl. *Evers/Miller/Spengel*, Int Tax Public Finance 2015, 502 (506); *Ritzer/Stangl/Karnath*, DK 2017, 68 (73).

1557 Wissenschaftlicher Beirat des Bundesfinanzministeriums, Stellungnahme 01/2019 zur US-Steuerreform 2018, S. 9.

liegen, nach Auffassung des Europäischen Gerichtshofs noch keine rein künstliche Gestaltung indiziert, sind weitere Anpassungen in tatbestandlicher Hinsicht vorzunehmen. Insoweit ist das Kriterium der wirtschaftlichen Realität ein geeignetes Abgrenzungskriterium. Zwar kann dem Substanzkriterium, wie bereits festgestellt, nicht in Form einer Substanzausnahme wie der des § 8 Abs. 2 AStG Rechnung getragen werden, da hierdurch die gesamte Beweislast auf den Steuerpflichtigen übergewälzt würde. Wird aber das Substanzkriterium als Tatbestandsvoraussetzung für das Eingreifen der Abzugsbeschränkung implementiert, so liegt die Beweislast hierfür bei der Finanzverwaltung.

Unter Berücksichtigung dieser Kriterien könnte der Grundtatbestand der Lizenzschranke wie folgt formuliert werden.

> „(1) Aufwendungen für die Überlassung der Nutzung oder des Rechts auf Nutzung von Rechten, insbesondere von Urheberrechten und gewerblichen Schutzrechten, von gewerblichen, technischen, wissenschaftlichen und ähnlichen Erfahrungen, Kenntnissen und Fertigkeiten, zum Beispiel Plänen, Mustern und Verfahren, sind ungeachtet eines bestehenden Abkommens zur Vermeidung der Doppelbesteuerung nur nach Maßgabe des Absatzes 3 abziehbar, wenn
>
> a) sie aufgrund einer persönlichen oder sachlichen Befreiung keiner Besteuerung oder
> b) einem Steuersatz von weniger als 15 % unterliegen oder
> c) die Einnahmen des Gläubigers einer von der Regelbesteuerung abweichenden, niedrigen Besteuerung nach Absatz 2 unterliegen (Präferenzregelung)
>
> S. 1 kommt nur zur Anwendung, wenn der Gläubiger eine dem Schuldner nahestehende Person im Sinne des § 1 Absatz 2 des Außensteuergesetzes ist und der Gläubiger, in dem Staat in dem er seinen Sitz oder seine Geschäftsleitung hat, keiner wirklichen wirtschaftlichen Tätigkeit nachgeht."

b) Anpassung der Rechtsfolge

Die Lizenzschranke ordnet in § 4j Abs. 3 EStG ein (Teil-)Abzugsverbot an, dessen konkrete Höhe sich in Relation zur Ertragsteuerbelastung des Lizenzgläubigers berechnet. Da durch die vorgeschlagenen Modifikationen der Tatbestand der Lizenzschranke hinreichend zielgenau auf Missbrauchskonstellationen zugeschnitten ist, wäre sogar eine vollständige Versagung der Abzugsfähigkeit der Lizenzaufwendungen vertretbar. Soll die Lizenzschranke jedoch vordinglich der Kompensation der niedrigen Besteuerung der Lizenzeinnahmen auf Seiten des Gläubigers dienen, so erscheint eine partielle Abzugsbeschränkung sinnvoll. Konsequenterweise muss dann aber auch im Rahmen der Berechnungsformel in § 4j Abs. 3 EStG als Referenzgröße auf die Niedrigbesteuerungsschwelle von 15 % abgestellt werden.

c) Einführung einer Gegenbeweismöglichkeit (Motivtest)

Da der Europäische Gerichtshof unwiderlegbare Missbrauchstypisierungen ausdrücklich ablehnt, muss dem Steuerpflichtigen auch im Rahmen des § 4j EStG die Möglichkeit gegeben werden, im Einzelfall Beweise für etwaige wirtschaftliche Gründe für die gewählte Gestaltung vorzulegen.[1558] Der Gerichtshof erkennt insoweit eine Beweislastumkehr zu Lasten des Steuerpflichtigen ausdrücklich an und verlangt lediglich, dass dieser keinem übermäßigen Verwaltungszwang unterworfen wird.[1559] Die Lizenzschranke müsste damit weiterhin um einen solchen Motivtest ergänzt werden.[1560]

Auch aus verfassungsrechtlicher Sicht erscheint die Einführung einer Gegenbeweismöglichkeit geboten.[1561] Insbesondere verfolgt der Gesetzgeber mit § 4j EStG keinerlei Vereinfachungszwecke,[1562] die durch eine einzelfallbezogene Gegenbeweismöglichkeit konterkariert werden könnten. Außerdem stellt das Bundesverfassungsgericht klar, dass die mit einer Typisierung notwendigerweise verbundenen Härten nur dann in Kauf zu nehmen sind, sofern diese lediglich unter Schwierigkeiten zu vermeiden wären.[1563] Solche Schwierigkeiten bestehen hier nicht. Die Lizenzschranke betrifft in Deutschland nach Schätzungen des Gesetzgebers ohnehin nur

1558 EuGH, C-318/10 (SIAT), ECLI:EU:C:2012:415, Rn. 50; C-524/04 (Test Claimants in the Thin Cap Group Litigation), ECLI:EU:C:2007:161, Rn. 82; Vgl. auch BFHE 262, 79 (88).
1559 Vgl. EuGH, C-318/10 (SIAT), ECLI:EU:C:2012:415, Rn. 50; C-524/04 (Test Claimants in the Thin Cap Group Litigation), ECLI:EU:C:2007:161, Rn. 82; C-282/12 (Itelcar), ECLI:EU:C:2013:629, Rn. 37.
1560 In diese Richtung auch *Kühbacher*, DStZ 2017, 829 (833).
1561 Vgl. Abschnitt C. II. 2. b) bb) (3).
1562 Vgl. BT-Drucks. 18/11233, S. 10.
1563 BVerfGE 63, 119 (128); 84, 348 (360); 126, 233 (63).

ca. 650 Fälle,[1564] sodass die Gegenbeweismöglichkeit auch nicht unter dem Gesichtspunkt eines Massenverfahrens zum Zwecke der Verwaltungsvereinfachung verzichtbar gewesen wäre.[1565]

Allerdings ist zu beachten, dass der Gerichtshof eine rein künstliche Gestaltung dann annimmt, wenn ihr *alleiniger* Zweck in der Erzielung eines Steuervorteils liegt.[1566] Damit kann der Vorwurf einer rein künstlichen und damit missbräuchlichen Gestaltung durch den Steuerpflichtigen bereits dann entkräftet werden, wenn er irgendwelche außersteuerlichen Gründe vorbringt, auch wenn der wesentliche Zweck der Gestaltung in der Erzielung eines Steuervorteils liegt. Dadurch würde der Anwendungsbereich der Lizenzschranke stark eingeschränkt. So hatte die Bundesregierung in Bezug auf Lizenzgestaltungen im Zusammenhang mit IP-Boxen eingeräumt, dass regelmäßig auch außersteuerliche Gründe vorliegen.[1567] Solche Gründe würden dann aber – bei Implikation des Motivtests – die Anwendung der Lizenzschranke ausschließen.

3. Zwischenergebnis: Der Gesetzgeber im legislativen Dilemma

Trotz der internationalen Bemühungen der OECD/G20 und der EU, liegt der Schwerpunkt der Missbrauchsbekämpfung im Bereich des Steuerrechts nach wie vor bei den Mitgliedsstaaten und deren nationaler Steuersysteme.[1568] Denn die auf internationaler Ebene beschlossenen Maßnahmen müssen grundsätzlich auch in nationales Recht umgesetzt werden, wobei die Mitgliedsstaaten insbesondere die primärrechtlichen Vorgaben wahren müssen. Außerdem werden die auf internationaler Ebene beschlossenen Maßnahmenpakete nicht alle relevanten Missbrauchsfelder abdecken, sodass nach wie vor auch auf nationaler Ebene Handlungs- und Abwehrbedarf bestehen wird.

1564 BT-Drucks. 18/11233, S. 11.

1565 *Heil/Pupeter*, BB 2017, 1947 (1951).

1566 Vgl.EuGH, C-593/14 (Masco Denmark und Amixa), ECLI:EU:C:2016:984, Rn. 46; EuGH, C-282/12 (Itelcar), ECLI:EU:C:2013:629, Rn. 34; C-182/08 (Glaxo Wellcome), ECLI:EU:C:2009:559, Rn. 89; C-524/04 (Test Claimants in Thin Cap Group Litigation), ECLI:EU:C:2007:161, Rn. 86; C-196/04 (Cadbury Schweppes), ECLI:EU:C:2006:544, Rn. 63.

1567 BT-Drucks. 18/5776, S. 4.

1568 *Lüdicke*, StbJb 2017/2018, 631 (634).

Aber gerade im Rahmen dieser nationalen Abwehrgesetzgebung zeigt sich das legislative Dilemma,[1569] in dem sich der Gesetzgeber befindet. Der Gesetzgeber möchte eine Erosion des nationalen Besteuerungssubstrats durch internationale Gewinnverlagerungsgestaltungen verhindern. Ursache dieser Gewinnverlagerungsgestaltungen ist zum einen der bestehende Steuerwettbewerb. Doch das Ziel der Bekämpfung von Steuerwettbewerb rechtfertigt – jedenfalls bislang – keine die primärrechtlichen oder verfassungsrechtlichen Vorgaben beeinträchtigenden Regelungen. Internationale Gewinnverlagerungsgestaltungen sind oftmals – wie auch im Bereich der Lizenzgestaltungen – nicht per se missbräuchlich, sondern beruhen auf dem Ausnutzen der Unabgestimmtheiten zwischen den verschiedenen nationalen Steuerrechtsordnungen. Diese Gestaltungen werden grob unter dem Schlagwort „aggressive Steuerplanung" zusammengefasst.[1570] Doch auch die Bekämpfung „aggressiver Steuergestaltungen" rechtfertigt nach aktuellem Stand der Rechtsprechung keine Beeinträchtigung der primärrechtlichen oder verfassungsrechtlichen Vorgaben. Folglich können Gestaltungen, die internationale Gewinnverlagerungen einschränken sollen, regelmäßig nur unter dem Missbrauchsvermeidungszweck gerechtfertigt werden. Insoweit stellt sich dann aber das Problem, dass gerade die vom Europäischen Gerichtshof vorgegebenen Kriterien derart streng sind, dass eine effektive Missbrauchsabwehr kaum möglich erscheint.

Dieses Dilemma manifestiert sich anschaulich in Bezug auf die Lizenzschranke: In ihrer aktuellen Ausgestaltung ist sie weder verfassungs- noch unionsrechtskonform. Möchte der Gesetzgeber die Konflikte mit dem Verfassungs- und Unionsrecht ausräumen, so müsste die Regelung in tatbestandlicher Hinsicht auf rein künstliche Gestaltungen beschränkt und um eine Gegenbeweismöglichkeit (Motivtest) ergänzt werden. Die Beschränkung auf rein künstliche Gestaltungen, d.h. solche Gestaltungen, bei denen die verbundene Lizenzgläubigergesellschaft keiner „wirklichen wirtschaftlichen Tätigkeit" nachgeht, führt dann aber dazu, dass die Lizenzschranke bereits durch eine gewisse Minimalsubstanz abgewehrt werden kann. Auch durch die Schaffung der Gegenbeweismöglichkeit für das Vorliegen etwaiger wirtschaftlicher Gründe für die gewählte Gestaltung wäre der Anwendungsbereich der Lizenzschranke nochmals deutlich eingeschränkt. Im Ergebnis steht der nationale Gesetzgeber nach dem aktuellen Stand der Rechtsprechung damit vor der Wahl zwischen einer

---

1569 Ähnlich auch *Seiler* in Bezug auf die Zinsschranke, vgl. *Seiler*, in: Kirchhof/Seer, § 4h EStG, Rn. 6.

1570 Vgl. Abschnitt A. II. 2. b) cc).

effektiven, aber verfassungs- und unionsrechtswidrigen Abwehrreglung, oder aber einer ineffektiven, dafür aber verfassungs- und unionsrechtskonformen Regelung.

II. Perspektiven zur Weiterentwicklung der höchstrichterlichen Rechtsprechung

1. Perspektiven auf Unionsrechtsebene

In jüngerer Zeit mehren sich die Stimmen, die die Frage nach einer möglichen Fortentwicklung der EuGH-Rechtsprechung im Bereich der Rechtfertigung von Grundfreiheitsbeeinträchtigungen durch steuerliche Vorschriften aufwerfen. Diese Frage wird insbesondere vor dem Hintergrund der im Lichte von schädlichem Steuerwettbewerb und aggressiver Steuergestaltungen geführten BEPS-Diskussion gestellt.[1571] Dem mag sicherlich auch die Erkenntnis zugrunde liegen, dass weder dem Steuerwettbewerb selbst, noch den dadurch ermöglichten, das nationale Steuersubstrat gefährdenden, Steuergestaltungen durch die aktuell vom Gerichtshof anerkannten Rechtfertigungsgründe wirksam begegnet werden kann. Nicht zuletzt deshalb haben sich die OECD/G20-Staaten im Rahmen des BEPS-Programms auf zahlreiche Instrumente zur Bekämpfung der Erosion der nationalen Steuerbemessungsgrundlagen und der internationalen Gewinnverlagerungen geeinigt. Vor dem Hintergrund dieses auf internationaler Ebene betriebenen Kampfes gegen schädlichen Steuerwettbewerb und unerwünschte Steuergestaltungen scheint es jedenfalls nicht ausgeschlossen, dass auch der Europäische Gerichtshof diesem Anliegen im Rahmen seiner Rechtsprechung einen höheren Stellenwert einräumen könnte. Insbesondere zeigt sich die Rechtsprechung des Europäischen Gerichtshofs relativ dynamisch und hatte in der jüngeren Vergangenheit einen Wandel hin zu einer mehr an den Interessen der Mitgliedsstaaten orientierten Rechtfertigungsdogmatik vollzogen.[1572] Durchaus denkbar wäre daher eine Weiterentwicklung der bestehenden Rechtfertigungsgründe oder auch die Anerkennung neuer ungeschriebener Rechtfertigungsgründe. Im nachfolgenden Abschnitt sollen daher einige Überlegungen angestellt werden,

---

1571 *Pohl*, in: Brandis/Heuermann, § 4j EStG, Rn. 18; *Englisch*, in: Europäisches Steuerrecht, Rn. 7.227; *Titgemeyer*, DStZ 2017, 745 (750); *Benz/Böhmer*, DB 2017, 206 (210 und Fn. 29); *Link*, DB 2017, 2372 (2375); *van Lück*, IStR 2017, 388 (391); *Hey*, in: Tipke/Lang, § 13 Rn. 151.

1572 Vgl. *Hey*, in: Tipke/Lang, § 13 Rn. 151; Vgl. schon Abschnitt F. II. 1. b) dd) (3).

wie sich eine mögliche Weiterentwicklung der Rechtsprechung gestalten könnte.

a) Weiterentwicklung der Kohärenz-Rechtfertigung

Der Rechtfertigungsgrund der Kohärenz wird vom Europäischen Gerichtshof traditionell restriktiv angewandt.[1573] Gleichwohl gibt es Stimmen, die diesem Rechtfertigungsgrund eine gewisse Offenheit entnehmen.[1574]

aa) Ansätze zur Anerkennung einer grenzüberschreitenden Kohärenz

Nach bisherigem Kenntnisstand kommt der Rechtfertigungsgrund der Kohärenz grundsätzlich nur innerhalb ein und derselben Steuerrechtsordnung zur Anwendung.[1575] Aus diesem Grund scheidet auch in Bezug auf die Lizenzschranke eine Rechtfertigung durch das Kohärenz-Argument aus, da insoweit ein ausländischer Vorteil (Inanspruchnahme einer steuerlichen Präferenzregelung und dadurch bewirkte Niedrigbesteuerung) durch einen inländischen Nachteil (Abzugsbeschränkung) kompensiert werden soll. Einen solchen grenzüberschreitenden Vorteilsausgleich kennt die Kohärenz-Rechtfertigung bislang nicht.

Zwar sah es zwischenzeitlich so aus, als habe der Europäische Gerichtshof die Kohärenz-Rechtfertigung grenzüberschreitend ausgedehnt. So hatte der Gerichtshof in seiner Entscheidung in der Rs. *Manninen*, welche die Dividendenbesteuerung betraf, eine grenzüberschreitende Betrachtungsweise angelegt.[1576] In dem Fall ging es um eine finnische Regelung, nach der einer in Finnland unbeschränkt steuerpflichtigen Person eine Steuergutschrift für solche Dividenden erteilt wurde, die von einer inländischen Gesellschaft bezogen wurden, nicht aber für Dividenden, die von einer ausländischen Kapitalgesellschaft bezogen wurden.[1577] Durch diese Steuergutschrift sollte eine Doppelbesteuerung der an die Aktionäre ausgeschütteten Gewinne vermieden werden, da diese bereits auf Ebene

---

1573 Ausführlich Abschnitt D. II. 1. b) dd) (1).

1574 *Kokott/Ost*, EuZW 2011, 496 (502).

1575 *Musil*, in: Musil/Weber-Grellet, Europäisches Steuerrecht, Einführung, Rn. 125.

1576 Kritisch hierzu *Englisch*, in: Europäisches Steuerrecht, Rn. 7.286 f.

1577 Vgl. EuGH, C-319/02 Manninen), ECLI:EU:C:2004:484, Rn. 6.

der Gesellschaft körperschaftsteuerlich belastet wurden.[1578] Der nach der finnischen Rechtsordnung auferlegte steuerliche Vorteil (Steuergutschrift auf Ebene des Aktionärs) stand damit in Zusammenhang mit einem nach finnischem Steuerrecht auferlegten Nachteil (körperschaftsteuerliche Vorbelastung auf Ebene der Gesellschaft). Gleichwohl nahm das Gericht nun im Rahmen der Verhältnismäßigkeitsprüfung eine grenzüberschreitende Betrachtungsweise vor und stellte klar, dass auch die Vorbelastung von Auslandsdividenden mit ausländischer Körperschaftsteuer derjenigen von Inlandsdividenden mit inländischer Körperschaftsteuer gleichgestellt werden müsse.[1579] Auch in der Rs. *Meilicke* (I) hatte der Gerichtshof – ebenfalls im Zusammenhang mit der Dividendenbesteuerung – ähnliche Erwägungen angestellt.[1580] Teilweise wurde dies als der Einstieg in eine grenzüberschreitende Kohärenzprüfung gesehen.[1581] Diese Entscheidungen, in denen der Gerichtshof Erwägungen einer grenzüberschreitenden Kohärenz angestellt hatte, bezogen sich jedoch vorwiegend auf das Gebiet der Dividendenbesteuerung. Inzwischen spricht sich der Gerichtshof jedoch gegen eine grenzüberschreitende Kohärenz aus.[1582] Insbesondere hatte das Gericht zwischenzeitlich auch ausdrücklich klargestellt, dass die Prüfung des Rechtfertigungsgrundes der steuerlichen Kohärenz mit Blick auf ein und dasselbe Steuersystem durchzuführen ist.[1583]

Gleichwohl wird teilweise eine Erweiterung der Kohärenz-Rechtfertigung auf Fälle des grenzüberschreitenden Vorteilsausgleichs erwogen.[1584] Konkret könnte damit den Mitgliedsstaaten die Möglichkeit eröffnet werden, die nach ausländischen Steuerrechtsordnungen erzielten Vorteile durch die Auferlegung nationaler Nachteile zu kompensieren. Damit könnte den Mitgliedsstaaten ein nationales Instrument zur Bekämpfung des Steuerwettbewerbs an die Hand gegeben werden.

1578 EuGH, C-319/02 Manninen), ECLI:EU:C:2004:484, Rn. 44 ff.

1579 EuGH, C-319/02 Manninen), ECLI:EU:C:2004:484; *Englisch*, in: Europäisches Steuerrecht, Rn. 7.286.

1580 EuGH, C-292/04 (Meilicke (I)), ECLI:EU:C:2007:132, Rn. 29.

1581 Vgl. *Schnitger*, FR 2004, 1357 (1361) „grenzüberschreitende Gesamtkohärenz"; *Albath/Wunderlich*, EWS 2006, 205 (207).

1582 EuGH, C-190/12 (Emerging Markets), ECLI:EU:C:2014:249, Rn. 94; C-253/09 (Kommission/Ungarn), ECLI:EU:C:2011:795, Rn. 81 ff.; Vgl. auch *Englisch*, in: Europäisches Steuerrecht, Rn. 7.288 wonach auch für den Bereich der Dividendenbesteuerung nichts anderes gelten dürfte.

1583 EuGH, C-190/12, (Emerging Markets), ECLI:EU:C:2014:249, Rn. 94.

1584 Vgl. *Benz/Böhmer*, DB 2017, 207 (210 mit Fn. 29) die eine solche Erweiterung für möglich erachten.

bb) Stellungnahme

Allerdings gibt das dogmatische Fundament des Rechtfertigungsgrundes der Kohärenz eine solche Erweiterung nicht her.[1585] Die Kohärenz soll verhindern, dass Steuerpflichtige durch die Inanspruchnahme der Grundfreiheiten eine Besserbehandlung erfahren. So basiert die Kohärenz auf dem Gedanken, dass der Steuerpflichtige nicht durch die Inanspruchnahme der Grundfreiheiten in den Genuss steuerlicher Vorteile gelangen soll, wenn er nicht zugleich auch die damit verbundenen Nachteile auf sich nimmt.[1586] Das Kohärenzprinzip wurzelt damit im grundfreiheitlichen Gleichheitssatz, woraus wiederum gefolgert werden kann, dass es grundsätzlich nur gegenüber demselben Hoheitsträger wirkt und nur innerhalb ein und derselben Steuerrechtsordnung beurteilt werden kann.[1587]

Im Übrigen trägt der Kohärenz-Gedanke gerade dem Schutz der konzeptionellen Integrität der nationalen Steuersysteme Rechnung.[1588] Es gibt jedoch im nicht harmonisierten Bereich der direkten Steuern keine internationale bzw. europäische Steuerrechtsordnung, deren Integrität es zu wahren gilt. Wenn ein ausländischer steuerlicher Vorteil durch einen inländischen steuerlichen Nachteil kompensiert werden soll, dann treffen gerade zwei unterschiedliche Steuerrechtsordnungen aufeinander. Insoweit gibt es keine diesen nationalen Steuerrechtsordnungen übergeordnete Steuerrechtsordnung. Deshalb überzeugt auch die These nicht, eine Nicht- oder Niedrigbesteuerung aufgrund einer grenzüberschreitenden Gestaltung sei nicht mit dem internationalen Steuerrecht kohärent.[1589] Es gibt nicht das „internationale Steuerrecht", im Sinne einer einheitlichen Rechtsordnung, innerhalb deren konzeptionellen Integrität eine Nicht- oder Niedrigbesteuerung ausgeschlossen wäre. Ein grenzüberschreitender Vor- und Nachteilsausgleich muss deshalb ausscheiden. Eine Ausnahme kommt nur insoweit in Betracht, als dass verschiedene Mitgliedsstaaten im Rahmen eines DBA Vereinbarungen getroffen haben.[1590] Insoweit besteht

---

1585 Ähnlich schon der Befund bei *Englisch*, in: Europäisches Steuerrecht, Rn. 7.287.

1586 Vgl. *Staringer*, DStJG 41 (2018), 365 (367).

1587 *Kokott*, Das Steuerrecht der EU, § 5 Rn. 83.

1588 GA Poiares Maduro, Schlussanträge in der Rs. Marks & Spencer, C-446/03, ECLI:EU:C:2005:201, Rn. 66; *Staringer*, DStJG 41 (2018), 365 (368); *Weber-Grellet*, DStR 2009, 1229 (1231); in diese Richtung auch *Kokott/Ost*, EuZW 2011, 496 (500).

1589 *Benz/Böhmer*, DB 2017, 206 (210 mit Fn. 29).

1590 So bereits *Kokott*, Das Steuerrecht der EU, § 5 Rn. 96; *Englisch*, in: Europäisches Steuerrecht, Rn. 7.287.

gerade ein übergeordneter internationaler Rahmen, dessen konzeptionelle Integrität zu wahren ist: das DBA. Im Übrigen ist eine grenzüberschreitende Kohärenz im Sinne eines grenzüberschreitenden Vor- und Nachteilsausgleich jedoch abzulehnen.[1591]

b) Vermeidung einer internationalen Kumulation von Steuervergünstigungen als eigenständiger Rechtfertigungsgrund?

In jüngerer Zeit wird weiterhin auch eine mögliche Rechtfertigung unter dem Ziel der Vermeidung einer internationalen Kumulation von Steuervergünstigungen („double dip") diskutiert. Eine solche Kumulierung kommt etwa im Bereich der mehrfachen Verlustberücksichtigung, der mehrfachen Berücksichtigung persönlicher Verhältnisse oder der doppelten Nichtbesteuerung („weiß Einkünfte") in Betracht.[1592]

Ein solcher Rechtfertigungsgrund könnte auch in Bezug auf die Lizenzschranke relevant werden – jedenfalls soweit man davon ausgeht, dass sie auf die Vermeidung „weißer Einkünfte" abzielt.[1593] Aber auch für andere Korrespondenzregelungen könnte ein solcher Rechtfertigungsgrund relevant werden. Man denke etwa an § 4i EStG, der eine Kumulation des Vorteils ausschließen soll, dass dieselben Sonderbetriebsausgaben in zwei verschiedenen Steuerrechtsordnungen zum Abzug zugelassen werden.[1594]

aa) Bisherige Ansätze

Der Europäische Gerichtshof hat dem Aspekt der Vermeidung einer Kumulation von Steuervergünstigungen in verschiedenen Konstellationen zwar grundsätzlich rechtfertigende Wirkung zugesprochen. Allerdings zieht der Gerichtshof diesen Aspekt nicht als eigenständigen Rechtfertigungsgrund heran, sondern stellt hierauf im Zusammenhang mit anderen, ausdrücklich anerkannten Rechtfertigungsgründen ab. So hatte der Gerichtshof etwa das Ziel der Verhinderung einer doppelten Verlustberück-

---

1591 gl. A. *Englisch*, in: Europäisches Steuerrecht, Rn. 7.287; i.E. auch *Kokott*, Das Steuerrecht der EU, § 5 Rn. 96.

1592 Vgl. *Kokott*, Das Steuerrecht der EU, § 5 Rn. 92.

1593 So jedenfalls *Staccioli*, in: Frotscher/Geurts, § 4j EStG, Rn. 10; *Benz/Böhmer*, DB 2017, 206 (211) was jedoch m.E. abzulehnen ist, vgl. Abschnitt C. II. 2. b) bb) (5).

1594 Vgl. hierzu *Pohl*, in: Brandis/Heuermann, § 4i EStG, Rn. 4 ff.

sichtigung anerkannt, allerdings im Zusammenhang mit dem Rechtfertigungsgrund der Wahrung der ausgewogenen Aufteilung der Besteuerungsbefugnisse.[1595] Auch die Gefahr einer doppelten Steuerbefreiung hatte das Gericht zwar grundsätzlich anerkannt, allerdings insoweit auf den Rechtfertigungsgrund der Bekämpfung von Steuerhinterziehung und Steuerumgehung abgestellt.[1596] Einen eigenständigen Rechtfertigungsgrund der Verhinderung einer Kumulation von Steuervergünstigungen hat der Gerichtshof dagegen bislang nicht anerkannt.[1597]

In der Literatur finden sich Stimmen, die scheinbar gerade dies fordern. So verlangt jedenfalls *Joachim Englisch*, dass die Ziele der Vermeidung sog. „weißer Einkünfte" und „double dips" als Rechtfertigungsgründe nicht von vornherein ausgeschlossen werden sollten, insbes. da diese Anliegen in jüngerer Zeit auch in der Staatengemeinschaft eine erhebliche Aufwertung erfahren hätten.[1598] Verhältnismäßig soll eine Rechtfertigung aus diesen Gründen mindestens dann sein, wenn der im Ausland gewährte Steuervorteil sowohl funktional, als auch betragsmäßig ein Äquivalent für die im Inland versagte Steuervergünstigung darstelle.[1599]

Dagegen versteht *Juliane Kokott* das Ziel der Verhinderung einer Kumulation von Steuervergünstigungen als Unterfall des Rechtfertigungsgrunds der Kohärenz.[1600] Dies hat jedoch zur Konsequenz, dass die Vermeidung einer *grenzüberschreitenden* Kumulation von Steuervergünstigungen nur in sehr engen Grenzen zulässig ist.[1601] Denn wie vorab dargestellt, setzt eine Rechtfertigung unter dem Kohärenzargument grundsätzlich eine nationale Rechtsordnung als Bezugsrahmen voraus.[1602] Eine grenzüberschreitende Kohärenz kommt nur ausnahmsweise bei Hereinnahme der Rechtsordnung des betreffenden anderen Staates, insbes. durch DBA, in Betracht.[1603]

1595 Vgl. EuGH, C-446/03 (Marks & Spencer), ECLI:EU:C:2005:763, Rn. 45; C-593/14 (Masco Denmark und Damixa), ECLI:EU:C:2016:984, Rn. 36; C-388/14 (Timac Agro Deutschland), ECLI:EU:C:2015:829, Rn. 34; C-322/11 (K), ECLI:EU:C:2013:716, Rn. 50; C-377/08 (X-Holding), ECLI:EU:C:2010:89, Rn. 28; C-414/06 (Lidl-Belgium), ECLI:EU:C:2008:278, Rn. 31.

1596 EuGH, C-383/10 (Kommission/Belgien), ECLI:EU:C:2013:364, Rn. 61.

1597 Vgl. *Musil*, in: Musil/Weber-Grellet, Europäisches Steuerrecht, Einführung, Rn. 123.

1598 *Englisch*, in: Europäisches Steuerrecht, Rn. 7.269.

1599 *Englisch*, in: Europäisches Steuerrecht, Rn. 7.271.

1600 *Kokott*, Das Steuerrecht der EU, § 5 Rn. 93 ff.

1601 Vgl. *Kokott*, Das Steuerrecht der EU, § 5 Rn. 95 ff.

1602 Vgl. Abschnitt F. II. 1. a).

1603 *Kokott*, Das Steuerrecht der EU, § 5 Rn. 97; vgl. auch Abschnitt F. II. 1. a).

bb) Stellungnahme

Vorzugswürdig erscheint die Auffassung von *Juliane Kokott*, wonach die Vermeidung einer Kumulation von Steuervorteilen als Unterfall der Kohärenz anzusehen ist. Denn das Kohärenz-Argument beruht auf dem Prinzip eines Vor- und Nachteilsausgleichs. Die Vermeidung einer Kumulation von Besteuerungsvorteilen ist aber nichts anderes, als ein solcher Vor- und Nachteilsausgleich.[1604] Wenn es etwa um die Kumulation von Steuervorteilen in Form einer doppelten Nichtbesteuerung geht, dann liegt der doppelte Vorteil hier darin, dass eine Besteuerung weder im Quellen- noch im Ansässigkeitsstaat erfolgt. Wenn dann eine Beseitigung dieser doppelten Bevorzugung dadurch erfolgt, dass im Quellenstaat eine Besteuerung vorgenommen wird, wird dadurch ein Vorteil (Nichtbesteuerung im Ansässigkeitsstaat) durch einen Nachteil (Besteuerung im Quellenstaat) ausgeglichen. Die Vermeidung einer doppelten Bevorteilung läuft damit zwangsläufig auf einen Ausgleich des Vorteils durch Auferlegung eines entsprechenden Nachteils hinaus. Deshalb handelt es sich bei dem Ziel der Verhinderung einer Kumulation von Steuervergünstigungen grundsätzlich um einen Unterfall der Kohärenz. Dies bedeutet jedoch zugleich, dass die Verhinderung einer Kumulation von Steuervergünstigungen auf internationaler Ebene nur möglich ist, wenn ein übergeordneter internationale Rahmen, insbes. ein DBA, besteht.[1605] Dies erscheint auch konsequent, da die Mitgliedsstaaten durch die fehlende Harmonisierung und Abstimmung ihrer nationalen Steuerrechtsordnungen eine doppelte steuerliche Bevorteilung grundsätzlich in Kauf nehmen.

c) Bekämpfung schädlichen Steuerwettbewerbs

Die Lizenzschranke verfolgt insbesondere auch das Ziel der Bekämpfung schädlichen Steuerwettbewerbs.[1606] Das Ziel der Bekämpfung von unfairem bzw. schädlichem Steuerwettbewerb wird auch auf internationaler Ebene intensiv verfolgt. Gleichwohl erkennt der Europäische Gerichtshof dieses Ziel jedenfalls bislang nicht als Rechtfertigungsgrund an.

1604 In diese Richtung auch *Kokott*, Das Steuerrecht der EU, § 5 Rn. 92.
1605 So i.E. auch *Kokott*, Das Steuerrecht der EU, § 5 Rn. 97.
1606 Vgl. Abschnitt B. II. 2.

aa) Bekämpfung von unfairem Steuerwettbewerb als eigenständiger Rechtfertigungsgrund?

In der Literatur wird teils die Frage aufgeworfen, ob nicht auch der Europäische Gerichtshof das Ziel der „Bekämpfung schädlichen Steuerwettbewerbs“ als ungeschriebenen Rechtfertigungsgrund anerkennen könnte.[1607] Dieses Ziel findet sich zwar nicht in den europäischen Verträgen, doch kommt es darauf für die Anerkennung eines ungeschriebenen Rechtfertigungsgrundes auch nicht an.[1608] Allerdings dürfen die von den Mitgliedsstaaten verfolgten Ziele die Zielsetzungen der Europäischen Union nicht grundsätzlich in Frage stellen.[1609] Die Sicherstellung eines fairen Wettbewerbs ist jedoch eines der wesentlichen Ziele der europäischen Integration. So findet sich bereits in der Präambel des AEUV der Hinweis auf das Ziel, „einen redlichen Wettbewerb zu gewährleisten“, vgl. Egrd. 4 Präambel des AEUV.[1610] Dass dies auch für das Steuerrecht gilt, zeigt das Beihilfeverbot (Art. 107 AEUV) welches als Teil des unionsrechtlichen Wettbewerbsrechts auch für das Steuerrecht Wirkung entfaltet.[1611] Das Ziel der Bekämpfung von unfairem Steuerwettbewerb steht damit nicht im Widerspruch zu den Zielsetzungen der Europäischen Union. Vielmehr wird teilweise sogar eine Pflicht der Mitgliedsstaaten angenommen, zu einem fairen Wettbewerb beizutragen.[1612] Dies bedeutet jedoch noch nicht, dass dieses Ziel der Bekämpfung des schädlichen bzw. unfairen Steuerwettbewerbs auch eine Beeinträchtigung von Grundfreiheiten rechtfertigen würde.

bb) Abschließende Stellungnahme

Entscheidend gegen die Anerkennung eines solchen Rechtfertigungsgrundes spricht meiner Einschätzung nach der Umstand, dass die Mitgliedsstaaten durch die fehlende Harmonisierung im Bereich der direkten Steuern Wettbewerb, und damit grundsätzlich auch schädlichen Wettbewerb, in

---

1607 *Link*, DB 2017, 2372 (2375); *Schönfeld*, StuW 2005, 158 (165).

1608 *Englisch*, DStJG 41 (2018), 273 (305); *Epiney*, in: FS Müller-Graff, 467 (468).

1609 *Englisch*, DStJG 41 (2018), 273 (305) mwN.

1610 Vgl. hierzu *Streinz*, in: Streinz, EUV/AEUV, Präambel, Rn. 5.

1611 Vgl. *Dobratz*, in: Musil/Weber-Grellet, Europäisches Steuerrecht, Art. 107 AEUV, Rn. 1 und Rn. 10 ff.

1612 Vgl. *Kokott*, Das Steuerrecht der EU, § 5 Rn. 111.

Kauf nehmen.[1613] Der Gerichtshof sollte nicht zulasten eines Steuerpflichtigen eine grundfreiheitsbeschränkende Regelung billigen, die allein darauf abzielt, zu verhindern, dass der Steuerpflichtige die im Binnenmarkt vorgefundene Wettbewerbssituation für sich nutzt. Die Inanspruchnahme der durch Steuerwettbewerb geschaffenen Situation, und dabei insbes. auch das Ausnutzen von Steuersatzgefällen, ist dabei vom Schutzbereich der Grundfreiheiten erfasst.[1614]

Für diesen Ausgangsbefund ist es auch unerheblich, ob die in Rede stehende Regelung eine verbotene Beihilfe darstellt oder nach dem Verhaltenskodex als schädlich einzustufen ist.[1615] Entscheidend ist, dass solche Regelungen nicht zulasten des Steuerpflichtigen bekämpft werden dürfen, solange diesem kein individueller Verhaltensvorwurf gemacht werden kann.[1616] Vielmehr sind solche Regelungen durch das Instrument des Beihilferechts einzudämmen.[1617] Im Übrigen bedarf die Eindämmung des durch die fehlende Harmonisierung erst ermöglichten (schädlichen) Steuerwettbewerbs einer politischen Lösung.[1618] Das Scheitern einer solchen kann nicht auf dem Rücken der Steuerpflichtigen ausgetragen werden. Diese Sichtweise liegt auch auf einer Linie mit der bisherigen Rechtsprechung des Gerichtshofs, der festgestellt hat, dass ein Vorteil, der aus der relativ geringen steuerlichen Belastung in einem anderen Mitgliedsstaat resultiert, einem anderen Mitgliedsstaat nicht das Recht gibt, diesen Vorteil durch eine weniger günstige steuerliche Behandlung auszugleichen.[1619] Der Gerichtshof hat insoweit auch ausdrücklich klargestellt, dass eine

---

1613 Vgl. auch *Kokott*, ISR 2017, 395 (395) „solange das Steuerrecht der Union nicht harmonisiert ist, kann die Kontrolle von Steuerwettbewerb daher sicher nicht in seiner Unterbindung bestehen"; In diese Richtung auch *Schnitger*, DB 2018, 147 (150).

1614 Vgl. *Kokott*, Das Steuerrecht der EU, § 2 Rn. 127; *Dannecker*, DStJG 38 (2015), 373 (436 f.); *Böing*, EWS 2007, 55 (59).

1615 Vgl. GA *Léger*, Schlussanträge v. 02.05.2006 zu Rs. C-196/04 (Cadbury Schweppes), Rn. 57 ff.; GA *Mazák*, Schlussanträge v. 26.04.2007, zu Rs. C-451/05 (ELISA), Rn. 115 ff.

1616 So i.E. auch *Kokott*, Das Steuerrecht der EU, § 5 Rn. 111 wonach die Mitgliedsstaaten zwar nicht gegen den schädlichen Steuerwettbewerb als solchen, wohl aber gegen Missbrauch vorgehen können.

1617 *Schnitger*, DB 2018, 147 (150); ähnlich auch *Kokott*, in: FS für den BFH, 735 (736 f.); *Hey*, DStJG 41 (2018), 9 (41); Beachte außerdem *Kokott*, ISR 2017, 395 (397 ff.) mit dem Hinweis, dass eine Bekämpfung von schädlichem Steuerwettbewerb durch das Beihilferecht die Rechtssicherheit beeinträchtigt.

1618 Ähnlich GA *Léger*, Schlussanträge v. 02.05.2006 zu Rs. C-196/04 (Cadbury Schweppes), Rn. 60.

1619 EuGH, C-196/04 (Cadbury Schweppes), ECLI:EU:C:2006:544, Rn. 49 mwN.

solche Kompensation steuerlicher Vorteile „den Binnenmarkt in seinen Grundlagen beeinträchtigen“ würde.[1620] Anders stellt sich die Situation freilich dar, wenn sich nicht nur die in Anspruch genommene ausländische Steuerregel, sondern gerade das Verhalten des Steuerpflichtigen selbst als unangemessen ist. Soweit sich aber nur die ausländische Regelung als schädlich darstellt, sollte dies keine grundfreiheitsbeeinträchtigenden Gegenmaßnahmen zu Lasten der Steuerpflichtigen rechtfertigen. Ein Rechtfertigungsgrund der Bekämpfung schädlichen Steuerwettbewerbs ist daher abzulehnen.[1621]

Nicht überzeugen können daher die teilweise vorgebrachten Bedenken, der Europäische Gerichtshof würde sich mit einer Nichtanerkennung des Ziels der Neutralisierung schädlicher Besteuerungssysteme womöglich in Widerspruch zu den Bestrebungen der OECD setzen.[1622] Denn zum einen sind die im OECD-BEPS-Aktionsplan vorgesehenen Maßnahmen gegen schädlichen Steuerwettbewerb noch nicht einmal für die beteiligten Staaten verbindlich.[1623] Schon gar nicht aber ist der Gerichtshof an derartige Vorgaben gebunden.[1624] Vielmehr müssen die Mitgliedsstaaten bei Umsetzung der im BEPS-Aktionsplan vorgeschlagenen Maßnahmen zur Bekämpfung von Steuerwettbewerb die grundfreiheitlichen Vorgaben wahren.[1625]

1620 EuGH, C-422/01 (Skandia und Ramstedt), ECLI:EU:C:2003:380, Rn. 52.

1621 So auch GA *Léger*, Schlussanträge v. 02.05.2006 zu Rs. C-196/04 (Cadbury Schweppes), Rn. 58; GA *Geelhoed*, Schlussanträge v. 29.06.2006 zu Rs. C-524(04 (Test Claimants in the Thin Cap Group Litigaton), Rn. 63; GA *Mazák*, Schlussanträge v. 26.04.2007, zu Rs. C-451/05 (ELISA), Rn. 115; *Kokott*, Das Steuerrecht der EU, § 5 Rn. 111 f.; wohl a.A. *Englisch*, in: Europäisches Steuerrecht, Rn. 7.253 wonach unilaterale Maßnahmen gegen „schädliche“ ausländische Steuerregime jedenfalls „nicht a priori als ungerechtfertigt“ anzusehen sein sollten.

1622 So noch *Englisch*, in: Europäisches Steuerrecht, 1. Aufl. 2015, Rn. 7.255; zurückhaltender *Englisch*, in: Europäisches Steuerrecht, 2. Aufl. 2020, Rn. 7.254 wonach sich das Unionsrecht jedenfalls als „Stolperstein“ für die langjährigen Bemühungen der OECD erweisen würde.

1623 Vgl. OECD/G20, Base Erosion and Profit Shifting Project – Final Reports 2015 – Frequently Asked Questions, S. 5.

1624 i.E. auch *Gosch*, in: Kirchhof/Seer, § 4j EstG, Rn. 2.

1625 Ähnlich *Gosch*, in: Kirchhof/Seer, § 4j EstG, Rn. 2.

d) Berücksichtigung des Ziels der Bekämpfung „aggressiver Steuerplanung“

aa) Bekämpfung aggressiver Steuerplanung als eigenständiger Rechtfertigungsgrund?

Unter dem Stichwort „BEPS“ wird insbesondere eine Bekämpfung sog. „aggressiver Steuerplanung“ vorangetrieben. Allerdings erkennt der Europäische Gerichtshof das Ziel der Bekämpfung aggressiver Gestaltungen nicht als einen Rechtfertigungsgrund für eine Beschränkung von Grundrechten bzw. Grundfreiheiten an. Gleichwohl wird mit Blick auf die BEPS-Diskussion die Frage aufgeworfen, ob nicht auch unterhalb der Schwelle zum Gestaltungsmissbrauch dem Ziel der Bekämpfung „aggressiver“ Steuergestaltungen rechtfertigende Wirkung zugesprochen werden könnte.[1626]

bb) Stellungnahme

Gegen die Anerkennung der Bekämpfung aggressiver Steuergestaltungen als Rechtfertigungsgrund spricht jedoch bereits, dass dieses Phänomen nur schwerlich zu fassen ist. Jedenfalls hat man als Merkmal der aggressiven Steuergestaltung das Ausnutzen von Steuerschlupflöchern und von Diskrepanzen zwischen Steuersystemen ausgemacht.[1627] Allerdings ist auch insoweit anzumerken, dass der Europäische Gerichtshof zu Recht davon ausgeht, dass das Ausnutzen unterschiedlicher nationaler Steuerrechtsordnungen durch die Steuerpflichtigen vom Schutzbereich der Grundfreiheiten gedeckt ist.[1628] Das Ausnutzen von Besteuerungsinkongruenzen ist damit kein bekämpfungswürdiges Unrecht. Es ist nicht Aufgabe der Steuerpflichtigen, der fehlenden Abstimmung der nationalen Steuerrechtsordnungen abzuhelfen, indem sie bewusst auf eine Ausnutzung von Besteuerungsinkongruenzen verzichten.[1629] Vielmehr ist auch die Existenz von Besteuerungsinkongruenzen letztendlich die Folge fehlender Harmonisie-

---

1626 Vgl. *Kahle/Biebinger/Wildermuth*, Ubg 2014, 285 (288).

1627 Empfehlung der Kommission betreffend aggressive Steuerplanung, v. 06.12.2012, C(2012) 8806 final, S. 2; Europäische Kommission vom 12.11.2017, Themenblatt Bekämpfung aggressiver Steuerplanung, S. 1; Ausführlich Abschnitt C. II. 2. b) cc).

1628 EuGH, C-196/04 (Cadbury Schweppes), ECLI:EU:C:2006:544, Rn. 35.

1629 Vgl. *Rödder/Pinkernell*, IStR 2013, 619 (620).

rung,[1630] welche ebenfalls keine Beeinträchtigung der Grundfreiheiten erlaubt.[1631] Das Ziel der Bekämpfung von Gestaltungen, die weder illegal noch missbräuchlich sind, und gerade erst durch das Versagen der Staaten ermöglicht werden, sollte keine Beeinträchtigung von Grundfreiheiten rechtfertigen können. Die Anerkennung eines Rechtfertigungsgrundes der Bekämpfung aggressiver Steuergestaltungen ist daher abzulehnen.[1632]

e) Weiterentwicklung der Missbrauchs-Rechtsprechung

aa) Ausdehnung des Missbrauchsbegriffs im Zuge der ATAD?

Bereits seit Längerem wird die Frage aufgeworfen, ob der Missbrauchsbegriff des Europäischen Gerichtshofs bereits voll ausgereift ist.[1633] Der Gerichtshof zeigt sich bei der Annahme eines Missbrauchsfalls bislang sehr restriktiv. Erforderlich ist eine rein künstliche Gestaltung, wobei eine solche nicht vorliegt, wenn der Gestaltung eine „wirtschaftliche Realität“, d.h. eine „wirkliche wirtschaftliche Tätigkeit“ zugrunde liegt.[1634] Eine rein künstliche Gestaltung scheidet demnach bei Vorliegen einer gewissen Substanz aus. Die vom Gerichtshof zum Zwecke der Feststellung einer rein künstlichen Gestaltung geforderten Substanzerfordernisse führen letztlich dazu, dass den nationalen Missbrauchsvorschriften erheblich an Schlagkraft genommen wird, sodass diese auf europäischer Ebene regelmäßig durch eine gewisse Minimalsubstanz abgewendet werden können.[1635] Der Umstand, dass der Europäische Gerichtshof den Anwendungsbereich der Grundfreiheiten traditionell recht weit zieht und dabei eine Rechtfertigung unter dem Missbrauchsvermeidungszweck nur in engen Grenzen zulässt, hat in Verbindung mit der zunehmenden Mobilität der Einkunftsquellen dazu geführt, dass missbräuchliche Gestaltungen zumindest er-

---

1630 *Lang*, SWI 2013, 62 (65); *Kahle/Biebinger/Wildermuth*, Ubg 2014, 285 (288); *Kofler/Kofler*, in: FS Djanani, 382 (382 f.).

1631 EuGH, C-270/83 (Avoir Fiscal), ECLI:EU:C:1986:37, Rn. 24.

1632 Jedenfalls mit Blick auf das Verfassungsrecht einen Rechtfertigungsgrund der Bekämpfung aggressiver Steuergestaltungen ablehnend *Hey*, in: Tipke/Lang, § 3 Rn. 2.

1633 *Hey*, FR 2008, 1033 (1037); vgl. auch *Fischer*, in: FS Reiss, 621 (622 f.).

1634 EuGH, C-196/04 (Cadbury Schweppes), ECLI:EU:C:2006:544, Rn. 65 f., Ausführlich Abschnitt A. II. 2. b) bb) (2) (b) (bb) (i) und D. II. 1. b) dd) (2) (b) (aab).

1635 Vgl. Abschnitt A. IV. und E. I. 3.

leichtert wurden.[1636] Vor diesem Hintergrund erscheint es nicht verwunderlich, wenn zunehmend ein Umdenken gefordert wird.[1637]

Bewegung in die etablierte Missbrauchsdogmatik des Europäischen Gerichtshofs könnte die ATAD bringen. Diese Richtlinie sieht die Einführung einer allgemeinen Missbrauchsvorschrift vor und enthält in Art. 6 ATAD auch einen eigenständigen Missbrauchsbegriff.[1638] Problematisch ist dabei, in welchem Verhältnis die ATAD zur bisherigen Rechtsprechungslinie des Gerichtshofs steht. Die Erwägungsgründe zur ATAD geben hierüber keine Auskunft.[1639] So bleibt offen, ob der EU-Gesetzgeber die Richtlinie als Umsetzung, Modifikation oder gar als Durchbrechung der bisherigen EuGH-Rechtsprechung versteht.[1640]

(1) Der Missbrauchsbegriff der ATAD und Diskrepanzen zum Missbrauchsverständnis des EuGH

Dem allgemeinen Missbrauchstatbestand (Art. 6 ATAD), soll eine Lückenschließungsfunktion gerade außerhalb besonderer Missbrauchsvorschriften zukommen.[1641] Was den in Art. 6 ATAD niedergelegten Missbrauchsbegriff betrifft, so fällt zunächst auf, dass dieser nicht an den Topos der „rein künstlichen Gestaltung“ anknüpft, wie ihn der Europäische Gerichtshof zur Definition des Missbrauchs heranzieht. Dagegen hatte die Empfehlung der EU-Kommission zur europaweiten Einführung einer allgemeinen Missbrauchsvorschrift aus dem Jahr 2012 noch auf eine *„künstliche Vorkehrung oder eine künstliche Reihe von Vorkehrungen […]“* abgestellt. In der ATAD findet sich das Künstlichkeitselement nicht. Vielmehr wird dort ausschließlich auf das Kriterium der Unangemessenheit abgestellt. So stellt Art. 6 ATAD auf „eine unangemessene Gestaltung oder eine unangemessene Abfolge von Gestaltungen“ ab. Auch wenn die Erwägungsgründe der ATAD eine Erläuterung der einzelnen Tatbestandsmerkmale des Art. 6 ATAD vermissen lassen, dürfte der Begriff der „künstlichen Gestaltung“ im Zweifel enger sein, als der der „unangemessenen Gestaltung“.[1642] Der

1636 In diese Richtung *Kokott*, in: FS für den BFH, 735 (748 f.).
1637 Vgl. etwa *Kahlenberg*, FR 2018, 499 (503).
1638 Zum Wortlaut des Art. 6 ATAD vgl. Abschnitt A. II. 2. B) aa) (3) (a).
1639 *Cordewender*, EC Tax Review 2017, 60 (61); *Hey*, StuW 2017, 248 (249).
1640 *Hey*, StuW 2017, 248 (249).
1641 ATAD, Abl. EU v. 19.7.2016, L 193/1, Erwägungsgrund 11; vgl. *Hey*, StuW 2017, 248 (258); *Musil*, FR 2018, 933 (936).
1642 *Hey*, StuW 2017, 248 (260).

Missbrauchsbegriff der ATAD geht damit über das vom Gerichtshof entwickelte Kriterium der „rein künstlichen, jeder wirtschaftlichen Realität baren Gestaltung“ hinaus.[1643]

Der allgemeine Missbrauchsbegriff des Art. 6 ATAD ist auch in subjektiver Hinsicht weiter, als der Missbrauchsbegriff des Europäischen Gerichtshofs. So verlangt der Missbrauchsbegriff in Art. 6 Abs. 2 der ATAD lediglich, dass der „wesentliche Zweck“ oder „einer der wesentlichen Zwecke“ der Gestaltung darin besteht, einen steuerlichen Vorteil zu erzielen. Damit ist der subjektive Missbrauchstatbestand aber bereits erfüllt, wenn das Ziel der Erlangung eines steuerlichen Vorteils nur einen der wesentlichen Zwecke bildet, auch wenn daneben andere gleichrangige außersteuerliche Zwecke verfolgt werden.[1644] Der Europäische Gerichtshof ist insoweit deutlich strenger. So fordert der Gerichtshof grundsätzlich, dass die Gestaltung *ausschließlich* zu steuerlichen Zwecken geschaffen wurde.[1645]

Weiterhin enthält die Richtlinie in Art. 7 ATAD, der die Hinzurechnungsbesteuerung betrifft, in Abs. 2 S. 2 eine Ausnahme von der Hinzurechnungsbesteuerung, die wie folgt lautet:

> *„wenn das beherrschte ausländische Unternehmen, gestützt auf Personal, Ausstattung, Vermögenswerte und Räumlichkeiten eine wesentliche wirtschaftliche Tätigkeit ausübt, wie durch relevante Fakten und Umstände nachgewiesen“.*

Auf den ersten Blick setzt Art. 7 Abs. 2 S. ATAD damit das Substanzkriterium um, welches der Gerichtshof in seiner Entscheidung in der Rs. *Cadbury Schweppes* entwickelt hatte. Bei näherer Betrachtung zeigt sich jedoch, dass die ATAD auch hier von den Vorgaben des Gerichtshofs abweicht. So verneint der Gerichtshof das Vorliegen einer rein künstlichen und damit missbräuchlichen Gestaltung, wenn die Gesellschaft einer *„wirklichen* wirtschaftlichen Tätigkeit“ nachgeht. Dagegen verlangt die ATAD in Art. 7 Abs. 2 S. 2 keine *„wirkliche“*, sondern eine *„wesentliche* wirtschaftliche Tätigkeit“. Damit geht die ATAD auch insoweit über die Anforderungen des Gerichtshofs hinaus. Denn eine *„wirkliche“* wirtschaftliche Tätigkeit

---

1643 *Oppel*, IStR 2016, 797 1(802); *Hey*, StuW 2017, 248 (260); *Watrin/Leukefeld*, DStR 2018, 2284 (2285).

1644 *Hey*, StuW 2017, 248 (260); vgl. auch *Musil*, FR 2018, 933 (939).

1645 EuGH, C-282/12 (Itelcar), ECLI:EU:C:2013:629, Rn. 34; C-182/08 (Glaxo Wellcome), ECLI:EU:C:2009:559, Rn. 89; C-524/04 (Test Claimants in Thin Cap Group Litigation), ECLI:EU:C:2007:161, Rn. 86; C-196/04 (Cadbury Schweppes), ECLI:EU:C:2006:544, Rn. 63.

stellt nicht automatisch auch eine „*wesentliche*" Tätigkeit dar.[1646] Der Nachweis einer „wirklichen" wirtschaftlichen Tätigkeit dürfte dem Steuerpflichtigen weitaus leichter gelingen, als der Nachweis einer „wesentlichen" wirtschaftlichen Tätigkeit.[1647] Insbesondere solche Tätigkeiten, die nur eine geringe Substanz erfordern (z.B. vermögensverwaltende Tätigkeiten), könnten dann zwar eine „wirkliche" wirtschaftliche Tätigkeit sein, aber möglicherweise keine „wesentliche" wirtschaftliche Tätigkeit.[1648]

Ob der Richtliniengeber mit der Verwendung des Begriffs „wesentlich" anstelle von „wirklich" absichtlich eine Abkehr von den Cadbury-Schweppes–Grundsätzen herbeiführen wollte,[1649] oder ob es sich lediglich um einen Zufall handelt,[1650] lässt sich nicht mit Sicherheit feststellen.

(2) Auswirkung der ATAD auf die Missbrauchsrechtsprechung des EuGH

Unabhängig davon, ob der Aufweichung der Missbrauchskriterien im Rahmen der ATAD eine Absicht zugrunde liegt, stellt sich die Frage, inwiefern das Missbrauchsverständnis der ATAD Auswirkungen auf die Missbrauchsrechtsprechung des Europäischen Gerichtshofs entfalten wird. Diese zum unionsrechtlichen Primärrecht etablierte Missbrauchsrechtsprechung wendet der Gerichtshof inzwischen sowohl in Bezug auf die Vereinbarkeit nationaler Regelung mit dem Primärrecht,[1651] wie auch mit dem Sekundärrecht an.[1652]

Mit Schaffung der ATAD tritt nun neben das Missbrauchskonzept des Europäischen Gerichtshof ein weiteres, von den EU-Mitgliedsstaaten ein-

---

1646 Vgl. *Schönfeld*, DStJG 41 (2018), 493 (521).

1647 *Schönfeld*, DStJG 41 (2018), 493 (521); ebenso *Hey*, DStJG 41 (2018), 9 (40) die hierin einen „von Cadbury Schweppes abweichenden erweiterten Missbrauchsbegriff" sieht; diese Richtung auch *Lüdicke*, StbJb 2017/2018, 631 (651).

1648 Vgl. *Schönfeld*, DStJG 41 (2018), 493 (521).

1649 So jedenfalls *Schönfeld*, DStJG 41 (2018), 493 (498).

1650 In diese Richtung *Lüdicke*, StbJB 2017/2018, 631 (651).

1651 EuGH, C-593/14 (Masco Denmark und Damixa), ECLI:EU:C:2016:984, Rn. 44; EuGH, C-388/14 (Timac Agro Deutschland), ECLI:EU:C:2015:829, Rn. 42; C-322/11 (K), ECLI:EU:C:2013:716, Rn. 61; C-318/10 (SIAT), ECLI:EU:C:2012:415, Rn. 40; C-311/08 (SGI), ECLI:EU:C:2010:26, Rn. 65; C-524/04 (Test Claimants in the Thin Cap Group Litigation), ECLI:EU:C:2007:161, Rn. 72 und 74; C-196/04 (Cadbury Schweppes), ECLI:EU:C:2006:544, Rn. 55; C-264/96 (ICI), ECLI:EU:C:1998:370, Rn. 26.

1652 Vgl. C-440/17 (GS), ECLI:EU:C:2018:437, Rn. 43 ff.; C-504/16 und C-613/16 (Deister Holding und Juhler Holding), ECLI:EU:C:2017:1009, Rn. 60 ff.

stimmig festgelegtes Missbrauchskonzept. In der Folge könnten sich Konflikte zwischen den beiden Missbrauchskonzepten ergeben. Dies lässt sich etwa am Beispiel der Hinzurechnungsbesteuerung erläutern: der Gerichtshof lässt eine Rechtfertigung von Hinzurechnungsbesteuerungsregelungen unter dem Ziel der Missbrauchsbekämpfung zu.[1653] Wenn also eine mitgliedsstaatliche Regelung zur Hinzurechnungsbesteuerung zur Entscheidung des Gerichtshofs gestellt wird, so käme nach der bisherigen EuGH-Rechtsprechungslinie eine Rechtfertigung unter dem Missbrauchsbekämpfungszweck nur in Betracht, wenn sich die Regelung auf die Bekämpfung „rein künstlicher Konstruktionen" bezieht. Dabei stellt der Gerichtshof zur Konkretisierung der Künstlichkeit darauf ab, ob der Gestaltung eine „wirtschaftliche Realität" und damit eine „wirkliche wirtschaftliche Tätigkeit" zugrunde liegt. Da jedoch die Regelungen zur Hinzurechnungsbesteuerung nunmehr in den Anwendungsbereich der ATAD fallen (vgl. Art. 7 ATAD), käme nun auch der Missbrauchsbegriff des Art. 6 ATAD in Betracht. Im Rahmen des Art. 6 ATAD taucht das Kriterium der Künstlichkeit nicht auf. Darüber hinaus kann der Missbrauchsvorwurf nach den Vorgaben der ATAD nur durch das Vorliegen einer „wesentlichen" (Art. 7 Abs. 2 Buchst a) ATAD) und nicht bereits durch das Vorliegen einer „wirklichen" wirtschaftlichen Tätigkeit entkräftet werden.

Es stellt sich also zunächst die Frage, ob sich der Gerichtshof jedenfalls im Anwendungsbereich der ATAD von seinem im primärrechtlichen Kontext entwickelten Missbrauchsverständnis lösen wird. Grundsätzlich muss der Unionsgesetzgeber bei Erlass von Sekundärrecht die primärrechtlichen Vorgaben, insbes. die Grundfreiheiten, wahren.[1654] Gleichwohl zeigt sich der Gerichtshof insoweit bislang zurückhaltend. Die Urteile, in denen der Gerichtshof Sekundärrecht einer Prüfung anhand der Grundfreiheiten unterzogen hat, stellen eine Ausnahme dar.[1655] Diese Zurückhaltung dürfte sich damit erklären lassen, dass der europäische Integrationsprozess maßgeblich politisch durch die Mitgliedsstaaten bestimmt wird und insbesondere den einstimmig erlassenen Rechtsakten eine Konkretisierungsfunktion zukommt.[1656] Vor diesem Hintergrund erscheint es zunächst

1653 Vgl. Grundlegend EuGH, C-196/04 (Cadbury Schweppes), ECLI:EU:C:2006544, Rn. 48 ff. zur britischen Hinzurechnungsbeteuerung; *Lampert*, in: Musil/Weber-Grellet, Europäisches Steuerrecht, §§ 7 – 14 AStG, Rn. 64.

1654 *Musil*, FR 2018, 933 (938); *Reimer*, in: Schaumburg/Englisch, Rn. 7.19; *Teichmann*, in: FS Scheuing, 2011, 735 (744).

1655 *Hey*, StuW 2017, 248 (254); *Musil*, FR 2018, 933 (938).

1656 *Hey*, StuW 2017, 248 (254); *Musil*, FR 2018, 933 (938).

unwahrscheinlich, dass der Gerichtshof sich im Anwendungsbereich der ATAD über das von den Mitgliedsstaaten einstimmig beschlossene Missbrauchskonzept hinwegsetzen würde.

Die Folge wäre jedoch möglicherweise ein gespaltenes Missbrauchsverständnis. Denn es bestünde die Möglichkeit, dass der Gerichtshof im Anwendungsbereich der ATAD von einem anderen Missbrauchsverständnis ausgeht, als im Anwendungsbereich der Grundfreiheiten. Dieses Ergebnis erscheint insbesondere in den Bereichen problematisch, die sowohl in den Anwendungsbereich der ATAD als auch in den Anwendungsbereich der Grundfreiheiten fallen. Dies betrifft insbes. die Bereiche der Gesellschafterfremdfinanzierung, der Wegzugsbesteuerung und der Hinzurechnungsbesteuerung, die bislang im Bereich der Grundfreiheiten immer wieder Gegenstand der EuGH-Judikatur waren und nun auch in den Anwendungsbereich der ATAD fallen. Vor diesem Hintergrund wird teilweise die Entwicklung einer kohärenten Missbrauchskonzeption verlangt.[1657]

(3) Zusammenfassende Würdigung und Stellungnahme

Es erscheint nicht ausgeschlossen, dass sich der Gerichtshof im Anwendungsbereich der ATAD von seiner bisherigen aus dem europäischen Primärrecht abgeleiteten Dogmatik lösen und sich am Missbrauchsverständnis des Art. 6 ATAD orientieren wird.[1658] Darüber hinaus scheint es auch möglich, dass sich der Gerichtshof sogar im Rahmen des Primärrechts an den Vorgaben der ATAD orientieren wird. Denn auch in der Vergangenheit hatte der Gerichtshof – jedenfalls dort, wo noch keine gefestigte Rechtsprechung existierte – Grundfreiheiten in Anlehnung an später erlassenes Sekundärrecht auslegt.[1659]

Gleichwohl wäre ein solches Vorgehen mit Vorsicht zu genießen. Denn insoweit ist dem Einwand von *Axel Cordewener* zuzustimmen, der darauf hinweist, dass die Mitgliedsstaaten das Instrument der Richtlinie nicht dazu nutzen können, um sich offen in Widerspruch zu den insbesondere in der Rs. *Cadbury Schweppes* etablierten Grenzen der Missbrauchsgesetz-

---

1657 *Musil*, FR 2018, 933 (940).

1658 *Hey*, StuW 2017, 248 (254).

1659 *Musil*, in: Musil/Weber-Grellt, Europäisches Steuerrecht, Einführung, Rn. 71; *ders.*, FR 2018, 933 (938); *Reimer*, in: Europäisches Steuerrecht, Rn. 7.21.

gebung zu setzen.[1660] Es besteht nämlich die Gefahr, dass die Mitgliedsstaaten in Zukunft dazu übergehen, eine als zu eng empfundene Rechtfertigungsdogmatik des Gerichtshofs schlicht durch die Schaffung entsprechender sekundärrechtlicher Bestimmungen auszuhebeln. Der Gerichtshof sollte sich deshalb bei der Übernahme von sekundärrechtlich geschaffenen Rechtfertigungsanforderungen zurückhaltend zeigen. Und eben diesen Weg der Zurückhaltung scheint der Gerichtshof auch eingeschlagen zu haben.[1661] Hierfür sprechen jedenfalls die jüngeren – nach Erlass der ATAD ergangenen – Entscheidungen.

So hat sich der Gerichtshof bislang nicht auf den Missbrauchsbegriff der ATAD berufen, obwohl er teilweise sogar durch die Generalanwälte speziell auf diesen hingewiesen wurde.[1662] Vielmehr beharrt der Gerichtshof weiterhin auf seiner Cadbury-Schweppes-Doktrin und verlangt das Vorliegen einer rein künstlichen, jeder wirtschaftlichen Realität baren Konstruktion[1663] – eine Formulierung, die sich in der ATAD gerade nicht findet. Außerdem lässt es der Gerichtshof auch nicht – wie in der ATAD[1664] und teilweise auch von den Generalanwälten[1665] gefordert – genügen, wenn die Gestaltung „im Wesentlichen" der Erzielung eines Steuervorteils dient. Vielmehr verlangt der Gerichtshof weiterhin, dass die rein künstliche Konstruktion „*einzig und allein* zur ungerechtfertigten Nutzung eines Steuervorteils geschaffen wurde".[1666] Auch in der jüngst ergangenen Entscheidung in der Rs. *X* stellt der Gerichtshof wieder darauf ab, dass das „Hauptziel" der Gestaltung oder „eines ihrer Hauptziele" darin bestehen müsse, der Steuer zu entgehen.[1667]

1660 *Cordewener*, EC Tax Review 2017, 60 (65); zustimmend *Hey*, StuW 2017, 248 (254).

1661 So auch die Beobachtung von *Watrin/Leukefeld*, DStR 2018, 2284 (2286); *dies.* FR 2018, 813 (815 ff.).

1662 So hatte Generalanwältin *Kokott* in einem Verfahren zur Zins- und Lizenzrichtlinie für die Auslegung des Begriffs „Missbrauchs" ausdrücklich auf die Vorgaben der ATAD verwiesen, vgl. Schlussanträge der GA *Kokott* v. 01.03.2018 in der Rs. C-299/16, ECLI:EU:C:2018:148, Rn. 62 f.

1663 EuGH, C-135/17 (X), ECLI:EU:C:2019:136, Rn. 73 ff.; C-440/17 (GS), ECLI:EU:C:2018:437, Rn. 43 ff.; C-504/16 und C-613/16 (Deister Holding und Juhler Holding), ECLI:EU:C:2017:1009, Rn. 60 ff.

1664 Vgl. Art. 7 I, II ATAD.

1665 Schlussanträge der GA *Kokott* v. 01.03.2018 in der Rs. C-299/16, ECLI:EU:C:2018:148, Rn. 62 f.

1666 EuGH, C-504/16 und C-613/16 (Deister Holding und Juhler Holding), ECLI:EU:C:2017:1009, Rn. 65 [Klammerzusätze und Hervorhebungen von der Verfasserin eingefügt].

1667 EuGH, C-135/17 (X), ECLI:EU:C:2019:136, Rn. 77.

Eine gewisse Relativierung hatte in neuerer Zeit lediglich der Begriff der „rein künstlichen Gestaltung" erfahren. Ein solches relativiertes Verständnis lässt bereits der Schlussantrag der Generalanwältin *Kokott* in der Rs. *Z Denmark* erkennen. Dort heißt es in Rn. 64:[1668]

> „Diese Rechtsprechung des Gerichtshofs beinhaltet zwei Elemente, die sich gegenseitig bedingen. Zum einen wird rein künstlichen Gestaltungen, die im Ergebnis nur auf dem Papier stattfinden, von vornherein die Anerkennung versagt. Darüber hinaus kommt der Umgehung des Steuergesetzes entscheidende Bedeutung zu, die auch mit Hilfe von in der wirtschaftlichen Realität existierenden Konstruktionen erreicht werden kann. Letztere Fallgruppe dürfte die häufigere sein und wird in dem neuen Art. 6 der Richtlinie 2016/1164 nunmehr ausdrücklich erfasst. Auch der Gerichtshof selbst sieht in einer jüngeren Entscheidung in dem rein künstlichen Charakter nur einen Umstand dafür, dass im Wesentlichen die Erlangung eines Steuervorteils angestrebt wird.

Dieser Passus ist wohl dahingehend zu verstehen, dass es zwei Fallgruppen des Missbrauchs gibt: die Fallgruppe der rein künstlichen Gestaltungen und die Fallgruppe derjenigen Gestaltungen, die zwar der Umgehung des Steuergesetzes dienen, dabei aber sehr wohl in der wirtschaftlichen Realität existieren und damit nicht rein künstlich sind. Letztere Fallgruppe werde auch von Art. 6 ATAD erfasst. Gleichwohl scheint der Gerichtshof diese Auffassung aber gerade nicht übernommen zu haben. Denn wie bereits festgestellt, nimmt der Gerichtshof nach wie vor einen Missbrauch nur an, wenn es sich um eine rein künstliche Gestaltung handelt. Allerdings hat der Gerichtshof im Rahmen der Entscheidung zur Rs. *X* den Begriff der „Künstlichkeit" inhaltlich relativiert. So hatte der Gerichtshof für das Vorliegen einer künstlichen Gestaltung bislang darauf abgestellt, ob die entsprechende Gesellschaft einer „wirklichen wirtschaftlichen Tätigkeit" nachgeht. „Künstlich" war also, was wirtschaftlich nicht real war. Nun hatte der Gerichtshof aber jüngst zu bedenken gegeben, dass diese Cadbury-Schweppes-Doktrin im Hinblick auf die Niederlassungsfreiheit entwickelt wurde und dabei als rein künstlich eben „fiktive Niederlassungen" anzusehen sind.[1669] Soweit es um andere Grundfreiheiten geht – im konkreten Fall die Kapitalverkehrsfreiheit – müsse sich der Begriff

---

1668 Schlussanträge der GA *Kokott* v. 01.03.2018 in der Rs. C-299/16, ECLI:EU:C:2018:148, Rn. 64.

1669 EuGH, C-135/17 (X), ECLI:EU:C:2019:136, Rn. 82.

der „rein künstlichen Gestaltung“ nicht unbedingt mit den in der Rs. *Cadbury Schweppes* etablierten Kriterien decken.[1670] Zwar kann auch im Rahmen der Kapitalverkehrsfreiheit die fehlende wirtschaftliche Tätigkeit ein Indiz für die Künstlichkeit sein.[1671] Im Kontext der Kapitalverkehrsfreiheit könne der Begriff der „rein künstlichen Gestaltung“ darüber hinaus aber „auch jede Vorkehrung erfassen, bei der das Hauptziel oder eines der Hauptziele darin besteht, die durch Tätigkeit im Hoheitsgebiet eines Mitgliedsstaats erzielten Gewinne *künstlich* in Drittländer mit niedrigem Besteuerungsniveau zu transferieren“.[1672] Der Gerichtshof hat also nicht neben den „künstlichen Gestaltungen“ eine weitere Kategorie von Missbrauchsgestaltungen anerkannt. Er hat vielmehr (nur) anerkannt, dass eine Gestaltung auch dann künstlich sein kann, wenn ihr eine wirtschaftliche Realität zugrunde liegt.

Diese Entwicklung ist zunächst sehr zu begrüßen. Denn wie bereits aufgezeigt, ist dem nationalen Gesetzgeber eine effektive Missbrauchsbekämpfung nach der bisherigen Rechtsprechung kaum möglich. Die nationalen Gesetzgeber mussten dem Kriterium der rein künstlichen Gestaltung bzw. der „wirklichen wirtschaftlichen Tätigkeit“ dadurch Rechnung tragen, dass Substanzkriterien implementiert wurden. Weil aber diese vom Gerichtshof niedrig angesetzten Substanzerfordernisse leicht erfüllbar sind, sind nationale Missbrauchsregeln auf europäischer Ebene leicht zu umgehen. Deshalb ist zu begrüßen, dass der Gerichtshof inzwischen anzuerkennen scheint, dass auch solche Gestaltungen künstlich und damit missbräuchlich sein können, denen eine gewisse Substanz und damit eine wirtschaftliche Realität zugrunde liegt. Allerdings dürfte sich die Tragweite dieser Entscheidung in Grenzen halten. Denn zum einen hat der Gerichtshof hier ausdrücklich nur in Bezug auf die Kapitalverkehrsfreiheit entschieden. Das heißt, im Kontext der Kapitalverkehrsfreiheit kann das Kriterium der Künstlichkeit anders als im Kontext der Niederlassungsfreiheit zu verstehen sein. Daraus dürfte sich jedoch schließen lassen, dass der Gerichtshof jedenfalls im Kontext der Niederlassungsfreiheit ausschließlich am Kriterium der „wirklichen wirtschaftlichen Tätigkeit“ festhalten wird. Zum anderen hat der Gerichtshof nur zu erkennen gegeben, dass auch andere „Vorkehrungen“ mit denen „Gewinne künstlich in Drittländer mit niedrigem Besteuerungsniveau“ verlagert werden, missbräuchlich sein können. Wie

---

1670 EuGH, C-135/17 (X), ECLI:EU:C:2019:136, Rn. 84.
1671 Vgl. EuGH, C-135/17 (X), ECLI:EU:C:2019:136, Rn. 84.
1672 EuGH, C-135/17 (X), ECLI:EU:C:2019:136, Rn. 84 [Hervorhebungen durch die Verfasserin eingefügt].

aber das Vorliegen einer solchen künstlichen Vorkehrung dann bestimmt werden soll, lässt der Gerichtshof offen. Insbesondere stellte er dann noch klar, dass „ein niedriges Besteuerungsniveau“ zusammen mit der „passiven Natur“ einer Tätigkeit zur Einkünfteerzielung nicht das Vorliegen einer solchen künstlichen Vorkehrung begründen könne.[1673]

Es lässt sich damit Folgendes festhalten: Die Einführung der ATAD hat sich bislang nicht auf das Missbrauchsverständnis des Gerichtshofs ausgewirkt. Der Gerichtshof hat lediglich zu erkennen gegeben, dass – jedenfalls im Kontext der Kapitalverkehrsfreiheit – das Vorliegen einer künstlichen Gestaltung auch durch andere Kriterien als dem Vorliegen einer „wirklichen wirtschaftlichen Tätigkeit“ ermittelt werden kann. Gleichwohl dürfte das Kriterium der „wirklichen wirtschaftlichen Tätigkeit“ auch weiterhin das zentrale Kriterium zur Identifikation von Missbrauch bleiben.

bb) Ausweitung der Typisierungsbefugnisse

Wie bereits aufgezeigt, verhindern eben diese engen Maßstäbe regelmäßig eine effektive Abwehr missbräuchlicher Gestaltungen durch nationale Missbrauchsvorschriften. Eine Ausweitung der (Missbrauchs-)Typisierungsbefugnisse könnte insoweit Abhilfe schaffen.

(1) Bisherige Handhabung durch den EuGH

Grundsätzlich zeigt sich der Europäische Gerichtshof im Hinblick auf die Anerkennung von Typisierungsbefugnissen zurückhaltend.[1674] Insbesondere im Hinblick auf die Missbrauchsbekämpfung lässt der Gerichtshof Typisierungen nur in engen Grenzen zu.[1675] Zunächst scheidet – wie der Gerichtshof gerade auch in seinen jüngsten Entscheidungen betont – eine allgemeine Missbrauchsvermutung aus.[1676] Missbrauchstypisierungen

---

1673 Vgl. EuGH, C-135/17 (X), ECLI:EU:C:2019:136, Rn. 86.

1674 Vgl. hierzu *Kokott*, Das Steuerrecht der EU, § 5 Rn. 102 ff.

1675 *Oellerich*, in: Musil/Weber-Grellet, Europäisches Steuerrecht, Rn. 23; *Englisch*, DStJG 41 (2018), 273 (348 ff.).

1676 Vgl. EuGH, C-440/17 (GS), ECLI:EU.C:2018:437, Rn. 44; C-685/16 (EV), ECLI:EU:C:2018:743, Rn. 96; C-504/16 und C-613/16 (Deister-/Juhler-Holding), ECLI:EU:C:2017:1009, Rn. 61; C-6/16 (Eqiom und Enka), ECLI:EU:C:2017:641, Rn. 31; C-318/10 (SIAT), ECLI:EU:C:2012:415, Rn. 38 mwN.; C-433/04 (Kommission/Belgien), ECLI:EU:C:2006:702, Rn. 35.

kommen nur in Betracht, wenn die Norm in tatbestandlicher Hinsicht an objektive und nachprüfbare Umstände anknüpft, anhand derer das Vorliegen einer rein künstlichen Konstruktion zu ausschließlich steuerlichen Zwecken festgestellt werden kann.[1677]

Der Gerichtshof belässt es dann aber nicht bei den hohen Anforderungen an die tatbestandliche Abbildung des Missbrauchsfalls. Vielmehr muss dem Steuerpflichtigen in jedem Einzelfall zusätzlich noch die Möglichkeit gegeben werden, den Missbrauchsvorwurf zu widerlegen.[1678] Unwiderlegbare Missbrauchstypisierungen scheiden damit stets aus.[1679]

Es läuft also im Ergebnis darauf hinaus, dass – wie der Gerichtshof jüngst wiederholt festgestellt hat – in jedem Einzelfall eine umfassende Prüfung der betreffenden Situation zu erfolgen hat.[1680] Hierbei müssen auch Gesichtspunkte wie die organisatorischen, wirtschaftlichen oder sonst beachtlichen Merkmale der Unternehmensgruppe, sowie die Strukturen und Strategien dieser Gruppe berücksichtigt werden.[1681]

(2) Stellungnahme

Die vom Gerichtshof bislang im Hinblick auf die Anerkennung von Missbrauchstypisierungen verfolgte Linie erscheint einseitig und trägt den berechtigten mitgliedsstaatlichen Interessen nicht ausreichend Rechnung.[1682] Insbesondere dem Verwaltungsaufwand der Mitgliedsstaaten misst der Gerichtshof grundsätzlich keine rechtfertigende Wirkung bei.[1683] Dabei handelt es sich bei den Anliegen der Handhabbarkeit und Effizienz der

---

1677 Vgl. hierzu Abschnitt D. II. 1. B) dd) (2) (b) (bb) (i).

1678 stRspr. EuGH, C-135/17 (X), ECLI:EU:C:2019:136, Rn. 87; C-382/16 (Hornbach-Baumarkt), ECLI:EU:C:2018:366, Rn. 49; C-318/10 (SIAT), ECLI:EU:C:2012:415, Rn. 50; C-524/04 (Test Claimants in the Thin Cap Group Litigation), ECLI:EU:C:2007:161, Rn. 82; C-282/12 (Itelcar), ECLI:EU:C:2013:629, Rn. 37.

1679 Vgl. Abschnitt D. II. 1. b) dd) (2) (b) (bb) (ii).

1680 EuGH, C-440/17 (GS), ECLI:EU:C:2018:437, Rn. 57; C-504/16 und C-613/16 (Deister Holding und Juhler Holding), ECLI:EU:C:2017:1009, Rn. 74.

1681 EuGH, C-440/17 (GS), ECLI:EU:C:2018:437, Rn. 57; C-504/16 und C-613/16 (Deister Holding und Juhler Holding), ECLI:EU:C:2017:1009, Rn. 74.

1682 gl. A. *Englisch*, in: Europäisches Steuerrecht, Rn. 7.261.

1683 Vgl. EuGH, C-334/02 (Kommission/Frankreich), ECLI:EU:C:2004:129, Rn. 29, C-386/04 (Stauffer), ECLI:EU:C:2005:568, Rn. 48; vgl. auch *Kokott*, in: FS für den BFH, 735 (752); *Englisch*, in: Europäisches Steuerrecht, Rn. 7.205.

Missbrauchsabwehr um legitime Interessen der Mitgliedsstaaten.[1684] Dies hat auch das Bundesverfassungsgericht längst erkannt und gesteht dem Gesetzgeber daher zu Recht zu, aus Gründen der Vereinfachung auch pauschalierende und typisierende Regelungen zu treffen.[1685] Um ausufernden Missbrauchstypisierungen entgegen zu wirken, verlangt das Verfassungsgericht in tatbestandlicher Hinsicht, dass der typische Missbrauchsfall realitätsgerecht abgebildet wird. Im Gegenzug lässt das Gericht aber auch unwiderlegbare Typisierungen grundsätzlich zu.[1686] Damit hat das Gericht einen sachgerechten Ausgleich zwischen dem Schutz des Steuerpflichtigen vor einer ausufernden Missbrauchsgesetzgebung einerseits und den berechtigten Interessen der Praktikabilität und Effizienz andererseits gefunden.

Für diese mitgliedsstaatlichen Interessen lässt die bisherige Rechtsprechungslinie des Europäischen Gerichtshofs, die in jedem Fall eine umfassende Einzelfallprüfung fordert, keinen Raum. Der generelle Ausschluss unwiderlegbarer Vermutungen erscheint jedoch überzogen.[1687] Vielmehr sollte der Gerichtshof auch unwiderlegbare Vermutungen zulassen. Dafür müssen dann aber – wie auch vom Bundesverfassungsgericht verlangt – in tatbestandlicher Hinsicht enge Anforderungen an die Abbildung der Missbrauchstypisierung gestellt werden. Insoweit kann der Gerichtshof bei seiner bisherigen Linie bleiben, wonach der Tatbestand an objektiv nachprüfbare Umstände anknüpfen, anhand derer auf das Vorliegen einer rein künstlichen und damit missbräuchlichen Gestaltung geschlossen werden kann. Wenn derart strenge Anforderungen an die Ausgestaltung der Missbrauchstypisierung gestellt werden, wird auch sichergestellt, dass die Erfassung nicht-missbräuchlicher Fälle auf Einzelfälle beschränkt ist. Solange aber die typisierende Missbrauchsvorschrift ausschließlich in Einzelfällen auch auf nicht-missbräuchliche Fälle Anwendung findet, ist aus Gründen der Praktikabilität und Effizienz auf eine Gegenbeweismöglichkeit grundsätzlich zu verzichten.[1688]

1684 Vgl. *Englisch*, in: Europäisches Steuerrecht, Rn. 7.205; Vgl. auch *Drüen*, StbJb 2017/2018, 1 (14 f.); *Eckhoff*, Rechtsanwendungsgleichheit, S. 89.

1685 Vgl. Abschnitt C. II. 1. d) bb) (2).

1686 Ausführlich Abschnitt C. II. 1. d) bb) (3).

1687 So auch *Englisch*, in: Europäisches Steuerrecht, Rn. 7.261.

1688 So i.E. auch *Gutmann/Hinnekens*, EC Tax Review 2003, 90 (95) „true anti-evasion rules should not be turned down in their entirety beacause there is one in a hundred chance that they may hit a bona fide situation"; in diese Richtung auch *Englisch*, in: Europäisches Steuerrecht, Rn. 7.621; *ders.*, DStJG 41 (2018),

2. Perspektiven zur Weiterentwicklung der BVerfG-Judikatur

Vor dem Hintergrund des herrschenden Steuerwettbewerbs und den sich dadurch eröffnenden Steuergestaltungspotentialen stellt sich weiterhin die Frage, ob und inwieweit auch das Bundesverfassungsgericht seine Rechtsprechungslinie fortentwickeln könnte, um dem Gesetzgeber mehr Spielraum zur Bewältigung dieser Herausforderungen einzuräumen.

a) Zur Anerkennung eines qualifizierten Fiskalzwecks

Zunächst stellt sich die Frage, ob und inwieweit das Bundesverfassungsgericht eine Rechtfertigung grundfreiheitsbeeinträchtigender Steuernormen unter dem sog. „qualifizierten Fiskalzweck" zulassen könnte.

Erstmals verwendet wurde der Begriff von *Marc Desens*.[1689] Inhaltlich konkretisieren lässt sich der qualifizierte Fiskalzweck zunächst in Abgrenzung zum reinen bzw. allgemeinen Fiskalzweck. Der allgemeine Fiskalzweck einer Norm ergibt sich aus § 3 Abs. 1 AO und liegt in der Einnahmenerzielung.[1690] In Abgrenzung dazu spricht *Marc Desens* im Zusammenhang mit der Mindestbesteuerung von einem qualifizierten Fiskalzweck, da der Gesetzgeber diese nicht bloß mit ihrem (allgemeinen) Fiskalzweck begründet, sondern insbesondere auf die „Verstetigung der Staatseinnahmen" und auf die „Kalkulierbarkeit öffentlicher Haushalte" abstellt.[1691] Das Bundesverfassungsgericht hat sich bislang nicht (ausdrücklich) mit dem qualifizierten Fiskalzweck als Rechtfertigungsgrund für Abweichungen von den gleichheitsrechtlichen Anforderungen im Steuerrecht beschäftigt.[1692] Allerdings hat der Bundesfinanzhof den qualifizierten Fiskalzweck jedenfalls grundsätzlich anerkannt.[1693]

---

273 (350) wonach unwiderlegbare Vermutungen zugelassen werden sollten, wenn sie hinreichend restriktiv und zielgenau sowie empirisch fundiert sind.

1689 Vgl. *Desens*, FR 2011, 745 (749 f.).

1690 Vgl. hierzu ausführlich *Wernsmann*, in: H/H/S, § 3 AO, Rn. 1 ff.

1691 *Desens*, FR 2011, 745 (749).

1692 Vgl. aber *Desens*, FR 2011, 745 (749) der darauf hinweist, dass das BVerfG in seiner Rechtsprechung zum Vertrauensschutz jedenfalls „Nuancen hinsichtlich des Fiskalzwecks" berücksichtigt hat und „unerwartete staatliche Mehrausgaben" (= qualifizierter Fiskalzweck) als hinreichende Rechtfertigung für Vertrauensbeeinträchtigungen gesehen hat.

1693 Vgl. BFHE 246, 27 (38).

aa) Sicherung des bestehenden Besteuerungssubstrats gegen konzerninterne Gewinnverlagerungen als qualifizierter Fiskalzweck

Nicht abschließend geklärt ist insbesondere, ob auch in der Sicherung des Besteuerungssubstrats *gegen Gewinnverlagerungen im Konzern* ein rechtfertigender qualifizierter Fiskalzweck gesehen werden kann. Dies wird zum Teil – auch mit Blick auf die Lizenzschranke[1694] – bejaht.[1695]

So konkretisiert *Bernd Heuermann* den Begriff des qualifizierten Fiskalzwecks dahingehend, dass der Begriff letztlich verdeutliche, dass der Gesetzgeber Fiskalzwecke verfolgen könne, die jenseits der Einnahmenerzielung liegen („Verstetigung der Staatseinnahmen") oder ihr aber vorausgehen und es auf diese Weise ermöglichen, dass überhaupt erst Einnahmen erzielt werden können („Erhaltung des Besteuerungssubstrats").[1696] Danach können auch Normen, die das inländische Besteuerungssubstrat sichern sollen, indem sie zielgerichtet Gewinnverlagerungen im Konzern einschränken, als „qualifizierte Fiskalzwecknorm" gerechtfertigt werden.[1697]

Dieser Auffassung folgt der Bundesfinanzhof jedoch nicht. Zwar schließt sich das Gericht der Auffassung von *Marc Desens* an und hat in seinen Entscheidungen zur Mindestbesteuerung ebenfalls eine Rechtfertigung von Verstößen gegen das objektive Nettoprinzip unter Hinweis auf einen qualifizierten Fiskalzweck zugelassen.[1698] Allerdings erkennt der Bundesfinanzhof als qualifizierten Fiskalzweck lediglich die „Verfestigung des Steueraufkommens" und die „Vermeidung unkalkulierbarer Steuerausfälle" an.[1699] In seinem Vorlagebeschluss zur Zinsschranke hat der Bundesfinanzhof dagegen im Hinblick auf das Regelungsmotiv der Sicherung des Steuersubstrats einen qualifizierten Fiskalzweck ausdrücklich verneint. Das Ziel der „Sicherung des Steuersubstrats" sei vielmehr dem allgemei-

---

1694 *Illing*, in: Beck´sches Steuer- und Bilanzrechtslexikon, Kap. L., Lizenzschranke, Rn. 20; *Pötsch*, DStR 2018, 761 (762).

1695 Vgl. FG München v. 06.03.2015, 7 K 680/12, EFG 2015, 1126 (1127).

1696 *Heuermann*, DB 2014, Heft 50, M5, der jedoch zugleich darauf hinweist, dass der qualifizierte Fiskalzweck einer Norm keinen in allen Fällen gültigen Inhalt hat.

1697 In diese Richtung *Heuermann*, DB 2014, Heft 50, M5; *Pötsch*, DStR 2018, 761 (762); *Illing*, in: Beck´sches Steuer- und Bilanzrechtslexikon, Kap. L., Lizenzschranke, Rn. 20.

1698 Vgl. BFHE 238, 419 (427).

1699 Vgl. BFHE 252, 44 (59).

nen Fiskalzweck bzw. dem Gegenstand des Steuerbegriffs des § 3 Abs. 1 AO zuzuordnen.[1700]

bb) Stellungnahme

Der Bundesfinanzhof hat die Frage, ob ein qualifizierter Fiskalzweck jedenfalls dann angenommen werden kann, soweit es um die Sicherung des Besteuerungssubstrats gegen Gewinnverlagerungsgestaltungen geht, die *die Grenze zum Rechtsmissbrauch überschreiten*, nicht ausdrücklich beantwortet. So hat der Bundesfinanzhof im Hinblick auf die Zinsschranke in der „Sicherung des Besteuerungssubstrats“ keinen qualifizierten Fiskalzweck gesehen und weiter ausgeführt, dass im Ausgangspunkt eine Gewinnverlagerung „als solche" nach steuerrechtlichen Maßstäben nicht zu sanktionieren sei, wenn die Grenze des Rechtsmissbrauchs nicht überschritten wird.[1701] Dies dürfte zumindest grundsätzlich Raum für eine Argumentation dahingehend lassen, dass ein qualifizierter Fiskalzweck jedenfalls dann angenommen werden könnte, wenn es gerade um die Sicherung des Besteuerungssubstrats gegen *missbräuchliche* Gewinnverlagerungen geht.[1702] Freilich würde sich nur dann ein qualitativer Unterschied zum reinen Rechtfertigungsgrund der Missbrauchsabwehr ergeben, wenn die Rechtfertigungsvoraussetzungen bei gleichzeitigem Vorliegen eines qualifizierten Fiskalzwecks insgesamt herabgesetzt wären.

Allerdings sollte der Zweck der Sicherung des Besteuerungssubstrats gegen Gewinnverlagerungen im Konzern generell keinen qualifizierten Fiskalzweck darstellen, auch wenn die betreffenden Gestaltungen die Grenze zur Missbräuchlichkeit überschreiten. Der Bundesfinanzhof hat zutreffend festgestellt, dass die „Sicherung des Besteuerungssubstrats“ keinen qualifizierten – d.h. über den Einnahmenerzielungszweck hinausgehenden – Fiskalzweck darstelle. Insoweit macht es auch keinen Unterschied, ob das Besteuerungssubstrat vor nicht missbräuchlichen Gewinnverlagerungen oder auch vor missbräuchlichen Gewinnverlagerungen gesichert werden soll. Auch bei der Bekämpfung missbräuchlicher Steuergestaltungen steht der Zweck der Einnahmenerzielung (§ 3 AO) im Vordergrund. Die

---

1700 Vgl. BFHE 252, 44 (59 f.); gl.A. *München/Mückl*, DStR 2014, 1469 (1472 f.); *Goebel/Ellinghoff*, DStZ 2010, 550 (556); *Musil/Volmering*, DB 2008, 12 (14 f); *Süß/Wilke*, SteuStud 2010, 561 (567).

1701 BFHE 252, 44 (59 Rn. 42 ff.).

1702 In diese Richtung *Pötsch*, DStR 2018, 761 (763).

Missbräuchlichkeit der Gestaltung indiziert noch keinen über den § 3 AO hinausgehenden und damit qualifizierten Fiskalzweck.[1703] Zwar ist eine Sanktion missbräuchlicher Steuergestaltungen grundsätzlich zulässig. Jedoch muss der Gesetzgeber insoweit die vom Bundesverfassungsgericht erarbeiteten Anforderungen an eine gesetzliche Missbrauchsbekämpfung einhalten. Der Bundesfinanzhof verlangt für die Rechtfertigung durch einen qualifizierten Fiskalzweck, d.h. im Hinblick auf die Frage, ob eine Regelung zur Verfestigung des Steueraufkommens oder zur Vermeidung unkalkulierbarer Steuerausfälle geboten ist, das Vorliegen entsprechender ausreichend belastbarer Erhebungsdaten.[1704] Dagegen sind die Anforderungen, die das Bundesverfassungsgericht an eine zulässige Missbrauchs(typisierung) stellt, grundsätzlich höher.[1705] Würde man dem Zweck der Sicherung des Besteuerungssubstrats gegen missbräuchliche Gewinnverlagerungen im Konzern schon als qualifizierten Fiskalzweck rechtfertigende Wirkung zukommen lassen, so wäre es unerheblich, ob der Gesetzgeber auch die Anforderungen, die das Verfassungsgericht an eine spezialgesetzliche Missbrauchsregelung stellt, einhält. Die Bekämpfung missbräuchlicher Gewinnverlagerungen im Konzern sollte deshalb nur bei Einhaltung der vom Verfassungsgericht erarbeiteten Anforderung an eine (typisierende) Missbrauchsbekämpfungsnorm und nicht bereits durch die bloße Annahme eines qualifizierenden Fiskalzwecks gerechtfertigt werden können. Andernfalls würden die Anforderungen, die das Bundesverfassungsgericht an eine Missbrauchsbekämpfungsnorm stellt, ausgehöhlt. Dem Gesetzgeber wäre dann Tür und Tor geöffnet, um unter dem Vorwand der Sicherung des Besteuerungssubstrats gegen (vermeintlich) missbräuchliche Steuergestaltungen mit systemtragenden Prinzipien des Steuerrechts – insbesondere dem objektiven Nettoprinzip – zu brechen. Dem Bundesfinanzhof ist also nicht nur dahingehend zu folgen, dass die Sicherung des bestehenden Steueraufkommens keinen qualifizierten Fiskalzweck darstellt. Vielmehr sollte darüber hinaus auch das Ziel der Sicherung des Besteuerungssubstrats gegen missbräuchliche Gewinnverlagerungen im Konzern keinen qualifizierten Fiskalzweck darstellen. Aus diesem Grund stellt auch das mit der Lizenzschranke verfolgte Ziel der Sicherung des bestehenden Steu-

---

1703 So i.E. wohl auch *Hey*, StuW 2008, 167 (171) wonach Missbrauchsvermeidungsnormen zwar der staatlichen Einnahmeerzielung dienen, jedoch ohne dass ihnen ein *eigenständiger* Einnahmenerzielungszweck zugrunde liegt.

1704 BFHE 252, 44 (58).

1705 Vgl. hierzu C. II. 1. d) bb) (3).

ersubstrats gegen konzerninterne Gewinnverlagerungsgestaltungen keinen qualifizierten Fiskalzweck dar.[1706]

b) Anerkennung der Bekämpfung schädlichen Steuerwettbewerbs

Grundsätzlich denkbar ist auch, dass das Bundesverfassungsgericht die Bekämpfung schädlichen Steuerwettbewerbs als Rechtfertigungsgrund anerkennen könnte. In diesem Fall käme auch eine Rechtfertigung der Lizenzschranke in Betracht, die als Maßnahme gegen schädlichen Steuerwettbewerb eingestuft werden kann.[1707]

Im Hinblick auf eine mögliche Rechtfertigung von Maßnahmen, die als gesetzgeberische Reaktion auf internationalen und europäischen Steuerwettbewerb anzusehen sind, liegen erste Erkenntnisse nur insoweit vor, als es um die Entlastung bestimmter Einkünfte unter dem Ziel der Steigerung der Wettbewerbsfähigkeit Deutschlands geht.[1708] So hatte das Bundesverfassungsgericht in Bezug auf § 32c EStG a.F. die Frage der Wettbewerbsfähigkeit des Steuersystems thematisiert, wenngleich auch nicht abschließend beantwortet.[1709] Auch Teile der Literatur scheinen eine Abweichung vom Grundsatz der Besteuerung nach der Leistungsfähigkeit unter dem Ziel der Konkurrenzfähigkeit im internationalen Wettbewerb grundsätzlich für möglich zu erachten.[1710] Insoweit geht es jedoch um die Schaffung bestimmter Privilegierungen, die die Wettbewerbsfähigkeit des deutschen Steuersystems sicherstellen sollen.[1711]

Mit Regelungen wie der Lizenzschranke verfolgt der Gesetzgeber jedoch einen anderen Ansatz. Es geht nicht darum, eigene Privilegierungen zu schaffen, um die Wettbewerbsfähigkeit des nationalen Steuersystems zu wahren. Vielmehr zielt der Gesetzgeber mit derartigen Regelungen gerade darauf ab, ausländische steuerliche Privilegierungen zu bekämpfen.

Es dürfte aber höchst zweifelhaft sein, ob das Bundesverfassungsgericht zum Zwecke der Bekämpfung von Steuerwettbewerb Regelungen *zulasten* einzelner Steuerpflichtiger zulassen wird. Im Ergebnis sollte dies auch verneint werden. Denn Durchbrechungen des objektiven Nettoprinzips

---

1706 i.E. das Vorliegen eines qualifizierten Fiskalzweck in Bezug auf § 4j EStG ebenfalls ablehnend *van Lück*, IStR 2017, 388 (390).

1707 Vgl. Abschnitt B. II. 2.

1708 Vgl. hierzu *Hey*, StBJB 2007/2008, 19 (43f.).

1709 BVerfGE 84, 239 (282); *Hey*, StBJB 2007/2008, 19 (44).

1710 Vgl. *Birk*, StuW 2000, 328 (330).

1711 Vgl. *Hey*, StBJB 2007/2008, 19 (43f.).

sollten auf ein Minimum begrenzt werden. Wird das objektive Nettoprinzip zulasten einzelner Steuerpflichtiger durchbrochen, sollte eine Rechtfertigung auf Missbrauchsfälle beschränkt sein.[1712] Der einzelne Steuerpflichtige sollte nur dann belastet werden, wenn die durch Steuerwettbewerb ermöglichte Gestaltung die Grenze des Missbrauchs überschreitet, sodass hiergegen im Wege einer (typisierenden) Missbrauchsabwehr vorgegangen werden kann, wobei aber wiederum die erhöhten Anforderungen an eine spezialgesetzliche Missbrauchsabwehr einzuhalten sind. Internationaler und europäischer Steuerwettbewerb können damit für sich betrachtet jedenfalls keine nationalen Regelungen rechtfertigen, die zulasten einzelner Steuerpflichtiger gegen das objektive Nettoprinzip verstoßen. Hinzukommen muss insoweit immer ein individueller Verhaltensvorwurf gegen den Steuerpflichtigen.

1712 So auch *Birk*, in: Leitgedanken des Rechts II, § 147 Rn. 15.

Zusammenfassung der Ergebnisse

Zusammenfassend lassen sich im Hinblick auf die Lizenzschranke folgende Ergebnisse festhalten:

1. Insbesondere die Europäische Union ist nach wie vor von einem Wettbewerb der Steuerrechtsordnungen geprägt. Eine in jüngerer Vergangenheit vielfach beobachtete Ausprägung des Steuerwettbewerbs sind steuerliche Begünstigungsregelungen für IP-Einkünfte (sog. IP-Boxen), die meist mit der Begründung eingeführt werden, zu mehr Forschung und Innovation anzuregen. Zwischenzeitlich hatten fast alle europäischen Staaten derartige Regelungen eingeführt. Diese Regelungen werden jedoch dann als schädlich eingestuft, wenn sie primär der Anziehung ausländischen Steuersubstrats dienen. Im Zuge verschiedener Enthüllungsberichte wurde außerdem bekannt, dass es multinational aufgestellten Konzernen gelingen kann, mittels konzerninterner Lizenzgestaltungen Gewinne zu verlagern und ihre Gesamtsteuerbelastung erheblich zu minimieren. Insbesondere die sog. IP-Boxen können ein wesentlicher Faktor für diese Gestaltungen sein. Diese Entwicklung führte schließlich dazu, dass sich die OECD/G20-Staaten, aber auch die Europäische Union, auf umfangreiche Maßnahmenpakete zur Eindämmung von schädlichem Steuerwettbewerb und unerwünschten Gewinnverlagerungsgestaltungen geeinigt hatten.
2. Mit der Lizenzschranke will der deutsche Gesetzgeber ebenfalls ein Zeichen gegen schädlichen Steuerwettbewerb und Gewinnverlagerungsgestaltungen im Zusammenhang mit IP-Einkünften setzen. Hierzu wurde mit der Lizenzschranke eine doppelte intersubjektive Korrespondenzregelung geschaffen, die sowohl das Eingreifen, als auch den Umfang der Abzugsbeschränkung auf Seiten des Schuldners von der korrespondierenden Besteuerung des Gläubigers abhängig macht. Erstmals wird damit eine Regelung in das Ertragsteuerrecht eingeführt, der im Ergebnis die Wirkung einer umgekehrten Hinzurechnungsbesteuerung zukommt. Je höher die steuerliche Begünstigung des Lizenzgläubigers ausfällt, desto höher ist die steuerliche Abzugsbeschränkung auf Seiten des Lizenzschuldners. Damit sollen die steuermindernden Effekte, die aus der Inanspruchnahme steuerlicher Präferenzregelungen erzielt werden, neutralisiert werden. Gleichwohl ist die Lizenzschranke nur bedingt geeignet, Gewinnverlagerungen durch Lizenzgestaltungen zu

unterbinden. Denn die Untersuchungen haben gezeigt, dass multinational aufgestellte Konzerne eine Senkung ihrer Gesamtsteuerbelastung nicht nur durch die Nutzung besonderer steuerlicher Begünstigungen, sondern regelmäßig auch durch Platzierung von Konzerngesellschaften in Steueroasen erreichen. Letztere Fälle erfasst die Lizenzschranke jedoch nicht.

3. Die Lizenzschranke ist in ihrer derzeitigen Fassung nicht mit den verfassungsrechtlichen Vorgaben vereinbar. Die Abzugsbeschränkung beeinträchtigt das objektive Nettoprinzip. Eine Rechtfertigung kommt nach derzeitigem Stand der verfassungsgerichtlichen Rechtsprechung nicht in Betracht. Insbesondere die Rechtfertigung unter dem Zweck der typisierenden Missbrauchsabwehr scheidet aus. Zwar ist der Bereich der konzerninternen Lizenzgestaltungen grundsätzlich missbrauchsanfällig. Gleichwohl wird der typische Missbrauchsfall nicht realitätsgerecht im Tatbestand abgebildet. Überdies ist die Regelung überschießend ausgestaltet. Die Grenzen zulässiger Missbrauchstypisierung sind damit überschritten.
   Darüber hinaus beeinträchtigt das der Lizenzschranke zugrunde liegende intersubjektive Korrespondenzprinzip das über das Folgerichtigkeitsprinzip verfassungsrechtlich abgesicherte Individualsteuerprinzip. Auch eine Rechtfertigung dieser Beeinträchtigung scheidet im Ergebnis aus.
   Dagegen ist der in § 4j Abs. 1 S. 4 EStG enthaltene Verweis auf den OECD/G20-Aktionsplan zu Aktionspunkt 5 des BEPS-Projekts verfassungsrechtlich nicht zu beanstanden.
4. Die Lizenzschranke ist auch mit den primärrechtlichen Vorgaben unvereinbar. Sie führt zu einer Beeinträchtigung der Niederlassung- und Dienstleistungsfreiheit, die nach dem aktuellen Stand der EuGH-Rechtsprechung nicht gerechtfertigt werden kann. Insbesondere scheidet auch insoweit eine Rechtfertigung unter dem Missbrauchsvermeidungszweck aus, da die Regelung nicht auf die Erfassung rein künstlicher und damit missbräuchlicher Fälle zugeschnitten ist und insbesondere aufgrund der fehlenden Gegenbeweismöglichkeit auch unverhältnismäßig ausgestaltet ist. An der fehlenden Gegenbeweismöglichkeit scheitert auch eine Rechtfertigung unter dem Aspekt der Wahrung der ausgewogenen Aufteilung der Besteuerungsbefugnisse. Schließlich scheidet auch eine Kohärenz-Rechtfertigung aus, da die der Lizenzschranke zugrundeliegende Korrespondenzregelung auf einen grenzüberschreitenden steuersubjektübergreifenden Vor- und Nachteilsausgleich hinausläuft.

Dagegen verstößt die Lizenzschranke nicht gegen die Zins- und Lizenz-RL, da bereits der Anwendungsbereich der Richtlinie in Bezug auf § 4j EStG nicht eröffnet ist.

5. Dem Verdikt der Verfassungs- und Unionsrechtswidrigkeit kann nur durch eine Anpassung an die verfassungs- und unionsrechtlichen Vorgaben abgeholfen werden. Hierzu sollte die Lizenzschranke als zielgenaue Missbrauchsvorschrift ausgestaltet werden. Dazu muss sie zunächst auch auf Oasen-Fälle erweitert werden. Gleichzeitig muss die Regelung aber auch eingeschränkt und tatbestandlich auf solche Fälle begrenzt werden, in denen die ausländische Gesellschaft nicht über eine hinreichende Substanz verfügt und deshalb als rein künstlich einzustufen ist. Dabei genügt es nicht, dass lediglich ein Substanztest nach Vorbild des § 8 Abs. 2 AStG eingeführt wird. Vielmehr muss sichergestellt werden, dass die Beweislast für das Fehlen der erforderlichen Substanz, als dem Hauptindiz für das Vorliegen eines Missbrauchs, bei der Finanzverwaltung liegt. Darüber hinaus muss die Regelung um einen Motivtest ergänzt werden, im Rahmen dessen der Steuerpflichtige außersteuerliche Gründe für die gewählte Gestaltung vorbringen und damit den Missbrauchsvorwurf entkräften kann.
   Zwar würden diese Erfordernisse letztlich zur Herstellung der Verfassungs- und Unionsrechtskonformität beitragen. Gleichzeitig muss aber davon ausgegangen werden, dass bei Implementierung dieser Erfordernisse, die Anwendbarkeit der Lizenzschranke bereits bei Vorliegen einer Minimalsubstanz oder bei Vorliegen etwaiger außersteuerlicher Gründe ausgeschlossen wäre. Da dies regelmäßig gelingen dürfte, wäre eine effektive Abwehr unangemessener Lizenzgestaltungen dann wohl nicht mehr möglich.

Grundsätzlich lassen sich damit für die nationale Abwehrgesetzgebung gegen unerwünschte Steuergestaltungen und schädlichen Steuerwettbewerb nach aktuellem Stand der höchstrichterlichen Rechtsprechung folgende Maßstäbe definieren:

1. Das Ziel der Bekämpfung unerwünschter bzw. aggressiver Steuergestaltungen unterhalb der Schwelle zum Missbrauch kann keine Beeinträchtigung der grundfreiheitlichen oder verfassungsrechtlichen Vorgaben rechtfertigen. Gleiches gilt für das Ziel der Bekämpfung schädlichen Steuerwettbewerbs. Maßnahmen, die auf die Bekämpfung schädlichen Steuerwettbewerbs oder aggressiver Steuergestaltungen abzielen, müssen damit so ausgestaltet sein, dass sie einem der bisher anerkannten Rechtfertigungsgründe entsprechen.

2. Maßnahmen gegen steuerliche Gewinnverlagerungsgestaltungen können auch dann nicht durch einen qualifizierten Fiskalzweck gerechtfertigt werden, wenn die Gestaltung missbräuchlich ist. Insoweit kommt lediglich eine Rechtfertigung unter dem Missbrauchsvermeidungszweck in Betracht. Die Sicherung des bestehenden Besteuerungssubstrats gegen konzerninterne Gewinnverlagerungen ist kein über den allgemeinen Fiskalzweck hinausgehender Zweck, auch wenn diese Gestaltung die Grenze zum Rechtsmissbrauch überschreitet.
3. Insbesondere die Anforderungen, die der Europäische Gerichtshof an die Ausgestaltung steuerlicher Missbrauchsnormen stellt, sind nach wie vor streng. Insbesondere zeigt sich der Gerichtshof auch von den Erkenntnissen des BEPS-Projekts und den neueren Rechtssetzungsakten der Mitgliedsstaaten bislang unbeeindruckt. So muss dem Steuerpflichtigen weiterhin in jedem Einzelfall die Möglichkeit zum Vorbringen außersteuerlicher Gründe für die gewählte Gestaltung gewährt werden. Nationale Abwehrvorschriften sollten daher in jedem Fall eine solche Gegenbeweismöglichkeit (Motivtest) enthalten. Insbesondere darf sich der Gesetzgeber nicht auf die vom Bundesfinanzhof betriebene Praxis verlassen, der eine solche Gegenbeweismöglichkeit bisher im Wege der geltungserhaltenden Reduktion in die betreffenden Normen hineingelesen hat. Der bewusste Verzicht auf solche Erfordernisse, die die höchstrichterliche Rechtsprechung über Jahre hinweg immer wieder bestätigt hat, sollte keinen Raum für ein geltungserhaltendes „Hineinlesen" dieser Erfordernisse in eine nationale Regelung lassen.
   Eine gewisse Lockerung der Anforderungen an die Ausgestaltung nationaler Missbrauchsnormen zeichnet sich lediglich im Hinblick auf das vom Gerichtshof zur Identifikation von Missbrauch herangezogene Kriterium der „rein künstlichen Gestaltung" ab. So hat das Gericht zu erkennen gegeben, dass die „wirtschaftliche Realität" nicht das einzige Kriterium ist, mit dessen Hilfe eine rein künstliche Gestaltung identifiziert werden kann. So hat das Gericht in der Rechtssache *X* erstmals zu erkennen gegeben, dass auch wirtschaftlich reale Gestaltungen als rein künstlich und damit missbräuchlich eingeordnet werden können. Für die nationale Missbrauchsgesetzgebung dürfte sich die Bedeutung dieser Entscheidung jedoch in Grenzen halten. Denn zum einen hatte der Gerichtshof insoweit ausdrücklich nur auf die Kapitalverkehrsfreiheit abgestellt. Zum anderen liefert der Gerichtshof keine Anhaltspunkte dafür, welche Kriterien – neben dem Kriterium der wirtschaftlichen Realität – konkret die Annahme einer rein künstlichen Gestaltung begründen können. Damit dürfte auch in Zukunft das Kriterium

der wirtschaftlichen Realität, d.h. die Substanzfrage, das zentrale Kriterien zur Ermittlung eines Missbrauchsfalls darstellen. Dabei ist ein Substanztest nach Vorbild des § 8 Abs. 2 AStG gerade nicht geeignet, um den Anforderungen des Europäischen Gerichtshofs Rechnung zu tragen.
Angesichts dieser strengen Vorgaben kann der Rechtfertigungsgrund der Missbrauchsbekämpfung regelmäßig nicht zur Rechtfertigung von Normen gegen unerwünschte Steuergestaltungen beitragen. Der Gesetzgeber steht insoweit im Dilemma zwischen der effektiven Bekämpfung unerwünschter Gestaltungen einerseits und der Wahrung der höchstrichterlichen Vorgaben andererseits.
4. Der Rechtfertigungsgrund der Wahrung der ausgewogenen Aufteilung der Besteuerungsbefugnisse kann nur bedingt Abhilfe schaffen. Zwar erkennt der Europäische Gerichtshof mit diesem Rechtfertigungsgrund das Interesse der Mitgliedsstaaten an einer Abwehr solcher Gestaltungen an, die eine unangemessene Aushöhlung nationaler Besteuerungshoheiten bewirken. Allerdings wird die Effektivität auch dieses Rechtfertigungsgrundes durch die vom Gerichtshof auch insoweit geforderte Gegenbeweismöglichkeit wieder eingeschränkt.
5. Auch der Rechtfertigungsgrund der Kohärenz ist mit seiner rein nationalen Perspektive nicht geeignet, Maßnahmen gegen schädlichen Steuerwettbewerb und solche Gestaltungen, die sich diesen zu Nutze machen, zu rechtfertigen.

Was eine mögliche Weiterentwicklung der Rechtsprechung des Bundesverfassungsgerichts sowie des Europäischen Gerichtshofs betrifft, lassen nach der hier vertretenen Auffassung folgende Ergebnisse festhalten:

1. Der Europäische Gerichtshof sollte dem Ziel der Bekämpfung schädlichen Steuerwettbewerbs bzw. der Neutralisierung ausländischer schädlicher Besteuerungsregelungen keine rechtfertigende Wirkung zusprechen. Verantwortlich für den schädlichen Steuerwettbewerb sind die Staaten, sodass es an ihnen liegt, die Ursachen hierfür zu beseitigen. Es fällt nicht in den Verantwortungsbereich der Steuerpflichtigen, auf eine Ausnutzung der durch die Wettbewerbssituation geschaffenen Gegebenheiten zu verzichten. Deshalb können nationale Maßnahmen, die zu Lasten der Steuerpflichtigen eine Beeinträchtigung der Grundfreiheiten mit sich bringen, nicht durch den Zweck der Bekämpfung schädlichen Steuerwettbewerbs gerechtfertigt werden.

Abzulehnen ist außerdem die Anerkennung einer grenzüberschreitenden Kohärenz oder der Vermeidung einer Kumulation von Steuervergünstigungen als eigenständige Rechtfertigungsgründe.

Dagegen sollte der Europäische Gerichtshof den Interessen der Mitgliedsstaaten in Zukunft jedenfalls dahingehend Rechnung tragen, dass die Handhabbarkeit und Effizienz nationaler Abwehrregelungen stärker berücksichtigt wird. Hierzu sollte der Gerichtshof den Mitgliedsstaaten gestatten, auch unwiderlegbare Typisierungen zu wählen, die sich dann aber in tatbestandlicher Hinsicht eng am typischen Missbrauchsfall orientieren müssen.

2. Das Bundesverfassungsgericht sollte dem Ziel der Bekämpfung konzerninterner Gewinnverlagerungen nicht unter dem Aspekt eines „qualifizierten Fiskalzwecks“ rechtfertigende Wirkung zukommen lassen, und zwar auch dann nicht, wenn die Gestaltung die Grenze zum Rechtsmissbrauch überschreitet.

   Auch das Ziel der Bekämpfung schädlichen Steuerwettbewerbs sollte keine rechtfertigende Wirkung im Hinblick auf solche Regelungen entfalten, die zu Lasten des Steuerpflichtigen von den grundrechtlichen Vorgaben abweichen.

Schlussüberlegungen

Man wird davon ausgehen können, dass sich eine wirklich effektive Beseitigung schädlichen Steuerwettbewerbs und unerwünschter Steuergestaltungen auf europäischer Ebene nur durch eine vollständige Harmonisierung im Bereich der direkten Steuern erreichen lassen wird. Eine solche ist jedoch in absehbarer Zukunft nicht zu erwarten. So hatten die Mitgliedsstaaten im Jahre 1980 festgestellt: „Die Steuersouveränität ist eines der wesentlichen Elemente der nationalen Souveränität, und die Mitgliedstaaten halten derzeit alle an der Respektierung dieser Souveränität fest“.[1713] An dieser Aussage hat sich – ungeachtet umfassenderer Harmonisierungsbemühungen wie etwa der GKKB – bis heute nicht viel geändert[1714] Der nationalen Abwehrgesetzgebung wird damit auch in Zukunft eine große Bedeutung zukommen. Insoweit wird sich zeigen, inwiefern sich die höchstrichterliche Rechtsprechung fortentwickeln wird. Zu hoffen ist, dass ein sachgerechter Ausgleich erreicht werden kann, zwischen dem Interesse der Mitgliedsstaaten an der effektiven Bekämpfung der Erosion nationaler Besteuerungsgrundlagen durch schädlichen Steuerwettbewerb und unangemessene Steuergestaltungen einerseits, und dem Anliegen, eine übermäßige Beeinträchtigung der verfassungs- und grundfreiheitlichen Vorgaben zu vermeiden, andererseits.

Die Lizenzschranke jedenfalls wird wohl – sofern eine Anpassung unterbleibt – das Schicksal so vieler nationaler Abwehrvorschriften teilen und durch die höchstrichterliche Rechtsprechung für verfassungs- und/oder unionsrechtswidrig erklärt werden.

1713 Bericht der Kommission an den Rat über die Aussichten für eine Angleichung der Steuersysteme in der Gemeinschaft, Bulletin der EG, Beilage 1/80- Tz 5.

1714 *Kofler*, in: Grundfragen des Europäischen Steuerrechts, 1 (2); *ders.*, in: FS für den BFH, 699 (699).

Literaturverzeichnis

Adrian, Gerrit / Tigges, Corinna, Die geplante Lizenzschranke nach § 4j EStG-E, StuB 2017, S. 228 – 233.

Albath, Lars / Wunderlich, Nina, Wege aus der Steuersackgasse? Neue Tendenzen in der Rechtsprechung des EuGH, EWS 2006, S. 205 – 211.

Alber, Mathias / Faber, Stephan (u.a.), Beck'sches Steuer- und Bilanzrechtslexikon, Edition 52, Verlag C.H. Beck, Edition 56, 2021.
[zitiert als: *Bearbeiter*, in: Beck'sches Steuer- und Bilanzrechtslexikon, Kap. Rn.]

Amatucci, Andrea (Hrsg.), International Tax Law, 2. Auflage, Verlag Wolters Kluwer, 2012.
[zitiert als: *Bearbeiter*, in: Amatucci, International Tax Law, S.]

Arndt, Gottfried, Die dynamische Rechtsnormverweisung in verfassungsrechtlicher Sicht – BverfGE 47, 285, JuS 1979, S. 784 – 789.

Arndt, Hans-Wolfgang, Gleichheit im Steuerrecht, NVwZ 1988, S. 787 – 794.

Arndt, Hans-Wolfgang, Steuerliche Leistungsfähigkeit und Verfassungsrecht, in: Damrau, Jürgen / Kraft, Alfons / Fürst, Walther (Hrsg.), Festschrift für Otto Mühl zum 70. Geburtstag, Verlag W. Kohlhammer, 1981, S. 17 – 39.
[zitiert als: *Arndt*, in: FS Mühl, S.]

Axer, Georg, Der Europäische Gerichtshof auf dem Weg zur „doppelten Kohärenz" – Eine Zukunft der Hinzurechnungsbesteuerung nach dem Cadbury Schweppes-Urteil, IStR 2007, S. 162 – 169.

Bach, Stefan, Die Perspektiven des Leistungsfähigkeitsprinzips im gegenwärtigen Steuerrecht, StuW 1992, S. 116 – 135.

Backherms, Johannes, Unzulässige Verweisung auf DIN-Normen, ZRP 1978, S. 261 – 262.

Baden, Eberhard, Dynamische Verweisungen und Verweisungen auf Nichtnormen, NJW 1970, S. 623 – 627.

Bannes, Maximilian / Cloer, Adrian, BEPS Aktionsplan 1: Besteuerung der digitalen Wirtschaft, BB 2016, 1431 – 1431.

Bartone, Roberto, Gedanken zu den Grundsätzen der Normenklarheit und der Normenbestimmtheit als Ausprägungen des Rechtsstaatsprinzips, in: Rensen, Hartmut / Brink, Stefan, Linien der Rechtsprechung des Bundesverfassungsgerichts – Erörtert von den wissenschaftlichen Mitarbeitern, Band 1, De Gruyter Recht, 2009, S. 305 – 328.
[zitiert als: *Bartone*, in: Linien der Rspr. des BVerfG, Bd. 1, S.]

Baumhoff, Hubertus / Liebchen, Daniel, Seminar G: Steuerfragen im Zusammenhang mit immateriellen Wirtschaftsgütern, IStR 2014, S. 711 – 716.

Gosch, Dietmar (Hrsg.), Abgabenordnung Finanzgerichtsordnung – Kommentar, Loseblatt, Stollfuß, Stand: 163. Aktualisierung, März 2021.
[zitiert als: *Bearbeiter*, in: Gosch, § Rn.]

Benz, Sebastian / Böhmer, Julian, Der RegE eines § 4j EStG zur Beschränkung der Abziehbarkeit von Lizenzzahlungen (Lizenzschranke), DB 2017, S. 206 – 211.

Bergmann, Sebastian, Missbrauch im Anwendungsberiech der Mutter-Tochter-Richtlinie, StuW 2010, S. 246 – 261.

Birk, Dieter / Desens, Marc / Tappe, Henning, Steuerrecht, 24. Auflage, Verlag C. F. Müller, 2021.
[zitiert als: *Birk/Desens/Tappe*, Steuerrecht, Rn.]

Birk, Dieter, Leistungsfähigkeitsprinzip, in: Kube, Hanno / Mellinghoff, Rudolf / Morgenthaler, Gerd / Palm, Ulrich / Puhl, Thomas / Seiler, Christian (Hrsg). Leitgedanken des Rechts, Paul Kirchhof zum 70. Geburtstag, Band II, Verlag C.F. Müller, 2013, S. 1591 – 1599.
[zitiert als: *Birk*, in: Leitgedanken des Rechts, Band II, § 147 Rn.]

Birk, Dieter, Verfassungsfragen im Steuerrecht – Eine Zwischenbilanz nach den jüngsten Entscheidungen des BFH und des BVerfG, DStR 2009, S. 877 – 882.

Birk, Dieter, Das Leistungsfähigkeitsprinzip in der Unternehmensteuerreform, StuW 2000, S. 328 – 336.

Birk, Dieter, Verfassungskonforme Auslegung im Steuerrecht, StuW 1990, S. 300 – 307.

Birk, Dieter, Zum Stand der Theoriediskussion in der Steuerrechtswissenschaft, StuW 1983, S. 293 – 299.

Birker, Christian, Die Aufteilungsklausel des § 50d Abs. 3 EStG n.F., BB 2012, S. 1961 – 1965.

Blumenberg Jens / Oertel, Eva, Korrespondenzregeln im deutschen Internationalen Steuerrecht, StbJB 2017/2018, S. 453 – 478.

Blumers, Wolfgang, Aggressive Steuerplanung – Vielleicht legal, aber jedenfalls verwerflich, BB 2013, S. 2787 – 2788.

Brandis, Peter / Heuermann, Bernd (Hrsg.), EStG, KStG, GewStG, Einkommensteuergesetz, Körperschaftsteuergesetz, Gewerbesteuergesetz, Kommentar, Verlag Franz Vahlen, Loseblatt, Stand: 158. Auflage, August 2021.
[zitiert als: *Bearbeiter*, in: Brandis/Heuermann, § Rn.]

Böhme, Sybille / Forster, Eduard, Anwendbarkeit der Trennungstheorie im Rahmen von Übertragungen des § 6 V EStG i. d. F. des Unternehmensteuerreformentwicklungsgesetzes, BB 2003, S. 1979 – 1987.

Böing, Christian, Steuerlicher Gestaltungsmissbrauch in Europa, Dissertation, Verlag Dr. Kovac, 2006.

[zitieret als: *Böing*, Gestaltungsmissbrauch, S.]

Böing, Christian, Der Begriff des Gestaltungsmissbrauchs im Gemeinschaftsrecht, EWS 2007, S. 55 – 64.

Brandt, Jürgen, „Lizenzschranke“ auf der Zielgeraden des Gesetzgebungsverfahrens, DB 2017, Heft 19, M5.

Brandt, Jürgen, Vereinbarkeit der sog. Lizenzschranke mit dem Grundsatz der Besteuerung nach der Leistungsfähigkeit und mit den unionsrechtlichen Grundfreiheiten, DB 2017, S. 1483.

Brugger, Winfried, Rechtsprobleme der Verweisung im Hinblick auf Publikation, Demokratie und Rechtsstaat, Verwaltungs-Archiv, 78. Band, 1987, S. 1 – 44.

Bumke, Christian / Voßkuhle, Andreas, Casebook Verfassungsrecht, 7. Auflage, Mohr Siebeck, 2015.
[zitiert als: *Bumke/Voßkuhle*, Casebook Verfassungsrecht, Rn.]

Burwitz, Gero / Rüll, David, Neuere Entwicklungen im Steuerrecht, NZG 2017, S. 414 – 416.

Calliess, Christian / Ruffert, Matthias (Hrsg.), EUV/AEUV – Das Verfassungsrecht der Europäischen Union mit Europäischer Grundrechtecharta – Kommentar, 5. Auflage, Verlag C.H. Beck, 2016.
[zitiert als: *Bearbeiter*, in: Calliess/Ruffert, Art. Rn.]

Clausen, Uwe, Struktur und Rechtsfolgen des § 42 AO, DB 2003, S. 1589 – 1596.

Clemens, Thomas, Die Verweisung von einer Rechtsnorm auf andere Vorschriften, AöR 111 (1986), S. 63 – 127.

Cordewener, Axel, Der sachliche, persönliche und territoriale Anwendungsbereich der Grundfreiheiten, in: Lang, Michael (Hrsg.), Europäisches Steuerrecht, Deutsche Steuerjuristische Gesellschaft, Band 41, Verlag Otto Schmidt, 2018, S. 195 – 271.
[zitiert als: *Cordewener*, DStJG 41 (2018), S.]

Cordewender, Axel, Anti-Abuse Measures in the Area of Direct Taxation: Towards Converging Standards unter Treaty Freedoms and EU Directives?, EC Tax Review 2017, S. 60 – 66.

Cordewener, Axel / Kofler, Georg / van Thiel, Servaas, The clash between european freedoms and national direct tax law: public interest defences available to the member states, CMLR 46 (2009), S. 1951 – 2000.

Cordewener, Axel, Deutsche Unternehmensbesteuerung und europäische Grundfreiheiten – Grundzüge des materiellen und formellen Rechtsschutzsystems der EG, DStR 2004, S. 6 – 15.

Cordewener, Axel, Europäische Grundfreiheiten und nationales Steuerrecht, Verlag Dr. Otto Schmidt, 2002.
[zitiert als: *Cordewener*, Europäische Grundfreiheiten und nationales Steuerrecht, S.]

Creed, Tanja, Steuergestaltung über Lizenz- bzw. Patentboxen – Ein Auslaufmodell?, GRUR-Prax 2014, S. 346 – 348.

Crezelius, Georg, Besteuerung aus Drittverhalten?, FR 2002, S. 805 – 811.

Dannecker, Gerhard, Europäisierung und Internationalisierung des Steuerstrafrechts, in: Mellinghoff, Rudolf (Hrsg.), Steuerstrafecht an der Schnittstelle zum Steuerrecht, Deutsche Steuerjuristische Gesellschaft, Band 38, Verlag Dr. Otto Schmidt, 2015, S. 373 – 439.
[zitiert als: *Dannecker*, DStJG 38 (2015), S.]

Danz, Daniela, Das Subjektsteuerprinzip – Begriff, Rechtfertigung und Auswirkungen, FR 2018, S. 160 – 169.

Dauses, Manfred / Ludwigs, Markus (Hrsg.), Handbuch des EU-Wirtschaftsrechts, Loseblatt, Verlag C.H. Beck, 53. Ergänzungslieferung, Juli 2021.
[zitiert als: *Bearbeiter*, in: Dauses/Ludwigs, EU-Wirtschaftsrecht, Kapitel, Rn.]

Debus, Alfred G., Verweisungen in deutschen Rechtsnormen, Dissertation, Duncker & Humblot, 2008.
[zitiert als: *Debus*, Verweisungen, S.]

Degenhart, Christoph, Staatsrecht I – Staatsorganisationsrecht, 34. Auflage, C. F. Müller, 2018.
[zitiert als: *Degenhart*, Staatsrecht I, S.]

Depenheuer, Otto, Der Wortlaut als Grenze, Thesen zu einem Topos der Verfassungsinterpretation, R. v. Decker & C. F. Müller, 1998.
[zitiert als: *Depenheuer*, Der Wortlaut als Grenze, S.]

Desai, Mihiar A. / Foley, C. Fritz / Hines, James R., The demand for tax haven operations, Journal of Public Economics 90 (2006), S. 513 – 531.

Desens, Marc, Die Verwirklichung des Leistungsfähigkeitsprinzips als Maßstab der Steuernormen in der Rechtsprechung des BVerfG, StuW 2016, S. 240 – 255.

Desens, Marc, Der Verlust von Verlustvorträgen nach der Mindestbesteuerung, FR 2011, S. 745 – 751.

Dharmapala, Dhammika, What Do We Know about Base Erosion and Profit Shifting? A Review oft he Empirical Literature, Fiscal Studies, vol. 35, No. 4., 2014, S. 421 – 448.

Di Fabio, Udo, Steuern und Gerechtigkeit, JZ 2007, S. 749 – 755.

Dischinger, Matthias / Riedel, Nadine, Corporate taxes and the location of intangible assets within multinational firms, Journal of Public Economics, 95 (2011), S. 691 – 707.

Ditz, Xaver / Quilitzsch, Carsten, Gesetz gegen schädliche Steuerpraktiken im Zusammenhang mit Rechteüberlassungen – die Einführung einer Lizenzschranke in § 4j EStG, DStR 2017, S. 1561 – 1568.

Ditz, Xaver / Pinkernell, Reimar / Quilitzsch, Carsten, BEPS-Reformvorschläge zu Lizenzgebühren und Verrechnungspreisen bei immateriellen Wirtschaftsgütern aus Sicht der Beratungspraxis, IStR 2014, S. 45 – 51.

Dobratz, Lars, Grundfreiheiten und steuerliche Wirtschaftspolitik, in: Sieker, Susanne (Hrsg.), Steuerrecht und Wirtschaftspolitik, Deutsche Steuerjuristische Gesellschaft, Band 39, Verlag Dr. Otto Schmidt, 2016, S. 145 – 168.
[zitiert als: *Dobratz*, DStJG 39 (2016), S.]

Dölker, Angelika, Anknüpfungspunkte der Besteuerung und Gewinnaufteilung angesichts der Digitalisierung von Geschäftsmodellen, BB 2019, S. 476 – 481.

Dreier, Horst (Hrsg.), Grundgesetz Kommentar: GG, 3. Auflage, Mohr Siebeck, 2018.
[zitiert als: *Bearbeiter*, in: Dreier, Art. Rn.]

Drenseck, Walter, Einkommensteuerreform und objektives Nettoprinzip, in: Tipke, Klaus / Söhn, Hartmut (Hrsg.), Gedächtnisschrift für Christoph Trzaskalik, Verlag Dr. Otto Schmidt, 2005, S. 283 – 294.
[zitiert als: *Drenseck*, in: GS Trzaskalik, S.]

Droege, Michael, Wie viel Verfassung braucht der Steuerstaat?, StuW 2011, S. 105 – 112.

Drummer, Verena, Lizenzschranke: Abzugsbeschränkung vs. Tax Credit aus EU-rechtlicher Sicht, IStR 2017, S. 602 – 605.

Drüen, Klaus-Dieter, Aktuelle verfassungsgerichtliche Leitlinien für die Unternehmensbesteuerung, StbJb 2017/2018, S. 1 – 23.

Drüen, Klaus-Dieter, Verfassungskonforme Auslegung und Rechtsfortbildung durch die Finanzgerichte, StuW 2012, S. 269 – 280.

Drüen, Klaus-Dieter, Anmerkung zum BVerfG-Urteil vom 12.05.2009 – 2 BvL 1/00, JZ 2010, S. 91 – 94.

Drüen, Klaus-Dieter, Das Unternehmensteuerrecht unter verfassungsgerichtlicher Kontrolle – Zur Gestaltungsfreiheit des Steuergesetzgebers zwischen Folgerichtigkeit und Systemwechsel, Ubg 2009, S. 23 – 29.

Drüen, Klaus-Dieter, Unternehmerfreiheit und Steuerumgehung, StuW 2008, S. 154 – 166.

Drüen, Klaus-Dieter, Die Bruttobesteuerung von Einkommen als verfassungsrechtliches Vabanquespiel, StuW 2008, S. 3 – 14.

Drüen, Klaus-Dieter, Unternehmensumstrukturierung als Steuerumgehung?, DStZ 2006, S. 539 – 547.

Drüen, Klaus-Dieter, Typus und Typisierung im Steuerrecht – Anmerkungen zu Martin Strahl, Die typisierende Betrachtungsweise im Steuerrecht, StuW 1997, S. 261 – 275.

Ebsen, Ingwer, Fremdverweisungen in Gesetzen und Publikationsgebot, DÖV 1984, S. 654 – 662.

Eckhoff, Rolf, „Steuergerechtigkeit" als verfassungsrechtliches und als steuerpolitisches Argument, StuW 2016, S. 207 – 225.

Eckhoff, Rolf, Abgeltungssteuer – Systematische und verfassungsrechtliche Aspekte, FR 2007, S. 989 – 998.

Eckhoff, Rolf, Gleichmäßigkeit der Besteuerung, in: Kube, Hanno / Mellinghoff, Rudolf / Morgenthaler, Gerd / Palm, Ulrich / Puhl, Thomas / Seiler, Christian (Hrsg.), Leitgedanken des Rechts, Paul Kirchhof zum 70. Geburtstag, Band II Verlag C.F. Müller, 2013, S. 1601 – 1609.
[zitiert als: *Eckhoff*, in: Leitgedanken des Rechts, Band II, § 148 Rn.]

Eckhoff, Rolf, Steuerrecht ohne System, in: Nach geltendem Verfassungsrecht, in: Manssen, Gerrit / Jachmann, Monika / Gröpl, Christoph (Hrsg.), Nach geltendem Verfassungsrecht, Festschrift für Udo Steiner zum 70. Geburtstag, Richard Boorberg Verlag, 2009, S. 118 – 134.
[zitiert als: *Eckhoff*, in: FS Steiner, S. 1]

Eckhoff, Rolf, Rechtsanwendungsgleichheit im Steuerrecht, Verlag Dr. Otto Schmidt, 1999.
[zitiert als: *Eckhoff*, Rechtsanwendungsgleichheit, S.]

Eggeling, Heiner, EU-Holdinggesellschaften aus Sicht inländischer Konzerne – Substanzerfordernisse und ausgewählte Standorte, Ubg 2011, S. 676 – 688.

Ehlermann, Christian / Köhler, Stefan, US-Steuerreform leitet neue Runde im globalen Steuerwettbewerb ein, ISR 2018, S. 37 – 41.

Ehlers, Dirk (Hrgs.), Europäische Grundrechte und Grundfreiheiten, 4. Auflage, De Gruyter, 2015.
[zitiert als: *Bearbeiter*, in: Ehlers, Europäische Grundrechte und Grundfreiheiten, § Rn.]

Ehricke, Urlich / Blask, Holger, Dynamischer Verweis auf Gruppenfreistellungsverordnungen im neuen GWB?, JZ 2003, S. 722 – 730.

Eichberger, Michael, Der Gleichheitssatz im Steuerrecht, in: Drüen, Klaus-Dieter / Hey, Johanna / Mellinghoff, Rudolf (Hrsg.), 100 Jahre Steuerrechtsprechung in Deutschland 1918 – 2018, Festschrift für den Bundesfinanzhof, Band I, Verlag Otto Schmidt, 2018, S. 501 – 518.
[zitiert als: *Eichberger*, in: FS für den BFH, S.]

Eichberger, Michael, Verfassungsrechtliche Rahmenbedingungen, in: Sieker, Susanne (Hrsg.), Steuerrecht und Wirtschaftspolitik, Deutsche Steuerjuristische Gesellschaft, Band 39, Verlag Dr. Otto Schmidt, 2016, S. 97 – 117.
[zitiert als: *Eichberger*, DStJG 39 (2016), S.]

Eichfelder, Sebastian, Braucht Deutschland eine neue Unternehmensteuerreform?, DStR 2018, S. 2397 – 2402.

Eiler, Stephan / Schmitz, Stefan, BEPS – base erosion and profit shifting: Besteuerungsgrundlage und Gewinnverlagerung, ISR 2013, S. 68 – 75.

Endres, Dieter, Ausmaß internationaler Steuerplanung – aggressiv oder moderat?, in: Kahle, Holger / Overesch, Michael / Ruf, Martin / Spengel, Christoph (Hrsg.), Kernfragen der Unternehmensbesteuerung, Symposium für Ulrich Schreiber zum 65. Geburtstag, Verlag Springer Gabler, 2017, S. 59 – 85.
[zitiert als: *Endres*, in: FS Schreiber, S.]

Englisch, Joachim, Grundfreiheiten: Vergleichbarkeit, Rechtfertigung und Verhältnismäßigkeit, in: in: Lang, Michael (Hrsg.), Europäisches Steuerrecht, Deutsche Steuerjuristische Gesellschaft, Band 41, Verlag Otto Schmidt, 2018, S. 273 – 364
[zitiert als: *Englisch*, DStJG 41 (2018), S.]

Englisch, Joachim, Patentboxen im Post-BEPS-Zeitalter – Eine Würdigung steuerlicher Privilegierung von IP-Einkommen nach dem Nexus-Approach, StuW 2017, S. 331 – 343.

Englisch, Joachim, Folgerichtiges Steuerrecht als Verfassungsgebot, in: Tipke, Klaus / Seer, Roman / Hey, Johanna / Englisch, Joachim (Hrsg.), Gestaltung der Steuerrechtsordnung, Festschrift für Joachim Lang zum 70. Geburtstag, Verlag Dr. Otto Schmidt, 2010, S. 167 – 220.
[zitiert als: *Englisch*, in: FS Lang, S.]

Englisch, Joachim, Verfassungsrechtliche Grundlagen und Grenzen des objektiven Nettoprinzips, Beihefter zu DStR 34 (2009), S. 92 – 199.

Englisch, Joachim, Verbot des Rechtsmissbrauchs – ein allgemeiner Rechtsgrundsatz des Gemeinschaftsrechts?, StuW 2009, S. 3 – 22.

Englisch, Joachim, Wettbewerbsgleichheit im grenzüberschreitenden Handel, Verlag Mohr Siebeck, 2008.
[zitiert als: *Englisch*, Wettbewerbsgleichheit, S. 1]

Englisch, Joachim, Dividendenbesteuerung, Verlag Dr. Otto Schmidt, 2005.
[zitiert als: *Englisch*, Dividendenbesteuerung, S.]

Epiney, Astrid, Gemeinwohlinteressen und Grundfreiheiten: Zum Gestaltungsspielraum der Mitgliedsstaaten bei der Rechtfertigung des Eingriffs in Grundfreiheiten, in: Stumpf, Cordula / Kainer, Friedemann / Baldus, Christian, Privatrecht, Wirtschaftsrecht, Verfassungsrecht, Festschrift für Peter-Christian Müller-Graff zum 70 Geburtstag am 29. September 2015, S. 467 – 474.
[zitiert als: *Epiney*, in: FS Müller-Graff, S.]

Ernst, Christof / Richter, Katharina / Riedel, Nadine, Corporate taxation and the quality of research and development, International Tax and Public Finance 2014, S. 694 – 719.

Ernst, Markus / Farinato, Enrico / Würstlin, Tim, Ist § 50d Abs. 3 EStG auch in Drittstaatenfällen am Ende?, IStR 2019, S. 6 – 11.

Esser, Clemens, Internationaler Steuerwettbewerb – Vorteile und Gefahren, Ifst-Schrift Nr. 422, 2004.

Evers, Lisa K., Intellectual Property (IP) Box Regimes, Tax Planning, Effective Tax Burdens, and Tax Policy Options, Diss., 2015.
[zitiert als.: *Evers*, IP-Box-Regimes, S. 1]

Evers, Lisa / Miller, Helen / Spengel, Christoph, Intellectual property box regimes: effective tax rates and tax policy considerations, Int Tax Public Finance (2015) 22, S. 502 – 530.

Fehling, Daniel / Schmid, Mareike, BEPS und die EU: Was ist die „europäische Dimension“ von BEPS? – Das Beispiel grenzüberschreitender Lizenzzahlungen, IStR 2015, S. 493 – 499.

Fehling, Daniel, Die steuerlichen Herausforderungen bei der Digitalen Wirtschaft, IStR 2014, S. 638 – 643.

Fischer, Peter, Überlegungen zum fraus-legis-Gedanken nach deutschem und europäischem Recht, in: Kirchhof, Paul / Nieskens, Hans, Festschrift für Wolfram Reiss zum 65. Geburtstag, Verlag Dr. Otto Schmidt, 2008, S. 621 – 644.
[zitiert als: *Fischer*, in: FS Reiss, S.]

Fischer, Wolfgang Wilhelm / Scholz, Christian, IP-Optionen – Gestaltungsalternative für F&E-Projekte, BB 2007, S. 129 – 133.

Flick, Hans / Wassermeyer, Franz / Baumhoff, Hubertus / Schönfeld, Jens (Hrsg.), Außensteuerrecht, Kommentar, Loseblatt, Verlag Dr. Otto Schmidt, Stand: 98. Aktualisierung, Juli 2021.
[zitiert als: *Bearbeiter*, in: F/W/B/S, § Rn.]

Flick, Hans, Mißbrauchsgesetzgebung contra Steuerumgehung, in: Kirchhof, Paul / Offerhaus, Klaus / Schöberle, Horst (Hrsg.), Steuerrecht – Verfassungsrecht – Finanzpolitik, Festschrift für Franz Klein, Verlag Dr. Otto Schmidt, 1994, S. 329 – 346.
[zitiert als: *Flick*, in: FS Klein, S.]

Flick, Hans, Vereinbarkeit des Steuerfluchtgesetzes mit Doppelbesteuerungsabkommen, BB 1971, S. 250 – 251.

Frase, Henning, Die „Lizenzschranke" (§ 4j EStG) – Einordnung und Anwendungsbereich, KÖSDI 2017, S. 20497 – 20502.

Friauf, Karl Heinrich, Steuervereinfachung versus Lenkungsnormen, in: Steuervereinfachung, in: Fischer, Peter (Hrsg.), Steuervereinfachung, Deutsche Steuerjuristische Gesellschaft, Band 21, Verlag Otto Schmidt, 1998, S. 85 – 98.
[zitiert als: *Friauf*, DStJG 21 (1998), S.]

Frotscher, Gerrit / Geurts, Matthias (Hrsg.), Einkommensteuergesetz Kommentar, Loseblatt, Haufe, Stand: 223. Aktualisierung, 2021.
[zitiert als: *Bearbeiter*, in: Frotscher/Geurts, § Rn.]

Frotscher, Gerrit, Internationales Steuerrecht, 5. Auflage, Verlag. C.H. Beck, 2020.
[zitiert als: *Frotscher*, Internationales Steuerrecht, Rn.]

Fuest, Winfried, Steuerharmonisierung und Steuerwettbewerb, in: Positionen – Beiträge zur Ordnungspolitik aus dem Institut der deutschen Wirtschaft Köln, Nr. 19, Deutscher Instituts-Verlag, 2006.
[zitiert als: *Fuest*, Steuerharmonisierung und Steuerwettbewerb, S.]

Führich, Gregor, Auswirkungen der Zins- und Lizenzrichtlinie auf Abzugsbeschränkungen im deutschen Steuerrecht, Ubg 2009, S. 30 – 42.

Gabel, Monika, Verfassungsrechtliche Maßstäbe spezieller Missbrauchsnormen im Steuerrecht, Verlag Nomos, 2011.
[zitiert als: *Gabel*, S.]

Gabel, Monika, Spezielle Missbrauchsnormen und der allgemeine Gleichheitssatz, StuW 2011, S. 3 – 17.

Gassner, Wolfgang, Steuergestaltung als Vorstandspflicht, in: Bernat, Erwin / Böhler, Elisabeth / Weilinger, Arthur (Hrsg.), Zum Recht der Wirtschaft, Festschrift für Heinz Krejci zum 60. Geburtstag, Erster Band, Verlag Österreich, 2001, S. 605 – 624.
[zitiert als: *Gassner*, in: FS Krejci Band I, S.]

Gassner, Ulrich M., Gesetzgebung und Bestimmtheitsgrundsatz, ZG 1996, S. 37 – 56.

Geberth, Georg, US-Kongress: Beide US-Gesetzgebungskammern beschließen gemeinsamen Entwurf zur US-Steuerreform, GmbHR 2018, R42 – R43.

Geberth, Georg, Lizenzgebührenabzugsverbot – Einstieg in eine deutsche „Weltsteuerpolizei"?, DB 2017, Heft 6, M5.

Geserich, Stephan, Auslegung und Rechtsfortbildung, Beihefter zu DStR 2011 (Heft 31), S. 59 – 66.

Geurts, Matthias / Staccioli, Guido, § 4j EStG-E – das neue Abzugsverbot für Lizenzaufwendungen, IStR 2017, S. 514 – 522.

Goebel, Sören / Ellinghoff, Karolina, (Nicht-)Konformität der Zinsschranke mit dem Grundgesetz und Europarecht? DStZ 2010, S. 550 – 561.

Goebel, Sören / Palm, Annette, Der Motivtest – Rettungsanker der deutschen Hinzurechnungsbesteuerung?, IStR 2007, S. 720 – 726.

Gosch, Dietmar, „Nah und verbunden" – Zum Nahestehen und Verbundensein im Steuerrecht, ISR 2020, 333 – 343.

Gosch, Dietmar (Hrsg.), Körperschaftsteuergesetz, Kommentar, 4. Auflage, Verlag C.H.Beck, 2020.
[zitiert als: *Bearbeiter*, in: Gosch, § Rn.]

Gosch, Dietmar, Missbrauchsabwehr im internationalen Steuerrecht, in: Achatz, Markus (Hrsg.), Internationales Steuerrecht, Deutsche Steuerjuristische Gesellschaft, Band 36, Verlag Dr. Otto Schmidt, 2013, S. 201 – 222.
[zitiert als: *Gosch*, DStJG 36 (2013), S.]

Gosch, Dietmar, Entwicklung und Rezeption der Rechtsprechung des EuGH aus Sicht des BFH, Ubg 2009, S. 73 – 79.

Gosch, Dietmar, Vielerlei Gleichheiten – Das Steuerrecht im Spannungsfeld von bilateralen supranationalen und verfassungsrechtlichen Anforderungen, DStR 2007, S. 1553 – 1561.

Görke, Roger, Einkommensteuer und objektives Nettoprinzip, Beihefter zu DStR 2009 (Heft 34), S. 106 – 109.

Grabitz, Eberhard / Hilf, Meinhard / Nettesheim, Martin (Hrsg.), Das Recht der Europäischen Union, Verlag C.H. Beck, Loseblatt, Stand: Mai 2021.
[zitiert als: *Bearbeiter*, in: Grabitz/Hilf/Nettesheim, Art., Rn.]

Greil, Stefan, Der Fremdvergleichsgrundsatz im internationalen Steuerrecht – Formelhafte, transaktionsbezogene Gewinnaufteilungsmethode als Alternative, StuW 2017, S. 159 – 176.

Griffith, Rachel / Miller, Helen / O´Connell, Martin, Ownership of intellectual property and corporate taxation, Journal of Public Economics 112 (2014), S. 12 – 23.

Grotherr, Siegfried, Abzugsverbot für Lizenzzahlungen an nahestehende Unternehmen bei Nutzung von steuerschädlichen IP-Boxen („Lizenzschranke"), Ubg 2017, S. 233 – 284.

Grotherr, Siegfried (Hrsg.), Handbuch der internationalen Steuerplanung, 3. Auflage, Verlag nwb, 2011.
[zitiert als: *Bearbeiter*, in: Handbuch der internat. Steuerplanung, S.]

Guckelberger, Annette, Die Gesetzgebungstechnik der Verweisung unter besonderer Berücksichtigung ihrer verfassungs- und gemeinschaftsrechtlichen Probleme, ZG 2004, S. 62 – 88.

Gusy, Christoph, Der Gleichheitssatz, NJW 1998, S. 2506 – 2514.

Guttmann, Daniel / Hinnekens, Luc, The Lankhorst-Hohorst case. The ECJ finds German thin capitalization rules incompatible with freedom of establishment, EC Tax Review 2003, S. 90 – 97.

Haarmann, Wilhelm, Die Missbrauchsverwirrung, IStR 2018, S. 561 – 574.

Haarmann, Wilhelm, Die neue Lizenzschranke nach § 4j EStG (§ 4j EStG), BB Die erste Seite 2017, Nr. 22, Die erste Seite.

Haarmann, Wilhelm, Wirksamkeit, Rechtmäßigkeit, Bedeutung und Notwendigkeit der Hinzurechnungsbesteuerung im AStG, IStR 2011, S. 565 – 573.

Haase, Florian / Nürnberg, Philip, Steuerliche Aspekte der Erschaffung, Ansiedlung und Verlagerung von IP, FR 2017, S. 1 – 7.

Haase, Florian (Hrsg.), Außensteuergesetz – Doppelbesteuerungsabkommen, 3. Auflage, Verlag C.F. Müller, 2016.
[zitiert als: *Bearbeiter*, in: Haase, §/Art. Rn.]

Hagemann, Tobias / Kahlenberg, Christian, Die Lizenzschranke (§ 4j EStG) aus verfassungs- und unionsrechtlicher Sicht, FR 2017, S. 1125 – 1131.

Hagemann, Tobias / Kahlenberg, Christian, Grenzüberschreitende Lizenzschranke: (Teil-)Abzugsbegrenzung von Aufwendungen für Rechteüberlassungen durch § 4j EStG, ISR 2017, S. 413 – 419.

Hahn, Hartmut, Zur Gemeinschaftsrechtskonformität der Missbrauchsklausel in § 50g Abs. 4 EStG – Zugleich ein Beitrag zur Auslegung der Zins-/Lizenzgebühren-Richtlinie, IStR 2010, S. 638 – 644.

Hahn, Hartmut, Im Westen nichts Neues – Überlegungen zur Entscheidung des EuGH in der Rechtssache Papillon, IStR 2009, S. 198 – 202.

Hahn, Hartmut, Bemerkungen zum EuGH-Urteil „Cadbury Schweppes", IStR 2006, S. 667 – 670.

Haratsch, Andreas / Koenig, Christian / Pechstein, Matthias, Europarecht. 12. Auflage, Verlag Mohr Siebeck, 2020.
[zitiert als: *Haratsch/Koenig/Pechstein*, Europarecht, Rn.]

Harnett, Dave, The Link between Taxation and Corporate Governance, in: Schön, Wolfgang (Hrsg.), Tax and Corporate Governance, MPI Studies on Intellectual Property, Competition and Tax Law, Volume 3, Springer Verlag, 2008, S. 3 – 8.
[zitiert als: *Harnett*, in: Tax and Corporate Governance, S.]

Heckemeyer, Jost H. / Spengel, Christoph, Maßnahmen gegen Steuervermeidung: Steuerhinterziehung versus aggressive Steuerplanung, WD 2013, S. 363 – 366.

Heger, Karin, Körperschaft- und Gewerbesteuer und objektives Nettoprinzip, Beihefter zu DStR 34 (2009), S. 117 – 122,

Heidecke, Björn / Holst, Rainer, Begrenzung der Abzugsfähigkeit von Lizenzaufwendungen, IWB 2017, S. 128 – 136.

Heil, Svetlana / Pupeter, Alexander, Lizenzschranke – Update zum Inkrafttreten des § 4j EStG (§ 4j EStG), BB 2017, S. 1947 – 1952.

Heil, Svetlana / Pupeter, Alexander, Lizenzschranke – Gesetzesentwurf eines neuen § 4j EStG, BB 2017, S. 795 – 801.

Hemmerich, Aaron, Abzugsbeschränkungen im internationalen Steuerrecht – Analyse und Wirkungsvergleich der deutschen und österreichischen Lizenzschranke, IStR 2019, S. 294 – 299.

Hensel, Albert, Zur Dogmatik des Begriffs „Steuerumgehung“, in: Bonner Festgabe für Ernst Zitelmann zum fünfzigjährigen Doktorjubiläum, Duncker & Humblot, 1923, S. 217 – 288.
[zitiert als: *Hensel*, in: FS Zitelmann, S.]

Henze, Thomas, Die „objektive Verfügbarkeit der Situationen“ als Element der Prüfung steuerrechtlicher Normen am Maßstab der Grundfreiheiten, in: Lüdicke, Jürgen / Mellinghoff, Rudolf / Rödder, Thomas, Nationale und internationale Unternehmensbesteuerung in der Rechtsordnung, Festschrift für Dietmar Gosch zum Ausscheiden aus dem Richteramt, Verlag C.H. Beck, 2016, S. 137 – 149.
[zitiert als: *Henze*, in: FS Gosch, S.]

Hermann, Carl / Heuer, Gerhard / Raupach, Arndt, EStG KStG, Kommentar, fortgeführt von Hey, Johanna / Wendt, Michael / Klein, Martin (Hrsg.), Loseblatt, Verlag Dr. Otto Schmidt, Stand: 302. Aktualisierung, November 2021.
[zitiert als: *Bearbeiter*, in: H/H/R, § Rn.]

Herzig, Norbert, Besteuerung der Unternehmen in Europa – Harmonisierung im Wettbewerb der Systeme, in: Lehner, Moris (Hrsg.), Steuern im Europäischen Binnenmarkt, Deutsche Steuerjuristische Gesellschaft, Band 19, Verlag Dr. Otto Schmidt, 1996, S. 121 – 149.
[zitiert als: *Herzig*, DStJG 19 (1996), S.]

Herzog, Norbert, Steuer- und Finanzpolitik im geeinten Deutschland – Die Sicht des Bundesverfassungsgerichts, in: Präsidium des Bundes der Steuerzahler (Hrsg.), VI Deutscher Steuerzahlerkongreß am13. September 1991, Steuer- und Finanzpolitik im geeinten Deutschland und in Europa, Bonner Universitäts-Buchdruckerei, 1991.
[zitiert als: *Herzog*, in: VI Deutscher Steuerzahlerkongreß, S.]

Heuermann, Bernd, Was ist eigentlich ein „qualifizierter Fiskalzweck“?, DB 2014, Heft 50, M 5.

Heuermann, Bernd, Steuerinnovation im Wandel; Einige Thesen zur Zinsschranke und ihrer Verfassungsmäßigkeit, DStR 2013, S. 1 – 5.

Hey, Johanna, Europäische Steuergesetzgebung zwischen Binnenmarkt und Fiskalinteressen, in: Lang, Michael (Hrsg.), Europäisches Steuerrecht, Deutsche Steuerjuristische Gesellschaft, Band 41, Verlag Otto Schmidt, 2018, S. 9 – 56.
[zitiert als: *Hey*, DStJG 41 (2018), S.]

Hey, Johanna, Harmonisierung der Missbrauchsabwehr durch die Anti-Tax-Avoidance-Directive (ATAD), StuW 2017, S. 248 – 265.

Hey, Johanna, Harmonisierung der Unternehmensbesteuerung in Europa – Eine Standortbestimmung in Zeiten von BEPS, FR 2016, S. 554 – 560.

Hey, Johanna, Grenzen steuerlicher Gestaltungsfreiheit – Verhältnis des § 42 AO zu speziellen Missbrauchsvorschriften – Münchner Unternehmenssteuerforum am 23.10.2013, DStR Beihefter 3 (2014), S. 8 – 13.

Hey, Johanna, Steuerplanung, in: Kube, Hanno / Mellinghoff, Rudolf / Morgenthaler, Gerd / Palm, Ulrich / Puhl, Thomas / Seiler, Christian (Hrsg.), Leitgedanken des Rechts, Paul Kirchhof zum 70. Geburtstag, Band II Verlag C.F. Müller, 2013, S. 1657 – 1666.
[zitiert als: *Hey*, in: Leitgedanken des Rechts, Band II, § 153 Rn.]

Hey, Johanna, BEPS – Base Erosion and profit shifting: Wende im internationalen Steuerrecht?, DB 2013, Heft 13, Standpunkte, S. 21 – 22.

Hey, Johanna, Steuerpolitischer Handlungsbedarf bei der Konzernbesteuerung, FR 2012, S. 994 – 1000.

Hey, Johanna, Umsetzung der Rechtsprechung des Europäischen Gerichtshofs im nationalen Steuerrecht, StuW 2010, S. 301 – 320.

Hey, Johanna, Spezialgesetzgebung und Typologie zum Gestaltungsmissbrauch, in: Hüttemann, Rainer (Hrsg.), Gestaltungsfreiheit und Gestaltungsmissbrauch im Steuerrecht, Deutsche Steuerjuristische Gesellschaft, Band 33, Verlag Dr. Otto Schmidt, 2010, S. 139 – 176.
[zitiert als: *Hey*, DStJG 33 (2010), S.]

Hey, Johanna, Besteuerung von Unternehmen und Individualsteuerprinzip, in: Schön, Wolfgang / Osterloh-Konrad, Christine (Hrsg.), Kernfragen des Unternehmensteuerrechts, Springer-Verlag, 2010, S. 1 – 29.
[zitiert als: *Hey*, in: Kernfragen des Unternehmenssteuerrechts, S.]

Hey, Johanna, Nationale Missbrauchsvorschriften im Spannungsfeld von DBA- und EU-Recht, in: Lüdicke, Jürgen (Hrsg.), Wo steht das deutsche Internationale Steuerrecht?, Forum der Internationalen Besteuerung, Band 35, Verlag Dr. Otto Schmidt, 2009, S. 137 – 169.
[zitiert als: *Hey*, in: Wo steht das deutsche Internationale Steuerrecht?, S.]

Hey, Johanna, Zur Geltung des Gebots der Folgerichtigkeit im Unternehmensteuerrecht – Zugleich Besprechung der Entscheidung des BVerfG zum Verbot von Jubiläumsrückstellungen vom 12.5.2009, DStR 2009, S. 2561 – 2568.

Hey, Johanna, Körperschaft- und Gewerbesteuer und objektives Nettoprinzip, Beihefter zu DStR 34 (2009), S. 109 – 117.

Hey, Johanna, Gestaltungsmissbrauch nach der Neufassung des § 42 AO und dem dazu ergangenen BMF-Erlass, BB 2009, S. 1044 – 1048.

Hey, Johanna, Spezialgesetzliche Missbrauchstypisierung aus steuersystematischer, verfassungs- und europarechtlicher Sicht, StuW 2008, S. 167 – 183.

Hey, Johanna, Gestaltungsspielraum des Gesetzgebers und Sicherung des Steueraufkommens, FR 2008, S. 1033 – 1040.

Hey, Johanna, Rechtsprechung des Bundesverfassungsgerichts zum Steuerrecht im Wandel?, StbJb 2007/2008, S. 19 – 58.

Hey, Johanna, Verletzung fundamentaler Besteuerungsprinzipien durch die Gegenfinanzierungsmaßnahmen des Unternehmensteuerreformgesetzes 2008, BB 2007, S. 1303 – 1309.

Hey, Johanna, Besteuerung von Einkommen – Aufgabe, Wirkungen und europäische Herausforderungen, JZ 2006, S. 851 – 860.

Hey, Johanna, Erosion nationaler Besteuerungsprinzipien im Binnenmarkt? – zugleich zu den Rechtfertigungsgründen der „Europatauglichkeit“ und „Wettbewerbsfähigkeit“ des Steuersystems, StuW 2005, S. 317 – 326.

Hey, Johanna, Das Individualsteuerprinzip in Einkommen-, Körperschaft- und Gewerbesteuer, in: Tipke, Klaus / Söhn, Hartmut (Hrsg.), Gedächtnisschrift für Christoph Trzaskalik, Verlag Dr. Otto Schmidt, 2005, S. 219 – 237.
[zitiert als: *Hey*, in: GS Trzaskalik, S.]

Hey, Johanna, Perspektiven der Unternehmensbesteuerung in Europa, StuW 2004, S. 193 – 211.

Hey, Johanna, Umwandlungssteuergesetz nach Unternehmenssteuerreform, GmbHR 2001, S. 993 – 1004.

Hey, Johanna, Besteuerung von Unternehmensgewinnen und Rechtsformneutralität, in: Ebling, Iris (Hrsg.), Besteuerung von Einkommen, Deutsche Steuerjuristische Gesellschaft, Band 24, Verlag Dr. Otto Schmidt, 2001, S. 155 – 223.
[zitiert als: *Hey*, DStJG 24 (2001), S.]

Hidien, Jürgen, § 8 Nr. 1 GewStG n.F. verstößt gegen die europäische Zins-/Lizenzgebühren-Richtlinie!, DStZ 2008, S. 130 – 133.

Hill, Hermann, Zur Verweisung auf Richtlinien im Kassenarztrecht, NJW 1982, S. 2104 – 2108.

Hoeck, Alexander / Schmid, Mareike, Das OECD-Forum gegen schädlichen Steuerwettbewerb, IWB 2017, S. 734 – 741.

Hofer, Jörg / Weidlich, Immanuel, Steuerplanung durch IP-Box-Regime in Europa, IWB 2016, S. 753 – 764.

Hohenwarter, Daniela, Verlustverwertung im Konzern, LexisNexis Verlag, 2010.
[zitiert als: *Hohenwarter*, S.]

Holle, Florian / Weiss, Martin, Einschränkung des Abzugs für Aufwendungen aus einer Rechteüberlassung, FR 2017, S. 217 – 223.

Homburg, Stefan, Die Zinsschranke – eine beispiellose Steuerinnovation, FR 2007, S. 717 – 728.

Hömig, Dieter, Zur Zulässigkeit statischer Verweisungen des bundesrechts auf nichtnormative Regelungen, DVBl. 1979, S. 307 – 311.

Hornig, Marcus, Steuerliche Förderung von Forschung und Entwicklung in Deutschland, BB 2010, S. 215 – 221.

Höreth, Ulrike / Stelzer, Brigitte, Entwurf einer Lizenzschranke – Einschränkung des Betriebsausgabenabzugs, DStZ 2017, S. 270 – 275.

Hufeld, Ulrich, Steuerstaat als Staatsform in Europa, in: Depenheuer, Otto / Heintzen, Markus, Jestaedt, Matthias / Axer, Peter (Hrsg.), Staat im Wort, Festschrift für Josef Isensee, Verlag C.F. Müller, 2007, S. 857 – 874.
[zitiert als: *Hufeld*, in: FS Isensee, S.]

Hübschmann, Walter / Hepp, Ernst / Spitaler, Armin, AO, FGO, Abgabenordnung, Finanzgerichtsordnung, Kommentar, Söhn, Hartmut / Heuermann, Bernd / Wolfgang, Hans-Michael, Loseblatt, Verlag Dr. Otto Schmidt, Stand: 265. Aktualisierung, Oktober 2021.
[zitiert als: *Bearbeiter*, in: H/H/S, § Rn.]

Ipsen, Jörn, Die Genehmigung technischer Grundlagen – Rechtliche Regelung und neuere Judikatur, AöR 107 (1982), S. 259 – 296.

Ismer, Roland / Piotrowski, Sophia, Selektivität von Beihilfen: Dogmatische Grundfragen am Beispiel von IP-Boxen, IStR 2015, S. 257 – 267.

Jachmann, Monika, Objektives Nettoprinzip als tragendes Element im Gesamtsystem des Steuerrechts und Grenze für die Steuerpolitik, Beihefter zu DStR 34 (2009), S. 129 – 132.

Jachmann, Monika, Eine deutsche Abgeltungssteuer auf Kapitalerträge im europäischen Kontext, BB 2003, S. 2712 – 2719.

Jachmann, Monika, Die Bindungswirkung normenkonkretisierender Verwaltungsvorschriften, Verw. 28 (1995), S. 17 – 31.

Jacobs, Otto H., Internationale Unternehmensbesteuerung, 8. Auflage, Verlag C.H. Beck, 2016.
[zitiert als: *Jacobs*, Internationale Unternehmensbesteuerung, S.]

Jarass, Lorenz, Gewinnkürzung und Gewinnverlagerung (BEPS): Nationale Maßnahmen sind möglich und hilfreich, IStR 2014, S. 741 – 749.

Jarass, Hans, D., Der rechtliche Stellenwert technischer und wissenschaftlicher -Standards, NJW 1987, S. 1225 – 1231.

Jehlin, Alexander, Die Zinsschranke als Instrument zur Missbrauchsvermeidung und Steigerung der Eigenkapitalausstattung, 2013, Duncker & Humblot, Berlin.
[zitiert als: *Jehlin*, S.]

Jochimsen, Claus, Nutzung von Intellectual Property im Lichte des DEMPTE-Funktionskonzepts, IStR 2018, S. 670 – 675.

Jochimsen, Claus, Die US-Steuerreform und ihre Auswirkung auf deutsche Unternehmen, ISR 2018, S. 91 – 99.

Jochimsen, Claus / Bildstein, Christoph, Überlassung und Übertragung von Intellectual Property vor dem Hintergrund der BEPS-Diskussionen, Ubg 2014, S. 299 – 306.

Jochimsen, Claus / Zinowsky, Tim / Schraud, Angélique, Die Lizenzschranke nach § 4j EStG – Ein Gesellenstück des deutschen Gesetzgebers, IStR 2017, S. 593 – 601.

Jochum, Heike, Systemfragen zu Mantelkauf und Sanierungsklausel, FR 2011, S. 497 – 506.

Jochum, Heike, Zur Fortsetzung der Rechtssache Marks & Spencer: Gestattet das europäische Gemeinschaftsrecht eine „geltungserhaltende Reduktion des nationalen Steuerrechts?, IStR 2006, S. 621 – 623.

Kahle, Holger / Biebinger, Christian / Wildermuth, Marcel, Aggressive Steuerplanung und Treaty-/Directive-Shopping im Binnenmarkt, Ubg 2014, S. 285 – 352.

Kahle, Holger / Wildermuth, Marcel, BEPS und aggressive Steuerplanung. Ein Diskussionsbeitrag, Ubg 2013, S. 405 – 468.

Kahlenberg, Christian, Unionsrechtskonforme Anwendung von § 50d Abs. 3 EStG?, FR 2018, S. 499 – 505.

Kahlenberg, Christian / Vogel, Nina, Unionsrechtsvereinbarkeit der durch Korrespondenzregeln ausgelösten Ungleichbehandlung? Eine Untersuchung des BEPS-Aktionspunkts 2, StuW 2016, S. 288 – 301.

Kanzler, Hans-Joachim / Kraft, Gerhard / Bäuml, Swen Oliver / Marx, Jürgen / Hechtner, Frank (Hrsg.), Einkommensteuergesetz Kommentar, 6. Auflage, NWB Verlag, 2021.
[zitiert als: *Bearbeiter*, in: K/K/B, § Rn.]

Karkinsky, Tom / Riedel, Nadine, Corporate taxation and the choice of patent location within multinational firms, Journal of International Economics 88 (2012), S. 176 – 185.

Karpen, Hans-Ulrich, Die Verweisungstechnik im System horizontaler und vertikaler Gewaltenteilung, in: Rödig, Jürgen (Hrsg.), Studien zu einer Theorie der Gesetzgebung, Springer-Verlag, 1976, S. 221 – 243.
[zitiert als: *Karpen*, in: Rödig, S.]

Karpen, Hans-Ulrich, Die Verweisung als Mittel der Gesetzgebungstechnik, Dissertation, Walter de Gryter & Co., 1970.
[zitiert als: *Karpen*, Verweisung, S.]

Karst, Thomas, Die „Kampfhundesteuer" – Ausfluß kommunalgesetzgeberischer Rechtsetzungshoheit oder Willkür?, NVwZ 1990, S. 244 – 250.

Kessler, Wolfgang / Eicker, Klaus / Schindler, Jörg, Hinzurechnung von Dauerschuldzinsen nach § 8 Nr. 1 GewStG verstößt gegen die Zins- und Lizenzrichtlinie, IStR 2004, S. 678 – 680.

Kirchhof, Ferdinand, Das Leistungsfähigkeitsprinzip nach dem Grundgesetz – Zustand und Zukunft, BB 2017, S. 662 – 667.

Kirchhof, Gregor, Der qualifizierte Gesetzesvorbehalt im Steuerrecht – Schuldenbesteuerung, Nettoprinzip, Steuerkonkurrenzen, Beihefter zu DStR 49 (2009), S. 135 – 144.

Kirchhof, Paul / Mellinghoff, Rudolf / Kube, Hanno (Hrsg.) begründet mit Söhn, Hartmut, Einkommensteuergesetz, Kommentar, Loseblatt, Verlag C.F. Müller, Stand: 318. Aktualisierung, Oktober 2021.
[zitiert als: *Bearbeiter*, in: K/S/M, § Rn.]

Kirchhof, Paul / Seer, Roman (Hrsg.), Einkommensteuergesetz Kommentar, 20. Auflage, Verlag Dr. Otto Schmidt, 2021.
[zitiert als: *Bearbeiter*, in: Kirchhof/Seer, § Rn.]

Kirchhof, Paul, Die Gleichheit vor dem Steuergesetz – Maßstab und Missverständnisse, StuW 2017, S. 3 – 16.

Kirchhof, Paul / Isensee, Josef (Hrsg.), Handbuch des Staatsrechts, Band V, Rechtsquellen, Organisation, Finanzen, 3. Auflage, C. F. Müller Verlag, 2007.
[zitiert als: *Bearbeiter*, in: HStR V, § Rn.]

Kirchhof, Paul / Isensee, Josef (Hrsg.), Handbuch des Staatsrechts, Band VIII, Grundrechte: Wirtschaft, Verfahren, Gleichheit, 3. Auflage, C. F. Müller Verlag, 2010.
[zitiert als: *Bearbeiter*, in: HStR VIII, § Rn.]

Kirchhof, Paul, Der sanfte Verlust der Freiheit: für ein neues Steuerrecht – klar, verständlich, gerecht, Verlag Hanser, 2004.
[zitiert als: *P. Kirchhof*, Der sanfte Verlust der Freiheit, S.]

Kirchhof, Paul, Der Grundrechtsschutz des Steuerpflichtigen, AöR 128 (2003), S. 1 – 51.

Kirchhof, Paul, Der verfassungsrechtliche Auftrag zur Besteuerung nach der finanziellen Leistungsfähigkeit, StuW 1985, S. 319 – 329.

Kirchhof, Paul, Steuergleichheit, StuW 1984, S. 297 – 314.

Kirchhof, Paul, Steuerumgehung und Auslegungsmethoden, StuW 1983, S. 173 – 183.

Kischel, Uwe, Gleichheitssatz und Steuerrecht – Gefahren eines dogmatischen Sonderwegs, in: Mellinghoff, Rudolf / Palm, Ulrich (Hrsg.), Gleichheit im Verfassungsstaat – Symposion aus Anlass des 65. Geburtstages von Paul Kirchhof, C.F. Müller Verlag, 2008, S. 175 – 193.
[zitiert als: *Kischel*, in: Gleichheit im Verfassungsstaat, S.]

Klein, Franz, Abgabenordnung: AO, Kommentar, 15. Auflage, Verlag C.H. Beck, 2020
[zitiert als: *Bearbeiter*, in: Klein, § Rn.]

Klindt, Thomas, Die Zulässigkeit dynamischer Verweisungen auf EG-Recht aus verfassungs- und europarechtlicher Sicht, DVBl. 1998, S. 373 – 380.

Kloster, Anja / Kloster, Lars, Auslegungs- und Anwendungsprobleme bei der Restrukturierung von Mitunternehmerschaften, GmbHR 2002, S. 717 – 732.

Koenig, Ulrich (Hrsg.), Abgabenordnung, Kommentar, 4. Auflage, Verlag C.H. Beck, 2021.
[zitiert als: *Bearbeiter*, in: Koenig, § Rn.]

Kofler, Georg, Entwicklungslinien und Zukunftsfragen des Europäischen Steuerrechts, in: in: Drüen, Klaus-Dieter / Hey, Johanna / Mellinghoff, Rudolf (Hrsg.), 100 Jahre Steuerrechtsprechung in Deutschland 1918 – 2018, Festschrift für den Bundesfinanzhof, Band I, Verlag Otto Schmidt, 2018, S. 699 – 735.
[zitiert als: *Kofler*, in: FS für den BFH, S.]

Kofler, Georg, Ist der Spuk des Europäischen Steuerrechts bald vorbei?, in: Schön, Wolfgang / Heber, Caroline (Hrsg.), Grundfragen des Europäischen Steuerrechts, MPI Studies in Tax Law and Public Finance Volume 5, Springer Verlag, 2015, S. 1 – 23.
[zitiert als: *Kofler*, in: Grundfragen des Europäischen Steuerrechts, S.]

Kofler, Georg / Kofler, Herbert, Internationale Steuerarbitrage, in: Brähler, Gernot / Lösel, Christian, Deutsches und internationales Steuerrecht, Festschrift für Christina Djanani, Gabler Edition Wissenschaft, 2008, S. 381 – 403.
[zitiert als: *Kofler/Kofler*, in: FS Djanani, S.]

Kokott, Juliane, Entwicklungslinien der Rechtsprechung des EuGH zu den direkten Steuern, in: Drüen, Klaus-Dieter / Hey, Johanna / Mellinghoff, Rudolf (Hrsg.), 100 Jahre Steuerrechtsprechung in Deutschland 1918 – 2018, Festschrift für den Bundesfinanzhof, Band I, Verlag Otto Schmidt, 2018, S. 735 – 761.
[zitiert als: *Kokott*, in: FS für den BFH, S.]

Kokott, Juliane, Das Steuerrecht der Europäischen Union, 1. Auflage, Verlag C.H. Beck, 2018.
[zitiert als: *Kokott*, Das Steuerrecht der EU, § Rn.]

Kokott, Juliane, Der EuGH als Garant fairen Steuerwettbewerbs, ISR 2017, 395 - 401.

Kokott, Juliane / Dobratz, Lars, Der unionsrechtliche allgemeine Gleichheitssatz im Europäischen Steuerrecht, in: Schön, Wolfgang / Heber, Caroline (Hrsg.), Grundfragen des Europäischen Steuerrechts, MPI Studies in Tax Law and Public Finance Volume 5, Springer Verlag, 2015, S. 25 – 40.
[zitiert als: *Kokott/Dobratz*, in: Grundfragen des Europäischen Steuerrechts, S.]

Kokott, Juliane / Henze, Thomas, Ist der EuGH – noch – ein Motor für die Konvergenz der Steuersysteme?, BB 2007, S. 913 – 917.

Kokott, Juliane / Ost, Hartmut, Europäische Grundfreiheiten und nationales Steuerrecht, EuZW 2011, S. S. 496 – 503.

Kokott, Juliane, Die Bedeutung der europarechtlichen Diskriminierungsverbote und Grundfreiheiten für das Steuerrecht der EU-Mitgliedsstaaten, in: Lehner, Moris (Hrsg.), Münchener Schriften zum Internationalen Steuerrecht, Heft 23: Grundfreiheiten im Steuerrecht der EU-Staaten, Verlag C.H. Beck, 2000, S. 1 – 24.
[zitiert als: *Kokott*, in: Grundfreiheiten, S.]

Köhler, Stefan / Eicker, Klaus, Kritische Anmerkungen zum BMF-Schreiben „Cadbury Schweppes“ vom 8.1.2007, DStR 2007, S. 331 – 334.

Korn, Klaus (Hrsg.), Einkommensteuergesetz – Kommentar, Verlag Strollfuß, Stand: 132 Lieferung, 01. Juli 2021
[zitiert als: *Bearbeiter*, in: Korn, § Rn.]

Kraft, Gerhard, Außensteuergesetz: AStG, 2. Auflage, Verlag C.H. Beck, 2019
[zitiert als: *Bearbeiter*, in: Kraft, § Rn.]

Kraft, Gerhard / Bron, Jan, Die Zinsschranke – Ein europarechtliches Problem?, EWS 2007, S. 487 – 492.

Kraft, Gerhard / Bron, Jan, Implikationen des Urteils in der Rechtssache „Cadbury Schweppes“ für die Fortexistenz der deutschen Hinzurechnungsbesteuerung, IStR 2006, S. 614 – 620.

Kreile, Reinhold, Steuerfluchtgesetz?, BB 1971, S. 53 – 57.

Kruse, Heinrich Wilhelm, Lehrbuch des Steuerrechts, Band I Allgemeiner Teil, 1. Auflage, Verlag C.H. Beck, 1991.
[zitiert als: *Kruse*, Lehrbuch des Steuerrechts I, S.]

Kruse, Heinrich Wilhelm, Über die Gleichmäßigkeit der Besteuerung, StuW 1990, S. 322 – 330.

Kruse, Heinrich Wilhelm, Steuerspezifische Gründe und Grenzen der Gesetzesbindung, in: Tipke, Klaus (Hrsg.), Grenzen der Rechtsfortbildung durch Rechtsprechung und Verwaltung im Steuerrecht, Deutsche Steuerjuristische Gesellschaft, Band 5, Verlag Dr. Otto Schmidt, 1982, S. 71 – 83.
[zitiert als: *Kruse*, DStJG 5 (1982), S.]

Krüger, Sebastian, Tagungsbericht: Aktuelle steuerliche Entwicklungen im Kontext grenzüberschreitender Lizenzzahlungen, IWB 2017, S. 510 – 512.

Kube, Hanno, EuGH-Rechtsprechung zum direkten Steuerrecht – Stand und Perspektiven, Herausgegeben von den Mitgliedern des Zentrums für europäisches Wirtschaftsrecht, 2009.
[zitiert als: *Kube*, EuGH-Rechtsprechung zum direkten Steuerrecht, S.]

Kunig, Philip, Zur „hinreichenden Bestimmtheit" von Norm und Einzelakt, Jura 1990, S. 495 – 498.

Kühbacher, Thomas, Die neue Lizenzschranke aus unionsrechtlicher Sicht, DStZ 2017, S. 829 – 836.

Kußmaul, Heinz / Ditzler, Tobias, Die Lizenzschranke nach § 4j EStG – Verhältnis zu Verfassungsrecht, DBA sowie Unionsrecht, StB 2018, S. 126 – 131.

Lambrecht, Claus, Generalklauseln und technischer Fortschritt, DÖV 1981, S. 700 – 706.

Lampert, Steffen, Perspektimven der Rechtsangleichung auf dem Gebiet der direkten Steuern in der Europäischen Union – Zur Bedeutung der binationalen Zusammenarbeit als Instrument der Angleichung der Unternehmensbesteuerungssysteme, EuZW 2013, S. 493 – 498.

Lang, Joachim, Unternehmensbesteuerung im internationalen Wettbewerb, StuW 2011, S. 144 – 158.

Lang, Joachim, Der Stellenwert des objektiven Nettoprinzips im deutschen Einkommensteuerrecht, StuW 2007, S. 3 – 15.

Lang, Joachim, Prinzipien und Systeme der Besteuerung von Einkommen, in: Pelka, Jürgen (Hrsg.), Unternehmensteuerreform, Deutsche Steuerjuristische Gesellschaft, Band 24, Verlag Dr. Otto Schmidt, 2001, S. 49 – 133.
[zitiert als: *J. Lang*, DStJG 24 (2001), S]

Lang, Joachim, Besteuerung der Unternehmen in Staaten der Europäischen Union – Resümee, in: Lang, Joachim (Hrsg.), Unternehmensbesteuerung in EU-Staaten, Deutsche Steuerjuristische Gesellschaft, Band 16, Verlag Dr. Otto Schmidt, 1994, S. 295 – 317.
[zitiert als: *J. Lang*, DStJG 16 (1994), S.]

Lang, Joachim, Die Bemessungsgrundlage der Einkommensteuer, Verlag Dr. Otto Schmidt, 1988.
[zitiert als: *J. Lang*, Die Bemessungsgrundlage der Einkommensteuer, S.]

Lang, Michael, Direkten Steuern und EU-Steuerpolitik – Wo bleiben die Visionen?, IStR 2013, S. 365 – 373.

Lang, Michael, „Aggressive Steuerplanung" – eine Analyse der Empfehlung der Europäischen Kommission, SWI 2013, S. 63 – 68.

Lang, Michael, 2005 – Eine Wende in der steuerlichen Rechtsprechung des EuGH zu den Grundfreiheiten?, in: Mellinghoff, Rudolf / Schön, Wolfgang / Viskorf, Hermann-Ulrich, Steuerrecht im Rechtsstaat, Festschrift für Wolfgang Spindler zum 65. Geburtstag, Verlag Dr. Otto Schmidt, 2011, S. 297 – 327.
[zitiert als: *M. Lang*, in: FS Spindler, S.]

Lang, Michael, Eine Wende in der Rechtsprechung des EuGH zu den direkten Steuern?, in: Hebig, Michael / Kaiser, Karin / Koschmieder, Kurt-Dieter / Oblau, Markus (Hrsg.), Aktuelle Entwicklungsaspekte der Unternehmensbesteuerung, Festschrift für Wilhelm H. Wacker zum 75. Geburtstag, Erich Schmidt Verlag, 2006, S. 365 – 380.
[zitiert als: *M. Lang*, in: FS Wacker, S.]

Lang, Michael, Seminar J: Steuerrecht, Grundfreiheiten, und Beihilfeverbot, IStR 2010, S. 570 – 580.

Lang, Michael, CFC-Gesetzgebung und Gemeinschaftsrecht, IStR 2002, S. 217 – 222.

Lehner, Moris, Die verfassungsrechtliche Verankerung des objektiven Nettoprinzips – Zum Vorlagebeschluss des BFH und zur Entscheidung des BVerfG über die Verfassungswidrigkeit der Entfernungspauschale, DStR 2009, S. 185 – 191.

Lehner, Moris, Zur Bestimmtheit von Rechtsnormen – am Beispiel einer Entscheidung des Österreichischen VerfGH, NJW 1991, S. 890 – 893.

Lepsius, Oliver, Anmerkung zu BVerfG Urteil v. 9.12.2008 – 2 BvL 1/07, 2/07, 1/08, 2/08, JZ 2009, 260 – 263.

Link, Cornelius, Die Lizenzschranke – Legitime Reaktion des Gesetzgebers auf schädliche Präferenzregime, DB 2017, S. 2372 – 2377.

Linn, Alexander, Die US-Steuerreform und ihre Auswirkungen auf das deutsche Unternehmensteuerrecht, DStR 2018, S. 321 – 328.

Linn, Alexander, Generalthema I: Steuerumgehung und Abkommensrecht, IStR 2010, S. 542 – 546.

Lohse, Christian W., Kampfansage gegen „aggressive Steuerplanung" – in Deutschland sprachlich und rechtlich sinnlos und überflüssig, BB 2013, Nr. 37 – Die erste Seite.

Lohse, Christian W., Verwirrende Begriffsvielfalt im Gemeinschaftsrecht – Am Beispiel von Steuerbetrug, -umgehung und -missbrauch sowie ähnlichen Begriffen, in: Kirchhof, Paul / Nieskens, Hans (Hrsg.), Festschrift für Wolfram Reiss zum 65. Geburtstag, Verlag Otto Schmidt, 2008, S. 645 – 664.
[zitiert als: *Lohse*, in: FS Reiss, S.].

Loose, Thomas, Die neue gesetzliche Regelung zur sog. Lizenzschranke, RIW 2017, S. 655 – 660.

Löhr, Sebastian, Steuerliche Förderung von Forschung und Entwicklung, IFSt-Schrift Nr. 459, 2009.

van Lück, Kolja, Gesetzesentwurf zur Einführung einer Lizenzschranke durch § 4j EStG – Verfassungsrechtliche und europarechtliche Herausforderungen, IStR 2017, S. 388 – 392.

Van Lück, Kolja / Niemeyer, Nicola, Die Lizenzschranke in § 4j EStG, IWB 2017, S. 440 – 447.

Lüdemann, Jörn, Die verfassungskonforme Auslegung von Gesetzen, JuS 2004, S. 27 – 30.

Lüdicke, Jochen, Substanzanforderungen im Ertragsteuerrecht, StbJB 2017/2018, S. 631 – 666.

Lüdicke, Jürgen, Wogegen richtet sich die Lizenzschranke?, DB 2017, S. 1482 – 1483.

Maunz, Theodor / Dürig, Günter, Grundgesetz Kommentar, Loseblatt, Verlag C.H. Beck, Stand: 94. Aktualisierung, Januar 2021.
[zitiert als: *Bearbeiter*, in: Maunz/Dürig, Art. Rn.]

Magnus Müller, Das interpersonale Korrespondenzprinzip im Einkommensteuerrecht – Eine systematische Betrachtung, 2007.

von Mangoldt, Hermann / Klein, Friedrich / Starck, Christian (Hrsg.), Kommentar zum Grundgesetz: GG, 7. Auflage, Vahlen, 2018.
[zitiert als: *Bearbeiter*, in: v. Mangoldt/Klein/Starck, Art. Rn.]

Max, Marcel / Thiede, Jesko, Der Gesetzentwurf zur Einführung einer Abzugsbeschränkung für Lizenzaufwendungen – „Lizenzschranke“, StB 2017, S. 175 – 182.

Mellinghoff, Rudolf, Verfassungsbindung und weiter Gestaltungsspielraum des Gesetzgebers, in: Mellinghoff, Rudolf / Schön, Wolfgang / Viskorf, Herrmann-Ulrich (Hrsg.), Steuerrecht im Rechtsstaat: Festschrift für Wolfgang Spindler zum 65. Geburtstag, Verlag Dr. Otto Schmidt, 2011, S. 153 – 169.
[zitiert als: *Mellinghoff*, in: FS Spindler, S.]

Mitschke, Wolfgang, Plädoyer für eine Renaissance des EU-Sekundärrechts, IStR 2013, S. 15 – 18.

Monteith, Christian, Steuergestaltung mit Lizenzboxen – Mögliche Gegenmaßnahmen des deutschen Gesetzgebers, Stub 2014, S. 883 – 887.

Morgenthaler, Gerd, Gleichheit und Rechtssystem – Widerspruchsfreiheit, Folgerichtigkeit, in: Mellinghoff, Rudolf / Palm, Ulrich (Hrsg.), Gleichheit im Verfassungsstaat – Symposion aus Anlass des 65. Geburtstages von Paul Kirchhof, C. F. Müller Verlag, 2009, S. 51 – 66.
[zitiert als: *Morgenthaler*, in: FS P. Kirchhof, S.]

Moser, Till, Was ist eine „Präferenzregelung“ i.S.d. § 4j EStG?, RIW 2018, S. 348 – 352.

Mössner, Jörg Manfred / Baumhoff, Hubertus / Dyckmans, Jan / u.a., Steuerrecht international tätiger Unternehmen, 5. Auflage, Verlag Dr. Otto Schmidt, 2018.
[zitiert als: *Bearbeiter*, in: Mössner u.a., Steuerrecht international tätiger Unternehmen, Rn.]

Mössner, Jörg Manfred, Die internationale Steuerflucht, Hansmeyer, Karl-Heinz (Hrsg.), Staatsfinanzierung im Wandel, Duncker & Humblot, 1983, S. 817 – 839.
[zitiert als: *Mössner*, in: Staatsfinanzierung im Wandel, S.]

Musil, Andreas / Weber-Grellet, Heinrich (Hrsg.), Europäisches Steuerrecht, Kommentar, Verlag C.H.Beck, 2019.
[zitiert als: *Bearbeiter*, in: Musil/Weber-Grellet, Europäisches Steuerrecht, Art/§ Rn.]

Musil, Andreas, Die ATAD – Richtlinien – Ein Paradigmenwechsel in der Steuerpolitik der EU?, FR 2018, S. 933 – 941.

Musil, Andreas / Schulz, Jan, Grenzüberschreitende Einkünfteverlagerung in verbundenen Unternehmen und europarechtliche Handlungsspielräume der Mitgliedsstaaten, DStR 2013, S. 2205 - 2211.

Musil, Andreas, § 50d Abs. 3 EStG – eine unendliche Geschichte?, FR 2012, S. 149 - 153.

Musil, Andreas / Fähling, Lars, Neuere Entwicklungen bei den europarechtlichen Rechtfertigungsgründen im Bereich des Ertragsteuerrechts, DStR 2010, S. 1501 - 1505.

Musil, Andreas / Volmering, Björn, Systematische, verfassungsrechtliche und europarechtliche Probleme der Zinsschranke, DB 2008, S. 12 - 16.

Mutscher, Axel, Steuerneutrale Übertragung von Betriebsvermögen auf eine Personengesellschaft, Lüdicke, Jürgen / Mössner, Jörg Manfred / Hummel, Lars, Das Steuerrecht der Unternehmen, Festschrift für Gerrit Frotscher zum 70. Geburtstag, S. 479 - 493.
[zitiert als: *Mutscher*, in: FS Frotscher, S.]

Mückl, Norbert / Schnorberger, Stephan, Materielles Korrespondenzprinzip bei grenzüberschreitenden verdeckten Einlagen von Kapitalgesellschaften, DStR 2017, S. 2145 - 2150.

Müller, Magnus, Das interpersonale Korrespondenzprinzip im Einkommensteuerrecht – Eine steuersystematische Betrachtung, Diss., Peter Lang, 2006.
[zitiert als: *Müller*, Das interpersonale Korrespondenzprinzip im Einkommensteuerrecht, S.]

Müller-Franken, Sebastian, Anmerkung zu BVerfG, Urteil v. 9.12.2008 - 2 BvL 1/07, NJW 2009, 55.

Müller-Franken, Sebastian, Gesamtrechtsnachfolge durch Erbfall und einkommensteuerliche Verluste, StuW 2004, S. 109 - 123.

Müller-Graff (Hrsg.), Enzyklopädie Europarecht, Band 4: Europäisches Wirtschaftsordnungsrecht, 1. Auflage, Nomos Verlag, 2015.
[zitiert als: *Bearbeiter*: in Müller-Graff, Europäisches Wirtschaftsordnungsrecht, § Rn.]

München, Markus / Mückl, Norbert, Die Vereinbarkeit der Zinsschranke mit dem Grundgesetz – Eine verfassungsrechtliche Bestandsaufnahme und Würdigung im Zuge des BFH-Beschlusses vom 18.12.2013, DStR 2014, S. 1469 - 1475.

von Münch, Ingo / Kunig, Philip (Hrsg.), Grundgesetz-Kommentar: GG, 6. Auflage, Verlag C.H. Beck, 2012.
[zitiert als: *Bearbeiter*, in: v. Münch/Kunig, Art. Rn.]

Oppel, Florian, BEPS in Europa: (Schein-)Harmonisierung der Missbrauchsabwehr durch neue Richtlinie 2016/1164 mit Nebenwirkungen, IStR 2016, S. 797 - 803.

Oppermann, Thomas / Classen, Claus Dieter / Nettesheim, Martin, Europarecht, 8. Auflage, Verlag C.H. Beck, 2018.
[zitiert als: *Oppermann/Classen/Nettesheim*, Europarecht, § Rn.]

Ossenbühl, Fritz, Die verfassungsrechtliche Zulässigkeit der Verweisung als Mittel der Gesetzgebungstechnik, DVBl. 1967, S. 404 - 408.

Overesch, Michael, Ausmaß internationaler Steuerplanung – aggressiv oder moderat?, in: Kahle, Holger / Overesch, Michael / Ruf, Martin / Spengel, Christoph (Hrsg.), Kernfragen der Unternehmensbesteuerung, Symposium für Ulrich Schreiber zum 65. Geburtstag, Verlag Springer Gabler, 2017, S. 41 – 58.
[zitiert als: *Overesch*, in: FS Schreiber, S.]

Pabst, Heinz-Joachim, Die Problematik dynamischer Verweisungen von Landesrecht auf Bundesrecht am Beispiel der Schuldrechtsreform, NVwZ 2005, S. 1034 – 1036.

Papier, Hans-Jürgen, Der Bestimmtheitsgrundsatz, in: Friauf, Karl Heinrich (Hrsg.), Steuerrecht und Verfassungsrecht, Deutsche Steuerjuristische Gesellschaft, Band 12, Verlag Dr. Otto Schmidt, 1989, S. 61 – 78.
[zitiert als: *Papier*, DStJG 12 (1989), S.]

Papier, Hans-Jürgen, Bedeutung der Verwaltungsvorschriften im Recht der Technik, in: Leßmann, Herbert / Großfeld, Bernhard / Vollmer, Lothar (Hrsg.), Festschrift für Rudolf Lukes zum 65. Geburtstag, Carl Heymanns Verlag, 1989, S. 159 – 168.
[zitiert als: *Papier*, in: FS Lukes, S.]

Piltz, Detlev, BEPS und das staatliche Interesse, IStR 2015, S. 529 – 533.

Piltz, Detlev, Internationale Steuerflucht, in: Doppelbesteuerung: DBA, Festgabe zum 75. Geburtstag von Prof. Dr. Dr. h.c. Franz Wassermeyer, Verlag C.H. Beck, 2015, S. 551 – 557.
[zitiert als: *Piltz*, in: FS Wassermeyer, S.]

Pinkernell, Reimar, „GILTI" as charged? Mögliche Auswirkungen der US-Steuerreform auf die deutsche Lizenzschranke gemäß § 4j EStG, IStR 2018, S. 249 – 256.

Pinkernell, Reimar, Internationale Steuergestaltung im Electronic Commerce, Ubg 2014, S. 73 – 79.

Pinkernell, Reimar, OECD-Aktionsplan gegen internationale Gewinnverlagerung und Aushöhlung der Bemessungsgrundlagen (BEPS-Projekt), FR 2013, S. 737 – 746.

Pinkernell, Reimar, Das Steueroasen-Dilemma der amerikanischen IT-Konzerne, IStR 2013, S. 180 – 187.

Pinkernell, Reimar, USA: Senatsausschuss untersucht internationale Steuergestaltung des Apple-Konzerns, IStR-LB 2013, S. 59 – 60.

Pinkernell, Reimar, Ein Musterfall zur internationalen Steuerminimierung durch US-Konzerne, StuW 2012, S. 369 – 374.

Pinkernell, Reimar, Internationale Steuergestaltung im Electronic Commerce, ifst-Schrift Nr. 494, 2014.

Pötsch, Marvin, § 4j EStG und das Nettoprinzip – eine grundsätzliche Verteidigung, DStR 2018, S. 761 – 765.

Pötsch, Marvin, § 4j EStG und die Grundfreiheiten des AEUV – Bestandsaufnahme und Verteidigung, IStR 2018, S. 417 – 421.

Pross, Achim / Radmanesh, Sandy, Seminar A: „Patentboxen", IStR 2015, S. 579 – 584.

Pross, Achim, Base erosion and profit shifting (BEPS) – Steuerplanung multinationaler Unternehmen vor dem Hintergrund eines sich wandelnden wirtschaftlichen Umfelds, DB 2013, Heft 13, Standpunkte, S. 19 – 20.

Puls, Michael / Heravi, Semera, DEMPE-Funktionen und wirtschaftliches Eigentum an immateriellen Werten – Plädoyer für eine differenzierte Betrachtung, IStR 2018, S. 721 – 728.

Pung, Alexandra / Benz, Sebastian, Neue steuerliche Abzugsbeschränkungen, StbJb 2017/2018, S. 181 – 199.

Radmanesh, Sandy / Gebhardt, Roland, C. Break Out Session 1: Korrespondenzregelungen, in: Kaeser, Christian / Holle, Florian, Tagungsband der 2. Jahrestagung des Young IFA Network 2018, S. 34 – 42.
[zitiert als: *Radmanesh/Gebhardt*, in: Kaeser/Holle, S.]

Rambow, Gerhard, Probleme bei der Durchführung von Richtlinie der EWG, DVBl. 1968, S. 445 – 454.

Ratschow, Eckhart, Prinzipien der Einkünfteermittlung – Subjektsteuerprinzip, in: Hey, Johanna (Hrsg.), Einkünfteermittlung, Deutsche Steuerjuristische Gesellschaft, Band 34, Verlag Dr. Otto Schmidt, 2011, S. 35 – 59.
[zitiert als: *Ratschow*, DStJG 34 (2011), S.]

Rädler, Albert. J., Überlegungen zur Harmonisierung der Unternehmensbesteuerung in der Europäischen Gemeinschaft, in: Lang, Joachim (Hrsg.), Unternehmensbesteuerung in EU-Staaten, Deutsche Steuerjuristische Gesellschaft, Band 16, Verlag Dr. Otto Schmidt, 1994, S. 277 – 293.
[zitiert als: *Rädler*, DStJG 16 (1994), S.]

Rätting, Horst / Protzen, Peer Daniel, Zur Europarechtswidrigkeit der §§ 7 – 14 AStG und zu deren Folgen für die internationale Steuerplanung, IStR 2003, S. 195 – 202.

Reimer, Ekkehart, Das objektive Nettoprinzip aus gemeinschaftsrechtlicher, abkommensrechtlicher und rechtsvergleichender Sicht, Beihefter zu DStR 34 (2009), S. 122 – 128.

Reimer, Ekkehart, Auswirkungen der Grundfreiheiten auf das Ertragsteuerrecht der Bundesrepublik Deutschland – Eine Bestandsaufnahme, in: Lehner, Moris (Hrsg.), Münchener Schriften zum Internationalen Steuerrecht, Heft 23: Grundfreiheiten im Steuerrecht der EU-Staaten, Verlag C.H. Beck, 2000, S. 39 – 101.
[zitiert als: *Reimer*, in: Grundfreiheiten, S.]

Richter, Lutz / Hontheim, Stefanie, Double Irish with a Dutch Sandwich: Pikante Steuergestaltung der US-Konzerne, DB 2013, S. 1260 – 1265.

Richter, Stefan / John, David, FDII nach der US-Tax-Reform als Anwendungsfall der Lizenzschranke? – Zweck und Anwendungsbereich von § 4j EStG und die Möglichkeit einer teleologischen Reduktion, ISR 2018, S. 109 – 114.

Richter, Stefan / John, David, Was bewirkt und erfordert die neu eingeführte Lizenzschranke nach § 4j EStG, WPg 2017, S. 1090 – 1096.

Richter, Wolfram / Söhn, Hartmut, Streichung der Entfernungspauschale – (verfasusngs-)rechtliche und ökonomische Aspekte, StuW 2008, S. 117 – 133.

Riedel, Lisa, Besteuerung stiller Reserven und stiller Lasten bei der Verschmelzung von Kapitalgesellschaften, FR 2012, S. 1109 – 1113.

Rieger, Reinhard, Grenzen verfassungskonformer Auslegung, NVwZ 2003, S. 17 – 22.

Ritzer, Claus / Stangl, Ingo / Karnath, Susann, Update zur Lizenzschranke, DK 2017, S. 401 – 406.

Ritzer, Claus / Stangl, Ingo / Karnath, Susann, Zur geplanten „Lizenzschranke“, DK 2017, S. 68 – 78.

Robbers, Gerhard, Der Gleichheitssatz, DÖV 1988, S. 749 – 758.

Rodi, Michael, Internationaler Steuerwettbewerb, StuW 2008, S. 327 – 336.

Rogge, Stefan, Brennpunkte bei der Besteuerung der Digitalwirtschaft, BB 2015, S. 2966 – 2973.

Rödder, Thomas / Pinkernell, Reimar, Zum Seminar F: 20 Thesen zur BEPS-Diskussion, IStR 2013, S. 619 – 623.

Rödder, Thomas / Herlinghaus, Andreas / von Lishaut, Ingo, Umwandlungssteuergesetz Kommentar, 3. Auflage, Verlag. Dr. Otto Schmidt, 2019.
[zitiert als: Bearbeiter, in: R/H/vL, § Rn.]

Ruppe, Hans Georg, Steuergleichheit als Grenze der Steuervereinfachung, in: Fischer, Peter (Hrsg.), Steuervereinfachung, Deutsche Steuerjuristische Gesellschaft, Band 21, Verlag Dr. Otto Schmidt, 1998, S. 29 – 65.
[zitiert als: *Ruppe*, DStJG 21 (1998), S.]

Rust, Alexander, Rechtsfolgen EG-rechtswidriger Normen, IStR 2009, S. 382 – 386.

Rust, Alexander, Renaissance der Kohärenz, EWS 2004, S. 450 – 454.

Sachs, Michael (Hrsg.), Grundgesetz Kommentar, 8. Auflage, Verlag C.H. Beck, 2018.
[zitiert als: *Bearbeiter*, in: Sachs, Art. Rn.]

Sachs, Michael, Die dynamische Verweisung als Ermächtigungsnorm, NJW 1981, S. 1651 – 1652.

Sedemund, Jan, Europarechtliche Bedenken gegen den neuen § 8 Abs. 2 AStG, BB 2008, S. 696 – 699.

Säcker, Jürgen / Rixecker, Roland / Oetker, Hartmut / Limperg, Bettina (Hrsg.), Münchener Kommentar zum Bürgerlichen Gesetzbuch, Band 4, 9. Auflage, Verlag C.H. Beck, 2021.
[zitiert als: *Bearbeiter*, in: MüKo, § Rn.]

Schade, Dirk, Die deutsche Anti-Treaty-Shopping-Regelung des § 50 d Abs. 3 EStG – zu den Grenzen und dem Bedürfnis nach einer spezialgesetzlichen Regelung, Diss, Duncker & Humblot, 2012.
[zitiert als: *Schade*, S.]

Schanz, Deborah / Feiler, Anna, Wieso Deutschland (fast) keine Base Erosion and Profit Shifting – Bekämpfung braucht, BB 2015, S. 865 – 870.

Schaumburg, Harald, Steuerwettbewerb: Systematischer Überblick über die Gründe und die Auswirkungen des internationalen Steuerwettbewerbs, ISR 2016, S. 371 – 376.

Schaumburg, Harald / Englisch, Joachim (Hrsg), Europäisches Steuerrecht, Verlag Dr. Otto Schmidt, 2. Auflage, 2020.
[zitiert als: *Bearbeiter*, in: Europäisches Steuerrecht, Rn.]

Schaumburg, Harald / Englisch, Joachim (Hrsg), Europäisches Steuerrecht, Verlag Dr. Otto Schmidt, 1. Auflage, 2015
[zitiert als: *Bearbeiter*, in: Europäisches Steuerrecht, 1. Aufl. 2015, Rn.]

Schaumburg, Harald (Hrsg.), Internationales Steuerrecht, 4. Auflage, Verlag Dr. Otto Schmidt, 2017.
[zitiert als: *Bearbeiter*, in: Schaumburg, Internationales Steuerrecht, Rn]

Schäfer, Michael, Verfassungsrechtliche Rahmenbedingungen für die Konkretisierung unbestimmter Sicherheitsstandards durch die Rezeption von Sachverstand, Diss, Nomos, 1998.
[zitiert als: *Schäfer*, S.]

Schenke, Wolf-Rüdiger, Die verfassungsrechtliche Problematik dynamischer Verweisungen, NJW 1980, S. 743 – 749.

Schlie, Ina / Spengel, Christoph / Malke, Christiane, Generalthema 1: Steuerliche Anreize für Forschung und Entwicklung (F&E), IStR 2015, S. 570 – 574.

Schlie, Ina / Stetzelberger, Anna, Steuerliche Förderung von Forschung und Entwicklung, IStR 2008, S. 269 – 275.

Schlotter, Carsten, Verfassungsrechtliche Grenzen bei der Ausgestaltung des Steuerbilanzrechts, FR 2007, S. 951 – 959.

Schmehl, Arndt, Steuersystematik, Steuerausnahmen und Steuerreform, in: Bäuerle, Michael / Dann, Philipp / Wallrabenstein, Astrid (Hrsg.), Demokratie-Perspektiven, Festschrift für Brun-Otto Bryde zum 70. Geburts-tag, Mohr Siebeck, 2013, S. 457 – 480.
[zitiert als: *Schmehl*, in: FS Bryde, S.]

Schmidt, Ludwig, Einkommensteuergesetz Kommentar, 39. Auflage, Verlag C.H. Beck, 2020.
[zitiert als: *Bearbeiter*, in: Schmidt, § Rn.]

Schmidt, Reiner, Widerspruchsfreiheit als rechtlicher Maßstab, in: Heldrich, Andreas / Prölss, Jürgen / Koller, Ingo (Hrsg.), Festschrift für Claus Wilhlem Canaris zum 70. Geburtstag, Band II, Verlag C. H. Beck, 2007, S. 1253 – 1366.
[zitiert als: *Schmidt*, in: FS Canaris, S.]

Schmidt, Thomas, Außensteuergesetz, 1. Auflage, Nomos, 2012.
[zitiert als: *Schmidt*, Außensteuergesetz, § Rn.]

Schneider, Norbert / Junior, Björn, Die Lizenzschranke – Überblick über den Regierungsentwurf zu § 4j EStG, DStR 2017, S. 417 – 425.

Schneider, Stefan, Verfassungsrechtliche Grundlagen und Grenzen des objektiven Nettoprinzips, Beihefter zu DStR 34 (2009), S. 87 – 91.

Schnitger, Arne, Unionsrechtliche Würdigung der Lizenzschranke gem. § 4j EStG – Grundfreiheitliche Grenzen bei der Umsetzung des BEPS-Projekts, DB 2018, S. 147 – 151.

Schnitger, Arne, Weitere Maßnahmen zur BEPS-Gesetzgebung in Deutschland, IStR 2017, S. 214 – 226.

Schnitger, Arne, Grenzüberschreitende Körperschaftsteueranrechnung und Neuausrichtung der Kohärenz nach dem EuGH-Urteil in der Rs. Manninen, FR 2004, S. 1357 – 1373.

Schnorberger, Stephan, Steuerplanung und Steuerpolitik im Post-BEPS-Steuerwettbewerb, BB 2019, I.

Schön, Wolfgang, Vorstandspflichten und Steuerplanung, in: Krieger, Gerd / Lutter, Marcus / Schmidt, Karsten (Hrsg.), Festschrift für Michael Hoffmann-Becking zum 70. Geburtstag, Verlag C.H. Beck, 2013, S. 1085 – 1100.
[zitiert als: *Schön*, in: FS Hoffmann-Becking, S.]

Schön, Wolfgang, Neutralität und Territorialität – Gegensätze oder Grundsätze des Europäischen Steuerrechts?, in: Schön, Wolfgang / Heber, Caroline (Hrsg.), Grundfragen des Europäischen Steuerrechts, MPI Studies in Tax Law and Public Finance Volume 5, Springer Verlag, 2015, S. 109 – 164.
[zitiert als: *Schön*, in: Grundfragen des Europäischen Steuerrechts, S.]

Schön, Wolfgang, Zurück in die Zukunft? Gesellschafter-Fremdfinanzierung im Lichte der EuGH-Rechtsprechung, IStR 2009, S. 882 – 889.

Schön, Wolfgang, Tax and Corporate Governance: A Legal Approach, in: Schön, Wolfgang (Hrsg.), Tax and Corporate Governance, MPI Studies on Intellectual Property, Competition and Tax Law, Volume 3, Springer Verlag, 2008, 31 – 61.
[zitiert als: *Schön*, in: Tax and Corporate Governance, S.]

Schön, Wolfgang, Rechtsmissbrauch und Europäisches Steuerrecht, in: Kirchhof, Paul / Nieskens, Hans (Hrsg.), Festschrift für Wolfram Reiss zum 65. Geburtstag, Verlag Otto Schmidt, 2008, S. 571 – 596.
[zitiert als: *Schön*, in: FS Reiss, S.].

Schön, Wolfgang, Hinzurechnungsbesteuerung und Europäisches Gemeinschaftsrecht, DB 2001, S. 940 – 947.

Schön, Wolfgang, Der „Wettbewerb" der europäischen Steuerordnungen als Rechtsproblem, in: Pelka, Jürgen (Hrsg.), Europa- und verfassungsrechtliche Grenzen der Unternehmensbesteuerung, Deutsche Steuerjuristische Gesellschaft, Band 23, Verlag Dr. Otto Schmidt, 2000, S. 191 – 226.
[zitiert als: *Schön*, DStJG 23 (2000), S.]

Schönhaus, Mathias, Gesetzesentwurf zur Lizenzschranke: Begrenzung steuereffizienter IP-Strukturen, GRUR-Prax 2017, S. 93 – 95.

Schönfeld, Jens / Ditz, Xaver (Hrsg.), Doppelbesteuerungsabkommen, 2. Auflage, Verlag Dr. Otto Schmidt, 2019.
[zitiert als *Bearbeiter*, in: Schönfeld/Ditz, Abschnitt, Rn. 181.

Schönfeld, Jens, Grenzüberschreitende Leistungsbeziehungen im Konzern, in: Lang, Michael (Hrsg.), Europäisches Steuerrecht, Deutsche Steuerjuristische Gesellschaft, Band 41, Verlag Dr. Otto Schmidt, 2018, S. 493 – 533.
[zitiert als: *Schönfeld*, DStJG 41 (2018), S.]

Schönfeld, Jens / Zinowsky, Tim / Rieck, Jan, Die US-Steuerreform – Überblick über die wichtigsten Neuregelungen für Unternehmen, IStR 2018, S. 127 – 134.

Schönfeld, Jens Aktuelle Entwicklungen zum „Cadbury-Test“ im Rahmen der Hinzurechnungsbesteuerung – Kritische Überlegungen zum BMF-Schreiben zu § 8 Abs. 2 AStG v. 4.11.2016, IStR 2017, S. 949 – 951.

Schönfeld, Jens, Hinzurechnungsbesteuerung zwischen Steuerwettbewerb und Europäischen Grundfreiheiten, StuW 2005, S. 158 – 170.

Schreiber, Ulrich / von Hagen, Dominik / Pönnighaus, Fabian Nicolaus, Nach der US-Steuerreform 2018: Deutschland im Steuerwettbewerb, StuW 2018, S. 239 – 253.

Schreiber, Ulrich, Besteuerung von Unternehmen, 4. Auflage, Springer Gabler, 2017.
[zitiert als: *Schreiber*, Besteuerung von Unternehmen, S.]

Schulze-Osterloh, Joachim, Verfassungsrechtliche Grenzen der bilanzsteuerrechtlichen Gesetzgebung, in: Pelka, Jürgen (Hrsg.), Europa- und verfassungsrechtliche Grenzen der Unternehmensbesteuerung, Deutsche Steuerjuristische Gesellschaft, Band 23, Verlag Dr. Otto Schmidt, 2000, S. 67 – 85.
[zitiert als: *Schulze-Osterloh*, DStJG 23 (2000), S.]

Schwarz, Kyrill, „Folgerichtigkeit“ im Steuerrecht, in: Depenheuer, Otto / Heintzen, Markus, Jestaedt, Matthias / Axer, Peter (Hrsg.), Staat im Wort, Festschrift für Josef Isensee, Verlag C.F. Müller, 2007, 949 – 964.
[zitiert als: *Schwarz*, in: FS Isensee, S.]

Schwarze, EU-Kommentar, herausgegeben von Becker, Ulrich / Hatje, Armin / Schoo„ Johann / Schwarze, Jürgen, 4. Auflage, Nomos Verlag, 2019.
[zitiert als: *Bearbeiter*, in: Schwarze, Art. Rn,]

Seiler, Christian, Prinzipien der Einkünfteermittlung -Objektives Nettoprinzip, in: Hey, Johanna (Hrsg.), Einkünfteermittlung, Deutsche Steuerjuristische Gesellschaft, Band 34, Verlag Dr. Otto Schmidt, 2011, S. 61 – 89.
[zitiert als: *Seiler*, DStJG 34 (2011), S.]

Seiler, Christian / Axer, Georg, Die EuGH-Entscheidung im Fall „Lidl Belgium“ als (Zwischen-)Schritt auf dem Weg zur Abstimmung von nationaler Steuerhoheit und europäischem Recht, IStR 2008, S. 838 – 844.

Siegel, Theodor, Zur Klärung der steuerlichen Gewinnrealisierung mit dem Konzept der Individualbilanz, FR 2011, S. 45 – 61.

Sieker, Susanne, Missbrauchsabwehr, in: Drüen, Klaus-Dieter / Hey, Johanna / Mellinghoff, Rudolf (Hrsg.), 100 Jahre Steuerrechtsprechung in Deutschland 1918 – 2018, Festschrift für den Bundesfinanzhof, Band I, Verlag Otto Schmidt, 2018, S. 385 – 398.
[zitiert als: *Sieker*, in: FS für den BFH, S.]

Smith, Adam, Der Wohlstand der Nationen, Buch 5, Finanzpolitik, Verlag C.H. Beck, München, Neu aus dem Englischen übertragen von Horst Claus Recktenwald, 1974.
[zitiert als: *Smith*, Der Wohlstand der Nationen, S.]

Söhn, Hartmut, Betriebsausgaben, Privatausgaben, gemischte Aufwendungen, in: Söhn, Hartmut (Hrsg.),

Die Abgrenzung der Betriebs- oder Berufssphäre von der Privatsphäre im Einkommensteuerrecht, Deutsche Steuerjuristische Gesellschaft, Band 3, Verlag Dr. Otto Schmidt, 1980, S. 13 – 102.
[zitiert als: *Söhn*, DStJG 3 (1980), S.]

Spindler, Wolfgang, § 42 AO n.F. – was hat sich geändert?, StbJb 2008/2009, S. 39 – 61.

Spengel, Christoph, Steuerliche Förderung von Forschung und Entwicklung (FuE) in Deutschland, MPI Studies on Intellecutal Property, Competition and Tax Law, Volume 8, Verlag Springer, 2009.
[zitiert als: *Spengel u.a.*, Steuerliche Förderung von FuE in Deutschland, S.]

Spengel, Christoph, IP-Box-Regime und steuerliche Förderung von Forschung und Entwicklung – passt das zusammen?, in: Lüdicke, Jürgen / Schnitger, Arne / Spengel, Christoph (Hrsg.), Besteuerung internationaler Unternehmen, Festschrift für Dieter Endres zum 60. Geburtstag, Verlag C.H. Beck, S. 409 – 423.
[zitiert als: *Spengel*, in: FS Endres, S.]

Staats, Johann-Friedrich, Zur Problematik bundesrechtlicher Verweisungen auf Regelungen privatrechtlicher Verbände, ZRP 1978, 59 – 62.

Staats, Johann-Friedrich, Verweisung und Grundgesetz, in: Rödig, Jürgen (Hrsg.), Studien zu einer Theorie der Gesetzgebung, Springer-Verlag, 1976, S. 244 – 269.
[zitiert als: *Staats*, in: Rödig, S.]

Staringer, Claus, Missbrauchsbekämpfung, Aufteilung der Besteuerungshoheit und Kohärenz in der Rechtsprechung des EuGH, in: Lang, Michael (Hrsg.), Europäisches Steuerrecht, Deutsche Steuerjuristische Gesellschaft, Band 41, Verlag Otto Schmidt, 2018, S. 365 – 381.
[zitiert als: *Staringer*, DStJG 41 (2018), S.]

Stein, Stefan / Schwarz, Christian / Holinski, Nils, Funktionales Eigentum und Wertschöpfungsbeitragsanalysen: Steuerliche Erfolgsermittlung bei immateriellen Werten mithilfe betriebswirtschaftlicher Konzepte, DStR 2017, S. 118 – 125.

Streinz, Rudolf (Hrsg.), EUV/AEUV, Beck'sche Kurz-Kommentare, Band 57, 3. Auflage, Verlag C.H. Beck, 2018
[zitiert als: *Bearbeiter*, in: Streinz, Art., Rn.]

Sumalvico, Sebastian, § 50d Abs. 3 EStG nach dem BeitrRLUmsG: Vereinbarkeit mit den Missbrauchsmaßstäben des Verfassungs-, Europa- und Völkerrechts, Diss., Verlag PL Academic Research, 2017.
[zitiert als: *Sumalvico*, S.]

Süß, Christian / Wilke, Ulrich, Das objektive Nettoprinzip und die Beschränkung des Zinsabzugs, SteuStud 2010, 561 (565).

Teichmann, Christoph, Überprüfung von Sekundärrecht am Maßstab der Grundfreiheiten, in: Müller-Graff, Peter-Christian / Schmahl, Stefanie / Skouris, Vassilios (Hrsg.), Europäisches Recht zwischen Bewährung und Wandel, Festschrift für Dieter H. Scheuing, Nomos Verlag, 2011, S. 735 – 757.
[zitiert als: *Teichmann*, in: FS Scheuing, S.]

Thiede, Jesko, Besitzen Patentboxregime eine Zukunft? – Eine beihilferechtliche Untersuchung, IStR 2016, S. 283 – 290.

Thiedemann, Klaus, Strafbare Erschleichung von Investitionszulagen durch Aufhebung und Nauabschluß von Lieferverträgen?, NJW 1980, S. 1557 – 1560.

Thiel, Jochen, Die steuerliche Behandlung von Fremdfinanzierungen im Unternehmen, FR 2007, S. 729 – 733.

Thiel, Jochen / Rödder, Thomas, Nutzung des Mitunternehmererlasses und der Betriebsaufspaltungsgrundsätze für Umstrukturierungsvorhaben, FR 1998, S. 401 – 416.

Thiele, Katja, Der unionsrechtliche Missbrauchsbegriff im Bereich der direkten Steuern, IStR 2011, S. 452 – 457.

Thiemann, Christian, Das Folgerichtigkeitsgebot als verfassungsrechtliche Leitlinie der Besteuerung, in: Emmenegger, Sigrid / Wiedmann, Ariane, Linien der Rechtsprechung des Bundesverfassungsgerichts – erörtert von den wissenschaftlichen Mitarbeitern, Band 2, De Gruyter Recht, 2011, S. 179 – 212.
[zitiert als: *Thiemann*, in: Linien der Rspr. des BVerfG, Bd. 2, S.]

Thöben, Thomas, Seminar B: Grenzüberschreitende Steuerarbitrage, IStR 2012, S. 685 – 693.

Titgemeyer, Marion, Steuergestaltung bei multinationalen Konzernen: kritische Diskussion der deutschen Lizenzschranke, DStZ 2017, S. 745 – 750.

Tipke, Klaus / Kruse, Heinz Wilhelm, Abgabenordnung – Finanzgerichtsordnung, Kommentar zur AO Und FGO, fortgeführt von Seer, Roman / Brandis, Peter / Drüen, Klaus-Dieter / Loose, Matthias / Krumm, Marcel, Loseblatt, Verlag Dr. Otto Schmidt, Stand: 167. Aktualisierung, August 2021.
[zitiert als: *Bearbeiter*, in: Tipke/Kruse, § Rn.]

Tipke, Klaus, Mehr oder weniger Gestaltungsfreiheit für den Steuergesetzgeber?, StuW 2014, S. 273 – 285.

Tipke, Klaus, Die Steuerrechtsordnung, Band III, 2. Auflage, Verlag Dr. Otto Schmidt, 2012.
[zitiert als: *Tipke*, Die Steuerrechtsordnung III, S.]

Tipke, Klaus, Die Steuerrechtsordnung, Band III., 1. Auflage, Verlag Dr. Otto Schmidt, 1993.
[zitiert als: *Tipke*, Die Steuerrechtsordnung III, 1. Auflage 1993, S.]

Tipke, Klaus, Steuergerechtigkeit, in: Kube, Hanno / Mellinghoff, Rudolf / Morgenthaler, Gerd / Palm, Ulrich / Puhl, Thomas / Seiler, Christian (Hrsg). Leitgedanken des Rechts, Paul Kirchhof zum 70. Geburtstag, Band 2, Verlag C.F. Müller, 2013, § 146, S. 1583 – 1589.
[zitiert als: *Tipke*, in: Leitgedanken des Rechts, Band II, § 146 Rn.]

Tipke, Klaus, Mehr oder weniger Entscheidungsspielraum für den Steuergesetzgeber?, JZ 2009, 533 – 540.

Tipke, Klaus, Das Nettoprinzip – Angriff und Abwehr, dargestellt am Beispiel des Werkstorprinzips, BB 2007, S. 1525 – 1533.

Tipke, Klaus, Steuergerechtigkeit unter besonderer Berücksichtigung des Folgerichtigkeitsgebots, StuW 2007, S. 201 – 220.

Tipke, Klaus, Hütet das Nettoprinzip!, in: Kirchhof, Paul / Schmidt, Karsten / Schön, Wolfgang / Vogel, Klaus (Hrsg.), Steuer- und Gesellschaftsrecht zwischen Unternehmerfreiheit und Gemeinwohl, Festschrift für Arndt Raupach zum 70. Geburtstag, Verlag Dr. Otto Schmidt, 2006, S. 177 – 193.
[zitiert als: *Tipke*, in: FS Raupach, S. 1]

Tipke, Klaus / Lang, Joachim, Steuerrecht, herausgeben von Seer, Roman / Hey, Johanna / Montag, Heinrich / Englisch, Joachim, 23. Auflage Verlag Dr. Otto Schmidt, 2018.
[zitiert als: *Bearbeiter*, in: Tipke/Lang, § Rn.]

Tipke, Klaus, Die Steuerrechtsordnung, Band III, 1. Auflage, Verlag Dr. Otto Schmidt, 1993.
[zitiert als: *Tipke*, Die Steuerrechtsordnung III, 1. Auflage 1993, S.]

Tipke, Klaus, Rechtfertigung des Themas; Ziel der Tagung, in: Ruppe, Hans Georg (Hrsg.), Gewinnrealisierung im Steuerrecht, Deutsche Steuerjuristische Gesellschaft, Band 4, Verlag Dr. Otto Schmidt, 1981, S. 1 – 12.
[zitiert als: *Tipke*, DStJG 4 (1981), S.]

Trinks, Matthias, Neue „Lizenzschranke" für konzerninterne Transaktionen in Österreich, IWB 2014, S. 211 – 217.

Trossen, Nils, Reichweite und Grenzen verfassungskonformer Auslegung, in: Drüen, Klaus-Dieter / Hey, Johanna / Mellinghoff, Rudolf (Hrsg.), 100 Jahre Steuerrechtsprechung in Deutschland 1918 – 2018, Festschrift für den Bundesfinanzhof, Band I, Verlag Otto Schmidt, 2018, S. 519 – 533.
[zitiert als: *Trossen*, in: FS für den BFH, S.]

Valta, Matthias, Patentboxen und IP-Boxen – eine verbotene Beihilfe?, StuW 2015, S. 257 -268.

Valta, Mathias, Das internationale Steuerrecht zwischen Effizienz, Gerechtigkeit und Entwicklungshilfe, Diss., Verlag Mohr Siebeck, 2014.
[zitiert als: *Valta*, S.]

Vanistendael, Frans, Halifax and Cadbury Schweppes: one single European theory of abuse in tax law?, EC Tax Review 2006, S. 192 – 195.

Vogel, Klaus / Lehner, Moris (Hrsg.), Doppelbesteuerungsabkommen – Kommentar, 6. Auflage, Verlag C.H. Beck, 2015
[zitiert als: *Bearbeiter*, in: Vogel/Lehner, Art., Rn.]

Vogel, Thorsten, Niederländische Innovationsbox und britische Patent-Box als Instrumente steuerlicher Förderung von Forschung und Entwicklung: Vorlage für Deutschland?, IStR 2014, S. 542 – 547.

Wagner, Wilfried, Die Rechtsprechung zum Gestaltungsmissbrauch im Umsatzsteuerrecht, in: Kirchhof, Paul / Offerhaus, Klaus / Schöberle, Horst (Hrsg.), Steuerrecht – Verfassungsrecht – Finanzpolitik, Festschrift für Franz Klein, Verlag Dr. Otto Schmidt, 1994, S. 977 – 990.
[zitiert als: *Wagner*, in: FS Klein, S.]

Walsh, Mary, Get the best value from intangibles, ITR 2001, S. 23 – 26.

Wassermeyer, Franz / Schönfeld, Jens, Die EuGH-Entscheidung in der Rechtssache „Cadbury Schweppes" und deren Auswirkungen auf die deutsche Hinzurechnungsbesteuerung, GmbHR 2006, S. 1065 – 1073.

Wassermeyer, Franz, Steuerliche Konsequenzen aus dem EuGH-Urteil „Hughes de Lasteyrie du Saillant", GmbHR 2004, S. 613 -618.

Watrin, Christoph / Leukefeld, Robert, Substanzanforderungen gegen missbräuchliche Gewinnverlagerungen und EU-Recht, DStR 2018, S. 2284 – 2290.

Watrin, Christoph / Leikefeld, Robert, § 50d Abs. 3 EStG i.d.F. des BeitrRLUmsG ist unionsrechtswidrig – Überarbeitungsbedarf bei der deutschen Anti-Treaty-Shopping-Vorschrift, FR 2018, S. 813 – 819.

Weber-Grellet, Heinrich, Das Koordinatensystem des BVerfG bei der Prüfung von Steuergesetzen, FR 2011, S. 1028 – 1034.

Weber-Grellet, Heinrich, Neu-Justierung der EuGH-Rechtsprechung, DStR 2009, S. 1229 – 1236.

Weber-Grellet, Heinrich, Steuern im modernen Verfassungsstaat, Verlag Dr. Otto Schmidt, 2001.
[zitiert als: *Weber-Grellet*, Steuern im modernen Verfassungsstaat, S.]

Weber-Grellet, Heinrich, Der Maßgeblichkeitsgrundsatz im Lichte aktueller Entwicklungen, BB 1999, S. 2659 – 2666.

Weigel, Clemens / Schega, Alexander, Nexus-Ansatz und Lizenzschranke – Darstellung und Analyse des Außenverweises, StuB 2018, S. 668 – 674.

Wendt, Michael, § 42 AO vor dem Hintergrund der Rechtsprechung, in: Hüttemann, Rainer (Hrsg.), Gestaltungsfreiheit und Gestaltungsmissbrauch im Steuerrecht, Deutsche Steuerjuristische Gesellschaft, Band 33, Verlag Dr. Otto Schmidt, 2010, S. 117 – 138.
[zitiert als: *Wendt*, DStJG 33 (2010), S.]

Wendt, Rudolf, Der Gleichheitssatz, NWvZ 1988, S. 778 – 786.

Wernsmann, Rainer, Typisierung und Typusbegriff, Beihefter zu DStR 31 (2011), S. 72 – 76.

Wernsmann, Rainer, Einkommensteuer und objektives Nettoprinzip, Beihefter zu DStR 34 (2009), S. 101 – 106.

Wernsmann, Rainer, Verhaltenslenkung in einem rationalen Steuersystem, Verlag Mohr Siebeck, 2005.
[zitiert als: *Wernsmann*, Verhaltenslenkung, S.]

Wernsmann, Rainer, Wer bestimmt den Zweck der grundrechtseinschränkenden Norm – BVerfG oder Gesetzgeber?, NVwZ 2000, S. 1360 – 1364.

Wieland, Joachim, Steuerwettbewerb in Europa, EuR 2001, S. 119 – 128.

Zinowsky, Tim / Ellenrieder, Benedikt, Innovative Besteuerung des Foreign-Derived Intagible Income als Ergebnis der US-Steuerreform – Präferenzregelung iSd Lizenzschranke?, IStR 2018, S. 134 – 142.

Züger, Mario, Mißbrauch im europäischen Unternehmensteuerrecht, in: Gassner, Wolfgang / Lang, Michael (Hrsg.), Besteuerung und Bilanzierung international tätiger Unternehmen, Verlag Orac und Linde Verlag Wien, 1998, S. 549 – 567. [zitiert als: *Züger*, in: Gassner/Lang, S.]

FSC
www.fsc.org
MIX
Papier | Fördert gute Waldnutzung
FSC® C083411

Kolibri 360 GmbH
Ferdinand-Jühlke-Straße 7
99095 Erfurt, Deutschland
produktsicherheit@kolibri360.de